中国政治文化研究丛书

中国政治文化研究

——不同公民群体的政治认同比较

田　华　史卫民◎著

中国社会科学出版社

图书在版编目（CIP）数据

中国政治文化研究：不同公民群体的政治认同比较/田华，史卫民著.
—北京：中国社会科学出版社，2019.9

（中国政治文化研究丛书）

ISBN 978 - 7 - 5203 - 4811 - 9

Ⅰ.①中…　Ⅱ.①田…②史…　Ⅲ.①政治文化—研究—中国

Ⅳ.①D6

中国版本图书馆 CIP 数据核字（2019）第 165858 号

出　版　人	赵剑英	
责任编辑	刘　芳	
责任校对	季　静	
责任印制	李寡寡	

出　　　版	中国社会科学出版社
社　　　址	北京鼓楼西大街甲 158 号
邮　　　编	100720
网　　　址	http://www.csspw.cn
发 行 部	010 - 84083685
门 市 部	010 - 84029450
经　　　销	新华书店及其他书店

印刷装订	北京君升印刷有限公司
版　　　次	2019 年 9 月第 1 版
印　　　次	2019 年 9 月第 1 次印刷

开　　　本	710×1000　1/16
印　　　张	24.25
插　　　页	2
字　　　数	361 千字
定　　　价	118.00 元

前　　言

按照设定的指标体系对中国公民的政治认同情况进行全国性的问卷调查，是从 2012 年开始的。到目前为止，已经完成了两次调查。第一次调查是由中国社会科学院政治学研究所组织的，在 2012 年成功访问了 10 个省、自治区、直辖市的 6159 名被试。第二次调查是由南开大学当代中国问题研究院组织的，在 2016 年成功访问了 16 个省、自治区、直辖市的 6581 名被试。

对两次问卷调查的数据进行综合性的整理和比较，可以对中国公民政治认同状况有更全面和更深入的认识。本书所要重点阐释的，就是不同性别、不同民族、不同年龄、不同学历、不同政治面貌、不同职业、不同户籍、不同单位性质、不同收入、不同区域以及不同民主偏好的公民群体的政治认同情况，尤其是 2012 年和 2016 年两次问卷调查所反映的政治认同变化情况。

不同类别公民群体政治认同的变化，是与政治认同的整体变化联系在一起的。从整体上看，2012 年和 2016 年两次调查所反映的中国公民政治认同水平较为接近，都显示了较高的认同水平，但是有一些细微的变化。

第一，文化认同水平略有提高。全体被试的文化认同得分（分值为 5 分，下同），由 2012 年的 3.44 分上升到 2016 年的 3.47 分，提高了 0.03 分。

第二，体制认同水平较为稳定。全体被试的体制认同得分，2016年与 2012 年持平，均为 3.44 分。

第三，政策认同水平略有降低。全体被试的政策认同得分，由

2012 年的 3.59 分下降到 2016 年的 3.57 分，下降了 0.02 分。

第四，政党认同水平略有下降。全体被试的政党认同得分，由 2012 年的 3.63 分下降到 2016 年的 3.59 分，下降了 0.04 分。

第五，身份认同水平有较大幅度下降。全体被试的身份认同得分，由 2012 年的 4.19 分下降到 2016 年的 4.09 分，下降了 0.10 分。

第六，发展认同水平下降的幅度最大。全体被试的发展认同得分，由 2012 年的 3.74 分下降到 2016 年的 3.62 分，下降了 0.12 分。

第七，政治认同总体水平略有下降。全体被试的政治认同总分，由 2012 年的 3.67 分下降到 2016 年的 3.63 分，下降了 0.04 分。

在比较和分析不同类型公民群体政治认同情况变化时，需要特别注意政治认同的这些总体性变化。此外，在技术层面，我们还为本书设定了四条具体的要求。

一是按照政治文化指数指标体系的要求，将政治认同总分分值，由 2012 年问卷调查时的 30 分，改为现在采用的 5 分。按照这样的要求，对 2012 年的相关调查结果全部进行了重新计算。

二是为行文简便，将中国社会科学院政治学研究所 2012 年组织的全国性问卷调查简称为"2012 年问卷调查"，将南开大学当代中国问题研究院 2016 年组织的全国性问卷调查简称为"2016 年问卷调查"。

三是两次问卷调查涉及的与政治认同有关的选择题，因为题目有一定的变化，难以进行比较，因此在本书中不包括这方面的内容。减掉这部分内容，对政治认同的比较不会造成重大的影响。

四是 2016 年问卷调查对不同职业的公民群体作了调整，由 2012 年的六类职业变成了 2016 年的八类职业，但是八类职业可以恢复成六类职业，并进行相应的比较。由此，在讨论职业因素对政治认同的影响时，既有对六类职业政治认同水平变化的比较，也有对新增职业类别政治认同情况的说明。

本书的比较研究，是在已有的研究成果基础上进行的。为此，需要特别注意 2012 年问卷调查后，已经形成了两部学术专著。一部是史卫民、周庆智、郑建君、田华等人所著的《政治认同与危机压力》

（中国社会科学出版社 2014 年 5 月版），另一部是史卫民、郑建君、田华等人所著的《中国不同公民群体的政治认同与危机压力》（中国社会科学出版社 2014 年 8 月版）。2016 年问卷调查的总体情况，则在中国社会科学出版社出版的《中国政治文化研究——政治文化指数的变化》中，已经作了总体性的说明。

目　　录

第一章　政治认同的差异比较：性别

2012 年问卷调查涉及的 6159 名被试中，男性被试 3072 人，占49.88%；女性被试 3087 人，占 50.12%。2016 年问卷调查涉及的6581 名被试中，男性被试 3296 人，占 50.08%；女性被试 3285 人，占 49.92%。根据两次问卷调查的数据，可以比较不同性别被试政治认同的变化情况。

一　不同性别被试政治认同的总体情况

2012 年问卷调查结果显示，男性被试政治认同的总体得分在1.64—4.78 分之间，均值为 3.70，标准差为 0.41。在六种认同中，男性被试的体制认同得分在 1.00—5.00 分之间，均值为 3.45，标准差为 0.57；政党认同得分在 1.00—5.00 分之间，均值为 3.67，标准差为 0.66；身份认同得分在 1.25—5.00 分之间，均值为 4.20，标准差为 0.66；文化认同得分在 1.00—5.00 分之间，均值为 3.47，标准差为 0.57；政策认同得分在 1.00—5.00 分之间，均值为 3.61，标准差为 0.72；发展认同得分在 1.00—5.00 分之间，均值为 3.78，标准差为 0.63（见表 1 - 1 - 1 和图 1 - 1 - 1）。

表 1 - 1 - 1　　　　　**男性被试政治认同的描述统计（2012 年）**

项目	N	极小值	极大值	均值	标准差
政治认同总分	3046	1.64	4.78	3.6963	0.40890
体制认同	3071	1.00	5.00	3.4464	0.56584
政党认同	3063	1.00	5.00	3.6695	0.66459
身份认同	3067	1.25	5.00	4.1973	0.65808
文化认同	3066	1.00	5.00	3.4667	0.56705
政策认同	3070	1.00	5.00	3.6097	0.71901
发展认同	3068	1.00	5.00	3.7795	0.62621
有效的 N（列表状态）	3046				

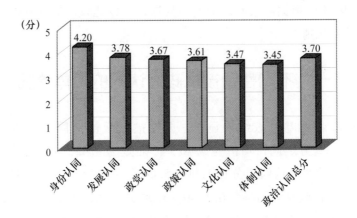

图 1 - 1 - 1　　男性被试政治认同得分的总体情况（2012 年）

　　2016 年问卷调查结果显示，男性被试政治认同的总体得分在
1.83—4.90 分之间，均值为 3.64，标准差为 0.40。在六种认同中，
男性被试的体制认同得分在 1.00—5.00 分之间，均值为 3.44，标准
差为 0.51；政党认同得分在 1.33—5.00 分之间，均值为 3.61，标准
差为 0.59；身份认同得分在 1.00—5.00 分之间，均值为 4.08，标准
差为 0.65；文化认同得分在 1.00—5.00 分之间，均值为 3.48，标准
差为 0.56；政策认同得分在 1.00—5.00 分之间，均值为 3.58，标准

差为 0.65；发展认同得分在 1.50—5.00 分之间，均值为 3.64，标准差为 0.65（见表 1-1-2 和图 1-1-2）。

表 1-1-2　　**男性被试政治认同的描述统计（2016 年）**

项目	N	极小值	极大值	均值	标准差
政治认同总分	3276	1.83	4.90	3.6406	0.39878
体制认同	3296	1.00	5.00	3.4390	0.51208
政党认同	3289	1.33	5.00	3.6091	0.59345
身份认同	3291	1.00	5.00	4.0839	0.65433
文化认同	3294	1.00	5.00	3.4820	0.55993
政策认同	3294	1.00	5.00	3.5756	0.64923
发展认同	3291	1.50	5.00	3.6439	0.65471
有效的 N（列表状态）	3276				

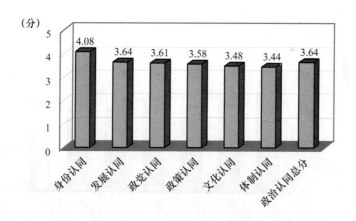

图 1-1-2　**男性被试政治认同得分的总体情况（2016 年）**

2012 年问卷调查结果显示，女性被试政治认同的总体得分在 2.18—4.78 分之间，均值为 3.70，标准差为 0.41。在六种认同中，女性被试的体制认同得分在 1.00—5.00 分之间，均值为 3.43，标准差为 0.51；政党认同得分在 1.00—5.00 分之间，均值为 3.59，标准差为 0.58；身份认同得分在 1.00—5.00 分之间，均值为 4.19，标准差为 0.67；文化认同得分在 1.00—5.00 分之间，均值为 3.41，标准差为 0.55；政策认同得分在 1.00—5.00 分之间，均值为 3.58，标准差为 0.67；发展认同得分在 1.50—5.00 分之间，均值为 3.70，标准差为 0.61（见表 1 - 1 - 3 和图 1 - 1 - 3）。

表 1 - 1 - 3　　　　女性被试政治认同的描述统计（2012 年）

项目	N	极小值	极大值	均值	标准差
政治认同总分	3063	2.18	4.78	3.6963	0.40890
体制认同	3081	1.00	5.00	3.4275	0.51227
政党认同	3083	1.00	5.00	3.5878	0.58469
身份认同	3086	1.00	5.00	4.1887	0.66769
文化认同	3080	1.00	5.00	3.4131	0.55477
政策认同	3082	1.00	5.00	3.5762	0.66783
发展认同	3084	1.50	5.00	3.7032	0.60760
有效的 N（列表状态）	3063				

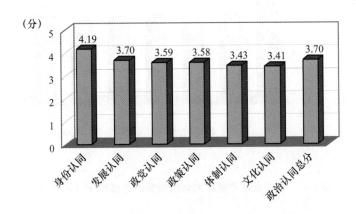

图 1 - 1 - 3　女性被试政治认同得分的总体情况（2012 年）

2016 年问卷调查结果显示，女性被试政治认同的总体得分在 2.33—4.89 分之间，均值为 3.62，标准差为 0.38。在六种认同中，女性被试的体制认同得分在 1.33—5.00 分之间，均值为 3.43，标准

差为 0.48；政党认同得分在 1.33—5.00 分之间，均值为 3.57，标准
差为 0.55；身份认同得分在 1.25—5.00 分之间，均值为 4.09，标准
差为 0.65；文化认同得分在 1.33—5.00 分之间，均值为 3.47，标准
差为 0.55；政策认同得分在 1.33—5.00 分之间，均值为 3.56，标准
差为 0.61；发展认同得分在 1.25—5.00 分之间，均值为 3.61，标准
差为 0.64（见表 1 - 1 - 4 和图 1 - 1 - 4）。

表 1 - 1 - 4　　　　　女性被试政治认同的描述统计（2016 年）

项目	N	极小值	极大值	均值	标准差
政治认同总分	3268	2.33	4.89	3.6197	0.37682
体制认同	3285	1.33	5.00	3.4311	0.47650
政党认同	3280	1.33	5.00	3.5662	0.55319
身份认同	3280	1.25	5.00	4.0921	0.64634
文化认同	3281	1.33	5.00	3.4678	0.54586
政策认同	3283	1.33	5.00	3.5554	0.61097
发展认同	3282	1.25	5.00	3.6053	0.63752
有效的 N（列表状态）	3063				

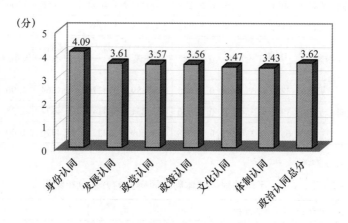

图 1 - 1 - 4　女性被试政治认同得分的总体情况（2016 年）

六种认同的得分由高到低排序，2012 年问卷调查不同性别被试

的前四位排序相同（身份认同第一，发展认同第二，政党认同第三，政策认同第四），第五、六位排序不同，男性被试的文化认同得分高于体制认同，女性被试的体制认同得分高于文化认同。2016 年问卷调查不同性别被试的排序相同，都是身份认同第一，发展认同第二，政党认同第三，政策认同第四，文化认同第五，体制认同第六。

二 不同性别被试的体制认同比较

对不同性别被试体制认同得分的差异性进行方差分析（见表 1 - 2 - 1、表 1 - 2 - 2 和图 1 - 2），可以发现 2012 年和 2016 年两次问卷调查所显示的不同性别被试的体制认同得分之间的差异都没有达到显著水平。

表 1 - 2 - 1　　　　　　不同性别被试体制认同得分的差异比较

2012 年问卷调查		N	均值	标准差	标准误	95% 置信区间		极小值	极大值
						下限	上限		
体制认同	男性	3071	3.4464	0.56584	0.01021	3.4264	3.4665	1.00	5.00
	女性	3081	3.4275	0.51227	0.00923	3.4094	3.4456	1.00	5.00
	总数	6152	3.4369	0.53972	0.00688	3.4234	3.4504	1.00	5.00

2016 年问卷调查		N	均值	标准差	标准误	95% 置信区间		极小值	极大值
						下限	上限		
体制认同	男性	3296	3.4390	0.51028	0.00889	3.4216	3.4564	1.00	5.00
	女性	3285	3.4311	0.47650	0.00831	3.4147	3.4474	1.33	5.00
	总数	6581	3.4350	0.49368	0.00609	3.4231	3.4470	1.00	5.00

表 1 - 2 - 2　　　　　　不同性别被试体制认同得分的方差分析结果

2012 年问卷调查		平方和	df	均方	F	显著性
体制认同	组间	0.554	1	0.554	1.901	0.168
	组内	1791.198	6150	0.291		
	总数	1791.751	6151			

续表

2016 年问卷调查		平方和	df	均方	F	显著性
体制认同	组间	0.104	1	0.104	0.428	0.513
	组内	1603.598	6579	0.244		
	总数	1603.702	6580			

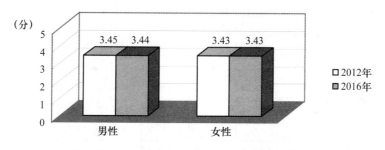

图 1 - 2 不同性别被试的体制认同得分比较

2016 年与 2012 年相比，男性被试体制认同的得分下降 0.01 分，女性被试体制认同的得分则与 2012 年持平，总体看变化不是很大（见表 1 - 2 - 3）。

表 1 - 2 - 3 　　　　　　不同性别被试体制认同得分的变化

项目	2012 年问卷调查	2016 年问卷调查	2016 年比 2012 年增减
男性	3.45	3.44	- 0.01
女性	3.43	3.43	0

三 不同性别被试的政党认同比较

对不同性别被试政党认同得分的差异性进行方差分析（见表 1 - 3 - 1、表 1 - 3 - 2 和图 1 - 3），2012 年问卷调查显示不同性别被试的政党认同得分之间差异显著，$F = 26.156$，$p < 0.001$，男性被试（$M = 3.67$，$SD = 0.66$）的得分显著高于女性被试（$M = 3.59$，$SD =$

0.58）；2016 年问卷调查也显示不同性别被试的政党认同得分之间差异显著，$F = 9.201$，$p < 0.01$，男性被试（$M = 3.61$，$SD = 0.59$）的得分显著高于女性被试（$M = 3.57$，$SD = 0.55$）。

表 1 - 3 - 1 　　　　　不同性别被试政党认同得分的差异比较

2012 年问卷调查		N	均值	标准差	标准误	95% 置信区间		极小值	极大值
						下限	上限		
政党认同	男性	3063	3.6695	0.66459	0.01201	3.6460	3.6930	1.00	5.00
	女性	3083	3.5878	0.58469	0.01053	3.5672	3.6085	1.00	5.00
	总数	6146	3.6285	0.62707	0.00800	3.6129	3.6442	1.00	5.00

2016 年问卷调查		N	均值	标准差	标准误	95% 置信区间		极小值	极大值
						下限	上限		
政党认同	男性	3289	3.6091	0.59345	0.01035	3.5888	3.6294	1.33	5.00
	女性	3280	3.5662	0.55319	0.00966	3.5472	3.5851	1.33	5.00
	总数	6569	3.5877	0.57406	0.00708	3.5738	3.6015	1.33	5.00

表 1 - 3 - 2 　　　　不同性别被试政党认同得分的方差分析结果

2012 年问卷调查		平方和	df	均方	F	显著性
政党认同	组间	10.243	1	10.243	26.156	0.000
	组内	2406.045	6144	0.392		
	总数	2416.288	6145			

2016 年问卷调查		平方和	df	均方	F	显著性
政党认同	组间	3.028	1	3.028	9.201	0.002
	组内	2161.411	6567	0.329		
	总数	2164.440	6568			

　　2016 年与 2012 年相比，男性被试政党认同的得分下降 0.06 分，女性被试政党认同的得分下降 0.02 分（见表 1 - 3 - 3）。尽管女性被试得分下降的幅度略小于男性被试，但是并没有改变男性被试政党认同得分显著高于女性被试的状态。

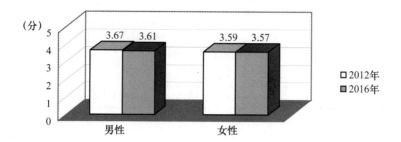

图1-3 不同性别被试的政党认同得分比较

表1-3-3 不同性别被试政党认同得分的变化

项目	2012年问卷调查	2016年问卷调查	2016年比2012年增减
男性	3.67	3.61	-0.06
女性	3.59	3.57	-0.02

四 不同性别被试的身份认同比较

对不同性别被试身份认同得分的差异性进行方差分析（见表1-4-1、表1-4-2和图1-4），可以发现2012年和2016年两次问卷调查所显示的不同性别被试身份认同得分之间的差异都没有达到显著水平。

表1-4-1 不同性别被试身份认同得分的差异比较

2012年问卷调查		N	均值	标准差	标准误	95%置信区间		极小值	极大值
						下限	上限		
身份认同	男性	3067	4.1973	0.65808	0.01188	4.1740	4.2206	1.25	5.00
	女性	3086	4.1887	0.66769	0.01202	4.1651	4.2122	1.00	5.00
	总数	6153	4.1930	0.66288	0.00845	4.1764	4.2095	1.00	5.00

续表

2016 年问卷调查		N	均值	标准差	标准误	95% 置信区间		极小值	极大值
						下限	上限		
身份认同	男性	3291	4.0839	0.65433	0.01141	4.0615	4.1062	1.00	5.00
	女性	3280	4.0921	0.64634	0.01129	4.0700	4.1143	1.25	5.00
	总数	6571	4.0880	0.65032	0.00802	4.0723	4.1037	1.00	5.00

表 1 - 4 - 2 　　　　不同性别被试身份认同得分的方差分析结果

2012 年问卷调查		平方和	df	均方	F	显著性
身份认同	组间	0.113	1	0.113	0.258	0.611
	组内	2703.114	6151	0.439		
	总数	2703.227	6152			

2016 年问卷调查		平方和	df	均方	F	显著性
身份认同	组间	0.113	1	0.113	0.267	0.606
	组内	2778.439	6569	0.423		
	总数	2778.551	6570			

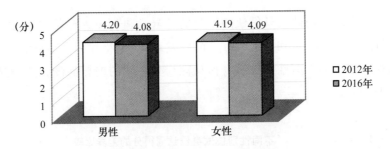

图 1 - 4 　不同性别被试的身份认同得分比较

2016 年与 2012 年相比，男性被试身份认同的得分下降 0.12 分，女性被试身份认同的得分下降 0.10 分（见表 1 - 4 - 3）。女性被试得分下降的幅度略小于男性被试，将 2012 年男性被试身份认同得分略高于女性被试，改变成了 2016 年男性被试身份认同得分略低于女性被试，但是两者之间得分差异不显著的状态没有改变。

表 1 - 4 - 3 　　　　　　不同性别被试身份认同得分的变化

项目	2012 年问卷调查	2016 年问卷调查	2016 年比 2012 年增减
男性	4.20	4.08	- 0.12
女性	4.19	4.09	- 0.10

五　不同性别被试的文化认同比较

对不同性别被试文化认同得分的差异性进行方差分析（见表 1 - 5 - 1、表 1 - 5 - 2 和图 1 - 5），2012 年问卷调查显示不同性别被试的文化认同得分之间差异显著，$F = 14.049$，$p < 0.001$，男性被试（$M = 3.47$，$SD = 0.57$）的得分显著高于女性被试（$M = 3.41$，$SD = 0.55$）。2016 年问卷调查则显示不同性别被试的文化认同得分之间的差异未达到显著水平。

表 1 - 5 - 1 　　　　　　不同性别被试文化认同得分的差异比较

2012 年问卷调查		N	均值	标准差	标准误	95% 置信区间		极小值	极大值
						下限	上限		
文化认同	男性	3066	3.4667	0.56705	0.01024	3.4467	3.4868	1.00	5.00
	女性	3080	3.4131	0.55477	0.01000	3.3935	3.4327	1.00	5.00
	总数	6146	3.4399	0.56153	0.00716	3.4258	3.4539	1.00	5.00

2016 年问卷调查		N	均值	标准差	标准误	95% 置信区间		极小值	极大值
						下限	上限		
文化认同	男性	3294	3.4820	0.55993	0.00976	3.4629	3.5011	1.00	5.00
	女性	3281	3.4678	0.54586	0.00953	3.4492	3.4865	1.33	5.00
	总数	6575	3.4749	0.55296	0.00682	3.4616	3.4883	1.00	5.00

表 1 - 5 - 2　　　　　　不同性别被试文化认同得分的方差分析结果

2012 年问卷调查		平方和	*df*	均方	*F*	显著性
文化认同	组间	4.420	1	4.420	14.049	0.000
	组内	1933.178	6144	0.315		
	总数	1937.599	6145			
2016 年问卷调查		平方和	*df*	均方	*F*	显著性
文化认同	组间	0.329	1	0.329	1.075	0.300
	组内	2009.733	6573	0.306		
	总数	2010.062	6574			

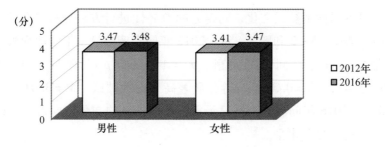

图 1 - 5　不同性别被试的文化认同得分比较

2016 年与 2012 年相比，男性被试文化认同的得分上升 0.01 分，女性被试文化认同的得分上升 0.06 分（见表 1 - 5 - 3）。恰是因为女性被试得分上升的幅度大于男性被试，使得两者之间的得分差距缩小，不同性别被试身份认同得分的差异也由 2012 年的显著变成了 2016 年的不显著。

表 1 - 5 - 3　　　　　　不同性别被试文化认同得分的变化

项目	2012 年问卷调查	2016 年问卷调查	2016 年比 2012 年增减
男性	3.47	3.48	+ 0.01
女性	3.41	3.47	+ 0.06

六　不同性别被试的政策认同比较

对不同性别被试政策认同得分的差异性进行方差分析（见表1-6-1、表1-6-2和图1-6），可以发现两次问卷调查所显示的不同性别被试政策认同得分之间的差异都没有达到显著水平。

表1-6-1　　　　　　不同性别被试政策认同得分的差异比较

2012年问卷调查		N	均值	标准差	标准误	95% 置信区间		极小值	极大值
						下限	上限		
政策认同	男性	3070	3.6097	0.71901	0.01298	3.5842	3.6351	1.00	5.00
	女性	3082	3.5762	0.66783	0.01203	3.5527	3.5998	1.00	5.00
	总数	6152	3.5929	0.69399	0.00885	3.5756	3.6103	1.00	5.00

2016年问卷调查		N	均值	标准差	标准误	95% 置信区间		极小值	极大值
						下限	上限		
政策认同	男性	3294	3.5756	0.64923	0.01131	3.5534	3.5978	1.00	5.00
	女性	3283	3.5554	0.61097	0.01066	3.5345	3.5763	1.33	5.00
	总数	6577	3.5655	0.63046	0.00777	3.5503	3.5807	1.00	5.00

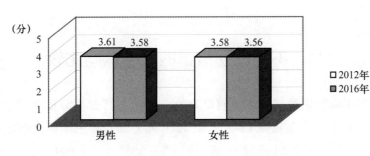

图1-6　不同性别被试的政策认同得分比较

表 1 - 6 - 2 不同性别被试政策认同得分的方差分析结果

2012 年问卷调查		平方和	df	均方	F	显著性
政策认同	组间	1.717	1	1.717	3.567	0.059
	组内	2960.717	6150	0.481		
	总数	2962.434	6151			

2016 年问卷调查		平方和	df	均方	F	显著性
政策认同	组间	0.671	1	0.671	1.689	0.194
	组内	2613.134	6575	0.397		
	总数	2613.806	6576			

2016 年与 2012 年相比，男性被试政策认同的得分下降 0.03 分，女性被试政策认同的得分下降 0.02 分（见表 1 - 6 - 3）。女性被试得分下降的幅度略小于男性被试，但未能改变两者之间得分差异不显著的状态。

表 1 - 6 - 3 不同性别被试政策认同得分的变化

项目	2012 年问卷调查	2016 年问卷调查	2016 年比 2012 年增减
男性	3.61	3.58	- 0.03
女性	3.58	3.56	- 0.02

七 不同性别被试的发展认同比较

对不同性别被试发展认同得分的差异性进行方差分析（见表 1 - 7 - 1、表 1 - 7 - 2 和图 1 - 7），2012 年问卷调查显示不同性别被试的发展认同得分之间差异显著，$F = 23.506$，$p < 0.001$，男性被试（$M = 3.78$，$SD = 0.63$）的得分显著高于女性被试（$M = 3.70$，$SD = 0.61$）。2016 年问卷调查也显示不同性别被试的发展认同得分之间差异显著，$F = 5.865$，$p < 0.05$，男性被试（$M = 3.64$，$SD = 0.65$）的得分显著高于女性被试（$M = 3.61$，$SD = 0.64$）。

表 1 - 7 - 1　　　　　不同性别被试发展认同得分的差异比较

2012 年问卷调查		N	均值	标准差	标准误	95% 置信区间		极小值	极大值
						下限	上限		
发展认同	男性	3068	3.7795	0.62621	0.01131	3.7573	3.8017	1.00	5.00
	女性	3084	3.7032	0.60760	0.01094	3.6818	3.7247	1.50	5.00
	总数	6152	3.7413	0.61808	0.00788	3.7258	3.7567	1.00	5.00

2016 年问卷调查		N	均值	标准差	标准误	95% 置信区间		极小值	极大值
						下限	上限		
发展认同	男性	3291	3.6439	0.65471	0.01141	3.6215	3.6663	1.50	5.00
	女性	3282	3.6053	0.63752	0.01113	3.5835	3.6271	1.25	5.00
	总数	6573	3.6246	0.64642	0.00797	3.6090	3.6402	1.25	5.00

表 1 - 7 - 2　　　　不同性别被试发展认同得分的方差分析结果

2012 年问卷调查		平方和	df	均方	F	显著性
发展认同	组间	8.947	1	8.947	23.506	0.000
	组内	2340.896	6150	0.381		
	总数	2349.843	6151			

2016 年问卷调查		平方和	df	均方	F	显著性
发展认同	组间	2.449	1	2.449	5.865	0.015
	组内	2743.753	6571	0.418		
	总数	2746.202	6572			

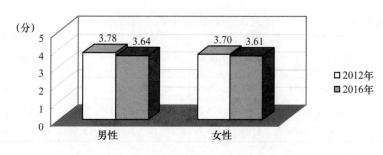

图 1 - 7　不同性别被试的发展认同得分比较

2016 年与 2012 年相比，男性被试发展认同的得分下降 0.14 分，女性被试发展认同的得分下降 0.09 分（见表 1 - 7 - 3）。尽管男性被试得分下降的幅度大于女性被试，但是依然维持了发展认同得分显著高于女性被试的状态。

表 1 - 7 - 3　　　　　　　不同性别被试发展认同得分的变化

项目	2012 年问卷调查	2016 年问卷调查	2016 年比 2012 年增减
男性	3.78	3.64	− 0.14
女性	3.70	3.61	− 0.09

八　不同性别被试的政治认同总分比较

对不同性别被试政治认同总分的差异性进行方差分析（见表 1 - 8 - 1、表 1 - 8 - 2 和图 1 - 8），2012 年问卷调查显示不同性别被试的政治认同总分之间差异显著，$F = 20.202$，$p < 0.001$，男性被试（$M = 3.70$，$SD = 0.41$）的得分显著高于女性被试（$M = 3.65$，$SD = 0.39$）。2016 年问卷调查也显示不同性别被试的政治认同总分之间差异显著，$F = 4.763$，$p < 0.05$，男性被试（$M = 3.64$，$SD = 0.40$）的得分显著高于女性被试（$M = 3.62$，$SD = 0.38$）。

表 1 - 8 - 1　　　　　　　不同性别被试政治认同总分的差异比较

2012 年问卷调查		N	均值	标准差	标准误	95% 置信区间		极小值	极大值
						下限	上限		
政治认同总分	男性	3046	3.6963	0.40890	0.00741	3.6817	3.7108	1.64	4.78
	女性	3063	3.6505	0.38630	0.00698	3.6368	3.6642	2.18	4.78
	总数	6109	3.6733	0.39836	0.00510	3.6633	3.6833	1.64	4.78

续表

2016 年问卷调查		N	均值	标准差	标准误	95% 置信区间		极小值	极大值
						下限	上限		
政治认同总分	男性	3276	3.6406	0.39878	0.00697	3.6269	3.6543	1.83	4.90
	女性	3268	3.6197	0.37685	0.00659	3.6067	3.6326	2.33	4.89
	总数	6544	3.6302	0.38810	0.00480	3.6208	3.6396	1.83	4.90

表 1 - 8 - 2　　　　不同性别被试政治认同总分的方差分析结果

2012 年问卷调查		平方和	df	均方	F	显著性
政治认同总分	组间	3.196	1	3.196	20.202	0.000
	组内	966.067	6107	0.158		
	总数	969.263	6108			
2016 年问卷调查		平方和	df	均方	F	显著性
政治认同总分	组间	0.717	1	0.717	4.763	0.029
	组内	984.798	6542	0.151		
	总数	985.515	6543			

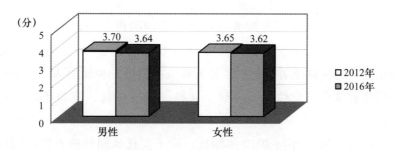

图 1 - 8　不同性别被试的政治认同总分比较

2016 年与 2012 年相比，男性被试的政治认同总分下降 0.06 分，女性被试政治认同总分下降 0.03 分（见表 1 - 8 - 3）。尽管男性被试得分下降的幅度大于女性被试，但是并没有改变政治认同总分显著高于女性被试的状态。

表 1 - 8 - 3   **不同性别被试政治认同总分的变化**

项目	2012 年问卷调查	2016 年问卷调查	2016 年比 2012 年增减
男性	3.70	3.64	- 0.06
女性	3.65	3.62	- 0.03

通过本章的数据比较，可以对不同性别被试在政治认同方面所反映出来的差异做一个简单的小结。

第一，通过两次问卷调查，可以看出在政治认同方面确实存在着显著的性别差异，男性被试的政治认同总分在两次调查中都显著地高于女性被试，表明在中国公民中，男性公民的政治认同水平总体上高于女性公民。

第二，在六种认同中，两次问卷调查不同性别被试的得分差异都达到显著水平的只有政党认同和发展认同，得分差异均未达到显著水平的有体制认同、身份认同和政策认同，文化认同则由 2012 年的得分差异显著变成了 2016 年的得分差异不显著。也就是说，政治认同的性别差异并不是"全覆盖性"的，在一些具体认同上，因公民性别不同带来的差异并不明显。

第三，2012 年问卷调查显示六种认同的得分和政治认同总分都是男性被试高于女性被试，2016 年问卷调查则显示，女性被试的身份认同得分略高于男性被试，另五种认同的得分和政治认同总分依然是男性被试高于女性被试。对于这种细微的变化，应该予以一定的关注。

第四，2016 年与 2012 年相比，除了文化认同外的五种认同以及政治认同总分，不同性别被试的得分都有所下降，但是需要特别注意的是，女性被试的得分下降幅度都小于男性被试。这样的现象所包含的信息应是不同性别被试的政治认同差异有所缩小而不是进一步扩大。如果在下一轮调查中继续延续这样的现象，政治认同方面的性别差异可能总体上不再具有显著性的特征。

第二章 政治认同的差异比较：民族

2012 年问卷调查涉及的 6159 名被试中，有 3 名被试的民族身份信息缺失，在有民族身份信息的 6156 名被试中，汉族被试 5665 人，占 92.02%；少数民族被试 491 人，占 7.98%。2016 年问卷调查涉及的 6581 名被试中，汉族被试 5962 人，占 90.59%；少数民族被试 619 人，占 9.41%。根据两次问卷调查的数据，可以比较汉族被试和少数民族被试政治认同的变化情况。

一 汉族与少数民族被试政治认同的总体情况

2012 年问卷调查结果显示，汉族被试政治认同的总体得分在 1.64—4.78 分之间，均值为 3.67，标准差为 0.40。在六种认同中，汉族被试的体制认同得分在 1.00—5.00 分之间，均值为 3.43，标准差为 0.54；政党认同得分在 1.00—5.00 分之间，均值为 3.63，标准差为 0.63；身份认同得分在 1.25—5.00 分之间，均值为 4.19，标准差为 0.66；文化认同得分在 1.00—5.00 分之间，均值为 3.44，标准差为 0.56；政策认同得分在 1.00—5.00 分之间，均值为 3.58，标准差为 0.69；发展认同得分在 1.00—5.00 分之间，均值为 3.73，标准差为 0.62（见表 2-1-1 和图 2-1-1）。

表 2 - 1 - 1　　　　　汉族被试政治认同的描述统计（2012 年）

项目	N	极小值	极大值	均值	标准差
政治认同总分	5619	1.64	4.78	3.6678	0.39625
体制认同	5658	1.00	5.00	3.4318	0.53670
政党认同	5653	1.00	5.00	3.6280	0.62890
身份认同	5660	1.25	5.00	4.1884	0.65735
文化认同	5653	1.00	5.00	3.4358	0.55693
政策认同	5660	1.00	5.00	3.5844	0.69224
发展认同	5658	1.00	5.00	3.7309	0.61539
有效的 N（列表状态）	5619				

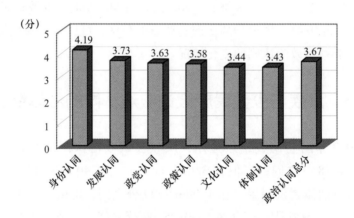

图 2 - 1 - 1　汉族被试政治认同得分的总体情况（2012 年）

2016 年调查结果显示，汉族被试政治认同的总体得分在 1.83—4.90 分之间，均值为 3.63，标准差为 0.39。在六种认同中，汉族被试的体制认同得分在 1.00—5.00 分之间，均值为 3.43，标准差为 0.49；政党认同得分在 1.33—5.00 分之间，均值为 3.59，标准差为 0.57；身份认同得分在 1.00—5.00 分之间，均值为 4.08，标准差为 0.65；文化认同得分在 1.00—5.00 分之间，均值为 3.47，标准差为 0.55；政策认同得分在 1.00—5.00 分之间，均值为 3.57，标准差为

0.63；发展认同得分在 1.25—5.00 分之间，均值为 3.62，标准差为 0.64（见表 2 - 1 - 2 和图 2 - 1 - 2）。

表 2 - 1 - 2　　　　汉族被试政治认同的描述统计（2016 年）

项目	N	极小值	极大值	均值	标准差
政治认同总分	5931	1.83	4.90	3.6271	0.38655
体制认同	5962	1.00	5.00	3.4332	0.49038
政党认同	5954	1.33	5.00	3.5850	0.57262
身份认同	5954	1.00	5.00	4.0806	0.64727
文化认同	5956	1.00	5.00	3.4745	0.54932
政策认同	5959	1.00	5.00	3.5675	0.63075
发展认同	5955	1.25	5.00	3.6175	0.64400
有效的 N（列表状态）	5931				

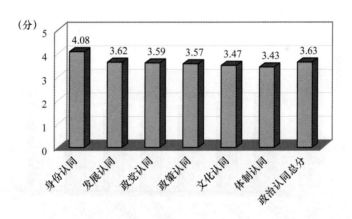

图 2 - 1 - 2　汉族被试政治认同得分的总体情况（2016 年）

2012 年问卷调查结果显示，少数民族被试政治认同的总体得分在 2.18—4.78 分之间，均值为 3.74，标准差为 0.40。在六种认同中，少数民族被试的体制认同得分在 1.33—5.00 分之间，均值为 3.50，标准差为 0.57；政党认同得分在 1.67—5.00 分之间，均值为 3.64，标准差为 0.61；身份认同得分在 1.00—5.00 分之间，均值为

4.25，标准差为0.72；文化认同得分在1.00—5.00分之间，均值为

3.49，标准差为0.61；政策认同得分在1.67—5.00分之间，均值为

3.69，标准差为0.71；发展认同得分在1.75—5.00分之间，均值为

3.86，标准差为0.64（见表2-1-3和图2-1-3）。

表2-1-3 　　　　少数民族被试政治认同的描述统计（2012年）

项目	N	极小值	极大值	均值	标准差
政治认同总分	487	2.18	4.78	3.7381	0.39625
体制认同	491	1.33	5.00	3.4963	0.57196
政党认同	490	1.67	5.00	3.6354	0.60777
身份认同	490	1.00	5.00	4.2474	0.72328
文化认同	490	1.00	5.00	3.4864	0.61187
政策认同	489	1.67	5.00	3.6905	0.70912
发展认同	491	1.75	5.00	3.8641	0.63565
有效的N（列表状态）	487				

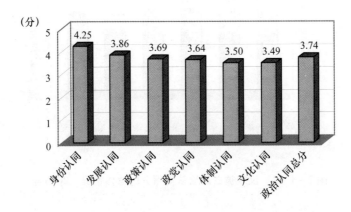

图2-1-3　少数民族被试政治认同得分的总体情况（2012年）

2016年问卷调查结果显示，少数民族被试政治认同的总体得分
在2.33—4.64分之间，均值为3.66，标准差为0.40。在六种认同
中，少数民族被试的体制认同得分在1.33—5.00分之间，均值为

3.45，标准差为 0.52；政党认同得分在 1.67—5.00 分之间，均值为
3.61，标准差为 0.59；身份认同得分在 1.75—5.00 分之间，均值为
4.16，标准差为 0.68；文化认同得分在 1.33—5.00 分之间，均值为
3.48，标准差为 0.59；政策认同得分在 1.33—5.00 分之间，均值为
3.55，标准差为 0.63；发展认同得分在 1.50—5.00 分之间，均值为
3.69，标准差为 0.67（见表 2-1-4 和图 2-1-4）。

表 2-1-4　　　少数民族被试政治认同的描述统计（2016 年）

项目	N	极小值	极大值	均值	标准差
政治认同总分	613	2.33	4.64	3.6598	0.40186
体制认同	619	1.33	5.00	3.4529	0.52455
政党认同	615	1.67	5.00	3.6136	0.58766
身份认同	617	1.75	5.00	4.1562	0.67545
文化认同	619	1.33	5.00	3.4787	0.58727
政策认同	618	1.33	5.00	3.5458	0.62783
发展认同	618	1.50	5.00	3.6926	0.66604
有效的 N（列表状态）	613				

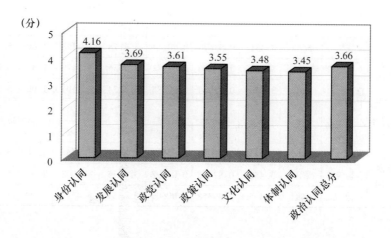

图 2-1-4　少数民族被试政治认同得分的总体情况（2016 年）

六种认同的得分由高到低排序，两次问卷调查汉族被试都是身份认同第一，发展认同第二，政党认同第三，政策认同第四，文化认同第五，体制认同第六。少数民族被试 2012 年问卷调查是身份认同第一，发展认同第二，政策认同第三，政党认同第四，体制认同第五，文化认同第六（后四位排序与汉族被试不同），2016 年则与汉族被试的排序相同。

二　汉族与少数民族被试的体制认同比较

对汉族与少数民族被试体制认同得分的差异性进行方差分析（见表 2 - 2 - 1、表 2 - 2 - 2 和图 2 - 2），2012 年问卷调查结果显示汉族与少数民族被试的体制认同得分之间差异显著，$F = 6.453$，$p < 0.05$，汉族被试（$M = 3.43$，$SD = 0.54$）的得分显著低于少数民族被试（$M = 3.50$，$SD = 0.57$）。2016 年问卷调查结果则显示汉族与少数民族被试体制认同得分之间的差异不显著。

表 2 - 2 - 1　　　　汉族与少数民族被试体制认同得分的差异比较

2012 年问卷调查		N	均值	标准差	标准误	95% 置信区间		极小值	极大值
						下限	上限		
体制认同	汉族	5658	3.4318	0.53670	0.00714	3.4178	3.4458	1.00	5.00
	少数民族	491	3.4963	0.57196	0.02581	3.4455	3.5470	1.33	5.00
	总数	6149	3.4369	0.53984	0.00688	3.4234	3.4504	1.00	5.00

2016 年问卷调查		N	均值	标准差	标准误	95% 置信区间		极小值	极大值
						下限	上限		
体制认同	汉族	5962	3.4332	0.49038	0.00635	3.4207	3.4456	1.00	5.00
	少数民族	619	3.4529	0.52455	0.02108	3.4115	3.4943	1.33	5.00
	总数	6581	3.4350	0.49368	0.00609	3.4231	3.4470	1.00	5.00

表 2 - 2 - 2   汉族与少数民族被试体制认同得分的方差分析结果

2012 年问卷调查		平方和	df	均方	F	显著性
体制认同	组间	1.879	1	1.879	6.453	0.011
	组内	1789.798	6147	0.291		
	总数	1791.677	6148			
2016 年问卷调查		平方和	df	均方	F	显著性
体制认同	组间	0.217	1	0.217	0.892	0.345
	组内	1603.484	6579	0.244		
	总数	1603.702	6580			

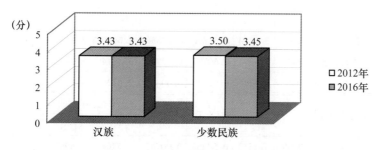

图 2 - 2   汉族与少数民族被试的体制认同得分比较

2016 年与 2012 年相比，汉族被试体制认同的得分与 2012 年持平，少数民族被试体制认同的得分下降 0.05 分（见表 2 - 2 - 3）。正是因为少数民族被试体制认同得分的一定幅度下降，使得少数民族被试与汉族被试之间的得分差异由显著变成了不显著。

表 2 - 2 - 3   汉族与少数民族被试体制认同得分的变化

项目	2012 年问卷调查	2016 年问卷调查	2016 年比 2012 年增减
汉族	3.43	3.43	0
少数民族	3.50	3.45	- 0.05

三　汉族与少数民族被试的政党认同比较

对汉族与少数民族被试政党认同得分的差异性进行方差分析（见表2－3－1、表2－3－2和图2－3），可以发现2012年和2016年两次问卷调查所显示的汉族与少数民族被试的政党认同得分之间的差异都没有达到显著水平。

表2－3－1　　　　　　　汉族与少数民族被试政党认同得分的差异比较

2012年问卷调查		N	均值	标准差	标准误	95% 置信区间		极小值	极大值
						下限	上限		
政党认同	汉族	5653	3.6280	0.62890	0.00836	3.6116	3.6444	1.00	5.00
	少数民族	490	3.6354	0.60777	0.02746	3.5814	3.6893	1.67	5.00
	总数	6143	3.6286	0.62720	0.00800	3.6129	3.6443	1.00	5.00

2016年问卷调查		N	均值	标准差	标准误	95% 置信区间		极小值	极大值
						下限	上限		
政党认同	汉族	5954	3.5850	0.57262	0.00742	3.5704	3.5995	1.33	5.00
	少数民族	615	3.6136	0.58766	0.02370	3.5670	3.6601	1.67	5.00
	总数	6569	3.5877	0.57406	0.00708	3.5738	3.6015	1.33	5.00

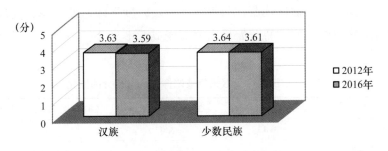

图2－3　汉族与少数民族被试的政党认同得分比较

表 2 - 3 - 2 　　　　汉族与少数民族被试政党认同得分的方差分析结果

2012 年问卷调查		平方和	df	均方	F	显著性
政党认同	组间	0.024	1	0.024	0.062	0.804
	组内	2416.088	6141	0.393		
	总数	2416.112	6142			
2016 年问卷调查		平方和	df	均方	F	显著性
政党认同	组间	0.455	1	0.455	1.380	0.240
	组内	2163.985	6567	0.330		
	总数	2164.440	6568			

2016 年与 2012 年相比，汉族被试政党认同的得分下降 0.04 分，少数民族被试政党认同的得分下降 0.03 分（见表 2 - 3 - 3）。由于汉族被试和少数民族被试得分下降的幅度接近，因此依然维持了两者之间政党认同得分差异不显著的状态。

表 2 - 3 - 3 　　　　汉族与少数民族被试政党认同得分的变化

项目	2012 年问卷调查	2016 年问卷调查	2016 年比 2012 年增减
汉族	3.63	3.59	- 0.04
少数民族	3.64	3.61	- 0.03

四　汉族与少数民族被试的身份认同比较

对汉族与少数民族被试身份认同得分的差异性进行方差分析（见表 2 - 4 - 1、表 2 - 4 - 2 和图 2 - 4），2012 年问卷调查显示汉族与少数民族被试的身份认同得分之间的差异不显著，但是 2016 年问卷调查显示汉族与少数民族被试的身份认同得分之间差异显著，$F =$ 8.180，$p < 0.01$，汉族被试（$M = 4.08$，$SD = 0.65$）的得分显著低于少数民族被试（$M = 4.16$，$SD = 0.68$）。

表 2 - 4 - 1　　　　　　汉族与少数民族被试身份认同得分的差异比较

2012 年问卷调查		N	均值	标准差	标准误	95% 置信区间		极小值	极大值
						下限	上限		
身份认同	汉族	5660	4.1884	0.65735	0.00874	4.1713	4.2055	1.25	5.00
	少数民族	490	4.2474	0.72328	0.03267	4.1832	4.3116	1.00	5.00
	总数	6150	4.1931	0.66298	0.00845	4.1765	4.2097	1.00	5.00

2016 年问卷调查		N	均值	标准差	标准误	95% 置信区间		极小值	极大值
						下限	上限		
身份认同	汉族	5954	4.0806	0.64727	0.00839	4.0642	4.0971	1.00	5.00
	少数民族	617	4.1592	0.67545	0.02719	4.1058	4.2126	1.75	5.00
	总数	6571	4.0880	0.65032	0.00802	4.0723	4.1037	1.00	5.00

表 2 - 4 - 2　　　　　汉族与少数民族被试身份认同得分的方差分析结果

2012 年问卷调查		平方和	df	均方	F	显著性
身份认同	组间	1.573	1	1.573	3.581	0.058
	组内	2701.133	6148	0.439		
	总数	2702.706	6149			
2016 年问卷调查		平方和	df	均方	F	显著性
身份认同	组间	3.456	1	3.456	8.180	0.004
	组内	2775.096	6569	0.422		
	总数	2778.551	6570			

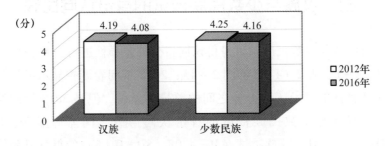

图 2 - 4　汉族与少数民族被试的身份认同得分比较

2016 年与 2012 年相比，汉族被试身份认同的得分下降 0.11 分，少数民族被试身份认同的得分下降 0.09 分（见表 2 - 4 - 3）。正是由于少数民族被试得分下降的幅度略小于汉族被试，拉大了两者之间的得分差距，使得身份认同的得分差异由不显著变成了显著。

表 2 - 4 - 3　　　　汉族与少数民族被试身份认同得分的变化

项目	2012 年问卷调查	2016 年问卷调查	2016 年比 2012 年增减
汉族	4.19	4.08	- 0.11
少数民族	4.25	4.16	- 0.09

五　汉族与少数民族被试的文化认同比较

对汉族与少数民族被试文化认同得分的差异性进行方差分析（见表 2 - 5 - 1、表 2 - 5 - 2 和图 2 - 5），可以发现 2012 年和 2016 年两次问卷调查所显示的汉族与少数民族被试文化认同得分之间的差异都没有达到显著水平。

表 2 - 5 - 1　　　　汉族与少数民族被试文化认同得分的差异比较

2012 年问卷调查		N	均值	标准差	标准误	95% 置信区间		极小值	极大值
						下限	上限		
文化认同	汉族	5653	3.4358	0.55693	0.00741	3.4213	3.4503	1.00	5.00
	少数民族	490	3.4864	0.61187	0.02764	3.4321	3.5407	1.00	5.00
	总数	6143	3.4399	0.56162	0.00717	3.4258	3.4539	1.00	5.00
2016 年问卷调查		N	均值	标准差	标准误	95% 置信区间		极小值	极大值
						下限	上限		
文化认同	汉族	5956	3.4745	0.54932	0.00712	3.4606	3.4885	1.00	5.00
	少数民族	619	3.4787	0.58727	0.02360	3.4324	3.5251	1.33	5.00
	总数	6575	3.4749	0.55296	0.00682	3.4616	3.4883	1.00	5.00

表2-5-2　　　　　汉族与少数民族被试文化认同得分的方差分析结果

2012年问卷调查		平方和	df	均方	F	显著性
文化认同	组间	1.154	1	1.154	3.659	0.056
	组内	1936.149	6141	0.315		
	总数	1937.302	6142			
2016年问卷调查		平方和	df	均方	F	显著性
文化认同	组间	0.010	1	0.010	0.032	0.857
	组内	2010.052	6573	0.306		
	总数	2010.062	6574			

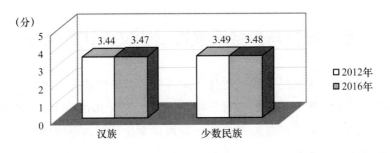

图2-5　汉族与少数民族被试的文化认同得分比较

2016年与2012年相比，汉族被试文化认同的得分上升0.03分，少数民族被试文化认同的得分下降0.01分，使得两者之间的得分更为接近而不是差距更大（见表2-5-3）。

表2-5-3　　　　　汉族与少数民族被试文化认同得分的变化

项目	2012年问卷调查	2016年问卷调查	2016年比2012年增减
汉族	3.44	3.47	+0.03
少数民族	3.49	3.48	-0.01

六 汉族与少数民族被试的政策认同比较

对汉族与少数民族被试政策认同得分的差异性进行方差分析（见表2-6-1、表2-6-2和图2-6），2012年问卷调查显示汉族与少数民族被试的政策认同得分之间差异显著，$F = 10.539$，$p < 0.01$，汉族被试（$M = 3.58$，$SD = 0.69$）的得分显著低于少数民族被试（$M = 3.69$，$SD = 0.71$）。2016年问卷调查则显示汉族与少数民族被试的政策认同得分之间差异不显著。

表2-6-1 汉族与少数民族被试政策认同得分的差异比较

2012年问卷调查		N	均值	标准差	标准误	95% 置信区间		极小值	极大值
						下限	上限		
政策认同	汉族	5660	3.5844	0.69224	0.00920	3.5664	3.6024	1.00	5.00
	少数民族	489	3.6905	0.70912	0.03207	3.6275	3.7535	1.67	5.00
	总数	6149	3.5928	0.69414	0.00885	3.5755	3.6102	1.00	5.00

2016年问卷调查		N	均值	标准差	标准误	95% 置信区间		极小值	极大值
						下限	上限		
政策认同	汉族	5959	3.5675	0.63075	0.00817	3.5515	3.5836	1.00	5.00
	少数民族	618	3.5458	0.62783	0.02525	3.4963	3.5954	1.33	5.00
	总数	6577	3.5655	0.63046	0.00777	3.5503	3.5807	1.00	5.00

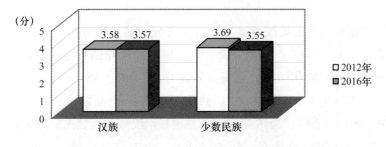

图2-6 汉族与少数民族被试的政策认同得分比较

表 2 - 6 - 2　　　　汉族与少数民族被试政策认同得分的方差分析结果

2012 年问卷调查		平方和	df	均方	F	显著性
政策认同	组间	5.070	1	5.070	10.539	0.001
	组内	2957.188	6147	0.481		
	总数	2962.258	6148			
2016 年问卷调查		平方和	df	均方	F	显著性
政策认同	组间	0.264	1	0.264	0.663	0.415
	组内	2613.542	6575	0.397		
	总数	2613.806	6576			

2016 年与 2012 年相比，汉族被试政策认同的得分下降 0.01 分，少数民族被试政策认同的得分下降 0.14 分（见表 2 - 6 - 3）。少数民族被试政策认同得分的较大幅度下降，不仅使其得分高于汉族被试的状态被逆转，亦使得两者之间的得分差异由显著变成了不显著。

表 2 - 6 - 3　　　　汉族与少数民族被试政策认同得分的变化

项目	2012 年问卷调查	2016 年问卷调查	2016 年比 2012 年增减
汉族	3.58	3.57	- 0.01
少数民族	3.69	3.55	- 0.14

七　汉族与少数民族被试的发展认同比较

对汉族与少数民族被试发展认同得分的差异性进行方差分析（见表 2 - 7 - 1、表 2 - 7 - 2 和图 2 - 7），2012 年问卷调查显示汉族与少数民族被试的发展认同得分之间差异显著，$F = 21.036$，$p < 0.001$，汉族被试（$M = 3.73$，$SD = 0.62$）的得分显著低于少数民族被试（$M = 3.86$，$SD = 0.64$）。2016 年问卷调查也显示汉族与少数民族被试的发展认同得分之间差异显著，$F = 7.546$，$p < 0.01$，汉族被试（$M = 3.62$，$SD = 0.64$）的得分显著低于少数民族被试（$M = 3.69$，$SD = 0.67$）。

表 2 - 7 - 1　　　　汉族与少数民族被试发展认同得分的差异比较

2012 年问卷调查		N	均值	标准差	标准误	95% 置信区间		极小值	极大值
						下限	上限		
发展认同	汉族	5658	3.7309	0.61539	0.00818	3.7149	3.7470	1.00	5.00
	少数民族	491	3.8641	0.63565	0.02869	3.8077	3.9204	1.75	5.00
	总数	6149	3.7415	0.61803	0.00788	3.7261	3.7570	1.00	5.00

2016 年问卷调查		N	均值	标准差	标准误	95% 置信区间		极小值	极大值
						下限	上限		
发展认同	汉族	5955	3.6175	0.64400	0.00835	3.6012	3.6339	1.25	5.00
	少数民族	618	3.6926	0.66604	0.02679	3.6399	3.7452	1.50	5.00
	总数	6573	3.6246	0.64642	0.00797	3.6090	3.6402	1.25	5.00

表 2 - 7 - 2　　　　汉族与少数民族被试发展认同得分的方差分析结果

2012 年问卷调查		平方和	df	均方	F	显著性
发展认同	组间	8.009	1	8.009	21.036	0.000
	组内	2340.302	6147	0.381		
	总数	2348.310	6148			

2016 年问卷调查		平方和	df	均方	F	显著性
发展认同	组间	3.150	1	3.150	7.546	0.006
	组内	2743.052	6571	0.417		
	总数	2746.202	6572			

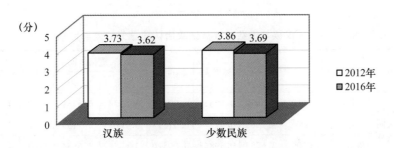

图 2 - 7　汉族与少数民族被试的发展认同得分比较

2016 年与 2012 年相比，汉族被试发展认同的得分下降 0.11 分，少数民族被试发展认同的得分下降 0.17 分（见表 2 - 7 - 3）。尽管少数民族被试得分下降的幅度大于汉族被试，但是依然保持了发展认同得分显著高于汉族被试的状态。

表 2 - 7 - 3　　　　汉族与少数民族被试发展认同得分的变化

项目	2012 年问卷调查	2016 年问卷调查	2016 年比 2012 年增减
汉族	3.73	3.62	- 0.11
少数民族	3.86	3.69	- 0.17

八　汉族与少数民族被试的政治认同总分比较

对汉族与少数民族被试政治认同总分的差异性进行方差分析（见表 2 - 8 - 1、表 2 - 8 - 2 和图 2 - 8），2012 年问卷调查显示汉族与少数民族被试的政治认同总分之间差异显著，$F = 14.003$，$p < 0.001$，汉族被试（$M = 3.67$，$SD = 0.40$）的得分显著低于少数民族被试（$M = 3.74$，$SD = 0.42$）。2016 年问卷调查也显示汉族与少数民族被试的政治认同总分之间差异显著，$F = 3.954$，$p < 0.05$，汉族被试（$M = 3.63$，$SD = 0.39$）的得分显著低于少数民族被试（$M = 3.66$，$SD = 0.40$）。

表 2 - 8 - 1　　　　汉族与少数民族被试政治认同总分的差异比较

2012 年问卷调查		N	均值	标准差	标准误	95% 置信区间		极小值	极大值
						下限	上限		
政治认同总分	汉族	5619	3.6678	0.39625	0.00529	3.6574	3.6781	1.64	4.78
	少数民族	487	3.7381	0.41774	0.01893	3.7009	3.7753	2.18	4.68
	总数	6106	3.6734	0.39843	0.00510	3.6634	3.6834	1.64	4.78

续表

2016 年问卷调查		N	均值	标准差	标准误	95% 置信区间		极小值	极大值
						下限	上限		
政治认同总分	汉族	5931	3.6271	0.38655	0.00502	3.6172	3.6369	1.83	4.90
	少数民族	613	3.6598	0.40186	0.01623	3.6279	3.6917	2.33	4.64
	总数	6544	3.6302	0.38810	0.00480	3.6208	3.6396	1.83	4.90

表 2 - 8 - 2　　　　汉族与少数民族被试政治认同总分的方差分析结果

2012 年问卷调查		平方和	df	均方	F	显著性
政治认同总分	组间	2.218	1	2.218	14.003	0.000
	组内	966.938	6104	0.158		
	总数	969.156	6105			

2016 年问卷调查		平方和	df	均方	F	显著性
政治认同总分	组间	0.595	1	0.595	3.954	0.047
	组内	984.919	6542	0.151		
	总数	985.515	6543			

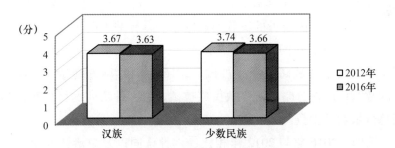

图 2 - 8　汉族与少数民族被试的政治认同总分比较

2016 年与 2012 年与相比，汉族被试的政治认同总分下降 0.04 分，少数民族被试的政治认同总分下降 0.08 分（见表 2 - 8 - 3）。尽管少数民族被试得分下降的幅度大于汉族被试，但是依然保持了政治认同总分显著高于汉族被试的状态。

表 2 - 8 - 3　　　　　　　汉族与少数民族被试政治认同总分的变化

项目	2012 年问卷调查	2016 年问卷调查	2016 年比 2012 年增减
汉族	3.67	3.63	- 0.04
少数民族	3.74	3.66	- 0.08

通过本章的数据比较，可以对汉族与少数民族被试在政治认同方面所反映出来的差异做一个简单的小结。

第一，通过两次问卷调查，可以看出在政治认同方面确实存在着显著的民族差异，少数民族被试的政治认同总分在两次调查中都显著高于汉族被试，表明在中国公民中，少数民族公民的政治认同水平总体上高于汉族公民。

第二，在六种认同中，两次问卷调查汉族与少数民族被试得分差异都达到显著水平的只有发展认同，得分差异均未达到显著水平的有政党认同和文化认同，体制认同和政策认同都由 2012 年的得分差异显著变成了 2016 年的得分差异不显著，身份认同则由 2012 年的得分差异不显著变成了 2016 年的得分差异显著。也就是说，政治认同的民族差异既不是"全覆盖性"的，也未形成"稳定性"特征，在一些具体认同上，因公民的民族不同带来的差异并不明显。

第三，2012 年问卷调查显示六种认同的得分和政治认同总分，都是少数民族被试高于汉族被试；2016 年问卷调查则显示，汉族被试的政策认同得分略高于少数民族被试，另五种认同的得分和政治认同总分依然是少数民族被试高于汉族被试。

第四，2016 年与 2012 年相比，六种认同以及政治认同总分汉族与少数民族被试的得分都有所下降，但是需要特别注意的是，少数民族被试得分下降幅度小于汉族被试的只有政党认同和身份认同；体制认同、文化认同、政策认同、发展认同和政治认同总分，都是少数民族被试得分下降的幅度大于汉族被试。尽管两次调查都显示少数民族被试的政治认同水平高于汉族被试，但是少数民族被试的认同水平如果持续降低，就会改变这样的状况，因此需要引起必要的重视，尽量在提升少数民族政治认同水平方面多做一些有益的工作。

第三章 政治认同的差异比较：年龄

2012 年和 2016 年两次问卷调查均采用三个年龄段对应三个公民群体：18—45 岁为青年人，46—60 岁为中年人，61 岁及以上为老年人。2012 年问卷调查有 3 名被试的年龄信息缺失，在 6156 名有年龄信息的被试中，青年被试（18—45 岁）3233 人，占 52.52%；中年被试（46—60 岁）1915 人，占 31.11%；老年被试（61 岁及以上）1008 人，占 16.37%。2016 年问卷调查有 2 名被试的年龄信息缺失，在有年龄信息的 6179 名被试中，青年被试 3719 人，占 56.53%；中年被试 2217 人，占 33.70%；老年被试 643 人，占 9.77%。根据两次问卷调查的数据，可以比较不同年龄被试政治认同的变化情况。

一 不同年龄被试政治认同的总体情况

2012 年问卷调查结果显示，青年被试政治认同的总体得分在 2.06—4.68 分之间，均值为 3.64，标准差为 0.40。在六种认同中，青年被试的体制认同得分在 1.00—5.00 分之间，均值为 3.38，标准差为 0.55；政党认同得分在 1.00—5.00 分之间，均值为 3.56，标准差为 0.63；身份认同得分在 1.25—5.00 分之间，均值为 4.23，标准差为 0.68；文化认同得分在 1.00—5.00 分之间，均值为 3.42，标准差为 0.57；政策认同得分在 1.00—5.00 分之间，均值为 3.52，标准差为 0.69；发展认同得分在 1.00—5.00 分之间，均值为 3.73，标准差为 0.61（见表 3-1-1 和图 3-1-1）。

表 3-1-1　　　　　　青年被试政治认同的描述统计（2012 年）

项目	N	极小值	极大值	均值	标准差
政治认同总分	3214	2.06	4.68	3.6383	0.40056
体制认同	3232	1.00	5.00	3.3806	0.55469
政党认同	3230	1.00	5.00	3.5598	0.63314
身份认同	3230	1.25	5.00	4.2259	0.67585
文化认同	3225	1.00	5.00	3.4154	0.56949
政策认同	3231	1.00	5.00	3.5157	0.68776
发展认同	3229	1.00	5.00	3.7262	0.60861
有效的 N（列表状态）	3214				

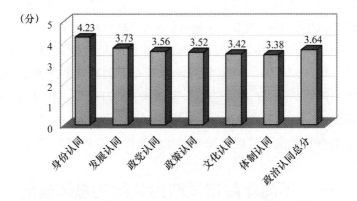

图 3-1-1　青年被试政治认同得分的总体情况（2012 年）

2016 年问卷调查结果显示，青年被试政治认同的总体得分在 2.31—4.90 分之间，均值为 3.61，标准差为 0.39。在六种认同中，青年被试的体制认同得分在 1.33—5.00 分之间，均值为 3.42，标准差为 0.51；政党认同得分在 1.33—5.00 分之间，均值为 3.56，标准差为 0.57；身份认同得分在 1.00—5.00 分之间，均值为 4.10，标准差为 0.66；文化认同得分在 1.00—5.00 分之间，均值为 3.45，标准差为 0.56；政策认同得分在 1.00—5.00 分之间，均值为 3.54，标准差为 0.63；发展认同得分在 1.25—5.00 分之间，均值为 3.61，标准差为 0.64（见表 3-1-2 和图 3-1-2）。

表 3 - 1 - 2　　　　　青年被试政治认同的描述统计（2016 年）

项目	N	极小值	极大值	均值	标准差
政治认同总分	3700	2.31	4.90	3.6123	0.38652
体制认同	3719	1.33	5.00	3.4205	0.50643
政党认同	3711	1.33	5.00	3.5602	0.56932
身份认同	3716	1.00	5.00	4.0967	0.65885
文化认同	3717	1.00	5.00	3.4496	0.55642
政策认同	3717	1.00	5.00	3.5363	0.62922
发展认同	3713	1.25	5.00	3.6080	0.64026
有效的 N（列表状态）	3700				

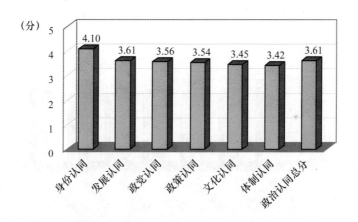

图 3 - 1 - 2　青年被试政治认同得分的总体情况（2016 年）

2012 年问卷调查结果显示，中年被试政治认同的总体得分在 1.64—4.78 分之间，均值为 3.68，标准差为 0.39。在六种认同中，中年被试的体制认同得分在 1.00—5.00 分之间，均值为 3.47，标准差为 0.52；政党认同得分在 1.00—5.00 分之间，均值为 3.66，标准差为 0.62；身份认同得分在 1.00—5.00 分之间，均值为 4.13，标准差为 0.65；文化认同得分在 1.00—5.00 分之间，均值为 3.44，标准差为 0.54；政策认同得分在 1.00—5.00 分之间，均值为 3.65，标准差为 0.68；发展认同得分在 1.50—5.00 分之间，均值为 3.73，标准差为 0.63（见表 3-1-3 和图 3-1-3）。

表 3-1-3　　　　　中年被试政治认同的描述统计（2012 年）

项目	N	极小值	极大值	均值	标准差
政治认同总分	1896	1.64	4.78	3.6824	0.39194
体制认同	1911	1.00	5.00	3.4741	0.52279
政党认同	1908	1.00	5.00	3.6613	0.61514
身份认同	1914	1.00	5.00	4.1340	0.65391
文化认同	1911	1.00	5.00	3.4373	0.54234
政策认同	1912	1.00	5.00	3.6480	0.67975
发展认同	1914	1.50	5.00	3.7308	0.62796
有效的 N（列表状态）	1896				

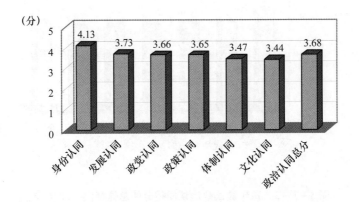

图 3-1-3　中年被试政治认同得分的总体情况（2012 年）

2016 年问卷调查结果显示，中年被试政治认同的总体得分在 1.83—4.83 分之间，均值为 3.63，标准差为 0.39。在六种认同中，中年被试的体制认同得分在 1.00—5.00 分之间，均值为 3.44，标准差为 0.48；政党认同得分在 1.33—5.00 分之间，均值为 3.60，标准差为 0.57；身份认同得分在 1.00—5.00 分之间，均值为 4.06，标准差为 0.65；文化认同得分在 1.33—5.00 分之间，均值为 3.48，标准差为 0.54；政策认同得分在 1.33—5.00 分之间，均值为 3.58，标准差为 0.63；发展认同得分在 1.50—5.00 分之间，均值为 3.62，标准差为 0.66（见表 3 - 1 - 4 和图 3 - 1 - 4）。

表3 - 1 - 4　　　　　中年被试政治认同的描述统计（2016 年）

项目	N	极小值	极大值	均值	标准差
政治认同总分	2201	1.83	4.83	3.6301	0.39232
体制认同	2217	1.00	5.00	3.4431	0.48429
政党认同	2213	1.33	5.00	3.5953	0.57379
身份认同	2211	1.00	5.00	4.0555	0.64831
文化认同	2214	1.33	5.00	3.4812	0.53882
政策认同	2215	1.33	5.00	3.5774	0.62847
发展认同	2215	1.50	5.00	3.6178	0.66075
有效的 N（列表状态）	2201				

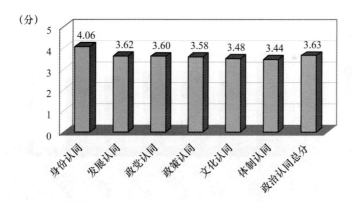

图 3 - 1 - 4　中年被试政治认同得分的总体情况（2016 年）

2012 年调查结果显示，老年被试政治认同的总体得分在 2.11—4.78 分之间，均值为 3.77，标准差为 0.39。在六种认同中，老年被试的体制认同得分在 1.00—5.00 分之间，均值为 3.55，标准差为 0.50；政党认同得分在 1.00—5.00 分之间，均值为 3.79，标准差为 0.60；身份认同得分在 2.00—5.00 分之间，均值为 4.20，标准差为 0.63；文化认同得分在 1.33—5.00 分之间，均值为 3.52，标准差为

0.56；政策认同得分在 1.00—5.00 分之间，均值为 3.74，标准差为 0.71；发展认同得分在 2.00—5.00 分之间，均值为 3.81，标准差为 0.63（见表 3-1-5 和图 3-1-5）。

表 3-1-5　　　　　　　老年被试政治认同的描述统计（2012 年）

项目	N	极小值	极大值	均值	标准差
政治认同总分	996	2.11	4.78	3.7686	0.38700
体制认同	1006	1.00	5.00	3.5474	0.49778
政党认同	1005	1.00	5.00	3.7864	0.59596
身份认同	1006	2.00	5.00	4.1986	0.63041
文化认同	1007	1.33	5.00	3.5223	0.56431
政策认同	1006	1.00	5.00	3.7372	0.70753
发展认同	1006	2.00	5.00	3.8086	0.62606
有效的 N（列表状态）	996				

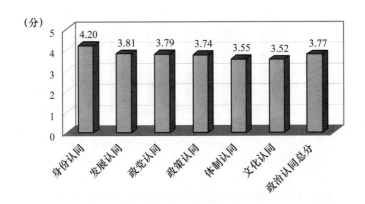

图 3-1-5　老年被试政治认同得分的总体情况（2012 年）

2016 年调查结果显示，老年被试政治认同的总体得分在 2.69—4.74 分之间，均值为 3.73，标准差为 0.37。在六种认同中，老年被试的体制认同得分在 1.00—5.00 分之间，均值为 3.49，标准差为 0.45；政党认同得分在 1.33—5.00 分之间，均值为 3.72，标准差为 0.58；身份认同得分在 2.00—5.00 分之间，均值为 4.15，标准差为

0.60；文化认同得分在 1.33—5.00 分之间，均值为 3.60，标准差为 0.56；政策认同得分在 1.33—5.00 分之间，均值为 3.69，标准差为 0.63；发展认同得分在 2.25—5.00 分之间，均值为 3.74，标准差为 0.62（见表 3 - 1 - 6 和图 3 - 1 - 6）。

表 3 - 1 - 6　　　　　　老年被试政治认同的描述统计（2016 年）

项目	N	极小值	极大值	均值	标准差
政治认同总分	641	2.69	4.74	3.7325	0.36687
体制认同	643	1.00	5.00	3.4904	0.44501
政党认同	643	1.33	5.00	3.7185	0.58427
身份认同	642	2.00	5.00	4.1507	0.60061
文化认同	642	1.33	5.00	3.5987	0.56479
政策认同	643	1.33	5.00	3.6931	0.62885
发展认同	643	2.25	5.00	3.7438	0.62008
有效的 N（列表状态）	641				

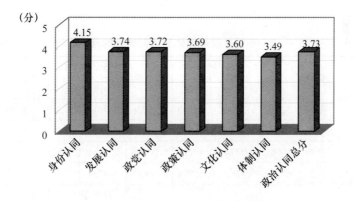

图 3 - 1 - 6　老年被试政治认同得分的总体情况（2016 年）

六种认同的得分由高到低排序，2012 年问卷调查不同年龄被试都是身份认同第一，发展认同第二，政党认同第三，政策认同第四；有所不同的，只是青年被试是文化认同第五，体制认同第六，中年被试和老年被试是体制认同第五，文化认同第六。2016 年问卷调查六种认同的得分由高到低排序，不同年龄被试都是身份认同第一，发展认同第二，政党认同第三，政策认同第四，文化认同第五，体制认同第六。

二 不同年龄被试的体制认同比较

对不同年龄被试体制认同得分的差异性进行方差分析（见表 3 - 2 - 1、表 3 - 2 - 2、表 3 - 2 - 3 和图 3 - 2），2012 年问卷调查显示不同年龄被试的体制认同得分之间差异显著，$F = 43.835$，$p < 0.001$，老年被试（$M = 3.55$，$SD = 0.50$）的得分显著高于中年被试（$M = 3.47$，$SD = 0.52$）和青年被试（$M = 3.38$，$SD = 0.55$），中年被试的得分显著高于青年被试。2016 年问卷调查也显示不同年龄被试的体制认同得分之间差异显著，$F = 5.971$，$p < 0.01$，老年被试（$M = 3.49$，$SD = 0.45$）的得分显著高于中年被试（$M = 3.44$，$SD = 0.48$）和青年被试（$M = 3.42$，$SD = 0.51$），中年被试与青年被试之间的得分差异不显著。

表 3 - 2 - 1　　　　**不同年龄被试体制认同得分的差异比较**

2012 年问卷调查		N	均值	标准差	标准误	95% 置信区间		极小值	极大值
						下限	上限		
体制认同	青年	3232	3.3806	0.55469	0.00976	3.3614	3.3997	1.00	5.00
	中年	1911	3.4741	0.52279	0.01196	3.4506	3.4976	1.00	5.00
	老年	1006	3.5474	0.49778	0.01569	3.5166	3.5782	1.00	5.00
	总数	6149	3.4369	0.53964	0.00688	3.4234	3.4504	1.00	5.00
2016 年问卷调查		N	均值	标准差	标准误	95% 置信区间		极小值	极大值
						下限	上限		
体制认同	青年	3719	3.4205	0.50643	0.00830	3.4042	3.4367	1.33	5.00
	中年	2217	3.4431	0.48429	0.01029	3.4229	3.4633	1.00	5.00
	老年	643	3.4904	0.44501	0.01755	3.4559	3.5249	1.00	5.00
	总数	6579	3.4349	0.49370	0.00609	3.4230	3.4469	1.00	5.00

表 3 − 2 − 2　　　　　　不同年龄被试体制认同得分的方差分析结果

2012 年问卷调查		平方和	*df*	均方	*F*	显著性
体制认同	组间	25.179	2	12.590	43.835	0.000
	组内	1765.165	6146	0.287		
	总数	1790.344	6148			
2016 年问卷调查		平方和	*df*	均方	*F*	显著性
体制认同	组间	2.906	2	1.453	5.971	0.003
	组内	1600.423	6576	0.243		
	总数	1603.329	6578			

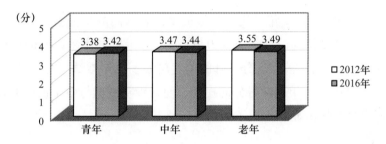

图 3 − 2　不同年龄被试的体制认同得分比较

表 3 − 2 − 3　　　　　　不同年龄被试体制认同得分的多重比较

2012 年问卷调查	（I）年龄	（J）年龄	均值差（I − J）	标准误	显著性	95% 置信区间	
						下限	上限
体制认同	青年	中年	− 0.09353 *	0.01546	0.000	− 0.1238	− 0.0632
		老年	− 0.16681 *	0.01935	0.000	− 0.2047	− 0.1289
	中年	青年	0.09353 *	0.01546	0.000	0.0632	0.1238
		老年	− 0.07329 *	0.02088	0.000	− 0.1142	− 0.0324
	老年	青年	0.16681 *	0.01935	0.000	0.1289	0.2047
		中年	0.07329 *	0.02088	0.000	0.0324	0.1142

续表

2016 年问卷调查	（I）年龄	（J）年龄	均值差（I－J）	标准误	显著性	95% 置信区间	
						下限	上限
体制认同	青年	中年	－ 0. 02264	0. 01324	0. 087	－ 0. 0486	0. 0033
		老年	－ 0. 06996 *	0. 02107	0. 001	－ 0. 1113	－ 0. 0287
	中年	青年	0. 02264	0. 01324	0. 087	－ 0. 0033	0. 0486
		老年	－ 0. 04732 *	0. 02210	0. 032	－ 0. 0906	－ 0. 0040
	老年	青年	0. 06996 *	0. 02107	0. 001	0. 0287	0. 1113
		中年	0. 04732 *	0. 02210	0. 032	0. 0040	0. 0906

* 均值差的显著性水平为 0. 05。

2016 年与 2012 年相比，青年被试体制认同的得分上升 0. 04 分，中年被试体制认同的得分下降 0. 03 分，老年被试体制认同的得分下降 0. 06 分，老年被试得分下降的幅度略大于中年被试（见表 3 - 2 - 4）。正是由于青年被试得分的提高，使得青年被试与中年被试的体制认同得分差异由显著变成了不显著。

表 3 - 2 - 4　　　　不同年龄被试体制认同得分的变化

项目	2012 年问卷调查	2016 年问卷调查	2016 年比 2012 年增减
青年	3. 38	3. 42	+ 0. 04
中年	3. 47	3. 44	－ 0. 03
老年	3. 55	3. 49	－ 0. 06

三　不同年龄被试的政党认同比较

对不同年龄被试政党认同得分的差异性进行方差分析（见表 3 - 3 - 1、表 3 - 3 - 2、表 3 - 3 - 3 和图 3 - 3），2012 年问卷调查显示不同年龄被试的政党认同得分之间差异显著，$F = 54. 823$，$p < 0.001$，老年被试（$M = 3. 79$，$SD = 0. 60$）的得分显著高于中年被试（$M = $

3.66，$SD=0.62$）和青年被试（$M=3.56$，$SD=0.63$），中年被试的得分显著高于青年被试。2016 年问卷调查也显示不同年龄被试的政党认同得分之间差异显著，$F=21.264$，$p<0.001$，老年被试（$M=3.72$，$SD=0.58$）的得分显著高于中年被试（$M=3.60$，$SD=0.57$）和青年被试（$M=3.56$，$SD=0.57$），中年被试的得分显著高于青年被试。

表 3-3-1　　　　　不同年龄被试政党认同得分的差异比较

2012 年问卷调查		N	均值	标准差	标准误	95% 置信区间		极小值	极大值
						下限	上限		
政党认同	青年	3230	3.5598	0.63314	0.01114	3.5379	3.5816	1.00	5.00
	中年	1908	3.6613	0.61514	0.01408	3.6336	3.6889	1.00	5.00
	老年	1005	3.7864	0.59596	0.01880	3.7495	3.8233	1.00	5.00
	总数	6143	3.6284	0.62705	0.00800	3.6127	3.6440	1.00	5.00
2016 年问卷调查		N	均值	标准差	标准误	95% 置信区间		极小值	极大值
						下限	上限		
政党认同	青年	3711	3.5602	0.56932	0.00935	3.5419	3.5785	1.33	5.00
	中年	2213	3.5953	0.57379	0.01220	3.5714	3.6192	1.33	5.00
	老年	643	3.7185	0.58427	0.02304	3.6733	3.7638	1.33	5.00
	总数	6567	3.5875	0.57407	0.00708	3.5736	3.6014	1.33	5.00

表 3-3-2　　　　不同年龄被试政党认同得分的方差分析结果

2012 年问卷调查		平方和	df	均方	F	显著性
政党认同	组间	42.370	2	21.185	54.823	0.000
	组内	2372.615	6140	0.386		
	总数	2414.985	6142			
2016 年问卷调查		平方和	df	均方	F	显著性
政党认同	组间	13.930	2	6.965	21.264	0.000
	组内	2149.947	6564	0.328		
	总数	2163.877	6566			

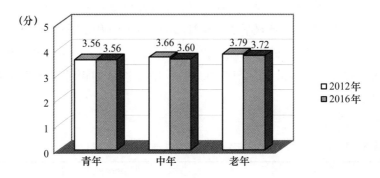

图 3 - 3　不同年龄被试的政党认同得分比较

表 3 - 3 - 3　　　　　　不同年龄被试政党认同得分的多重比较

2012 年 问卷调查	(I) 年龄	(J) 年龄	均值差 (I - J)	标准误	显著性	95% 置信区间	
						下限	上限
政党认同	青年	中年	- 0. 10150 *	0.01795	0.000	- 0. 1367	- 0. 0663
		老年	- 0. 22665 *	0.02245	0.000	- 0. 2707	- 0. 1826
	中年	青年	0. 10150 *	0.01795	0.000	0. 0663	0. 1367
		老年	- 0. 12515 *	0.02423	0.000	- 0. 1726	- 0. 0777
	老年	青年	0. 22665 *	0.02245	0.000	0. 1826	0. 2707
		中年	0. 12515 *	0.02423	0.000	0. 0777	0. 1726
2016 年 问卷调查	(I) 年龄	(J) 年龄	均值差 (I - J)	标准误	显著性	95% 置信区间	
						下限	上限
政党认同	青年	中年	- 0. 03504 *	0.01537	0.023	- 0. 0652	- 0. 0049
		老年	- 0. 15828 *	0.02445	0.000	- 0. 2062	- 0. 1104
	中年	青年	0. 03504 *	0.01537	0.023	0. 0049	0. 0652
		老年	- 0. 12324 *	0.02564	0.000	- 0. 1735	- 0. 0730
	老年	青年	0. 15828 *	0.02445	0.000	0. 1104	0. 2062
		中年	0. 12324 *	0.02564	0.000	0. 0730	0. 1735

* 均值差的显著性水平为 0. 05。

2016 年与 2012 年相比，青年被试政党认同的得分与 2012 年持平，中年被试政党认同的得分下降 0.06 分，老年被试政党认同的得分下降 0.07 分（见表 3 – 3 – 4）。由于 2012 年青年被试的政党认同得分与中年被试和老年被试差距较大，尽管 2016 年中年被试和老年被试的政党认同得分均有一定幅度的下降，但是依然维持了得分显著高于青年被试的状态。

表 3 – 3 – 4　　　　　不同年龄被试政党认同得分的变化

项目	2012 年问卷调查	2016 年问卷调查	2016 年比 2012 年增减
青年	3.56	3.56	0
中年	3.66	3.60	− 0.06
老年	3.79	3.72	− 0.07

四　不同年龄被试的身份认同比较

对不同年龄被试身份认同得分的差异性进行方差分析（见表 3 – 4 – 1、表 3 – 4 – 2、表 3 – 4 – 3 和图 3 – 4），2012 年问卷调查显示不同年龄被试的身份认同得分之间差异显著，$F = 11.636$，$p < 0.001$，中年被试（$M = 4.13$，$SD = 0.65$）的得分显著低于青年被试（$M = 4.23$，$SD = 0.68$）和老年被试（$M = 4.20$，$SD = 0.63$），青年被试与老年被试之间的得分差异不显著。2016 年问卷调查也显示不同年龄被试的身份认同得分之间差异显著，$F = 6.087$，$p < 0.01$，中年被试（$M = 4.06$，$SD = 0.65$）的得分显著低于老年被试（$M = 4.15$，$SD = 0.60$）和青年被试（$M = 4.10$，$SD = 0.66$），青年被试与老年被试之间的得分差异不显著。

表 3 - 4 - 1　　　　　　不同年龄被试身份认同得分的差异比较

2012 年问卷调查		N	均值	标准差	标准误	95% 置信区间		极小值	极大值
						下限	上限		
身份认同	青年	3230	4.2259	0.67585	0.01189	4.2026	4.2492	1.25	5.00
	中年	1914	4.1340	0.65391	0.01495	4.1047	4.1633	1.00	5.00
	老年	1006	4.1986	0.63041	0.01988	4.1596	4.2376	2.00	5.00
	总数	6150	4.1928	0.66295	0.00845	4.1763	4.2094	1.00	5.00
2016 年问卷调查		N	均值	标准差	标准误	95% 置信区间		极小值	极大值
						下限	上限		
身份认同	青年	3716	4.0967	0.65885	0.01081	4.0756	4.1179	1.00	5.00
	中年	2211	4.0555	0.64831	0.01379	4.0285	4.0826	1.00	5.00
	老年	642	4.1507	0.60061	0.02370	4.1042	4.1972	2.00	5.00
	总数	6569	4.0881	0.65034	0.00802	4.0724	4.1039	1.00	5.00

表 3 - 4 - 2　　　　　不同年龄被试身份认同得分的方差分析结果

2012 年问卷调查		平方和	df	均方	F	显著性
身份认同	组间	10.193	2	5.097	11.636	0.000
	组内	2692.342	6147	0.438		
	总数	2702.535	6149			
2016 年问卷调查		平方和	df	均方	F	显著性
身份认同	组间	5.141	2	2.570	6.087	0.002
	组内	2772.700	6566	0.422		
	总数	2777.841	6568			

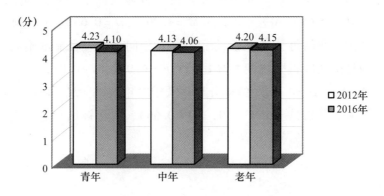

图 3 - 4　不同年龄被试的身份认同得分比较

表 3 - 4 - 3 　　　　　　不同年龄被试身份认同得分的多重比较

2012 年问卷调查	（I）年龄	（J）年龄	均值差（I - J）	标准误	显著性	95% 置信区间	
						下限	上限
身份认同	青年	中年	0.09192 *	0.01909	0.000	0.0545	0.1293
		老年	0.02737	0.02390	0.252	- 0.0195	0.0742
	中年	青年	- 0.09192 *	0.01909	0.000	- 0.1293	- 0.0545
		老年	- 0.06455 *	0.02577	0.012	- 0.1151	- 0.0140
	老年	青年	- 0.02737	0.02390	0.252	- 0.0742	0.0195
		中年	0.06455 *	0.02577	0.012	0.0140	0.1151
2016 年问卷调查	（I）年龄	（J）年龄	均值差（I - J）	标准误	显著性	95% 置信区间	
						下限	上限
身份认同	青年	中年	0.04123 *	0.01745	0.018	0.0070	0.0754
		老年	- 0.05396	0.02777	0.052	- 0.1084	0.0005
	中年	青年	- 0.04123 *	0.01745	0.018	- 0.0754	- 0.0070
		老年	- 0.09518 *	0.02913	0.001	- 0.1523	- 0.0381
	老年	青年	0.05396	0.02777	0.052	- 0.0005	0.1084
		中年	0.09518 *	0.02913	0.001	0.0381	0.1523

* 均值差的显著性水平为 0.05。

2016 年与 2012 年相比，青年被试身份认同的得分下降 0.13 分，中年被试身份认同的得分下降 0.07 分，老年被试身份认同的得分下降 0.05 分（见表 3 - 4 - 4）。由于三种年龄被试的得分都有一定程度的下降，使得中年被试身份认同得分显著低于青年和老年被试的状态未发生变化。

表 3 - 4 - 4 　　　　　　不同年龄被试身份认同得分的变化

项目	2012 年问卷调查	2016 年问卷调查	2016 年比 2012 年增减
青年	4.23	4.10	- 0.13
中年	4.13	4.06	- 0.07
老年	4.20	4.15	- 0.05

五　不同年龄被试的文化认同比较

对不同年龄被试文化认同得分的差异性进行方差分析（见表 3 - 5 - 1、表 3 - 5 - 2、表 3 - 5 - 3 和图 3 - 5），2012 年问卷调查显示不同年龄被试的文化认同得分之间差异显著，$F = 14.003$，$p < 0.001$，老年被试（$M = 3.52$，$SD = 0.56$）的得分显著高于中年被试（$M = 3.44$，$SD = 0.54$）和青年被试（$M = 3.42$，$SD = 0.57$），中年被试与青年被试之间的得分差异不显著。2016 年问卷调查也显示不同年龄被试的文化认同得分之间差异显著，$F = 20.211$，$p < 0.001$，老年被试（$M = 3.60$，$SD = 0.56$）的得分显著高于中年被试（$M = 3.48$，$SD = 0.54$）和青年被试（$M = 3.45$，$SD = 0.56$），中年被试的得分显著高于青年被试。

表 3 - 5 - 1　　　　　不同年龄被试文化认同得分的差异比较

2012 年问卷调查		N	均值	标准差	标准误	95% 置信区间		极小值	极大值
						下限	上限		
文化认同	青年	3225	3.4154	0.56949	0.01003	3.3957	3.4351	1.00	5.00
	中年	1911	3.4373	0.54234	0.01241	3.4130	3.4616	1.00	5.00
	老年	1007	3.5223	0.56431	0.01778	3.4874	3.5572	1.33	5.00
	总数	6143	3.4397	0.56151	0.00716	3.4257	3.4538	1.00	5.00

2016 年问卷调查		N	均值	标准差	标准误	95% 置信区间		极小值	极大值
						下限	上限		
文化认同	青年	3717	3.4496	0.55642	0.00913	3.4318	3.4675	1.00	5.00
	中年	2214	3.4812	0.53882	0.01145	3.4587	3.5036	1.33	5.00
	老年	642	3.5987	0.56479	0.02229	3.5549	3.6424	1.33	5.00
	总数	6573	3.4748	0.55300	0.00682	3.4615	3.4882	1.00	5.00

表 3 - 5 - 2 　　　　不同年龄被试文化认同得分的方差分析结果

2012 年问卷调查		平方和	df	均方	F	显著性
文化认同	组间	8.793	2	4.397	14.003	0.000
	组内	1927.762	6140	0.314		
	总数	1936.556	6142			
2016 年问卷调查		平方和	df	均方	F	显著性
文化认同	组间	12.290	2	6.145	20.211	0.000
	组内	1997.460	6570	0.304		
	总数	2009.750	6572			

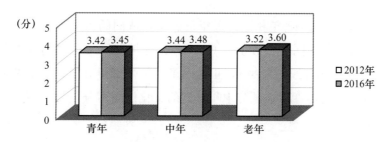

图 3 - 5　不同年龄被试的文化认同得分比较

表 3 - 5 - 3 　　　　不同年龄被试文化认同得分的多重比较

2012 年问卷调查	（I）年龄	（J）年龄	均值差（I - J）	标准误	显著性	95% 置信区间 下限	95% 置信区间 上限
文化认同	青年	中年	- 0.02189	0.01618	0.176	- 0.0536	0.0098
		老年	- 0.10694 *	0.02023	0.000	- 0.1466	- 0.0673
	中年	青年	0.02189	0.01618	0.176	- 0.0098	0.0536
		老年	- 0.08505 *	0.02182	0.000	- 0.1278	- 0.0423
	老年	青年	0.10694 *	0.02023	0.000	0.0673	0.1466
		中年	0.08505 *	0.02182	0.000	0.0423	0.1278

续表

2016 年问卷调查	（I）年龄	（J）年龄	均值差（I－J）	标准误	显著性	95% 置信区间	
						下限	上限
文化认同	青年	中年	－0.03153*	0.01480	0.033	－0.0606	－0.0025
		老年	－0.14900*	0.02357	0.000	－0.1952	－0.1028
	中年	青年	0.03153*	0.01480	0.033	0.0025	0.0606
		老年	－0.11747*	0.02472	0.000	－0.1659	－0.0690
	老年	青年	0.14900*	0.02357	0.000	0.1028	0.1952
		中年	0.11747*	0.02472	0.000	0.0690	0.1659

* 均值差的显著性水平为 0.05。

2016 年与 2012 年相比，青年被试文化认同的得分上升 0.03 分，中年被试文化认同的得分上升 0.04 分，老年被试文化认同的得分上升 0.08 分（见表 3 - 5 - 4）。正是由于中年被试得分上升的幅度大于青年被试，使得青年被试与中年被试的文化认同得分差异由不显著变成了显著。

表 3 - 5 - 4 　　　　　　不同年龄被试文化认同得分的变化

项目	2012 年问卷调查	2016 年问卷调查	2016 年比 2012 年增减
青年	3.42	3.45	＋0.03
中年	3.44	3.48	＋0.04
老年	3.52	3.60	＋0.08

六　不同年龄被试的政策认同比较

对不同年龄被试政策认同得分的差异性进行方差分析（见表 3 - 6 - 1、表 3 - 6 - 2、表 3 - 6 - 3 和图 3 - 6），2012 年问卷调查显示不同年龄被试的政策认同得分之间差异显著，$F = 48.518$，$p < 0.001$，老年被试（$M = 3.74$，$SD = 0.71$）的得分显著高于中年被试（$M =$

3.65，$SD = 0.68$）和青年被试（$M = 3.52$，$SD = 0.69$），中年被试的得分显著高于青年被试。2016 年问卷调查也显示不同年龄被试的政策认同得分之间差异显著，$F = 17.646$，$p < 0.001$，老年被试（$M = 3.69$，$SD = 0.63$）的得分显著高于中年被试（$M = 3.58$，$SD = 0.63$）和青年被试（$M = 3.54$，$SD = 0.63$），中年被试的得分显著高于青年被试。

表 3 - 6 - 1 　　　　　不同年龄被试政策认同得分的差异比较

2012 年问卷调查		N	均值	标准差	标准误	95% 置信区间		极小值	极大值
						下限	上限		
政策认同	青年	3231	3.5157	0.68776	0.01210	3.4920	3.5395	1.00	5.00
	中年	1912	3.6480	0.67975	0.01555	3.6175	3.6785	1.00	5.00
	老年	1006	3.7372	0.70753	0.02231	3.6935	3.7810	1.00	5.00
	总数	6149	3.5931	0.69387	0.00885	3.5758	3.6105	1.00	5.00

2016 年问卷调查		N	均值	标准差	标准误	95% 置信区间		极小值	极大值
						下限	上限		
政策认同	青年	3717	3.5363	0.62922	0.01032	3.5160	3.5565	1.00	5.00
	中年	2215	3.5774	0.62847	0.01335	3.5512	3.6036	1.33	5.00
	老年	643	3.6931	0.62885	0.02480	3.6444	3.7418	1.33	5.00
	总数	6575	3.5655	0.63052	0.00778	3.5502	3.5807	1.00	5.00

表 3 - 6 - 2 　　　　　不同年龄被试政策认同得分的方差分析结果

2012 年问卷调查		平方和	df	均方	F	显著性
政策认同	组间	46.007	2	23.003	48.518	0.000
	组内	2913.941	6146	0.474		
	总数	2959.948	6148			

2016 年问卷调查		平方和	df	均方	F	显著性
政策认同	组间	13.960	2	6.980	17.646	0.000
	组内	2599.603	6572	0.396		
	总数	2613.563	6574			

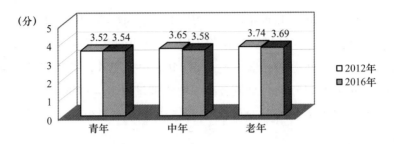

图 3-6　不同年龄被试的政策认同得分比较

表 3-6-3　　　　　　不同年龄被试政策认同得分的多重比较

2012 年 问卷调查	(I) 年龄	(J) 年龄	均值差 (I-J)	标准误	显著性	95% 置信区间	
						下限	上限
政策认同	青年	中年	-0.13228*	0.01987	0.000	-0.1712	-0.0933
		老年	-0.22151*	0.02486	0.000	-0.2702	-0.1728
	中年	青年	0.13228*	0.01987	0.000	0.0933	0.1712
		老年	-0.08923*	0.02682	0.001	-0.1418	-0.0367
	老年	青年	0.22151*	0.02486	0.000	0.1728	0.2702
		中年	0.08923*	0.02682	0.001	0.0367	0.1418
2016 年 问卷调查	(I) 年龄	(J) 年龄	均值差 (I-J)	标准误	显著性	95% 置信区间	
						下限	上限
政策认同	青年	中年	-0.04115*	0.01688	0.015	-0.0742	-0.0081
		老年	-0.15683*	0.02686	0.000	-0.2095	-0.1042
	中年	青年	0.04115*	0.01688	0.015	0.0081	0.0742
		老年	-0.11568*	0.02817	0.000	-0.1709	-0.0604
	老年	青年	0.15683*	0.02686	0.000	0.1042	0.2095
		中年	0.11568*	0.02817	0.000	0.0604	0.1709

* 均值差的显著性水平为 0.05。

　　2016 年与 2012 年相比，青年被试政策认同的得分上升 0.02 分，中年被试政策认同的得分下降 0.07 分，老年被试政策认同的得分下降 0.05 分（见表 3-6-4）。由于 2012 年青年被试的政策认同得分与中年被试和老年被试差距较大，尽管 2016 年中年被试和老年被试的政策认同得分均有一定幅度的下降，但是依然维持了得分显著高于青年被试的状态。

表 3 - 6 - 4　　　　　　　　不同年龄被试政策认同得分的变化

项目	2012 年问卷调查	2016 年问卷调查	2016 年比 2012 年增减
青年	3. 52	3. 54	+ 0. 02
中年	3. 65	3. 58	− 0. 07
老年	3. 74	3. 69	− 0. 05

七　不同年龄被试的发展认同比较

对不同年龄被试发展认同得分的差异性进行方差分析（见表 3 - 7 - 1、表 3 - 7 - 2、表 3 - 7 - 3 和图 3 - 7），2012 年问卷调查显示不同年龄被试的发展认同得分之间差异显著，$F = 7.230$，$p < 0.01$，老年被试（$M = 3.81$，$SD = 0.63$）的得分显著高于中年被试（$M = 3.73$，$SD = 0.63$）和青年被试（$M = 3.73$，$SD = 0.61$），中年被试与青年被试之间的得分差异不显著。2016 年问卷调查也显示不同年龄被试的发展认同得分之间差异显著，$F = 12.316$，$p < 0.001$，老年被试（$M = 3.74$，$SD = 0.62$）的得分显著高于中年被试（$M = 3.62$，$SD = 0.66$）和青年被试（$M = 3.61$，$SD = 0.64$），中年被试与青年被试之间的得分差异不显著。

表 3 - 7 - 1　　　　　　不同年龄被试发展认同得分的差异比较

2012 年问卷调查		N	均值	标准差	标准误	95% 置信区间		极小值	极大值
						下限	上限		
发展认同	青年	3229	3. 7262	0. 60861	0. 01071	3. 7052	3. 7472	1. 00	5. 00
	中年	1914	3. 7308	0. 62796	0. 01435	3. 7026	3. 7589	1. 50	5. 00
	老年	1006	3. 8086	0. 62606	0. 01974	3. 7699	3. 8474	2. 00	5. 00
	总数	6149	3. 7411	0. 61818	0. 00788	3. 7256	3. 7566	1. 00	5. 00

续表

2016 年问卷调查		N	均值	标准差	标准误	95% 置信区间		极小值	极大值
						下限	上限		
发展认同	青年	3713	3.6080	0.64026	0.01051	3.5874	3.6286	1.25	5.00
	中年	2215	3.6178	0.66075	0.01404	3.5903	3.6454	1.50	5.00
	老年	643	3.7438	0.62008	0.02445	3.6958	3.7918	2.25	5.00
	总数	6571	3.6246	0.64643	0.00797	3.6090	3.6402	1.25	5.00

表 3-7-2 　　　　　不同年龄被试发展认同得分的方差分析结果

2012 年问卷调查		平方和	df	均方	F	显著性
发展认同	组间	5.515	2	2.757	7.230	0.001
	组内	2343.935	6146	0.381		
	总数	2349.450	6148			

2016 年问卷调查		平方和	df	均方	F	显著性
发展认同	组间	10.258	2	5.129	12.316	0.000
	组内	2735.163	6568	0.416		
	总数	2745.421	6570			

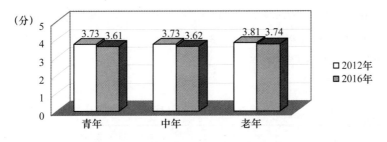

图 3-7　不同年龄被试的发展认同得分比较

表 3 - 7 - 3 不同年龄被试发展认同得分的多重比较

2012 年问卷调查	(I) 年龄	(J) 年龄	均值差 (I-J)	标准误	显著性	95% 置信区间	
						下限	上限
发展认同	青年	中年	- 0.00465	0.01781	0.794	- 0.0396	0.0303
		老年	- 0.08249 *	0.02230	0.000	- 0.1262	- 0.0388
	中年	青年	0.00465	0.01781	0.794	- 0.0303	0.0396
		老年	- 0.07785 *	0.02405	0.001	- 0.1250	- 0.0307
	老年	青年	0.08249 *	0.02230	0.000	0.0388	0.1262
		中年	0.07785 *	0.02405	0.001	0.0307	0.1250

2016 年问卷调查	(I) 年龄	(J) 年龄	均值差 (I-J)	标准误	显著性	95% 置信区间	
						下限	上限
发展认同	青年	中年	- 0.00983	0.01733	0.570	- 0.0438	0.0241
		老年	- 0.13578 *	0.02756	0.000	- 0.1898	- 0.0817
	中年	青年	0.00983	0.01733	0.570	- 0.0241	0.0438
		老年	- 0.12595 *	0.02891	0.000	- 0.1826	- 0.0693
	老年	青年	0.13578 *	0.02756	0.000	0.0817	0.1898
		中年	0.12595 *	0.02891	0.000	0.0693	0.1826

* 均值差的显著性水平为 0.05。

2016 年与 2012 年相比，青年被试发展认同的得分下降 0.12 分，中年被试发展认同的得分下降 0.11 分，老年被试发展认同的得分下降 0.07 分（见表 3 - 7 - 4）。由于三种年龄被试的得分都有一定程度的下降，使得老年被试发展认同得分显著高于青年和中年被试、青年和中年被试得分差异不显著的状态没有被改变。

表 3 - 7 - 4 不同年龄被试发展认同得分的变化

项目	2012 年问卷调查	2016 年问卷调查	2016 年比 2012 年增减
青年	3.73	3.61	- 0.12
中年	3.73	3.62	- 0.11
老年	3.81	3.74	- 0.07

八 不同年龄被试的政治认同总分比较

对不同年龄被试政治认同总分的差异性进行方差分析（见表3 - 8 - 1、表3 - 8 - 2、表3 - 8 - 3和图3 - 8），2012年问卷调查显示不同年龄被试的政治认同总分之间差异显著，$F = 41.977$，$p < 0.001$，老年被试（$M = 3.77$，$SD = 0.39$）的得分显著高于中年被试（$M = 3.68$，$SD = 0.39$）和青年被试（$M = 3.64$，$SD = 0.40$），中年被试的得分显著高于青年被试。2016年问卷调查也显示不同年龄被试的政治认同总分之间差异显著，$F = 26.400$，$p < 0.001$，老年被试（$M = 3.73$，$SD = 0.37$）的得分显著高于中年被试（$M = 3.63$，$SD = 0.39$）和青年被试（$M = 3.61$，$SD = 0.39$），中年被试与青年被试之间的得分差异不显著。

表3 - 8 - 1　　　　不同年龄被试政治认同总分的差异比较

2012年问卷调查		N	均值	标准差	标准误	95% 置信区间		极小值	极大值
						下限	上限		
政治认同总分	青年	3214	3.6383	0.40056	0.00707	3.6244	3.6521	2.06	4.68
	中年	1896	3.6824	0.39194	0.00900	3.6648	3.7001	1.64	4.78
	老年	996	3.7686	0.38700	0.01226	3.7446	3.7927	2.11	4.78
	总数	6106	3.6733	0.39835	0.00510	3.6633	3.6833	1.64	4.78

2016年问卷调查		N	均值	标准差	标准误	95% 置信区间		极小值	极大值
						下限	上限		
政治认同总分	青年	3700	3.6123	0.38652	0.00635	3.5999	3.6248	2.31	4.90
	中年	2201	3.6301	0.39232	0.00836	3.6138	3.6465	1.83	4.83
	老年	641	3.7325	0.36687	0.01449	3.7041	3.7610	2.69	4.74
	总数	6542	3.6301	0.38811	0.00480	3.6207	3.6395	1.83	4.90

表 3 - 8 - 2　　　　　　不同年龄被试政治认同总分的方差分析结果

2012 年问卷调查		平方和	*df*	均方	*F*	显著性
政治认同总分	组间	13. 146	2	6. 573	41. 977	0. 000
	组内	955. 631	6103	0. 157		
	总数	968. 777	6105			
2016 年问卷调查		平方和	*df*	均方	*F*	显著性
政治认同总分	组间	7. 892	2	3. 946	26. 400	0. 000
	组内	977. 365	6539	0. 149		
	总数	985. 257	6541			

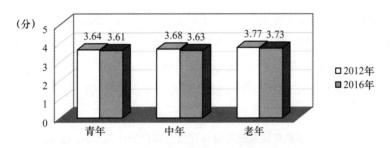

图 3 - 8　不同年龄被试的政治认同总分比较

表 3 - 8 - 3　　　　　　不同年龄被试政治认同总分的多重比较

2012 年问卷调查	（I）年龄	（J）年龄	均值差（I－J）	标准误	显著性	95% 置信区间	
						下限	上限
政治认同总分	青年	中年	- 0. 04415 *	0. 01146	0. 000	- 0. 0666	- 0. 0217
		老年	- 0. 13032 *	0. 01435	0. 000	- 0. 1585	- 0. 1022
	中年	青年	0. 04415 *	0. 01146	0. 000	0. 0217	0. 0666
		老年	- 0. 08618 *	0. 01549	0. 000	- 0. 1165	- 0. 0558
	老年	青年	0. 13032 *	0. 01435	0. 000	0. 1022	0. 1585
		中年	0. 08618 *	0. 01549	0. 000	0. 0558	0. 1165

2016年问卷调查	(I) 年龄	(J) 年龄	均值差 (I-J)	标准误	显著性	95% 置信区间 下限	上限
政治认同总分	青年	中年	-0.01780	0.01041	0.087	-0.0382	0.0026
		老年	-0.12019*	0.01654	0.000	-0.1526	-0.0878
	中年	青年	0.01780	0.01041	0.087	-0.0026	0.0382
		老年	-0.10239*	0.01735	0.000	-0.1364	-0.0684
	老年	青年	0.12019*	0.01654	0.000	0.0878	0.1526
		中年	0.10239*	0.01735	0.000	0.0684	0.1364

* 均值差的显著性水平为0.05。

2016年与2012年相比，青年被试政治认同总分下降0.03分，中年被试的政治认同总分下降0.05分，老年被试政治认同总分下降0.04分（见表3-8-4）。正是由于中年被试得分下降的幅度大于青年被试，使得青年被试与中年被试的得分差异由显著变成了不显著。

表3-8-4　　不同年龄被试政治认同总分即政治认同总分的变化

项目	2012年问卷调查	2016年问卷调查	2016年比2012年增减
青年	3.64	3.61	-0.03
中年	3.68	3.63	-0.05
老年	3.77	3.73	-0.04

通过本章的数据比较，可以对不同年龄被试在政治认同方面所反映出来的差异做一个简单的小结。

第一，通过两次问卷调查，可以看出在政治认同方面确实存在着明显的年龄差异，老年被试的政治认同总分在两次调查中都显著高于中年被试和青年被试；中年被试的政治认同总分在2012年调查时显著高于青年被试，2016年调查时中年被试的得分虽高于青年被试，但是两者之间的得分差异不显著。由此表明，在中国公民中，随着年龄的增长，政治认同水平会逐步提高，已经成为一个基本的发展趋势。

第二，2012 年问卷调查显示，体制认同、政党认同、文化认同、政策认同、发展认同五种认同以及政治认同总分，都是老年被试的得分最高（见表 3 - 9，表中括号内的数字，代表不同年龄被试得分高低的排序），只有身份认同青年被试的得分最高；中年被试则除了身份认同外，其他认同和政治认同总分都高于青年被试。2016 年问卷调查的重要变化是六种认同以及政治认同总分都是老年被试的得分最高，中年被试除了身份认同的得分低于青年被试外，另五种认同的得分和政治认同总分都高于青年被试。

表 3 - 9　　　　　　　　不同年龄被试政治认同得分排序比较

项目	2012 年问卷调查			2016 年问卷调查		
	青年	中年	老年	青年	中年	老年
体制认同	3.38（3）	3.47（2）	3.55（1）	3.42（3）	3.44（2）	3.49（1）
政党认同	3.56（3）	3.66（2）	3.79（1）	3.56（3）	3.60（2）	3.72（1）
身份认同	4.23（1）	4.13（3）	4.20（2）	4.10（2）	4.06（3）	4.15（1）
文化认同	3.42（3）	3.44（2）	3.52（1）	3.45（3）	3.48（2）	3.60（1）
政策认同	3.52（3）	3.65（2）	3.74（1）	3.54（3）	3.58（2）	3.69（1）
发展认同	3.73（2）	3.73（2）	3.81（1）	3.61（3）	3.62（2）	3.74（1）
政治认同总分	3.64（3）	3.68（2）	3.77（1）	3.61（3）	3.63（2）	3.73（1）

第三，两次问卷调查都显示，不同年龄被试的六种认同得分和政治认同总分之间的差异都达到了显著水平，表明政治认同的年龄差异不仅是"全覆盖性"的，也已经表现出了重要的"稳定性"特征。

第四，不同年龄被试政治认同的得分差异，主要表现在老年被试与中年被试、青年被试的显著差异上。中年被试与青年被试之间，两次问卷调查得分差异均达到显著水平的有政党认同、身份认同和政策认同，两次问卷调查得分差异均未达到显著水平的有发展认同；文化认同由 2012 年的得分差异不显著变成了 2016 年的得分差异显著，体制认同和政治认同总分则由 2012 年的得分差异显著变成了 2016 年的得分差异不显著。也就是说，从整体上看，中年被试与青年被试之间的得分差异有所增强。

第五，2016 年与 2012 年相比，青年被试的体制认同、文化认同和政策认同的得分均有小幅度上升，政党认同的得分持平，身份认同和发展认同的得分则有较大幅度下降，使得政治认同总分小幅度下降。由此显示，青年人在政治认同方面较易发生变化，对此应给予特别的注意。

第六，2016 年与 2012 年相比，除文化认同外，其他五种认同及政治认同总分中年被试和老年被试的得分均有所下降，并且呈现的基本态势是中年被试的得分下降幅度略大于老年被试（尽管体制认同和政党认同的得分老年被试的下降幅度略大于中年被试，但是身份认同、政策认同、发展认同的得分以及政治认同总分，都是老年被试的下降幅度略小于中年被试）。也就是说，相对而言老年被试的政治认同水平更容易处在较稳定的状态下。

第四章　政治认同的差异比较：学历

2012 年和 2016 年两次问卷调查均以三类学历对应三个公民群体：初中及以下为低学历（低学历被试，在本章的表格内均标注为"初中"），高中（含中专）为中等学历（中等学历被试，在本章的表格中均标注为"高中"），大专及以上（含本科、研究生）为高学历（高学历被试，在本章的表格内均标注为"大专"）。2012 年问卷调查有 4 名被试的学历信息缺失，在有学历信息的 6155 名被试中，初中及以下学历被试 3403 人，占 55.29%；高中学历被试 1553 人，占 25.23%；大专及以上学历被试 1199 人，占 19.48%。2016 年问卷调查有 3 名被试的学历信息缺失，在有学历信息的 6578 名被试中，初中及以下学历被试 2899 人，占 44.07%；高中学历被试 2144 人，占 32.59%；大专及以上学历被试 1535 人，占 23.34%。根据两次问卷调查的数据，可以比较不同学历被试政治认同的变化情况。

一　不同学历被试政治认同的总体情况

2012 年问卷调查结果显示，初中及以下学历被试政治认同的总体得分在 1.92—4.78 分之间，均值为 3.67，标准差为 0.38。在六种认同中，初中及以下被试的体制认同得分在 1.00—5.00 分之间，均值为 3.49，标准差为 0.50；政党认同得分在 1.00—5.00 分之间，均值为 3.65，标准差为 0.60；身份认同得分在 1.00—5.00 分之间，均值为 4.15，标准差为 0.65；文化认同得分在 1.00—5.00 分之间，均值为 3.40，标准差为 0.56；政策认同得分在 1.00—5.00 分之间，均值为 3.64, 标准差为 0.68; 发展认同得分在 1.00—5.00 分之间, 均值为 3.71, 标准差为 0.62 (见表 4-1-1 和图 4-1-1)。

表 4-1-1   初中及以下学历被试政治认同的描述统计 (2012 年)

项目	N	极小值	极大值	均值	标准差
政治认同总分	3371	1.92	4.78	3.6740	0.37906
体制认同	3398	1.00	5.00	3.4912	0.50091
政党认同	3395	1.00	5.00	3.6470	0.59769
身份认同	3399	1.00	5.00	4.1469	0.64849
文化认同	3396	1.00	5.00	3.4024	0.56006
政策认同	3398	1.00	5.00	3.6368	0.67628
发展认同	3398	1.00	5.00	3.7112	0.62318
有效的 N (列表状态)	3371				

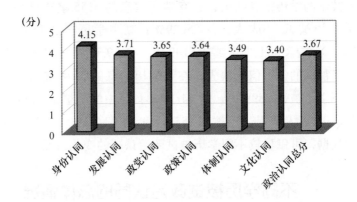

图 4-1-1   初中及以下学历被试政治认同得分的总体情况 (2012 年)

2016 年问卷调查结果显示, 初中及以下学历被试政治认同的总体得分在 1.83—4.90 分之间, 均值为 3.64, 标准差为 0.38。在六种认同中, 初中及以下被试的体制认同得分在 1.00—5.00 分之间, 均值为 3.45, 标准差为 0.48; 政党认同得分在 1.33—5.00 分之间, 均值为 3.59, 标准差为 0.57; 身份认同得分在 1.00—5.00 分之间, 均值为 4.10, 标准差为 0.64; 文化认同得分在 1.00—5.00 分之间, 均值为 3.47，标准差为 0.56；政策认同得分在 1.33—5.00 分之间，均值为 3.62，标准差为 0.64；发展认同得分在 1.25—5.00 分之间，均值为 3.64，标准差为 0.65（见表 4 - 1 - 2 和图 4 - 1 - 2）。

表 4 - 1 - 2 　　初中及以下学历被试政治认同的描述统计（2016 年）

项目	N	极小值	极大值	均值	标准差
政治认同总分	2880	1.83	4.90	3.6445	0.38444
体制认同	2899	1.00	5.00	3.4466	0.47708
政党认同	2895	1.33	5.00	3.5878	0.56995
身份认同	2892	1.00	5.00	4.0996	0.64311
文化认同	2894	1.00	5.00	3.4672	0.56445
政策认同	2897	1.33	5.00	3.6229	0.63773
发展认同	2897	1.25	5.00	3.6370	0.64928
有效的 N（列表状态）	2880				

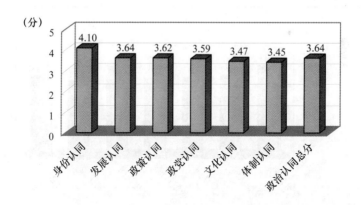

图 4 - 1 - 2 　初中及以下学历被试政治认同得分的总体情况（2016 年）

2012 年问卷调查结果显示，高中学历被试政治认同的总体得分在 2.22—4.68 分之间，均值为 3.68，标准差为 0.40。在六种认同中，高中学历被试的体制认同得分在 1.00—5.00 分之间，均值为 3.41，标准差为 0.56；政党认同得分在 1.00—5.00 分之间，均值为 3.62，标准差为 0.65；身份认同得分在 1.25—5.00 分之间，均值为

4.23，标准差为0.67；文化认同得分在1.33—5.00分之间，均值为
3.48，标准差为0.55；政策认同得分在1.00—5.00分之间，均值为
3.58，标准差为0.70；发展认同得分在1.50—5.00分之间，均值为
3.75，标准差为0.60（见表4-1-3和图4-1-3）。

表4-1-3　　　　高中学历被试政治认同的描述统计（2012年）

项目	N	极小值	极大值	均值	标准差
政治认同总分	1539	2.22	4.68	3.6795	0.40492
体制认同	1552	1.00	5.00	3.4055	0.55574
政党认同	1549	1.00	5.00	3.6236	0.64778
身份认同	1552	1.25	5.00	4.2294	0.66806
文化认同	1547	1.33	5.00	3.4768	0.54884
政策认同	1552	1.00	5.00	3.5823	0.70141
发展认同	1551	1.50	5.00	3.7487	0.60241
有效的N（列表状态）	1539				

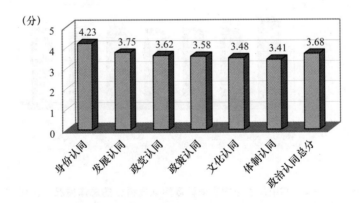

图4-1-3　高中学历被试政治认同得分的总体情况（2012年）

2016年问卷调查结果显示，高中学历被试政治认同的总体得分
在2.17—4.89分之间，均值为3.60，标准差为0.39。在六种认同
中，高中学历被试的体制认同得分在1.00—5.00分之间，均值为
3.42，标准差为0.50；政党认同得分在1.33—5.00分之间，均值为

3.57，标准差为 0.57；身份认同得分在 2.00—5.00 分之间，均值为
4.06，标准差为 0.65；文化认同得分在 1.33—5.00 分之间，均值为
3.46，标准差为 0.53；政策认同得分在 1.00—5.00 分之间，均值为
3.52，标准差为 0.62；发展认同得分在 1.50—5.00 分之间，均值为
3.59，标准差为 0.64（见表 4 - 1 - 4 和图 4 - 1 - 4）。

表 4 - 1 - 4　　　　　高中学历被试政治认同的描述统计（2016 年）

项目	N	极小值	极大值	均值	标准差
政治认同总分	2133	2.17	4.89	3.6030	0.38616
体制认同	2144	1.00	5.00	3.4198	0.49813
政党认同	2139	1.33	5.00	3.5657	0.56643
身份认同	2141	2.00	5.00	4.0603	0.64787
文化认同	2143	1.33	5.00	3.4598	0.52663
政策认同	2143	1.00	5.00	3.5195	0.61622
发展认同	2141	1.50	5.00	3.5855	0.64326
有效的 N（列表状态）	2133				

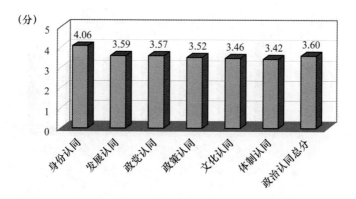

图 4 - 1 - 4　高中学历被试政治认同得分的总体情况（2016 年）

2012 年问卷调查结果显示，大专及以上学历被试政治认同的总
体得分在 1.64—4.68 分之间，均值为 3.66，标准差为 0.44。在六种
认同中，大专及以上学历被试的体制认同得分在 1.00—5.00 分之间，

均值为 3.32，标准差为 0.60；政党认同得分在 1.00—5.00 分之间，
均值为 3.58，标准差为 0.68；身份认同得分在 1.25—5.00 分之间，
均值为 4.28，标准差为 0.69；文化认同得分在 1.00—5.00 分之间，
均值为 3.50，标准差为 0.57；政策认同得分在 1.00—5.00 分之间，
均值为 3.48，标准差为 0.72；发展认同得分在 2.00—5.00 分之间，
均值为 3.82，标准差为 0.62（见表 4 - 1 - 5 和图 4 - 1 - 5）。

表 4 - 1 - 5　　　　大专及以上学历被试政治认同的描述统计（2012 年）

项目	N	极小值	极大值	均值	标准差
政治认同总分	1195	1.64	4.68	3.6621	0.44084
体制认同	1198	1.00	5.00	3.3225	0.59949
政党认同	1198	1.00	5.00	3.5810	0.67667
身份认同	1198	1.25	5.00	4.2753	0.68623
文化认同	1199	1.00	5.00	3.4965	0.57329
政策认同	1198	1.00	5.00	3.4822	0.72086
发展认同	1199	2.00	5.00	3.8153	0.61769
有效的 N（列表状态）	1195				

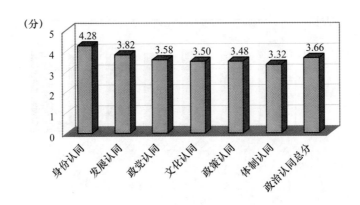

图 4 - 1 - 5　大专及以上学历被试政治认同得分的总体情况（2012 年）

2016 年问卷调查结果显示，大专及以上学历被试政治认同的总
体得分在 2.32—4.74 分之间，均值为 3.64，标准差为 0.40。在六种
认同中，大专及以上学历被试的体制认同得分在 1.33—5.00 分之间，

均值为 3.44，标准差为 0.52；政党认同得分在 1.33—5.00 分之间，均值为 3.62，标准差为 0.59；身份认同得分在 1.00—5.00 分之间，均值为 4.11，标准差为 0.67；文化认同得分在 1.33—5.00 分之间，均值为 3.51，标准差为 0.57；政策认同得分在 1.33—5.00 分之间，均值为 3.52，标准差为 0.63；发展认同得分在 1.50—5.00 分之间，均值为 3.66，标准差为 0.64（见表 4 - 1 - 6 和图 4 - 1 - 6）。

表 4 - 1 - 6　　大专及以上学历被试政治认同的描述统计（2016 年）

项目	N	极小值	极大值	均值	标准差
政治认同总分	1528	2.32	4.74	3.6418	0.39562
体制认同	1535	1.33	5.00	3.4356	0.51674
政党认同	1532	1.33	5.00	3.6186	0.59065
身份认同	1535	1.00	5.00	4.1060	0.66607
文化认同	1535	1.33	5.00	3.5107	0.56608
政策认同	1534	1.33	5.00	3.5219	0.62809
发展认同	1532	1.50	5.00	3.6565	0.64353
有效的 N（列表状态）	1528				

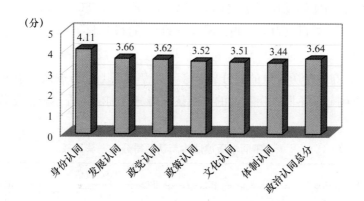

图 4 - 1 - 6　大专及以上学历被试政治认同得分的总体情况（2016 年）

六种认同的得分由高到低排序，2012 年问卷调查初中及以下学历被试是身份认同第一，发展认同第二，政党认同第三，政策认同第四，体制认同第五，文化认同第六；高中学历被试是身份认同第一，发展认同第二，政党认同第三，政策认同第四，文化认同第五，体制认同第六，大专及以上学历被试是身份认同第一，发展认同第二，政党认同第三，文化认同第四，政策认同第五，体制认同第六（后三位排序有所不同）。2016 年问卷调查初中及以下学历被试是身份认同第一，发展认同第二，政策认同第三，政党认同第四，文化认同第五，体制认同第六（后四位排序与 2012 年不同）；高中学历被试和大专及以上学历被试都是身份认同第一，发展认同第二，政党认同第三，政策认同第四，文化认同第五，体制认同第六（第三至五位排序与 2012 年不同）。尤其需要注意的是，政策认同的得分高于政党认同，在其他类型的公民群体中并不多见，在 2016 年问卷调查中则见之于初中及以下学历被试。

二　不同学历被试的体制认同比较

对不同学历被试体制认同得分的差异性进行方差分析（见表 4 - 2 - 1、表 4 - 2 - 2、表 4 - 2 - 3 和图 4 - 2），2012 年问卷调查显示不同学历被试的体制认同得分之间差异显著，$F = 47.480$，$p < 0.001$，初中及以下学历被试（$M = 3.49$，$SD = 0.50$）的得分显著高于高中学历被试（$M = 3.41$，$SD = 0.56$）和大专及以上学历被试（$M = 3.32$，$SD = 0.60$），高中学历被试的得分显著高于大专及以上学历被试。2016 年问卷调查则显示不同学历被试的体制认同得分之间的得分差异不显著。

表 4 - 2 - 1　　　　不同学历被试体制认同得分的差异比较

2012 年问卷调查		N	均值	标准差	标准误	95% 置信区间		极小值	极大值
						下限	上限		
体制认同	初中	3398	3.4912	0.50091	0.00859	3.4743	3.5080	1.00	5.00
	高中	1552	3.4055	0.55574	0.01411	3.3778	3.4332	1.00	5.00
	大专	1198	3.3225	0.59949	0.01732	3.2885	3.3565	1.00	5.00
	总数	6148	3.4367	0.53945	0.00688	3.4232	3.4502	1.00	5.00

续表

2016 年问卷调查		N	均值	标准差	标准误	95% 置信区间		极小值	极大值
						下限	上限		
体制认同	初中	2899	3.4466	0.47708	0.00886	3.4292	3.4640	1.00	5.00
	高中	2144	3.4198	0.49813	0.01076	3.3987	3.4409	1.00	5.00
	大专	1535	3.4356	0.51674	0.01319	3.4097	3.4615	1.33	5.00
	总数	6578	3.4353	0.49351	0.00608	3.4234	3.4472	1.00	5.00

表 4 - 2 - 2　　　不同学历被试体制认同得分的方差分析结果

2012 年问卷调查		平方和	df	均方	F	显著性
体制认同	组间	27.222	2	13.611	47.480	0.000
	组内	1761.567	6145	0.287		
	总数	1788.789	6147			

2016 年问卷调查		平方和	df	均方	F	显著性
体制认同	组间	0.886	2	0.443	1.820	0.162
	组内	1600.957	6575	0.243		
	总数	1601.844	6577			

表 4 - 2 - 3　　　不同学历被试体制认同得分的多重比较

2012 年问卷调查	(I) 学历	(J) 学历	均值差 (I-J)	标准误	显著性	95% 置信区间	
						下限	上限
体制认同	初中	高中	0.08567*	0.01640	0.000	0.0535	0.1178
		大专	0.16869*	0.01799	0.000	0.1334	0.2040
	高中	初中	-0.08567*	0.01640	0.000	-0.1178	-0.0535
		大专	0.08302*	0.02059	0.000	0.0427	0.1234
	大专	初中	-0.16869*	0.01799	0.000	-0.2040	-0.1334
		高中	-0.08302*	0.02059	0.000	-0.1234	-0.0427

续表

2016 年 问卷调查	（I）学历	（J）学历	均值差 （I－J）	标准误	显著性	95% 置信区间	
						下限	上限
体制认同	初中	高中	0.02681	0.01406	0.056	－0.0007	0.0544
		大专	0.01098	0.01558	0.481	－0.0196	0.0415
	高中	初中	－0.02681	0.01406	0.056	－0.0544	0.0007
		大专	－0.01584	0.01650	0.337	－0.0482	0.0165
	大专	初中	－0.01098	0.01558	0.481	－0.0415	0.0196
		高中	0.01584	0.01650	0.337	－0.0165	0.0482

* 均值差的显著性水平为 0.05。

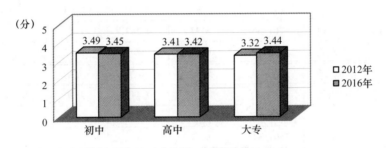

图 4－2　不同学历被试的体制认同得分比较

2016 年与 2012 年相比，初中及以下学历被试体制认同的得分下降 0.04 分，高中学历被试体制认同的得分上升 0.01 分，大专及以上学历被试体制认同的得分上升 0.12 分（见表 4－2－4）。正是由于初中及以下学历被试得分的下降和大专及以上学历被试得分的较大幅度上升，使得不同学历被试的体制认同得分差异由显著变成了不显著。

表 4－2－4　　　　　不同学历被试体制认同得分的变化

项目	2012 年问卷调查	2016 年问卷调查	2016 年比 2012 年增减
初中	3.49	3.45	－0.04
高中	3.41	3.42	＋0.01
大专	3.32	3.44	＋0.12

三 不同学历被试的政党认同比较

对不同学历被试政党认同得分的差异性进行方差分析（见表4 -
3 - 1、表4 - 3 - 2、表4 - 3 - 3和图4 - 3），2012年问卷调查显示不
同学历被试的政党认同得分之间差异显著，$F = 4.978$，$p < 0.01$，初
中及以下学历被试（$M = 3.65$，$SD = 0.60$）的得分显著高于大专及以
上学历被试（$M = 3.58$，$SD = 0.68$），初中及以下学历被试与高中学
历被试（$M = 3.62$，$SD = 0.65$）之间，以及大专及以上学历被试与高
中学历被试之间，得分差异均不显著。2016年问卷调查也显示不同
学历被试的政党认同得分之间差异显著，$F = 3.794$，$p < 0.05$，大专
及以上学历被试（$M = 3.62$，$SD = 0.59$）的得分显著高于高中学历被
试（$M = 3.57$，$SD = 0.57$），与初中及以下学历被试（$M = 3.59$，
$SD = 0.57$）之间的得分差异不显著，初中及以下学历被试与高中学
历被试之间的得分差异不显著。

表4 - 3 - 1　　　　　不同学历被试政党认同得分的差异比较

2012年问卷调查		N	均值	标准差	标准误	95% 置信区间		极小值	极大值
						下限	上限		
政党认同	初中	3395	3.6470	0.59769	0.01026	3.6269	3.6671	1.00	5.00
	高中	1549	3.6236	0.64778	0.01646	3.5913	3.6559	1.00	5.00
	大专	1198	3.5810	0.67667	0.01955	3.5426	3.6193	1.00	5.00
	总数	6142	3.6282	0.62698	0.00800	3.6126	3.6439	1.00	5.00

2016年问卷调查		N	均值	标准差	标准误	95% 置信区间		极小值	极大值
						下限	上限		
政党认同	初中	2895	3.5878	0.56995	0.01059	3.5670	3.6086	1.33	5.00
	高中	2139	3.5657	0.56643	0.01225	3.5417	3.5897	1.33	5.00
	大专	1532	3.6186	0.59065	0.01509	3.5890	3.6482	1.33	5.00
	总数	6566	3.5878	0.57396	0.00708	3.5739	3.6017	1.33	5.00

表 4 - 3 - 2 　　　　不同学历被试政党认同得分的方差分析结果

2012 年问卷调查		平方和	df	均方	F	显著性
政党认同	组间	3.909	2	1.954	4.978	0.007
	组内	2410.134	6139	0.393		
	总数	2414.043	6141			
2016 年问卷调查		平方和	df	均方	F	显著性
政党认同	组间	2.498	2	1.249	3.794	0.023
	组内	2160.192	6563	0.329		
	总数	2162.690	6565			

表 4 - 3 - 3 　　　　不同学历被试政党认同得分的多重比较

2012 年问卷调查	(I) 学历	(J) 学历	均值差 (I-J)	标准误	显著性	95% 置信区间 下限	上限
政党认同	初中	高中	0.02340	0.01921	0.223	-0.0143	0.0611
		大专	0.06606 *	0.02106	0.002	0.0248	0.1073
	高中	初中	-0.02340	0.01921	0.223	-0.0611	0.0143
		大专	0.04266	0.02411	0.077	-0.0046	0.0899
	大专	初中	-0.06606 *	0.02106	0.002	-0.1073	-0.0248
		高中	-0.04266	0.02411	0.077	-0.0899	0.0046
2016 年问卷调查	(I) 学历	(J) 学历	均值差 (I-J)	标准误	显著性	95% 置信区间 下限	上限
政党认同	初中	高中	0.02211	0.01636	0.177	-0.0100	0.0542
		大专	-0.03079	0.01813	0.089	-0.0663	0.0047
	高中	初中	-0.02211	0.01636	0.177	-0.0542	0.0100
		大专	-0.05290 *	0.01920	0.006	-0.0905	-0.0153
	大专	初中	0.03079	0.01813	0.089	-0.0047	0.0663
		高中	0.05290 *	0.01920	0.006	0.0153	0.0905

* 均值差的显著性水平为 0.05。

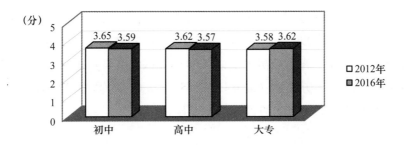

图4 - 3　不同学历被试的政党认同得分比较

2016 年与 2012 年相比，初中及以下学历被试政党认同的得分下降 0.06 分，高中学历被试政党认同的得分下降 0.05 分，大专及以上学历被试政党认同的得分上升 0.04 分（见表 4 - 3 - 4）。正是由于初中及以下学历被试和高中学历被试得分的下降，以及大专及以上学历被试得分的上升，使得大专及以上学历被试的得分由 2012 年的最低分变成了 2016 年的最高分，并显著高于得分最低的高中学历被试。

表 4 - 3 - 4　　　　　　　不同学历被试政党认同得分的变化

项目	2012 年问卷调查	2016 年问卷调查	2016 年比 2012 年增减
初中	3.65	3.59	- 0.06
高中	3.62	3.57	- 0.05
大专	3.58	3.62	+ 0.04

四　不同学历被试的身份认同比较

对不同学历被试身份认同得分的差异性进行方差分析（见表 4 - 4 - 1、表 4 - 4 - 2、表 4 - 4 - 3 和图 4 - 4），2012 年问卷调查显示不同学历被试的身份认同得分之间差异显著，$F = 19.901$，$p < 0.001$，初中及以下学历被试（$M = 4.15$，$SD = 0.65$）的得分显著低于高中学历被试（$M = 4.23$，$SD = 0.67$）和大专及以上学历被试（$M = 4.28$，$SD = 0.69$），高中学历被试与大专及以上学历被试之间的得分差异不

显著。2016 年问卷调查也显示不同学历被试的身份认同得分之间差异显著，$F = 2.999$，$p = 0.05$，高中学历被试（$M = 4.06$，$SD = 0.65$）的得分显著低于初中及以下学历被试（$M = 4.10$，$SD = 0.64$）和大专及以上学历被试（$M = 4.11$，$SD = 0.67$），高中学历被试与大专及以上学历被试之间的得分差异不显著。

表 4 - 4 - 1　　　　　不同学历被试身份认同得分的差异比较

2012 年问卷调查		N	均值	标准差	标准误	95% 置信区间		极小值	极大值
						下限	上限		
身份认同	初中	3399	4.1469	0.64849	0.01112	4.1251	4.1687	1.00	5.00
	高中	1552	4.2294	0.66806	0.01696	4.1961	4.2626	1.25	5.00
	大专	1198	4.2753	0.68623	0.01983	4.2364	4.3141	1.25	5.00
	总数	6149	4.1927	0.66297	0.00845	4.1761	4.2093	1.00	5.00

2016 年问卷调查		N	均值	标准差	标准误	95% 置信区间		极小值	极大值
						下限	上限		
身份认同	初中	2892	4.0996	0.64311	0.01196	4.0761	4.1230	1.00	5.00
	高中	2141	4.0603	0.64787	0.01400	4.0328	4.0877	2.00	5.00
	大专	1535	4.1060	0.66607	0.01700	4.0727	4.1394	1.00	5.00
	总数	6568	4.0883	0.65029	0.00802	4.0725	4.1040	1.00	5.00

表 4 - 4 - 2　　　　不同学历被试身份认同得分的方差分析结果

2012 年问卷调查		平方和	df	均方	F	显著性
身份认同	组间	17.388	2	8.694	19.901	0.000
	组内	2684.871	6146	0.437		
	总数	2702.259	6148			
2016 年问卷调查		平方和	df	均方	F	显著性
身份认同	组间	2.535	2	1.267	2.999	0.050
	组内	2774.479	6565	0.423		
	总数	2777.014	6567			

表4－4－3　　　　　　　不同学历被试身份认同得分的多重比较

2012年问卷调查	(I)学历	(J)学历	均值差(I－J)	标准误	显著性	95%置信区间	
						下限	上限
身份认同	初中	高中	－0.08250*	0.02025	0.000	－0.1222	－0.0428
		大专	－0.12837*	0.02221	0.000	－0.1719	－0.0848
	高中	初中	0.08250*	0.02025	0.000	0.0428	0.1222
		大专	－0.04587	0.02542	0.071	－0.0957	0.0040
	大专	初中	0.12837*	0.02221	0.000	0.0848	0.1719
		高中	0.04587	0.02542	0.071	－0.0040	0.0957
2016年问卷调查	(I)学历	(J)学历	均值差(I－J)	标准误	显著性	95%置信区间	
						下限	上限
身份认同	初中	高中	0.03933*	0.01853	0.034	0.0030	0.0757
		大专	－0.00644	0.02053	0.754	－0.0467	0.0338
	高中	初中	－0.03933*	0.01853	0.034	－0.0757	－0.0030
		大专	－0.04577*	0.02174	0.035	－0.0884	－0.0032
	大专	初中	0.00644	0.02053	0.754	－0.0338	0.0467
		高中	0.04577*	0.02174	0.035	0.0032	0.0884

* 均值差的显著性水平为0.05。

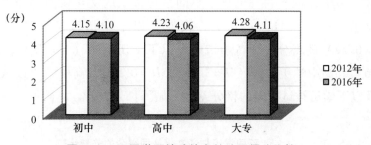

图4－4　不同学历被试的身份认同得分比较

2016年与2012年相比，初中及以下学历被试身份认同的得分下降0.05分，高中学历被试和大专及以上学历被身份认同的得分都下降0.17分（见表4－4－4）。正是由于高中学历被试和大专及以上学历被试得分的较大幅度下降，使得不同学历被试之间的得分差异发生了重要的变化，得分显著低于另两种学历被试的初中及以下学历被试，被替换成了高中学历被试。

表4-4-4 不同学历被试身份认同得分的变化

项目	2012年问卷调查	2016年问卷调查	2016年比2012年增减
初中	4.15	4.10	-0.05
高中	4.23	4.06	-0.17
大专	4.28	4.11	-0.17

五 不同学历被试的文化认同比较

对不同学历被试文化认同得分的差异性进行方差分析（见表4-5-1、表4-5-2、表4-5-3和图4-5），2012年问卷调查显示不同学历被试的文化认同得分之间差异显著，$F = 17.101$，$p < 0.001$，初中及以下学历被试（$M = 3.40$，$SD = 0.56$）的得分显著低于高中学历被试（$M = 3.48$，$SD = 0.55$）和大专及以上学历被试（$M = 3.50$，$SD = 0.57$），高中学历被试与大专及以上学历被试之间的得分差异不显著。2016年问卷调查也显示不同学历被试的文化认同得分之间差异显著，$F = 4.311$，$p < 0.05$，大专及以上学历被试（$M = 3.51$，$SD = 0.57$）的得分显著高于初中及以下学历被试（$M = 3.47$，$SD = 0.56$）和高中学历被试（$M = 3.46$，$SD = 0.53$），高中学历被试与初中及以下学历被试之间的得分差异不显著。

表4-5-1 不同学历被试文化认同得分的差异比较

2012年问卷调查		N	均值	标准差	标准误	95% 置信区间		极小值	极大值
						下限	上限		
文化认同	初中	3396	3.4024	0.56006	0.00961	3.3836	3.4213	1.00	5.00
	高中	1547	3.4768	0.54884	0.01395	3.4495	3.5042	1.33	5.00
	大专	1199	3.4965	0.57329	0.01656	3.4640	3.5290	1.00	5.00
	总数	6142	3.4395	0.56134	0.00716	3.4255	3.4536	1.00	5.00

续表

2016 年问卷调查		N	均值	标准差	标准误	95% 置信区间		极小值	极大值
						下限	上限		
文化认同	初中	2894	3.4672	0.56445	0.01049	3.4466	3.4877	1.00	5.00
	高中	2143	3.4598	0.52663	0.01138	3.4375	3.4821	1.33	5.00
	大专	1535	3.5107	0.56608	0.01445	3.4824	3.5391	1.33	5.00
	总数	6572	3.4749	0.55307	0.00682	3.4616	3.4883	1.00	5.00

表 4 - 5 - 2　　　　**不同学历被试文化认同得分的方差分析结果**

2012 年问卷调查		平方和	df	均方	F	显著性
文化认同	组间	10.721	2	5.361	17.101	0.000
	组内	1924.329	6139	0.313		
	总数	1935.050	6141			

2016 年问卷调查		平方和	df	均方	F	显著性
文化认同	组间	2.635	2	1.317	4.311	0.013
	组内	2007.351	6569	0.306		
	总数	2009.985	6571			

表 4 - 5 - 3　　　　**不同学历被试文化认同得分的多重比较**

2012 年问卷调查	(I) 学历	(J) 学历	均值差 (I-J)	标准误	显著性	95% 置信区间	
						下限	上限
文化认同	初中	高中	-0.07440 *	0.01717	0.000	-0.1081	-0.0407
		大专	-0.09409 *	0.01881	0.000	-0.1310	-0.0572
	高中	初中	0.07440 *	0.01717	0.000	0.0407	0.1081
		大专	-0.01969	0.02154	0.361	-0.0619	0.0225
	大专	初中	0.09409 *	0.01881	0.000	0.0572	0.1310
		高中	0.01969	0.02154	0.361	-0.0225	0.0619

续表

2016 年问卷调查	（I）学历	（J）学历	均值差（I-J）	标准误	显著性	95% 置信区间 下限	95% 置信区间 上限
文化认同	初中	高中	0.00738	0.01575	0.639	-0.0235	0.0383
		大专	-0.04358*	0.01745	0.013	-0.0778	-0.0094
	高中	初中	-0.00738	0.01575	0.639	-0.0383	0.0235
		大专	-0.05096*	0.01848	0.006	-0.0872	-0.0147
	大专	初中	0.04358*	0.01745	0.013	0.0094	0.0778
		高中	0.05096*	0.01848	0.006	0.0147	0.0872

* 均值差的显著性水平为 0.05。

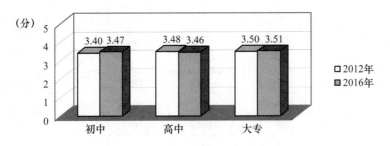

图 4-5　不同学历被试的文化认同得分比较

2016 年与 2012 年相比，初中及以下学历被试文化认同的得分上升 0.07 分，高中学历被试文化认同的得分下降 0.02 分，大专及以上学历被试文化认同的得分上升 0.01 分（见表 4-5-4）。正是这样的得分变化，使得不同学历被试之间的得分差异发生了重要的变化，不再是初中及以下学历被试的得分显著低于另两种学历被试，而是大专及以上学历被试的得分显著高于另两种学历被试。

表 4-5-4　　　　　　　不同学历被试文化认同得分的变化

项目	2012 年问卷调查	2016 年问卷调查	2016 年比 2012 年增减
初中	3.40	3.47	+0.07
高中	3.48	3.46	-0.02
大专	3.50	3.51	+0.01

六　不同学历被试的政策认同比较

对不同学历被试政策认同得分的差异性进行方差分析（见表 4 -
6 - 1、表 4 - 6 - 2、表 4 - 6 - 3 和图 4 - 6），2012 年问卷调查显示不
同学历被试的政策认同得分之间差异显著，$F = 22.396$，$p < 0.001$，
初中及以下学历被试（$M = 3.64$，$SD = 0.68$）的得分显著高于高中学
历被试（$M = 3.58$，$SD = 0.70$）和大专及以上学历被试（$M = 3.48$，
$SD = 0.72$），高中学历被试的得分显著高于大专及以上学历被试。
2016 年问卷调查也显示不同学历被试的政策认同得分之间差异显著，
$F = 21.515$，$p < 0.001$，初中及以下学历被试（$M = 3.62$，$SD = 0.64$）
的得分显著高于高中学历被试（$M = 3.52$，$SD = 0.62$）和大专及以上
学历被试（$M = 3.52$，$SD = 0.63$），高中学历被试与大专及以上学历
被试之间的得分差异不显著。

表 4 - 6 - 1　　　　　　不同学历被试政策认同得分的差异比较

2012 年问卷调查		N	均值	标准差	标准误	95% 置信区间		极小值	极大值
						下限	上限		
政策认同	初中	3398	3.6368	0.67628	0.01160	3.6141	3.6596	1.00	5.00
	高中	1552	3.5823	0.70141	0.01780	3.5473	3.6172	1.00	5.00
	大专	1198	3.4822	0.72086	0.02083	3.4413	3.5231	1.00	5.00
	总数	6148	3.5929	0.69394	0.00885	3.5756	3.6103	1.00	5.00
2016 年问卷调查		N	均值	标准差	标准误	95% 置信区间		极小值	极大值
						下限	上限		
政策认同	初中	2897	3.6229	0.63773	0.01185	3.5997	3.6462	1.33	5.00
	高中	2143	3.5195	0.61622	0.01331	3.4934	3.5456	1.00	5.00
	大专	1534	3.5219	0.62809	0.01604	3.4905	3.5534	1.33	5.00
	总数	6574	3.5657	0.63050	0.00778	3.5504	3.5809	1.00	5.00

表 4 – 6 – 2　　　　　　　**不同学历被试政策认同得分的方差分析结果**

2012 年问卷调查		平方和	*df*	均方	*F*	显著性
政策认同	组间	21.421	2	10.710	22.396	0.000
	组内	2938.708	6145	0.478		
	总数	2960.128	6147			
2016 年问卷调查		平方和	*df*	均方	*F*	显著性
政策认同	组间	16.999	2	8.500	21.515	0.000
	组内	2595.934	6571	0.395		
	总数	2612.933	6573			

表 4 – 6 – 3　　　　　　　**不同学历被试政策认同得分的多重比较**

2012 年问卷调查	(I) 学历	(J) 学历	均值差 (I – J)	标准误	显著性	95% 置信区间	
						下限	上限
政策认同	初中	高中	0.05459 *	0.02119	0.010	0.0131	0.0961
		大专	0.15465 *	0.02324	0.000	0.1091	0.2002
	高中	初中	– 0.05459 *	0.02119	0.010	– 0.0961	– 0.0131
		大专	0.10007 *	0.02660	0.000	0.0479	0.1522
	大专	初中	– 0.15465 *	0.02324	0.000	– 0.2002	– 0.1091
		高中	– 0.10007 *	0.02660	0.000	– 0.1522	– 0.0479
2016 年问卷调查	(I) 学历	(J) 学历	均值差 (I – J)	标准误	显著性	95% 置信区间	
						下限	上限
政策认同	初中	高中	0.10342 *	0.01791	0.000	0.0683	0.1385
		大专	0.10100 *	0.01985	0.000	0.0621	0.1399
	高中	初中	– 0.10342 *	0.01791	0.000	– 0.1385	– 0.0683
		大专	– 0.00243	0.02102	0.908	– 0.0436	0.0388
	大专	初中	– 0.10100 *	0.01985	0.000	– 0.1399	– 0.0621
		高中	0.00243	0.02102	0.908	– 0.0388	0.0436

* 均值差的显著性水平为 0.05。

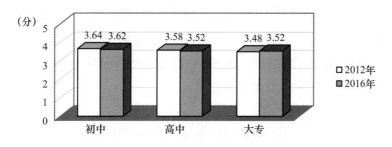

图 4 - 6　不同学历被试的政策认同得分比较

2016 年与 2012 年相比，初中及以下学历被试政策认同的得分下降 0.02 分，高中学历被试政策认同的得分下降 0.06 分，大专及以上学历被试政策认同的得分上升 0.04 分（见表 4 - 6 - 4）。由于初中及以下学历被试的得分下降幅度不大，使之依然保持了得分显著高于另两种学历被试的状态。

表 4 - 6 - 4　　　　　　不同学历被试政策认同得分的变化

项目	2012 年问卷调查	2016 年问卷调查	2016 年比 2012 年增减
初中	3.64	3.62	- 0.02
高中	3.58	3.52	- 0.06
大专	3.48	3.52	+ 0.04

七　不同学历被试的发展认同比较

对不同学历被试发展认同得分的差异性进行方差分析（见表 4 - 7 - 1、表 4 - 7 - 2、表 4 - 7 - 3 和图 4 - 7），2012 年问卷调查显示不同学历被试的发展认同得分之间差异显著，$F = 12.784$，$p < 0.001$，初中及以下学历被试（$M = 3.71$，$SD = 0.62$）的得分显著低于大专及以上学历被试（$M = 3.82$，$SD = 0.62$）和高中学历被试（$M = 3.75$，$SD = 0.60$），高中学历被试的得分显著低于大专及以上学历被试。

2016 年问卷调查也显示不同学历被试的发展认同得分之间差异显著，$F = 6.331$，$p < 0.01$，高中学历被试（$M = 3.59$，$SD = 0.64$）的得分显著低于初中及以下学历被试（$M = 3.64$，$SD = 0.65$）和大专及以上学历被试（$M = 3.66$，$SD = 0.64$），初中及以下学历被试与大专及以上学历被试之间的得分差异不显著。

表 4 - 7 - 1　　　　不同学历被试发展认同得分的差异比较

2012 年问卷调查		N	均值	标准差	标准误	95% 置信区间		极小值	极大值
						下限	上限		
发展认同	初中	3398	3.7112	0.62318	0.01069	3.6902	3.7321	1.00	5.00
	高中	1551	3.7487	0.60241	0.01530	3.7187	3.7787	1.50	5.00
	大专	1199	3.8153	0.61769	0.01784	3.7803	3.8503	2.00	5.00
	总数	6148	3.7409	0.61811	0.00788	3.7255	3.7564	1.00	5.00

2016 年问卷调查		N	均值	标准差	标准误	95% 置信区间		极小值	极大值
						下限	上限		
发展认同	初中	2897	3.6370	0.64928	0.01206	3.6134	3.6607	1.25	5.00
	高中	2141	3.5855	0.64326	0.01390	3.5582	3.6127	1.50	5.00
	大专	1532	3.6565	0.64353	0.01644	3.6242	3.6887	1.50	5.00
	总数	6570	3.6248	0.64651	0.00798	3.6091	3.6404	1.25	5.00

表 4 - 7 - 2　　　　不同学历被试发展认同得分的方差分析结果

2012 年问卷调查		平方和	df	均方	F	显著性
发展认同	组间	9.732	2	4.866	12.784	0.000
	组内	2338.825	6145	0.381		
	总数	2348.557	6147			
2016 年问卷调查		平方和	df	均方	F	显著性
发展认同	组间	5.284	2	2.642	6.331	0.002
	组内	2740.372	6567	0.417		
	总数	2745.656	6569			

表 4 - 7 - 3　　　　　　　不同学历被试发展认同得分的多重比较

2012 年问卷调查	（I）学历	（J）学历	均值差（I－J）	标准误	显著性	95% 置信区间	
						下限	上限
发展认同	初中	高中	- 0.03756 *	0.01891	0.047	- 0.0746	- 0.0005
		大专	- 0.10411 *	0.02072	0.000	- 0.1447	- 0.0635
	高中	初中	0.03756 *	0.01891	0.047	0.0005	0.0746
		大专	- 0.06655 *	0.02372	0.005	- 0.1131	- 0.0200
	大专	初中	0.10411 *	0.02072	0.000	0.0635	0.1447
		高中	0.06655 *	0.02372	0.005	0.0200	0.1131
2016 年问卷调查	（I）学历	（J）学历	均值差（I－J）	标准误	显著性	95% 置信区间	
						下限	上限
发展认同	初中	高中	0.05156 *	0.01841	0.005	0.0155	0.0877
		大专	- 0.01946	0.02041	0.340	- 0.0595	0.0205
	高中	初中	- 0.05156 *	0.01841	0.005	- 0.0877	- 0.0155
		大专	- 0.07102 *	0.02162	0.001	- 0.1134	- 0.0286
	大专	初中	0.01946	0.02041	0.340	- 0.0205	0.0595
		高中	0.07102 *	0.02162	0.001	0.0286	0.1134

* 均值差的显著性水平为 0.05。

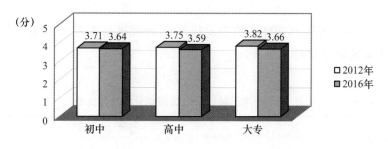

图 4 - 7　不同学历被试的发展认同得分比较

2016 年与 2012 年相比，初中及以下学历被试发展认同的得分下降 0.07 分，高中学历被试和大专及以上学历被试发展认同的得分均下降 0.16 分（见表 4 - 7 - 4）。由于初中及以下学历被试的得分下降幅度小于另两种学历被试尤其是高中学历被试，使得初中及以下学历被试的得分显著低于另两种学历被试的位置，被高中学历被试所取代。

表4-7-4　　　　　　不同学历被试发展认同得分的变化

项目	2012 年问卷调查	2016 年问卷调查	2016 年比 2012 年增减
初中	3.71	3.64	- 0.07
高中	3.75	3.59	- 0.16
大专	3.82	3.66	- 0.16

八　不同学历被试的政治认同总分比较

对不同学历被试政治认同总分的差异性进行方差分析（见表4-8-1、表4-8-2、表4-8-3和图4-8），2012 年问卷调查显示不同学历被试的政治认同总分之间差异不显著。2016 年问卷调查则显示不同学历被试的政治认同总分之间差异显著，$F = 7.882$，$p < 0.001$，高中学历被试（$M = 3.60$，$SD = 0.39$）的得分显著低于初中及以下学历被试（$M = 3.64$，$SD = 0.38$）和大专及以上学历被试（$M = 3.64$，$SD = 0.40$），初中及以下学历被试与大专及以上学历被试之间的得分差异不显著。

表4-8-1　　　　　　不同学历被试政治认同总分的差异比较

2012 年问卷调查		N	均值	标准差	标准误	95% 置信区间		极小值	极大值
						下限	上限		
政治认同总分	初中	3371	3.6740	0.37906	0.00653	3.6612	3.6869	1.92	4.78
	高中	1539	3.6795	0.40492	0.01032	3.6593	3.6998	2.22	4.68
	大专	1195	3.6621	0.44084	0.01275	3.6370	3.6871	1.64	4.68
	总数	6105	3.6731	0.39836	0.00510	3.6631	3.6831	1.64	4.78

续表

2016 年问卷调查		N	均值	标准差	标准误	95% 置信区间		极小值	极大值
						下限	上限		
政治认同总分	初中	2880	3.6445	0.38444	0.00716	3.6304	3.6585	1.83	4.90
	高中	2133	3.6030	0.38616	0.00836	3.5866	3.6194	2.17	4.89
	大专	1528	3.6418	0.39562	0.01012	3.6219	3.6616	2.32	4.74
	总数	6541	3.6303	0.38805	0.00480	3.6209	3.6397	1.83	4.90

表 4-8-2　　　　不同学历被试政治认同总分的方差分析结果

2012 年问卷调查		平方和	df	均方	F	显著性
政治认同总分	组间	0.212	2	0.106	0.668	0.513
	组内	968.426	6102	0.159		
	总数	968.638	6104			

2016 年问卷调查		平方和	df	均方	F	显著性
政治认同总分	组间	2.369	2	1.184	7.882	0.000
	组内	982.420	6538	0.150		
	总数	984.789	6540			

表 4-8-3　　　　不同学历被试政治认同总分的多重比较

2012 年问卷调查	(I) 学历	(J) 学历	均值差 (I-J)	标准误	显著性	95% 置信区间	
						下限	上限
政治认同总分	初中	高中	-0.00548	0.01226	0.655	-0.0295	0.0185
		大专	0.01199	0.01341	0.372	-0.0143	0.0383
	高中	初中	0.00548	0.01226	0.655	-0.0185	0.0295
		大专	0.01746	0.01536	0.256	-0.0126	0.0476
	大专	初中	-0.01199	0.01341	0.372	-0.0383	0.0143
		高中	-0.01746	0.01536	0.256	-0.0476	0.0126

续表

2016年问卷调查	(I) 学历	(J) 学历	均值差 (I-J)	标准误	显著性	95% 置信区间	
						下限	上限
政治认同总分	初中	高中	0.04146*	0.01107	0.000	0.0198	0.0632
		大专	0.00268	0.01227	0.827	-0.0214	0.0267
	高中	初中	-0.04146*	0.01107	0.000	-0.0632	-0.0198
		大专	-0.03878*	0.01299	0.003	-0.0643	-0.0133
	大专	初中	-0.00268	0.01227	0.827	-0.0267	0.0214
		高中	0.03878*	0.01299	0.003	0.0133	0.0643

* 均值差的显著性水平为 0.05。

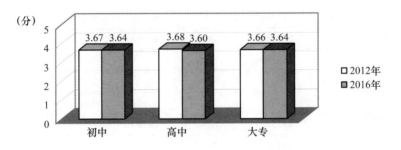

图 4-8　不同学历被试的政治认同总分比较

2016 年与 2012 年相比，初中及以下学历被试的政治认同总分下降 0.03 分，高中学历被试的政治认同总分下降 0.08 分，大专及以上学历被试的政治认同总分下降 0.02 分（见表 4-8-4）。由于初中及以下学历被试和大专及以上学历被试的得分下降幅度小于高中学历被试，使得高中学历被试的政治认同总分由 2012 年的最高分降至 2016 年的最低分，并显著低于另两种学历被试。

表 4-8-4　　　不同学历被试政治认同总分即政治认同总分的变化

项目	2012 年问卷调查	2016 年问卷调查	2016 年比 2012 年增减
初中	3.67	3.64	-0.03
高中	3.68	3.60	-0.08
大专	3.66	3.64	-0.02

通过本章的数据比较，可以对不同学历被试在政治认同方面所反映出来的差异做一个简单的小结。

第一，通过两次问卷调查可以看出，学历因素对政治认同的影响有重要的变化。2012 年问卷调查显示的不同学历被试的政治认同总分之间差异不显著，到 2016 年问卷调查变成了不同学历被试的政治认同总分之间差异显著。但是需要注意的是，在政治认同方面，既没有表现出学历越高政治认同的整体水平越高或越低的特征，也没有表现出学历越低政治认同的整体水平越高或越低的特征。

第二，尽管在两次问卷调查中，不同学历被试的六种认同得分都有所变化，但是在各种认同的得分排序上还是出现了延续性的现象。体制认同和政策认同两次调查得分最高的都是初中及以下被试，身份认同、文化认同、发展认同两次调查得分最高的都是大专及以上学历被试，只有政党认同 2012 年得分最高的是初中及以下学历被试，2016 年得分最高的变成了大专及以上学历被试（见表 4-9，表中括号内的数字，代表不同学历被试得分高低的排序）。还需要注意的是，2012 年问卷调查高中学历被试在六种认同的得分中均位居第二，2016 年问卷调查则变成了得分以位居第三为主（除政策认同与大专及以上学历被试并列第二外，另五种认同的得分均位居第三）。

表 4-9　　　　　　　**不同学历被试政治认同得分排序比较**

项目	2012 年问卷调查			2016 年问卷调查		
	初中	高中	大专	初中	高中	大专
体制认同	3.49（1）	3.41（2）	3.32（3）	3.45（1）	3.42（3）	3.44（2）
政党认同	3.65（1）	3.62（2）	3.58（3）	3.59（2）	3.57（3）	3.62（1）
身份认同	4.15（3）	4.23（2）	4.28（1）	4.10（2）	4.06（3）	4.11（1）
文化认同	3.40（3）	3.48（2）	3.50（1）	3.47（2）	3.46（3）	3.51（1）
政策认同	3.64（1）	3.58（2）	3.48（3）	3.62（1）	3.52（2）	3.52（2）
发展认同	3.71（3）	3.75（2）	3.82（1）	3.64（2）	3.59（3）	3.66（1）
政治认同总分	3.67（2）	3.68（1）	3.66（3）	3.64（1）	3.60（3）	3.64（1）

第三，尽管在政治认同的总体水平上不同学历被试的差异出现过由不显著到显著的变化，但是在具体认同上反映出了较强的持续性差异。在六种认同中，除了体制认同由2012年的得分差异显著变成了2016年的得分差异不显著外，另五种认同两次调查都显示不同学历被试的得分差异达到了显著水平，但是各认同的最高得分由初中及以下学历被试和大专及以上学历被试分享，最低得分也没有拉开一定的距离，使得这些认同的显著差异起了相互抵消的作用，反映在整体层面，即形成了2012年政治认同总分差异未达到显著水平的形态。

第四，两次问卷调查的得分相比，大专及以上学历被试2016年的政治认同总分只比2012年下降0.02分。之所以出现这样的现象，是因为大专及以上学历被试的体制认同、政党认同、文化认同、政策认同的得分都有所上升，只是身份认同和发展认同的得分有较大幅度的下降（分别下降0.17分和0.16分），起了拉低总分的作用。

第五，两次问卷调查的得分相比，初中及以下学历被试2016年的政治认同总分只比2012年下降0.03分。得分下降幅度不大的原因是初中及以下学历被试的文化认同得分有所提高，另五种认同得分的下降幅度较小，拉低总分的作用也相对较小。

第六，两次问卷调查的得分相比，高中学历被试2016年的政治认同总分比2012年下降0.08分，在三种学历被试中得分下降的幅度最大。高中学历被试除了体制认同得分略有提高外，另五种认同的得分都有所下降，尤其是身份认同和发展认同得分的较大幅度下降（分别下降0.17分和0.16分），在缺乏得分提高项目抵消的情况下，对拉低总分的作用更为明显和直接。

第七，如果说低学历公民的政治认同较多侧重于朴素的情感，高学历被试公民的政治认同较多侧重于知识性的判断，中等学历公民的政治认同则可能既有一定的情感，也有一定的知识判断，并且可能经常在两者之间游离。两次问卷调查显示的中等学历被试（高中学历被试）政治认同水平下降，可能就是这样的"游离"的重要表象。这样的推论是否成立，还需要做周期性的持续调查，才能给出最终的答案。

第五章 政治认同的差异比较： 政治面貌

　　2012 年问卷调查有 6 名被试的政治面貌信息缺失，在有政治面貌信息的 6153 名被试中，中共党员被试 839 人，占 13.63%（中共党员被试在本章的表格中均标注为"党员"）；共青团员被试 620 人，占 10.08%（共青团员被试在本章的表格中均标注为"团员"）；群众被试 4694 人，占 76.29%（群众被试在本章的表格中均标注为"群众"）。2016 年问卷调查涉及的 6581 名被试中，中共党员 596 人，占 9.06%；共青团员 1063 人，占 16.15%；群众 4922 人，占 74.79%。根据两次问卷调查的数据，可以比较不同政治面貌被试政治认同的变化情况。

一　不同政治面貌被试政治认同的总体情况

　　2012 年问卷调查结果显示，中共党员被试政治认同的总体得分在 1.64—4.68 分之间，均值为 3.78，标准差为 0.45。在六种认同中，中共党员被试的体制认同得分在 1.00—5.00 分之间，均值为 3.45，标准差为 0.54；政党认同得分在 1.00—5.00 分之间，均值为 3.80，标准差为 0.71；身份认同得分在 1.25—5.00 分之间，均值为 4.25，标准差为 0.70；文化认同得分在 1.00—5.00 分之间，均值为 3.55，标准差为 0.59；政策认同得分在 1.00—5.00 分之间，均值为 3.69，标准差为 0.76；发展认同得分在 2.00—5.00 分之间，均值为 3.91，标准差为 0.62（见表 5 - 1 - 1 和图 5 - 1 - 1）。

表 5 - 1 - 1　　　中共党员被试政治认同的描述统计（2012 年）

项目	N	极小值	极大值	均值	标准差
政治认同总分	831	1.64	4.68	3.7757	0.44682
体制认同	839	1.00	5.00	3.4478	0.54097
政党认同	837	1.00	5.00	3.8037	0.71483
身份认同	837	1.25	5.00	4.2494	0.69785
文化认同	836	1.00	5.00	3.5534	0.59287
政策认同	836	1.00	5.00	3.6878	0.75570
发展认同	839	2.00	5.00	3.9091	0.61928
有效的 N（列表状态）	831				

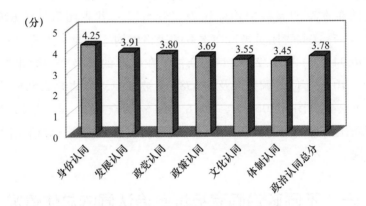

图 5 - 1 - 1　中共党员被试政治认同得分的总体情况（2012 年）

2016 年问卷调查结果显示，中共党员被试政治认同的总体得分在 2.17—4.72 分之间，均值为 3.76，标准差为 0.39。在六种认同中，中共党员被试的体制认同得分在 1.33—5.00 分之间，均值为 3.50，标准差为 0.48；政党认同得分在 2.00—5.00 分之间，均值为 3.78，标准差为 0.62；身份认同得分在 1.75—5.00 分之间，均值为 4.17，标准差为 0.63；文化认同得分在 1.67—5.00 分之间，均值为 3.61，标准差为 0.53；政策认同得分在 1.33—5.00 分之间，均值为 3.68，标准差为 0.63；发展认同得分在 1.25—5.00 分之间，均值为

3.79，标准差为 0.68（见表 5 - 1 - 2 和图 5 - 1 - 2）。

表 5 - 1 - 2　　　　中共党员被试政治认同的描述统计（2016 年）

项目	N	极小值	极大值	均值	标准差
政治认同总分	594	2.17	4.72	3.7560	0.39351
体制认同	596	1.33	5.00	3.5017	0.48372
政党认同	595	2.00	5.00	3.7815	0.62441
身份认同	595	1.75	5.00	4.1714	0.62699
文化认同	596	1.67	5.00	3.6057	0.52824
政策认同	596	1.33	5.00	3.6801	0.62995
发展认同	596	1.25	5.00	3.7945	0.67838
有效的 N（列表状态）	594				

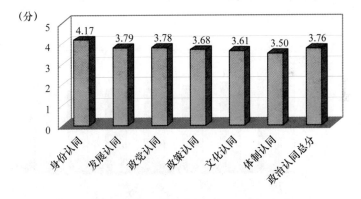

图 5 - 1 - 2　中共党员被试政治认同得分的总体情况（2016 年）

2012 年问卷调查结果显示，共青团员被试政治认同的总体得分在 2.35—4.63 分之间，均值为 3.66，标准差为 0.38。在六种认同中，共青团员被试的体制认同得分在 1.00—5.00 分之间，均值为 3.38，标准差为 0.57；政党认同得分在 1.33—5.00 分之间，均值为 3.57，标准差为 0.61；身份认同得分在 1.25—5.00 分之间，均值为 4.33，标准差为 0.66；文化认同得分在 1.67—5.00 分之间，均值为 3.46，标准差为 0.54；政策认同得分在 1.00—5.00 分之间，均值为

3.46，标准差为 0.65；发展认同得分在 1.75—5.00 分之间，均值为
3.76，标准差为 0.59（见表 5 - 1 - 3 和图 5 - 1 - 3）。

表 5 - 1 - 3 　　　　共青团员被试政治认同的描述统计（2012 年）

项目	N	极小值	极大值	均值	标准差
政治认同总分	618	2.35	4.63	3.6620	0.37786
体制认同	620	1.00	5.00	3.3780	0.57312
政党认同	620	1.33	5.00	3.5656	0.61499
身份认同	620	1.25	5.00	4.3315	0.65847
文化认同	620	1.67	5.00	3.4640	0.53954
政策认同	620	1.00	5.00	3.4640	0.65495
发展认同	618	1.75	5.00	3.7581	0.58870
有效的 N（列表状态）	618				

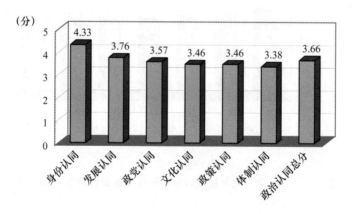

图 5 - 1 - 3 　共青团员被试政治认同得分的总体情况（2012 年）

2016 年问卷调查结果显示，共青团员被试政治认同的总体得分
在 2.33—4.78 分之间，均值为 3.63，标准差为 0.37。在六种认同
中，共青团员被试的体制认同得分在 1.00—5.00 分之间，均值为
3.45，标准差为 0.50；政党认同得分在 1.67—5.00 分之间，均值为
3.58，标准差为 0.56；身份认同得分在 1.00—5.00 分之间，均值为

4.12，标准差为0.67；文化认同得分在1.33—5.00分之间，均值为3.47，标准差为0.54；政策认同得分在1.33—5.00分之间，均值为3.53，标准差为0.59；发展认同得分在1.50—5.00分之间，均值为3.63，标准差为0.63（见表5-1-4和图5-1-4）。

表5-1-4　　　　　共青团员被试政治认同的描述统计（2016年）

项目	N	极小值	极大值	均值	标准差
政治认同总分	1053	2.33	4.78	3.6296	0.36580
体制认同	1063	1.00	5.00	3.4475	0.49705
政党认同	1061	1.67	5.00	3.5762	0.56019
身份认同	1061	1.00	5.00	4.1199	0.66874
文化认同	1062	1.33	5.00	3.4692	0.54000
政策认同	1061	1.33	5.00	3.5281	0.59432
发展认同	1063	1.50	5.00	3.6317	0.63041
有效的N（列表状态）	1053				

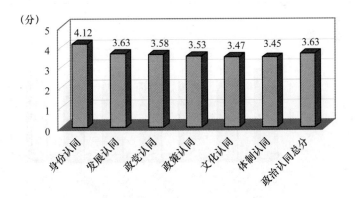

图5-1-4　共青团员被试政治认同得分的总体情况（2016年）

2012年问卷调查结果显示，群众被试政治认同的总体得分在2.00—4.78分之间，均值为3.66，标准差为0.39。在六种认同中，群众被试的体制认同得分在1.00—5.00分之间，均值为3.44，标准差为0.53；政党认同得分在1.00—5.00分之间，均值为3.61，标准

差为 0.61；身份认同得分在 1.00—5.00 分之间，均值为 4.16，标准
差为 0.65；文化认同得分在 1.00—5.00 分之间，均值为 3.42，标准
差为 0.56；政策认同得分在 1.00—5.00 分之间，均值为 3.59，标准
差为 0.68；发展认同得分在 1.00—5.00 分之间，均值为 3.71，标准
差为 0.62（见表 5 - 1 - 5 和图 5 - 1 - 5）。

表 5 - 1 - 5　　　　群众被试政治认同的描述统计（2012 年）

项目	N	极小值	极大值	均值	标准差
政治认同总分	4654	2.00	4.78	3.6569	0.38897
体制认同	4687	1.00	5.00	3.4436	0.53398
政党认同	4683	1.00	5.00	3.6057	0.60649
身份认同	4690	1.00	5.00	4.1648	0.65421
文化认同	4684	1.00	5.00	3.4163	0.55623
政策认同	4690	1.00	5.00	3.5933	0.68495
发展认同	4689	1.00	5.00	3.7094	0.61625
有效的 N（列表状态）	4654				

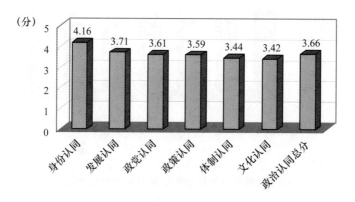

图 5 - 1 - 5　群众被试政治认同得分的总体情况（2012 年）

2016 年问卷调查结果显示，群众被试政治认同的总体得分在
1.83—4.90 分之间，均值为 3.62，标准差为 0.39。在六种认同中，

群众被试的体制认同得分在 1.00—5.00 分之间，均值为 3.42，标准
差为 0.49；政党认同得分在 1.33—5.00 分之间，均值为 3.57，标准
差为 0.57；身份认同得分在 1.00—5.00 分之间，均值为 4.07，标准
差为 0.65；文化认同得分在 1.00—5.00 分之间，均值为 3.46，标准
差为 0.56；政策认同得分在 1.00—5.00 分之间，均值为 3.56，标准
差为 0.64；发展认同得分在 1.50—5.00 分之间，均值为 3.60，标准
差为 0.64（见表 5 - 1 - 6 和图 5 - 1 - 6）。

表 5 - 1 - 6　　　　**群众被试政治认同的描述统计（2016 年）**

项目	N	极小值	极大值	均值	标准差
政治认同总分	4892	1.83	4.90	3.6150	0.38942
体制认同	4922	1.00	5.00	3.4243	0.49355
政党认同	4913	1.33	5.00	3.5667	0.56635
身份认同	4915	1.00	5.00	4.0710	0.64815
文化认同	4917	1.00	5.00	3.4603	0.55661
政策认同	4920	1.00	5.00	3.5597	0.63665
发展认同	4914	1.50	5.00	3.6025	0.64290
有效的 N（列表状态）	4892				

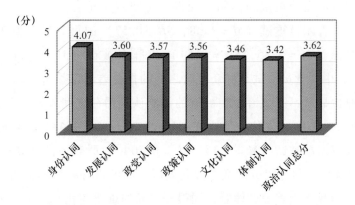

图 5 - 1 - 6　群众被试政治认同得分的总体情况（2016 年）

　　六种认同的得分由高到低排序，2012 年问卷调查中共党员被试是身份认同第一，发展认同第二，政党认同第三，政策认同第四，文化认同第五，体制认同第六；共青团员被试是身份认同第一，发展认同第二，政党认同第三，政策认同、文化认同并列第四，体制认同第六，群众被试是身份认同第一，发展认同第二，政党认同第三，政策认同第四，体制认同第五，文化认同第六（后三位排序有所不同）。2016 年问卷调查中共党员被试是身份认同第一，发展认同第二，政党认同第三，政策认同第四，文化认同第五，体制认同第六（与2012 年排序相同）；共青团员被试是身份认同第一，发展认同第二，政党认同第三，政策认同第四，文化认同第五，体制认同第六（第四、五位排序与 2012 年不同）；群众被试是身份认同第一，发展认同第二，政党认同第三，政策认同第四，文化认同第五，体制认同第六（后两位排序与 2012 年不同）。

二　不同政治面貌被试的体制认同比较

　　对不同政治面貌被试体制认同得分的差异性进行方差分析（见表 5 - 2 - 1、表 5 - 2 - 2、表 5 - 2 - 3 和图 5 - 2），2012 年问卷调查显示不同政治面貌被试的体制认同得分之间差异显著，$F = 4.232$，$p < 0.05$，共青团员被试（$M = 3.38$，$SD = 0.57$）的得分显著低于中共党员被试（$M = 3.45$，$SD = 0.54$）和群众被试（$M = 3.44$，$SD = 0.53$），中共党员被试与群众被试之间的得分差异不显著。2016 年问卷调查也显示不同政治面貌被试的体制认同得分之间差异显著，$F = 6.947$，$p < 0.01$，中共党员被试（$M = 3.50$，$SD = 0.48$）的得分显著高于共青团员被试（$M = 3.45$，$SD = 0.50$）和群众被试（$M = 3.42$，$SD = 0.49$），共青团员被试与群众被试之间的得分差异不显著。两次调查不同政治面貌被试体制认同得分差异的重要变化，是由一种被试（共青团员被试）得分显著低于另两种被试，变成了一种被试（中共党员被试）得分显著高于另两种被试。

表 5 - 2 - 1　　　　　不同政治面貌被试体制认同得分的差异比较

2012 年问卷调查		N	均值	标准差	标准误	95% 置信区间		极小值	极大值
						下限	上限		
体制认同	党员	839	3.4478	0.54097	0.01868	3.4111	3.4844	1.00	5.00
	团员	620	3.3780	0.57312	0.02302	3.3328	3.4232	1.00	5.00
	群众	4687	3.4436	0.53398	0.00780	3.4283	3.4589	1.00	5.00
	总数	6146	3.4375	0.53929	0.00688	3.4240	3.4510	1.00	5.00

2016 年问卷调查		N	均值	标准差	标准误	95% 置信区间		极小值	极大值
						下限	上限		
体制认同	党员	596	3.5017	0.48372	0.01981	3.4628	3.5406	1.33	5.00
	团员	1063	3.4475	0.49705	0.01525	3.4176	3.4774	1.00	5.00
	群众	4922	3.4243	0.49355	0.00703	3.4105	3.4381	1.00	5.00
	总数	6581	3.4350	0.49368	0.00609	3.4231	3.4470	1.00	5.00

表 5 - 2 - 2　　　不同政治面貌被试体制认同得分的方差分析结果

2012 年问卷调查		平方和	df	均方	F	显著性
体制认同	组间	2.459	2	1.229	4.232	0.015
	组内	1784.716	6143	0.291		
	总数	1787.174	6145			
2016 年问卷调查		平方和	df	均方	F	显著性
体制认同	组间	3.380	2	1.690	6.947	0.001
	组内	1600.322	6578	0.243		
	总数	1603.702	6580			

表 5 - 2 - 3　　　　　不同政治面貌被试体制认同得分的多重比较

2012 年问卷调查	(I) 政治面貌	(J) 政治面貌	均值差 (I - J)	标准误	显著性	95% 置信区间	
						下限	上限
体制认同	党员	团员	0.06980 *	0.02855	0.015	0.0138	0.1258
		群众	0.00419	0.02021	0.836	- 0.0354	0.0438
	团员	党员	- 0.06980 *	0.02855	0.015	- 0.1258	- 0.0138
		群众	- 0.06561 *	0.02303	0.004	- 0.1108	- 0.0205
	群众	党员	- 0.00419	0.02021	0.836	- 0.0438	0.0354
		团员	0.06561 *	0.02303	0.004	0.0205	0.1108

续表

2016 年问卷调查	(I) 政治面貌	(J) 政治面貌	均值差 (I－J)	标准误	显著性	95% 置信区间	
						下限	上限
体制认同	党员	团员	0.05420*	0.02524	0.032	0.0047	0.1037
		群众	0.07739*	0.02139	0.000	0.0355	0.1193
	团员	党员	－0.05420*	0.02524	0.032	－0.1037	－0.0047
		群众	0.02319	0.01668	0.165	－0.0095	0.0559
	群众	党员	－0.07739*	0.02139	0.000	－0.1193	－0.0355
		团员	－0.02319	0.01668	0.165	－0.0559	0.0095

* 均值差的显著性水平为 0.05。

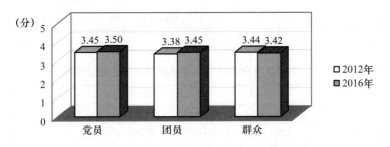

图 5-2　不同政治面貌被试的体制认同得分比较

2016 年与 2012 年相比，中共党员被试体制认同的得分上升 0.05 分，共青团员被试体制认同的得分上升 0.07 分，群众被试体制认同的得分下降 0.02 分（见表 5-2-4）。共青团员被试得分的较大幅度上升，使之改变了体制认同得分显著低于中共党员和群众被试的状态；中共党员被试得分上升的幅度尽管小于共青团员被试，但已足以保证其体制认同得分显著高于共青团员和群众被试。

表 5-2-4　　　　　不同政治面貌被试体制认同得分的变化

项目	2012 年问卷调查	2016 年问卷调查	2016 年比 2012 年增减
党员	3.45	3.50	＋0.05
团员	3.38	3.45	＋0.07
群众	3.44	3.42	－0.02

三　不同政治面貌被试的政党认同比较

对不同政治面貌被试政党认同得分的差异性进行方差分析（见表 5 - 3 - 1、表 5 - 3 - 2、表 5 - 3 - 3 和图 5 - 3），2012 年问卷调查显示不同政治面貌被试的政党认同得分之间差异显著，$F = 39.345$，$p < 0.001$，中共党员被试（$M = 3.80$，$SD = 0.71$）的得分显著高于共青团员被试（$M = 3.57$，$SD = 0.61$）和群众被试（$M = 3.61$，$SD = 0.61$），共青团员被试与群众被试之间的得分差异不显著。2016 年问卷调查也显示不同政治面貌被试的政党认同得分之间差异显著，$F = 37.844$，$p < 0.001$，中共党员被试（$M = 3.78$，$SD = 0.62$）的得分显著高于共青团员被试（$M = 3.58$，$SD = 0.56$）和群众被试（$M = 3.57$，$SD = 0.57$），共青团员被试与群众被试之间的得分差异不显著。

表 5 - 3 - 1　　　　　不同政治面貌被试政党认同得分的差异比较

2012 年问卷调查		N	均值	标准差	标准误	95% 置信区间		极小值	极大值
						下限	上限		
政党认同	党员	837	3.8037	0.71483	0.02471	3.7552	3.8522	1.00	5.00
	团员	620	3.5656	0.61499	0.02470	3.5171	3.6141	1.33	5.00
	群众	4683	3.6057	0.60649	0.00886	3.5884	3.6231	1.00	5.00
	总数	6140	3.6287	0.62708	0.00800	3.6130	3.6444	1.00	5.00

2016 年问卷调查		N	均值	标准差	标准误	95% 置信区间		极小值	极大值
						下限	上限		
政党认同	党员	595	3.7815	0.62441	0.02560	3.7312	3.8318	2.00	5.00
	团员	1061	3.5762	0.56019	0.01720	3.5424	3.6099	1.67	5.00
	群众	4913	3.5667	0.56635	0.00808	3.5508	3.5825	1.33	5.00
	总数	6569	3.5877	0.57406	0.00708	3.5738	3.6015	1.33	5.00

表 5 - 3 - 2 　　　　不同政治面貌被试政党认同得分的方差分析结果

2012 年问卷调查		平方和	df	均方	F	显著性
政党认同	组间	30.561	2	15.281	39.345	0.000
	组内	2383.461	6137	0.388		
	总数	2414.022	6139			
2016 年问卷调查		平方和	df	均方	F	显著性
政党认同	组间	24.666	2	12.333	37.844	0.000
	组内	2139.774	6566	0.326		
	总数	2164.440	6568			

表 5 - 3 - 3 　　　　不同政治面貌被试政党认同得分的多重比较

2012 年问卷调查	（I）政治面貌	（J）政治面貌	均值差（I - J）	标准误	显著性	95% 置信区间	
						下限	上限
政党认同	党员	团员	0.23807 *	0.03302	0.000	0.1733	0.3028
		群众	0.19793 *	0.02339	0.000	0.1521	0.2438
	团员	党员	- 0.23807 *	0.03302	0.000	- 0.3028	- 0.1733
		群众	- 0.04015	0.02663	0.132	- 0.0924	0.0121
	群众	党员	- 0.19793 *	0.02339	0.000	- 0.2438	- 0.1521
		团员	0.04015	0.02663	0.132	- 0.0121	0.0924
2016 年问卷调查	（I）政治面貌	（J）政治面貌	均值差（I - J）	标准误	显著性	95% 置信区间	
						下限	上限
政党认同	党员	团员	0.20533 *	0.02924	0.000	0.1480	0.2626
		群众	0.21485 *	0.02478	0.000	0.1663	0.2634
	团员	党员	- 0.20533 *	0.02924	0.000	- 0.2626	- 0.1480
		群众	0.00953	0.01933	0.622	- 0.0284	0.0474
	群众	党员	- 0.21485 *	0.02478	0.000	- 0.2634	- 0.1663
		团员	- 0.00953	0.01933	0.622	- 0.0474	0.0284

* 均值差的显著性水平为 0.05。

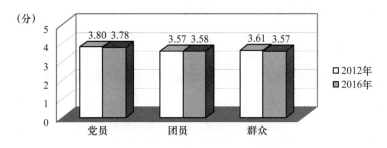

图 5 - 3　不同政治面貌被试的政党认同得分比较

2016 年与 2012 年相比，中共党员被试政党认同的得分下降 0.02 分，共青团员被试政党认同的得分上升 0.01 分，群众被试政党认同的得分下降 0.04 分（见表 5 - 3 - 4）。尽管中共党员被试得分略有下降，但仍然维持了政党认同得分显著高于共青团员和群众被试的状态。

表 5 - 3 - 4　　　　　不同政治面貌被试政党认同得分的变化

项目	2012 年问卷调查	2016 年问卷调查	2016 年比 2012 年增减
党员	3.80	3.78	- 0.02
团员	3.57	3.58	+ 0.01
群众	3.61	3.57	- 0.04

四　不同政治面貌被试的身份认同比较

对不同政治面貌被试身份认同得分的差异性进行方差分析（见表 5 - 4 - 1、表 5 - 4 - 2、表 5 - 4 - 3 和图 5 - 4），2012 年问卷调查显示不同政治面貌被试的身份认同得分之间差异显著，$F = 20.926$，$p < 0.001$，共青团员被试（$M = 4.33$，$SD = 0.66$）的得分显著高于中共党员被试（$M = 4.25$，$SD = 0.70$）和群众被试（$M = 4.16$，$SD = 0.65$），中共党员被试的得分显著高于群众被试。2016 年问卷调查也

显示不同政治面貌被试的身份认同得分之间差异显著，$F = 7.870$，$p < 0.001$，群众被试（$M = 4.07$，$SD = 0.65$）的得分显著低于共青团员被试（$M = 4.12$，$SD = 0.67$）和中共党员被试（$M = 4.17$，$SD = 0.63$），中共党员被试与共青团员被试之间的得分差异不显著。

表 5 - 4 - 1　　　　不同政治面貌被试身份认同得分的差异比较

2012 年问卷调查		N	均值	标准差	标准误	95% 置信区间		极小值	极大值
						下限	上限		
身份认同	党员	837	4.2494	0.69785	0.02412	4.2021	4.2967	1.25	5.00
	团员	620	4.3315	0.65847	0.02644	4.2795	4.3834	1.25	5.00
	群众	4690	4.1648	0.65421	0.00955	4.1461	4.1835	1.00	5.00
	总数	6147	4.1931	0.66288	0.00845	4.1766	4.2097	1.00	5.00

2016 年问卷调查		N	均值	标准差	标准误	95% 置信区间		极小值	极大值
						下限	上限		
身份认同	党员	595	4.1714	0.62699	0.02570	4.1209	4.2219	1.75	5.00
	团员	1061	4.1199	0.66874	0.02053	4.0796	4.1602	1.00	5.00
	群众	4915	4.0710	0.64815	0.00925	4.0529	4.0891	1.00	5.00
	总数	6571	4.0880	0.65032	0.00802	4.0723	4.1037	1.00	5.00

表 5 - 4 - 2　　　　不同政治面貌被试身份认同得分的方差分析结果

2012 年问卷调查		平方和	df	均方	F	显著性
身份认同	组间	18.272	2	9.136	20.926	0.000
	组内	2682.356	6144	0.437		
	总数	2700.628	6146			

2016 年问卷调查		平方和	df	均方	F	显著性
身份认同	组间	6.643	2	3.321	7.870	0.000
	组内	2771.909	6568	0.422		
	总数	2778.551	6570			

表 5 - 4 - 3　　　　　　不同政治面貌被试身份认同得分的多重比较

2012 年问卷调查	（I）政治面貌	（J）政治面貌	均值差（I - J）	标准误	显著性	95% 置信区间	
						下限	上限
身份认同	党员	团员	- 0.08205 *	0.03501	0.019	- 0.1507	- 0.0134
		群众	0.08458 *	0.02479	0.001	0.0360	0.1332
	团员	党员	0.08205 *	0.03501	0.019	0.0134	0.1507
		群众	0.16663 *	0.02824	0.000	0.1113	0.2220
	群众	党员	- 0.08458 *	0.02479	0.001	- 0.1332	- 0.0360
		团员	- 0.16663 *	0.02824	0.000	- 0.2220	- 0.1113
2016 年问卷调查	（I）政治面貌	（J）政治面貌	均值差（I - J）	标准误	显著性	95% 置信区间	
						下限	上限
身份认同	党员	团员	0.05149	0.03327	0.122	- 0.0137	0.1167
		群众	0.10042 *	0.02820	0.000	0.0451	0.1557
	团员	党员	- 0.05149	0.03327	0.122	- 0.1167	0.0137
		群众	0.04893 *	0.02199	0.026	0.0058	0.0920
	群众	党员	- 0.10042 *	0.02820	0.000	- 0.1557	- 0.0451
		团员	- 0.04893 *	0.02199	0.026	- 0.0920	- 0.0058

* 均值差的显著性水平为 0.05。

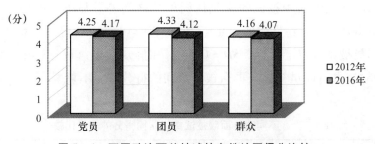

图 5 - 4　不同政治面貌被试的身份认同得分比较

　　2016 年与 2012 年相比，中共党员被试身份认同的得分下降 0.08 分，共青团员被试身份认同的得分下降 0.21 分，群众被试身份认同的得分下降 0.09 分（见表 5 - 4 - 4）。群众被试得分的较大幅度下降，使其继续延续了身份认同得分显著低于中共党员和共青团员被试的状态；共青团员被试得分的大幅度下降，则使其丧失了身份认同得分显著高于中共党员和群众被试的位置。

表 5 - 4 - 4　　　　　　不同政治面貌被试身份认同得分的变化

项目	2012 年问卷调查	2016 年问卷调查	2016 年比 2012 年增减
党员	4.25	4.17	-0.08
团员	4.33	4.12	-0.21
群众	4.16	4.07	-0.09

五　不同政治面貌被试的文化认同比较

对不同政治面貌被试文化认同得分的差异性进行方差分析（见表 5-5-1、表 5-5-2、表 5-5-3 和图 5-5），2012 年问卷调查显示不同政治面貌被试的文化认同得分之间差异显著，$F = 21.931$，$p < 0.001$，中共党员被试（$M = 3.55$，$SD = 0.59$）的得分显著高于共青团员被试（$M = 3.46$，$SD = 0.54$）和群众被试（$M = 3.42$，$SD = 0.56$），共青团员被试的得分显著高于群众被试。2016 年问卷调查也显示不同政治面貌被试的文化认同得分之间差异显著，$F = 18.542$，$p < 0.001$，中共党员被试（$M = 3.61$，$SD = 0.53$）的得分显著高于共青团员被试（$M = 3.47$，$SD = 0.54$）和群众被试（$M = 3.46$，$SD = 0.56$），共青团员被试与群众被试之间的得分差异不显著。

表 5 - 5 - 1　　　　不同政治面貌被试文化认同得分的差异比较

2012 年问卷调查		N	均值	标准差	标准误	95% 置信区间		极小值	极大值
						下限	上限		
文化认同	党员	836	3.5534	0.59287	0.02050	3.5132	3.5937	1.00	5.00
	团员	620	3.4640	0.53954	0.02167	3.4214	3.5065	1.67	5.00
	群众	4684	3.4163	0.55623	0.00813	3.4004	3.4322	1.00	5.00
	总数	6140	3.4398	0.56161	0.00717	3.4257	3.4538	1.00	5.00

续表

2016 年问卷调查		N	均值	标准差	标准误	95% 置信区间		极小值	极大值
						下限	上限		
文化认同	党员	596	3.6057	0.52874	0.02166	3.5632	3.6482	1.67	5.00
	团员	1062	3.4692	0.54000	0.01657	3.4367	3.5018	1.33	5.00
	群众	4917	3.4603	0.55661	0.00794	3.4447	3.4759	1.00	5.00
	总数	6575	3.4749	0.55296	0.00682	3.4616	3.4883	1.00	5.00

表 5 - 5 - 2　　　不同政治面貌被试文化认同得分的方差分析结果

2012 年问卷调查		平方和	df	均方	F	显著性
文化认同	组间	13.741	2	6.870	21.931	0.000
	组内	1922.558	6137	0.313		
	总数	1936.299	6139			

2016 年问卷调查		平方和	df	均方	F	显著性
文化认同	组间	11.278	2	5.639	18.542	0.000
	组内	1998.784	6572	0.304		
	总数	2010.062	6574			

表 5 - 5 - 3　　　不同政治面貌被试文化认同得分的多重比较

2012 年问卷调查	(I) 政治面貌	(J) 政治面貌	均值差 (I－J)	标准误	显著性	95% 置信区间	
						下限	上限
文化认同	党员	团员	0.08945 *	0.02966	0.003	0.0313	0.1476
		群众	0.13712 *	0.02101	0.000	0.0959	0.1783
	团员	党员	－ 0.08945 *	0.02966	0.003	－ 0.1476	－ 0.0313
		群众	0.04767 *	0.02392	0.046	0.0008	0.0946
	群众	党员	－ 0.13712 *	0.02101	0.000	－ 0.1783	－ 0.0959
		团员	－ 0.04767 *	0.02392	0.046	－ 0.0946	－ 0.0008

续表

2016年问卷调查	（I）政治面貌	（J）政治面貌	均值差（I－J）	标准误	显著性	95% 置信区间 下限	95% 置信区间 上限
文化认同	党员	团员	0.13646 *	0.02823	0.000	0.0811	0.1918
		群众	0.14540 *	0.02392	0.000	0.0985	0.1923
	团员	党员	－ 0.13646 *	0.02823	0.000	－ 0.1918	－ 0.0811
		群众	0.00893	0.01866	0.632	－ 0.0276	0.0455
	群众	党员	－ 0.14540 *	0.02392	0.000	－ 0.1923	－ 0.0985
		团员	－ 0.00893	0.01866	0.632	－ 0.0455	0.0276

* 均值差的显著性水平为 0.05。

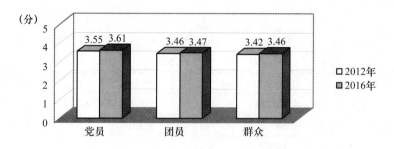

图 5 － 5　不同政治面貌被试的文化认同得分比较

2016 年与 2012 年相比，中共党员被试文化认同的得分上升 0.06 分，共青团员被试文化认同的得分上升 0.01 分，群众被试文化认同的得分上升 0.04 分（见表 5 － 5 － 4）。中共党员被试得分上升的幅度大于另两种被试，使其继续保持了文化认同得分显著高于共青团员和群众被试的状态；群众被试得分上升幅度大于共青团员被试，使两者的文化认同得分之间的差异由显著变成了不显著。

表 5 － 5 － 4　　　　　　　　不同政治面貌被试文化认同得分的变化

项目	2012 年问卷调查	2016 年问卷调查	2016 年比 2012 年增减
党员	3.55	3.61	+ 0.06
团员	3.46	3.47	+ 0.01
群众	3.42	3.46	+ 0.04

六　不同政治面貌被试的政策认同比较

对不同政治面貌被试政策认同得分的差异性进行方差分析（见表 5 - 6 - 1、表 5 - 6 - 2、表 5 - 6 - 3 和图 5 - 6），2012 年问卷调查显示不同政治面貌被试的政策认同得分之间差异显著，$F = 18.618$，$p < 0.001$，中共党员被试（$M = 3.69$，$SD = 0.76$）的得分显著高于共青团员被试（$M = 3.46$，$SD = 0.65$）和群众被试（$M = 3.59$，$SD = 0.68$），共青团员被试的得分显著地低于群众被试。2016 年问卷调查也显示不同政治面貌被试的政策认同得分之间差异显著，$F = 11.958$，$p < 0.001$，中共党员被试（$M = 3.68$，$SD = 0.63$）的得分显著高于共青团员被试（$M = 3.53$，$SD = 0.59$）和群众被试（$M = 3.56$，$SD = 0.64$），共青团员被试与群众被试之间的得分差异不显著。

表 5 - 6 - 1　　　　不同政治面貌被试政策认同得分的差异比较

2012 年问卷调查		N	均值	标准差	标准误	95% 置信区间		极小值	极大值
						下限	上限		
政策认同	党员	836	3.6878	0.75570	0.02614	3.6365	3.7391	1.00	5.00
	团员	620	3.4640	0.65495	0.02630	3.4123	3.5156	1.00	5.00
	群众	4690	3.5933	0.68495	0.01000	3.5737	3.6129	1.00	5.00
	总数	6146	3.5931	0.69405	0.00885	3.5758	3.6105	1.00	5.00
2016 年问卷调查		N	均值	标准差	标准误	95% 置信区间		极小值	极大值
						下限	上限		
政策认同	党员	596	3.6801	0.62995	0.02580	3.6294	3.7308	1.33	5.00
	团员	1061	3.5281	0.59432	0.01825	3.4923	3.5639	1.33	5.00
	群众	4920	3.5597	0.63665	0.00908	3.5419	3.5775	1.00	5.00
	总数	6577	3.5655	0.63046	0.00777	3.5503	3.5807	1.00	5.00

表 5 - 6 - 2　　　　　　不同政治面貌被试政策认同得分的方差分析结果

2012 年问卷调查		平方和	*df*	均方	*F*	显著性
政策认同	组间	17.834	2	8.917	18.618	0.000
	组内	2942.257	6143	0.479		
	总数	2960.092	6145			
2016 年问卷调查		平方和	*df*	均方	*F*	显著性
政策认同	组间	9.475	2	4.737	11.958	0.000
	组内	2604.331	6574	0.396		
	总数	2613.806	6576			

表 5 - 6 - 3　　　　　　不同政治面貌被试政策认同得分的多重比较

2012 年问卷调查	（I）政治面貌	（J）政治面貌	均值差（I-J）	标准误	显著性	95% 置信区间 下限	95% 置信区间 上限
政策认同	党员	团员	0.22382 *	0.03668	0.000	0.1519	0.2957
		群众	0.09448 *	0.02598	0.000	0.0435	0.1454
	团员	党员	- 0.22382 *	0.03668	0.000	- 0.2957	- 0.1519
		群众	- 0.12934 *	0.02957	0.000	- 0.1873	- 0.0714
	群众	党员	- 0.09448 *	0.02598	0.000	- 0.1454	- 0.0435
		团员	0.12934 *	0.02957	0.000	0.0714	0.1873
2016 年问卷调查	（I）政治面貌	（J）政治面貌	均值差（I-J）	标准误	显著性	95% 置信区间 下限	95% 置信区间 上限
政策认同	党员	团员	0.15197 *	0.03222	0.000	0.0888	0.2151
		群众	0.12040 *	0.02730	0.000	0.0669	0.1739
	团员	党员	- 0.15197 *	0.03222	0.000	- 0.2151	- 0.0888
		群众	- 0.03157	0.02130	0.138	- 0.0733	0.0102
	群众	党员	- 0.12040 *	0.02730	0.000	- 0.1739	- 0.0669
		团员	0.03157	0.02130	0.138	- 0.0102	0.0733

* 均值差的显著性水平为 0.05。

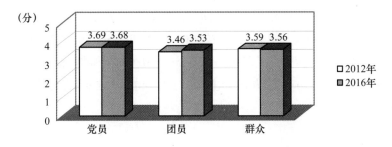

图 5 - 6　不同政治面貌被试的政策认同得分比较

2016 年与 2012 年相比，中共党员被试政策认同的得分下降 0.01 分，共青团员被试政策认同的得分上升 0.07 分，群众被试政策认同的得分下降 0.03 分（见表 5 - 6 - 4）。中共党员被试得分尽管略有下降，但依然保持了政策认同得分显著高于共青团员和群众被试的状态；共青团员被试得分较大幅度上升和群众被试得分下降，使两者的政策认同得分之间的差异由显著变成了不显著。

表 5 - 6 - 4　　　　　不同政治面貌被试政策认同得分的变化

项目	2012 年问卷调查	2016 年问卷调查	2016 年比 2012 年增减
党员	3.69	3.68	- 0.01
团员	3.46	3.53	+ 0.07
群众	3.59	3.56	- 0.03

七　不同政治面貌被试的发展认同比较

对不同政治面貌被试发展认同得分的差异性进行方差分析（见表 5 - 7 - 1、表 5 - 7 - 2、表 5 - 7 - 3 和图 5 - 7），2012 年问卷调查显示不同政治面貌被试的发展认同得分之间差异显著，$F = 37.892$，$p < 0.001$，中共党员被试（$M = 3.91$，$SD = 0.62$）的得分显著高于共青团员被试（$M = 3.76$，$SD = 0.59$）和群众被试（$M = 3.71$，$SD =$

0.62），共青团员被试与群众被试的得分之间差异不显著。2016 年问卷调查也显示不同政治面貌被试的发展认同得分之间差异显著，$F = 23.685$，$p < 0.001$，中共党员被试（$M = 3.79$，$SD = 0.68$）的得分显著高于共青团员被试（$M = 3.63$，$SD = 0.63$）和群众被试（$M = 3.60$，$SD = 0.64$），共青团员被试与群众被试之间的得分差异不显著。

表 5 - 7 - 1   不同政治面貌被试发展认同得分的差异比较

2012 年问卷调查		N	均值	标准差	标准误	95% 置信区间		极小值	极大值
						下限	上限		
发展认同	党员	839	3.9091	0.61928	0.02138	3.8672	3.9511	2.00	5.00
	团员	618	3.7581	0.58870	0.02368	3.7116	3.8046	1.75	5.00
	群众	4689	3.7094	0.61625	0.00900	3.6918	3.7271	1.00	5.00
	总数	6146	3.7416	0.61763	0.00788	3.7261	3.7570	1.00	5.00

2016 年问卷调查		N	均值	标准差	标准误	95% 置信区间		极小值	极大值
						下限	上限		
发展认同	党员	596	3.7945	0.67838	0.02779	3.7399	3.8490	1.25	5.00
	团员	1063	3.6317	0.63041	0.01934	3.5938	3.6696	1.50	5.00
	群众	4914	3.6025	0.64290	0.00917	3.5845	3.6204	1.50	5.00
	总数	6573	3.6246	0.64642	0.00797	3.6090	3.6402	1.25	5.00

表 5 - 7 - 2   不同政治面貌被试发展认同得分的方差分析结果

2012 年问卷调查		平方和	df	均方	F	显著性
发展认同	组间	28.566	2	14.283	37.892	0.000
	组内	2315.561	6143	0.377		
	总数	2344.127	6145			

2016 年问卷调查		平方和	df	均方	F	显著性
发展认同	组间	19.659	2	9.829	23.685	0.000
	组内	2726.544	6570	0.415		
	总数	2746.202	6572			

表 5 - 7 - 3 　　　　　不同政治面貌被试发展认同得分的多重比较

2012 年问卷调查	（I）政治面貌	（J）政治面貌	均值差（I－J）	标准误	显著性	95% 置信区间	
						下限	上限
发展认同	党员	团员	0.15103 *	0.03255	0.000	0.0872	0.2148
		群众	0.19969 *	0.02301	0.000	0.1546	0.2448
	团员	党员	- 0.15103 *	0.03255	0.000	- 0.2148	- 0.0872
		群众	0.04866	0.02627	0.064	- 0.0028	0.1002
	群众	党员	- 0.19969 *	0.02301	0.000	- 0.2448	- 0.1546
		团员	- 0.04866	0.02627	0.064	- 0.1002	0.0028
2016 年问卷调查	（I）政治面貌	（J）政治面貌	均值差（I－J）	标准误	显著性	95% 置信区间	
						下限	上限
发展认同	党员	团员	0.16276 *	0.03297	0.000	0.0981	0.2274
		群众	0.19200 *	0.02794	0.000	0.1372	0.2468
	团员	党员	- 0.16276 *	0.03297	0.000	- 0.2274	- 0.0981
		群众	0.02924	0.02179	0.180	- 0.0135	0.0720
	群众	党员	- 0.19200 *	0.02794	0.000	- 0.2468	- 0.1372
		团员	- 0.02924	0.02179	0.180	- 0.0720	0.0135

* 均值差的显著性水平为 0.05。

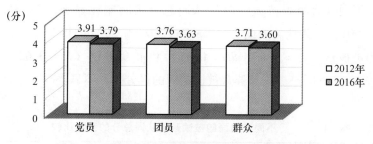

图 5 - 7　不同政治面貌被试的发展认同得分比较

2016 年与 2012 年相比，中共党员被试发展认同的得分下降 0.12 分，共青团员被试发展认同的得分下降 0.13 分，群众被试发展认同的得分下降 0.11 分（见表 5 - 7 - 4）。由于三种政治面貌被试的得分都有较大幅度下降，所以 2016 年依然维持了中共党员被试发展认同得分显著高于共青团员和群众被试、共青团员被试与群众被试的得分差异不显著的状态。

表 5 - 7 - 4 　　　　　　不同政治面貌被试发展认同得分的变化

项目	2012 年问卷调查	2016 年问卷调查	2016 年比 2012 年增减
党员	3.91	3.79	- 0.12
团员	3.76	3.63	- 0.13
群众	3.71	3.60	- 0.11

八　不同政治面貌被试的政治认同总分比较

对不同政治面貌被试政治认同总分的差异性进行方差分析（见表 5 - 8 - 1、表 5 - 8 - 2、表 5 - 8 - 3 和图 5 - 8），2012 年问卷调查显示不同政治面貌被试的政治认同总分之间差异显著，$F = 31.992$，$p < 0.001$，中共党员被试（$M = 3.78$，$SD = 0.45$）的得分显著高于共青团员被试（$M = 3.66$，$SD = 0.38$）和群众被试（$M = 3.66$，$SD = 0.39$），共青团员被试与群众被试之间的得分差异不显著。2016 年问卷调查也显示不同政治面貌被试的政治认同总分之间差异显著，$F = 35.346$，$p < 0.001$，中共党员被试（$M = 3.76$，$SD = 0.39$）的得分显著高于共青团员被试（$M = 3.63$，$SD = 0.37$）和群众被试（$M = 3.62$，$SD = 0.39$），共青团员被试与群众被试之间的得分差异不显著。

表 5 - 8 - 1 　　　　不同政治面貌被试政治认同总分的差异比较

2012 年问卷调查		N	均值	标准差	标准误	95% 置信区间		极小值	极大值
						下限	上限		
政治认同总分	党员	831	3.7757	0.44682	0.01550	3.7452	3.8061	1.64	4.68
	团员	618	3.6620	0.37786	0.01520	3.6322	3.6919	2.35	4.63
	群众	4654	3.6569	0.38897	0.00570	3.6457	3.6680	2.00	4.78
	总数	6103	3.6736	0.39826	0.00510	3.6636	3.6835	1.64	4.78

续表

2016 年问卷调查		N	均值	标准差	标准误	95% 置信区间		极小值	极大值
						下限	上限		
政治认同总分	党员	594	3.7560	0.39351	0.01615	3.7243	3.7877	2.17	4.72
	团员	1058	3.6296	0.36580	0.01125	3.6075	3.6517	2.33	4.78
	群众	4892	3.6150	0.38942	0.00557	3.6041	3.6259	1.83	4.90
	总数	6544	3.6302	0.38810	0.00480	3.6208	3.6396	1.83	4.90

表 5 - 8 - 2　　　　　**不同政治面貌被试政治认同总分的**

方差分析结果

2012 年问卷调查		平方和	df	均方	F	显著性
政治认同总分	组间	10.046	2	5.023	31.992	0.000
	组内	957.782	6100	0.157		
	总数	967.828	6102			
2016 年问卷调查		平方和	df	均方	F	显著性
政治认同总分	组间	10.537	2	5.269	35.346	0.000
	组内	974.977	6541	0.149		
	总数	985.515	6543			

表 5 - 8 - 3　　　　**不同政治面貌被试政治认同总分的多重比较**

2012 年问卷调查	(I) 政治面貌	(J) 政治面貌	均值差 (I－J)	标准误	显著性	95% 置信区间	
						下限	上限
政治认同总分	党员	团员	0.11366 *	0.02105	0.000	0.0724	0.1549
		群众	0.11882 *	0.01492	0.000	0.0896	0.1481
	团员	党员	－ 0.11366 *	0.02105	0.000	－ 0.1549	－ 0.0724
		群众	0.00516	0.01696	0.761	－ 0.0281	0.0384
	群众	党员	－ 0.11882 *	0.01492	0.000	－ 0.1481	－ 0.0896
		团员	－ 0.00516	0.01696	0.761	－ 0.0384	0.0281

续表

2016 年问卷调查	（I）政治面貌	（J）政治面貌	均值差（I－J）	标准误	显著性	95% 置信区间 下限	上限
政治认同总分	党员	团员	0.12644 *	0.01979	0.000	0.0876	0.1652
		群众	0.14104 *	0.01678	0.000	0.1082	0.1739
	团员	党员	－ 0.12644 *	0.01979	0.000	－ 0.1652	－ 0.0876
		群众	0.01460	0.01309	0.265	－ 0.0111	0.0403
	群众	党员	－ 0.14104 *	0.01678	0.000	－ 0.1739	－ 0.1082
		团员	－ 0.01460	0.01309	0.265	－ 0.0403	0.0111

* 均值差的显著性水平为 0.05。

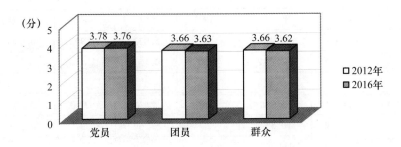

图 5－8　不同政治面貌被试的政治认同总分比较

2016 年与 2012 年相比，中共党员被试的政治认同总分下降 0.02 分，共青团员被试的政治认同总分下降 0.03 分，群众被试的政治认同总分下降 0.04 分（见表 5－8－4）。由于三种政治面貌被试的得分都有小幅度下降，所以 2016 年依然维持了中共党员被试政治认同总分显著高于共青团员和群众被试、共青团员被试与群众被试之间的得分差异不显著的状态。

表 5－8－4　　　　　不同政治面貌被试政治认同总分的变化

项目	2012 年问卷调查	2016 年问卷调查	2016 年比 2012 年增减
党员	3.78	3.76	－ 0.02
团员	3.66	3.63	－ 0.03
群众	3.66	3.62	－ 0.04

通过本章的数据比较，可以对不同政治面貌被试在政治认同方面所反映出来的差异做一个简单的小结。

第一，通过两次问卷调查，可以看出在政治认同方面确实存在着明显的政治面貌差异，中共党员被试的政治认同总分在两次调查中都显著高于共青团员被试和群众被试，共青团员被试和群众的政治认同总分之间的差异两次问卷调查都未达到显著水平。由此表明，在中国公民中，中共党员的政治认同水平总体上高于共青团员和群众，已经是较为稳定的状态。

第二，2012 年问卷调查显示，体制认同、政党认同、文化认同、政策认同、发展认同五种认同及政治认同总分，都是中共党员被试的得分最高（见表 5 - 9，表中括号内的数字，代表不同政治面貌被试得分高低的排序），只有身份认同共青团员被试的得分最高；共青团员被试和群众被试在六种认同的得分上高低交错，并在政治认同总分上持平。2016 年问卷调查的重要变化是六种认同以及政治认同总分都是中共党员被试的得分最高，共青团员被试除了政策认同的得分低于群众被试外，另五种认同的得分和政治认同总分都高于群众被试。

表 5 - 9　　　　　　　不同政治面貌被试政治认同得分排序比较

项目	2012 年问卷调查			2016 年问卷调查		
	党员	团员	群众	党员	团员	群众
体制认同	3.45（1）	3.38（3）	3.44（2）	3.50（1）	3.45（2）	3.42（3）
政党认同	3.80（1）	3.57（3）	3.61（2）	3.78（1）	3.58（2）	3.57（3）
身份认同	4.25（2）	4.33（1）	4.16（3）	4.17（1）	4.12（2）	4.07（3）
文化认同	3.55（1）	3.46（2）	3.42（3）	3.61（1）	3.47（2）	3.46（3）
政策认同	3.69（1）	3.46（3）	3.59（2）	3.68（1）	3.53（3）	3.56（2）
发展认同	3.91（1）	3.76（2）	3.71（3）	3.79（1）	3.63（2）	3.60（3）
政治认同总分	3.78（1）	3.66（2）	3.66（2）	3.76（1）	3.63（2）	3.62（3）

第三，两次问卷调查显示，不同政治面貌被试的六种认同得分和政治认同总分之间的差异都达到了显著水平，表明在政治认同方面因

公民政治面貌不同带来的差异性不仅是"全覆盖性"的，也已经表现出了重要的"稳定性"特征。

第四，不同政治面貌被试政治认同的得分差异，主要表现在中共党员被试与共青团员被试、群众被试的显著差异上。共青团员被试与群众被试之间，两次问卷调查得分差异都达到显著水平的只有身份认同，得分差异均未达到显著水平的有政党认同、发展认同和政治认同总分；体制认同、文化认同、政策认同都由 2012 年的得分差异显著变成了 2016 年的得分差异不显著。也就是说，从整体上看，共青团员被试与群众被试之间的政治认同差异有所弱化而不是增强。

第五，2016 年与 2012 年相比，共青团员被试的体制认同、政党认同、文化认同和政策认同的得分均有一定幅度的上升，身份认同和发展认同的得分则有较大幅度下降（分别下降 0.21 分和 0.13 分），使得政治认同总分小幅度下降。由此显示，共青团员在政治认同方面较易发生变化，对此应给予特别的注意。

第六，2016 年与 2012 年相比，中共党员被试的体制认同、文化认同得分有所上升，政党认同、身份认同、政策认同、发展认同得分有所下降，并且发展认同得分较大幅度下降（下降 0.12 分），使得中共党员被试的政治认同总分略有下降。群众被试则除文化认同外，另五种认同的得分均有所下降，使得群众被试的政治认同总分的下降幅度在三种政治面貌被试中是最大的。也就是说，相对而言，中共党员的政治认同水平更容易处在较稳定的状态下，群众的政治认同水平则更容易处在不太稳定的状态下。

第六章 政治认同的差异比较：职业

在 2012 年的问卷调查中，项目组参考传统的农民、工人、知识分子、干部、学生的职业与身份划分方法，将被试的职业划分为六类：第一类是"务农人员"；第二类是"公司、企业、商业、服务业人员"，简称"工商业人员"；第三类是"专业技术人员"，简称"技术人员"；第四类是"公务员"；第五类是"在校学生"；第六类是"其他职业人员"（在本章的表格中均标注为"其他职业"）。在调查涉及的 6159 名被试中，有 2 名被试的职业信息缺失，在有职业信息的 6157 名被试中，务农人员被试 2307 人，占 37.47%；工商业人员被试 1310 人，占 21.28%；专业技术人员被试 468 人，占 7.60%；公务员被试 152 人，占 2.47%；在校学生被试 256 人，占 4.16%；其他职业人员被试 1664 人，占 27.02%。

2016 年问卷调查时，将被试的职业由六类增加到了八类，即将"公司、企业、商业、服务业人员"分成了"工商企业职工"（简称"企业职工"）和"个体经营和自由职业者"（简称"个体业者"）两类，并从其他职业人员中分离出了退休人员。2016 年问卷调查涉及的 6581 名被试中，有 1 名被试的职业信息缺失，在有职业信息的 6580 名被试中，务农人员被试 1805 人，占 27.43%；工商企业职工被试 674 人，占 10.24%；个体经营和自由职业者被试 1201 人，占 18.25%；专业技术人员被试 411 人，占 6.25%；公务员被试 119 人，占 1.81%；在校学生被试 758 人，占 11.52%；退休人员被试 648 人，占 9.85%；其他职业人员被试 964 人，占 14.65%。

为便于进行两次问卷调查的比较，可以将 2016 年问卷调查的八类职业归并为六类，归并后的工商业人员被试（包括企业职工和个体业者）1875人，占全体有职业信息被试的28.49%；其他职业人员被试（包括退休人员和其他职业人员）1612人，占24.50%。

根据两次问卷调查的数据，可以比较六类职业被试政治认同的变化情况，并特别说明2016年受职业分类影响的企业职工、个体业者、退休人员和其他职业人员的政治认同情况。

一 不同职业被试政治认同的总体情况

2012年问卷调查结果显示，务农人员被试政治认同的总体得分在2.10—4.57分之间，均值为3.47，标准差为0.34。在六种认同中，务农人员被试的体制认同得分在1.00—5.00分之间，均值为3.50，标准差为0.48；政党认同得分在1.00—5.00分之间，均值为3.67，标准差为0.59；身份认同得分在1.25—5.00分之间，均值为4.14，标准差为0.66；文化认同得分在1.33—5.00分之间，均值为3.40，标准差为0.56；政策认同得分在1.00—5.00分之间，均值为3.65，标准差为0.68；发展认同得分在1.00—5.00分之间，均值为3.71，标准差为0.64（见表6-1-1和图6-1-1）。

表6-1-1　　　　务农人员被试政治认同的描述统计（2012年）

项目	N	极小值	极大值	均值	标准差
政治认同总分	2273	2.10	4.57	3.4715	0.33807
体制认同	2304	1.00	5.00	3.5023	0.48062
政党认同	2302	1.00	5.00	3.6665	0.59074
身份认同	2307	1.25	5.00	4.1430	0.65940
文化认同	2302	1.33	5.00	3.4005	0.56078
政策认同	2304	1.00	5.00	3.6454	0.67721
发展认同	2304	1.00	5.00	3.7055	0.63549
有效的 N（列表状态）	2273				

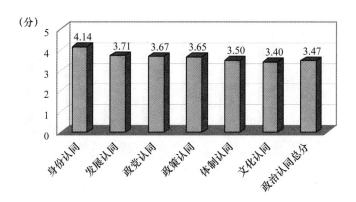

图 6 - 1 - 1　务农人员被试政治认同得分的总体情况（2012 年）

2016 年问卷调查结果显示，务农人员被试政治认同的总体得分在 2.32—4.90 分之间，均值为 3.67，标准差为 0.36。在六种认同中，务农人员被试的体制认同得分在 1.00—5.00 分之间，均值为 3.49，标准差为 0.49；政党认同得分在 1.33—5.00 分之间，均值为 3.63，标准差为 0.55；身份认同得分在 1.75—5.00 分之间，均值为 4.13，标准差为 0.63；文化认同得分在 1.33—5.00 分之间，均值为 3.44，标准差为 0.56；政策认同得分在 1.33—5.00 分之间，均值为 3.63，标准差为 0.61；发展认同得分在 1.50—5.00 分之间，均值为 3.67，标准差为 0.65（见表 6 - 1 - 2 和图 6 - 1 - 2）。

表 6 - 1 - 2　　**务农人员被试政治认同的描述统计（2016 年）**

项目	N	极小值	极大值	均值	标准差
政治认同总分	1790	2.32	4.90	3.6664	0.36283
体制认同	1805	1.00	5.00	3.4894	0.48641
政党认同	1802	1.33	5.00	3.6286	0.55287
身份认同	1800	1.75	5.00	4.1347	0.62599
文化认同	1800	1.33	5.00	3.4415	0.55740
政策认同	1804	1.33	5.00	3.6340	0.61370
发展认同	1803	1.50	5.00	3.6657	0.64576
有效的 N（列表状态）	1790				

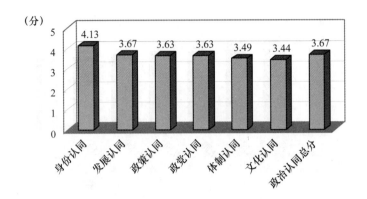

图 6 - 1 - 2　务农人员被试政治认同得分的总体情况（2016 年）

2012 年问卷调查结果显示，工商业人员被试政治认同的总体得分在 2.14—4.53 分之间，均值为 3.46，标准差为 0.40。在六种认同中，工商业人员被试的体制认同得分在 1.00—5.00 分之间，均值为 3.41，标准差为 0.57；政党认同得分在 1.00—5.00 分之间，均值为 3.59，标准差为 0.65；身份认同得分在 1.25—5.00 分之间，均值为 4.22，标准差为 0.67；文化认同得分在 1.00—5.00 分之间，均值为 3.46，标准差为 0.57；政策认同得分在 1.00—5.00 分之间，均值为 3.57，标准差为 0.71；发展认同得分在 2.00—5.00 分之间，均值为 3.74，标准差为 0.61（见表 6 - 1 - 3 和图 6 - 1 - 3）。

表 6 - 1 - 3　　工商业人员被试政治认同的描述统计（2012 年）

项目	N	极小值	极大值	均值	标准差
政治认同总分	1295	2.14	4.53	3.4624	0.40468
体制认同	1308	1.00	5.00	3.4072	0.57326
政党认同	1308	1.00	5.00	3.5869	0.64687
身份认同	1309	1.25	5.00	4.2156	0.66810
文化认同	1307	1.00	5.00	3.4626	0.56561
政策认同	1309	1.00	5.00	3.5742	0.71466
发展认同	1310	2.00	5.00	3.7410	0.61367
有效的 N（列表状态）	1295				

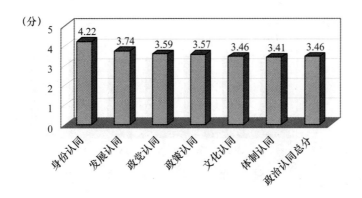

图6-1-3　工商业人员被试政治认同得分的总体情况（2012年）

2016年问卷调查结果显示，工商业人员被试（合并企业职工和个体业者）政治认同的总体得分在2.31—4.89分之间，均值为3.60，标准差为0.41。在六种认同中，工商业人员被试的体制认同得分在1.33—5.00分之间，均值为3.42，标准差为0.51；政党认同得分在1.33—5.00分之间，均值为3.56，标准差为0.57；身份认同得分在1.25—5.00分之间，均值为4.04，标准差为0.67；文化认同得分在1.00—5.00分之间，均值为3.47，标准差为0.55；政策认同得分在1.00—5.00分之间，均值为3.54，标准差为0.65；发展认同得分在1.50—5.00分之间，均值为3.57，标准差为0.64（见表6-1-4和图6-1-4）。

表6-1-4　　工商业人员被试政治认同的描述统计（2016年）

项目	N	极小值	极大值	均值	标准差
政治认同总分	1866	2.31	4.89	3.6003	0.40626
体制认同	1875	1.33	5.00	3.4199	0.51253
政党认同	1870	1.33	5.00	3.5576	0.57294
身份认同	1873	1.25	5.00	4.0411	0.66540
文化认同	1875	1.00	5.00	3.4688	0.55346
政策认同	1874	1.00	5.00	3.5395	0.64946
发展认同	1874	1.50	5.00	3.5658	0.64032
有效的N（列表状态）	1866				

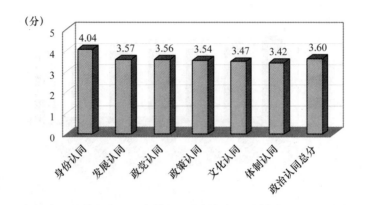

图 6-1-4　工商业人员被试政治认同得分的总体情况（2016 年）

2012 年问卷调查结果显示，专业技术人员被试政治认同的总体得分在 2.22—4.63 分之间，均值为 3.44，标准差为 0.40。在六种认同中，专业技术人员被试的体制认同得分在 1.00—5.00 分之间，均值为 3.33，标准差为 0.64；政党认同得分在 1.00—5.00 分之间，均值为 3.58，标准差为 0.70；身份认同得分在 2.00—5.00 分之间，均值为 4.24，标准差为 0.68；文化认同得分在 1.33—5.00 分之间，均值为 3.46，标准差为 0.59；政策认同得分在 1.00—5.00 分之间，均值为 3.54，标准差为 0.75；发展认同得分在 2.00—5.00 分之间，均值为 3.80，标准差为 0.63（见表 6-1-5 和图 6-1-5）。

表 6-1-5　　专业技术人员被试政治认同的描述统计（2012 年）

项目	N	极小值	极大值	均值	标准差
政治认同总分	463	2.22	4.63	3.4390	0.40355
体制认同	468	1.00	5.00	3.3333	0.64416
政党认同	468	1.00	5.00	3.5791	0.69680
身份认同	468	2.00	5.00	4.2388	0.67576
文化认同	467	1.33	5.00	3.4632	0.58658
政策认同	467	1.00	5.00	3.5389	0.75464
发展认同	467	2.00	5.00	3.8030	0.62645
有效的 N（列表状态）	463				

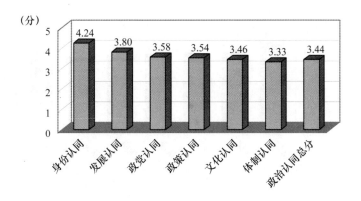

图 6 - 1 - 5　专业技术人员被试政治认同得分的总体情况（2012 年）

2016 年问卷调查结果显示，专业技术人员被试政治认同的总体得分在 2.42—4.74 分之间，均值为 3.61，标准差为 0.43。在六种认同中，专业技术人员被试的体制认同得分在 1.67—5.00 分之间，均值为 3.40，标准差为 0.53；政党认同得分在 1.33—5.00 分之间，均值为 3.56，标准差为 0.60；身份认同得分在 1.75—5.00 分之间，均值为 4.07，标准差为 0.67；文化认同得分在 2.00—5.00 分之间，均值为 3.47，标准差为 0.57；政策认同得分在 1.33—5.00 分之间，均值为 3.50，标准差为 0.71；发展认同得分在 2.00—5.00 分之间，均值为 3.63，标准差为 0.69（见表 6 - 1 - 6 和图 6 - 1 - 6）。

表 6 - 1 - 6　　专业技术人员被试政治认同的描述统计（2016 年）

项目	N	极小值	极大值	均值	标准差
政治认同总分	407	2.42	4.74	3.6082	0.42526
体制认同	411	1.67	5.00	3.4031	0.52628
政党认同	411	1.33	5.00	3.5629	0.60399
身份认同	410	1.75	5.00	4.0659	0.67159
文化认同	411	2.00	5.00	3.4728	0.57453
政策认同	410	1.33	5.00	3.5016	0.70787
发展认同	408	2.00	5.00	3.6281	0.68661
有效的 N（列表状态）	407				

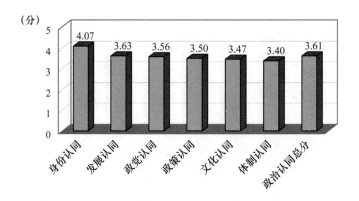

图 6 - 1 - 6　专业技术人员被试政治认同得分的总体情况（2016 年）

　　2012 年问卷调查结果显示，公务员被试政治认同的总体得分在
2.23—4.36 分之间，均值为 3.57，标准差为 0.39。在六种认同中，
公务员被试的体制认同得分在 1.67—4.67 分之间，均值为 3.44，标
准差为 0.58；政党认同得分在 1.67—5.00 分之间，均值为 3.81，标
准差为 0.74；身份认同得分在 1.50—5.00 分之间，均值为 4.22，标
准差为 0.74；文化认同得分在 1.67—5.00 分之间，均值为 3.57，标
准差为 0.60；政策认同得分在 1.33—5.00 分之间，均值为 3.71，标
准差为 0.73；发展认同得分在 2.00—5.00 分之间，均值为 3.86，标
准差为 0.60（见表 6 - 1 - 7 和图 6 - 1 - 7）。

表 6 - 1 - 7　　　　公务员被试政治认同的描述统计（2012 年）

项目	N	极小值	极大值	均值	标准差
政治认同总分	150	2.23	4.36	3.5694	0.38832
体制认同	152	1.67	4.67	3.4386	0.58106
政党认同	151	1.67	5.00	3.8079	0.73780
身份认同	152	1.50	5.00	4.2237	0.74204
文化认同	152	1.67	5.00	3.5680	0.59904
政策认同	151	1.33	5.00	3.7108	0.73402
发展认同	152	2.00	5.00	3.8635	0.59859
有效的 N（列表状态）	150				

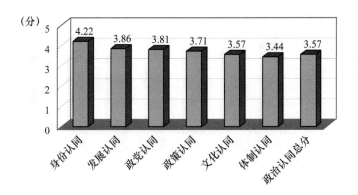

图 6 - 1 - 7　公务员被试政治认同得分的总体情况（2012 年）

2016 年问卷调查结果显示，公务员被试政治认同的总体得分在 2.17—4.63 分之间，均值为 3.75，标准差为 0.45。在六种认同中，公务员被试的体制认同得分在 2.33—4.33 分之间，均值为 3.47，标准差为 0.45；政党认同得分在 2.00—5.00 分之间，均值为 3.74，标准差为 0.72；身份认同得分在 1.50—5.00 分之间，均值为 4.13，标准差为 0.71；文化认同得分在 1.67—5.00 分之间，均值为 3.57，标准差为 0.65；政策认同得分在 2.00—5.00 分之间，均值为 3.68，标准差为 0.66；发展认同得分在 2.00—5.00 分之间，均值为 3.88，标准差为 0.69（见表 6 - 1 - 8 和图 6 - 1 - 8）。

表 6 - 1 - 8　　　　公务员被试政治认同的描述统计（2016 年）

项目	N	极小值	极大值	均值	标准差
政治认同总分	119	2.17	4.63	3.7460	0.44873
体制认同	119	2.33	4.33	3.4734	0.44993
政党认同	119	2.00	5.00	3.7395	0.72377
身份认同	119	1.50	5.00	4.1324	0.70847
文化认同	119	1.67	5.00	3.5658	0.64885
政策认同	119	2.00	5.00	3.6807	0.65584
发展认同	119	2.00	5.00	3.8845	0.68719
有效的 N（列表状态）	119				

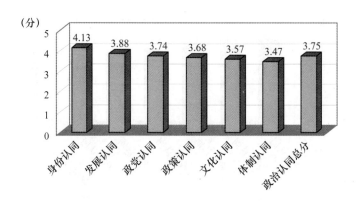

图 6 - 1 - 8 公务员被试政治认同得分的总体情况（2016 年）

2012 年问卷调查结果显示，在校学生被试政治认同的总体得分在 2.69—4.60 分之间，均值为 3.44，标准差为 0.33。在六种认同中，在校学生被试的体制认同得分在 2.00—4.67 分之间，均值为 3.37，标准差为 0.55；政党认同得分在 1.00—5.00 分之间，均值为 3.61，标准差为 0.62；身份认同得分在 2.00—5.00 分之间，均值为 4.43，标准差为 0.62；文化认同得分在 1.67—4.67 分之间，均值为 3.54，标准差为 0.52；政策认同得分在 2.00—5.00 分之间，均值为 3.46，标准差为 0.61；发展认同得分在 1.75—5.00 分之间，均值为 3.86，标准差为 0.59（见表 6 - 1 - 9 和图 6 - 1 - 9）。

表 6 - 1 - 9　　　在校学生被试政治认同的描述统计（2012 年）

项目	N	极小值	极大值	均值	标准差
政治认同总分	251	2.69	4.60	3.4396	0.33313
体制认同	256	2.00	4.67	3.3672	0.54886
政党认同	255	1.00	5.00	3.6144	0.62176
身份认同	256	2.00	5.00	4.4268	0.61815
文化认同	255	1.67	4.67	3.5425	0.52397
政策认同	256	2.00	5.00	3.4609	0.60804
发展认同	256	1.75	5.00	3.8604	0.59432
有效的 N（列表状态）	251				

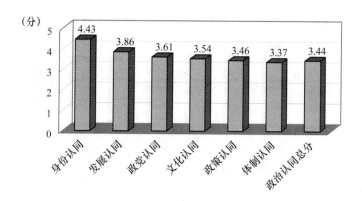

图 6 - 1 - 9　在校学生被试政治认同得分的总体情况（2012 年）

2016 年问卷调查结果显示，在校学生被试政治认同的总体得分在 2.35—4.72 分之间，均值为 3.62，标准差为 0.37。在六种认同中，在校学生被试的体制认同得分在 1.33—5.00 分之间，均值为 3.43，标准差为 0.51；政党认同得分在 1.67—5.00 分之间，均值为 3.56，标准差为 0.54；身份认同得分在 1.00—5.00 分之间，均值为 4.11，标准差为 0.65；文化认同得分在 1.67—5.00 分之间，均值为 3.48，标准差为 0.55；政策认同得分在 1.33—5.00 分之间，均值为 3.53，标准差为 0.59；发展认同得分在 1.50—5.00 分之间，均值为 3.63，标准差为 0.63（见表 6 - 1 - 10 和图 6 - 1 - 10）。

表 6 - 1 - 10　　　在校学生被试政治认同的描述统计（2016 年）

项目	N	极小值	极大值	均值	标准差
政治认同总分	753	2.35	4.72	3.6235	0.36927
体制认同	758	1.33	5.00	3.4340	0.50795
政党认同	756	1.67	5.00	3.5608	0.54223
身份认同	757	1.00	5.00	4.1090	0.65023
文化认同	758	1.67	5.00	3.4776	0.54855
政策认同	757	1.33	5.00	3.5341	0.59333
发展认同	756	1.50	5.00	3.6253	0.62621
有效的 N（列表状态）	753				

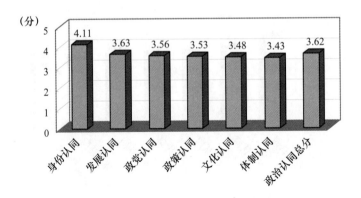

图 6 - 1 - 10   在校学生被试政治认同得分的总体情况（2016 年）

2012 年问卷调查结果显示，其他职业人员被试政治认同的总体得分在 1.81—4.47 分之间，均值为 3.43，标准差为 0.36。在六种认同中，其他职业人员被试的体制认同得分在 1.00—5.00 分之间，均值为 3.41，标准差为 0.54；政党认同得分在 1.00—5.00 分之间，均值为 3.61，标准差为 0.62；身份认同得分在 1.00—5.00 分之间，均值为 4.19，标准差为 0.65；文化认同得分在 1.00—5.00 分之间，均值为 3.44，标准差为 0.55；政策认同得分在 1.00—5.00 分之间，均值为 3.56，标准差为 0.68；发展认同得分在 1.75—5.00 分之间，均值为 3.74，标准差为 0.60（见表 6 - 1 - 11 和图 6 - 1 - 11）。

表 6 - 1 - 11   **其他职业人员被试政治认同的描述统计（2012 年）**

项目	N	极小值	极大值	均值	标准差
政治认同总分	1637	1.81	4.47	3.4330	0.35518
体制认同	1662	1.00	5.00	3.4095	0.54321
政党认同	1660	1.00	5.00	3.6078	0.62419
身份认同	1659	1.00	5.00	4.1927	0.65037
文化认同	1661	1.00	5.00	3.4419	0.54960
政策认同	1663	1.00	5.00	3.5606	0.68491
发展认同	1661	1.75	5.00	3.7440	0.59570
有效的 N（列表状态）	1637				

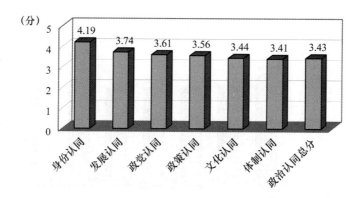

图 6 - 1 - 11　其他职业人员被试政治认同得分的总体情况（2012 年）

2016 年问卷调查结果显示，其他职业人员（合并退休人员和其他职业人员）被试政治认同的总体得分在 1.83—4.83 分之间，均值为 3.63，标准差为 0.38。在六种认同中，其他职业人员被试的体制认同得分在 1.00—5.00 分之间，均值为 3.40，标准差为 0.46；政党认同得分在 1.33—5.00 分之间，均值为 3.59，标准差为 0.59；身份认同得分在 1.00—5.00 分之间，均值为 4.08，标准差为 0.64；文化认同得分在 1.33—5.00 分之间，均值为 3.51，标准差为 0.53；政策认同得分在 1.33—5.00 分之间，均值为 3.54，标准差为 0.61；发展认同得分在 1.25—5.00 分之间，均值为 3.63，标准差为 0.64（见表6 - 1 - 12 和图 6 - 1 - 12）。

表 6 - 1 - 12　　其他职业人员被试政治认同的描述统计（2016 年）

项目	N	极小值	极大值	均值	标准差
政治认同总分	1608	1.83	4.83	3.6251	0.38286
体制认同	1612	1.00	5.00	3.3978	0.46147
政党认同	1610	1.33	5.00	3.5851	0.58887
身份认同	1611	1.00	5.00	4.0841	0.64424
文化认同	1611	1.33	5.00	3.5127	0.53313
政策认同	1612	1.33	5.00	3.5420	0.61430
发展认同	1612	1.25	5.00	3.6272	0.64239
有效的 N（列表状态）	1608				

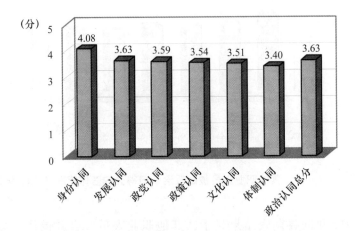

图 6 - 1 - 12　其他职业人员被试政治认同得分的
总体情况 （2016 年）

　　六种认同的得分由高到低排序，工商业人员、专业技术人员、公务员、其他职业人员被试两次调查的排序相同，都是身份认同第一，发展认同第二，政党认同第三，政策认同第四，文化认同第五，体制认同第六。务农人员被试 2012 年是身份认同第一，发展认同第二，政党认同第三，政策认同第四，体制认同第五，文化认同第六；2016 年是身份认同第一，发展认同第二，政策认同第三，政党认同第四，体制认同第五，文化认同第六（第三、四位排序与 2012 年不同，尤其需要注意的是政策认同排序在政党认同之前，体制认同排序依然在文化认同之前）。在学校学生 2012 年是身份认同第一，发展认同第二，政党认同第三，文化认同第四，政策认同第五，体制认同第六，2016 年也变成了身份认同第一，发展认同第二，政党认同第三，政策认同第四，文化认同第五，体制认同第六（与工商业人员等被试相同，见表 6 - 1 - 13）。

表 6 - 1 - 13   六类职业被试六种认同得分排序的变化

认同项目	务农人员		工商业人员		技术人员		公务员		在校学生		其他职业	
	2012	2016	2012	2016	2012	2016	2012	2016	2012	2016	2012	2016
体制	5	5	6	6	6	6	6	6	6	6	6	6
政党	3	4	3	3	3	3	3	3	3	3	3	3
身份	1	1	1	1	1	1	1	1	1	1	1	1
文化	6	6	5	5	5	5	5	5	4	5	5	5
政策	4	3	4	4	4	4	4	4	5	4	4	4
发展	2	2	2	2	2	2	2	2	2	2	2	2

2016 年问卷调查受职业分类影响的四类职业被试的政治认同得分的综合情况，需要作特别的说明。

2016 年问卷调查结果显示，企业职工被试政治认同的总体得分在 2.47—4.89 分之间，均值为 3.64，标准差为 0.42。在六种认同中，企业职工被试的体制认同得分在 1.33—5.00 分之间，均值为 3.43，标准差为 0.55；政党认同得分在 1.67—5.00 分之间，均值为 3.57，标准差为 0.53；身份认同得分在 1.75—5.00 分之间，均值为 4.09，标准差为 0.66；文化认同得分在 1.33—5.00 分之间，均值为 3.51，标准差为 0.58；政策认同得分在 1.33—5.00 分之间，均值为 3.63，标准差为 0.70；发展认同得分在 1.50—5.00 分之间，均值为 3.59，标准差为 0.63（见表 6 - 1 - 14 和图 6 - 1 - 13）。

表 6 - 1 - 14   企业职工被试政治认同的描述统计（2016 年）

项目	N	极小值	极大值	均值	标准差
政治认同总分	668	2.47	4.89	3.6379	0.41847
体制认同	674	1.33	5.00	3.4293	0.54909
政党认同	671	1.67	5.00	3.5668	0.53358
身份认同	672	1.75	5.00	4.0859	0.66303
文化认同	674	1.33	5.00	3.5059	0.58492
政策认同	673	1.33	5.00	3.6290	0.70093
发展认同	674	1.50	5.00	3.5946	0.62902
有效的 N（列表状态）	668				

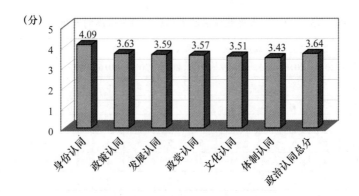

图 6 - 1 - 13　企业职工被试政治认同得分的总体情况（2016 年）

2016 年问卷调查结果显示，个体业者被试政治认同的总体得分在 2.31—4.78 分之间，均值为 3.58，标准差为 0.40。在六种认同中，个体业者被试的体制认同得分在 1.33—5.00 分之间，均值为 3.41，标准差为 0.49；政党认同得分在 1.33—5.00 分之间，均值为 3.55，标准差为 0.59；身份认同得分在 1.25—5.00 分之间，均值为 4.02，标准差为 0.67；文化认同得分在 1.00—5.00 分之间，均值为 3.45，标准差为 0.53；政策认同得分在 1.00—5.00 分之间，均值为 3.49，标准差为 0.61；发展认同得分在 1.75—5.00 分之间，均值为 3.55，标准差为 0.65（见表 6 - 1 - 15 和图 6 - 1 - 14）。

表 6 - 1 - 15　　　　个体业者被试政治认同的描述统计（2016 年）

项目	N	极小值	极大值	均值	标准差
政治认同总分	1198	2.31	4.78	3.5793	0.39793
体制认同	1201	1.33	5.00	3.4147	0.49099
政党认同	1199	1.33	5.00	3.5524	0.59399
身份认同	1201	1.25	5.00	4.0160	0.66568
文化认同	1201	1.00	5.00	3.4480	0.53411
政策认同	1201	1.00	5.00	3.4893	0.61336
发展认同	1200	1.75	5.00	3.5496	0.64628
有效的 N（列表状态）	1198				

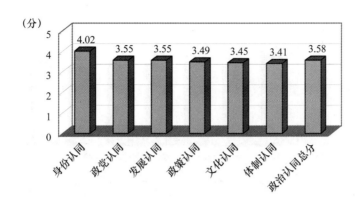

图 6-1-14 个体业者被试政治认同得分的总体情况（2016 年）

2016 年问卷调查结果显示，退休人员被试政治认同的总体得分在 2.47—4.74 分之间，均值为 3.68，标准差为 0.39。在六种认同中，退休人员被试的体制认同得分在 1.33—5.00 分之间，均值为 3.42，标准差为 0.45；政党认同得分在 1.33—5.00 分之间，均值为 3.67，标准差为 0.59；身份认同得分在 2.00—5.00 分之间，均值为 4.11，标准差为 0.63；文化认同得分在 1.33—5.00 分之间，均值为 3.61，标准差为 0.55；政策认同得分在 2.00—5.00 分之间，均值为 3.61，标准差为 0.62；发展认同得分在 2.00—5.00 分之间，均值为 3.67，标准差为 0.64（见表 6-1-16 和图 6-1-15）。

表 6-1-16 退休人员被试政治认同的描述统计（2016 年）

项目	N	极小值	极大值	均值	标准差
政治认同总分	646	2.47	4.74	3.6822	0.38663
体制认同	648	1.33	5.00	3.4223	0.45487
政党认同	647	1.33	5.00	3.6651	0.59249
身份认同	648	2.00	5.00	4.1107	0.62932
文化认同	647	1.33	5.00	3.6054	0.55068
政策认同	648	2.00	5.00	3.6142	0.62271
发展认同	648	2.00	5.00	3.6725	0.64275
有效的 N（列表状态）	646				

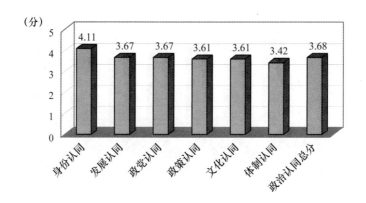

图 6 - 1 - 15　退休人员被试政治认同得分的总体情况（2016 年）

2016 年问卷调查结果显示，排除了退休人员的其他职业人员被试政治认同的总体得分在 1.83—4.83 分之间，均值为 3.59，标准差为 0.38。在六种认同中，排除了退休人员的其他职业人员被试的体制认同得分在 1.00—5.00 分之间，均值为 3.38，标准差为 0.47；政党认同得分在 1.33—5.00 分之间，均值为 3.53，标准差为 0.58；身份认同得分在 1.00—5.00 分之间，均值为 4.07，标准差为 0.65；文化认同得分在 1.67—5.00 分之间，均值为 3.45，标准差为 0.51；政策认同得分在 1.33—5.00 分之间，均值为 3.49，标准差为 0.60；发展认同得分在 1.25—5.00 分之间，均值为 3.60，标准差为 0.64（见表 6 - 1 - 17 和图 6 - 1 - 16）。

表 6 - 1 - 17　　　　排除了退休人员的其他职业人员被试政治
认同的描述统计（2016 年）

项目	N	极小值	极大值	均值	标准差
政治认同总分	962	1.83	4.83	3.5868	0.37567
体制认同	964	1.00	5.00	3.3814	0.46536
政党认同	963	1.33	5.00	3.5313	0.58057
身份认同	963	1.00	5.00	4.0662	0.65380
文化认同	964	1.67	5.00	3.4506	0.51198

续表

项目	N	极小值	极大值	均值	标准差
政策认同	964	1.33	5.00	3.4934	0.60407
发展认同	964	1.25	5.00	3.5967	0.64069
有效的 N（列表状态）	962				

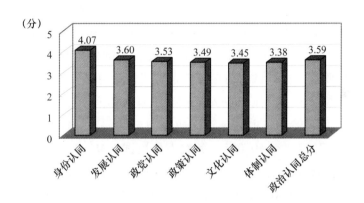

图 6-1-16　排除了退休人员的其他职业人员被试政治认同
得分的总体情况（2016年）

六种认同的得分由高到低排序，企业职工被试是身份认同第一，政策认同第二，发展认同第三，政党认同第四，文化认同第五，体制认同第六；个体业者被试是身份认同第一，政党认同第二，发展认同第三，政策认同第四，文化认同第五，体制认同第六；退休人员被试和排除了退休人员的其他职业人员被试都是身份认同第一，发展认同第二，政党认同第三，政策认同第四，文化认同第五，体制认同第六（第二至四位排序有所不同）。尤其需要注意的，是企业职工被试的政策认同得分位居第二，个体业者被试则是政党认同得分位居第二。

二　不同职业被试的体制认同比较

对六类职业被试体制认同得分的差异性进行方差分析（见表6-2-1、表6-2-2、表6-2-3、表6-2-4和图6-2），2012年问卷调查显示不同职业被试的体制认同得分之间差异显著，$F = 12.832$，$p < 0.001$，务农人员被试（$M = 3.50$，$SD = 0.48$）的得分显著高于工商业人员被试（$M = 3.41$，$SD = 0.57$）、专业技术人员被试（$M = 3.33$，$SD = 0.64$）、在校学生被试（$M = 3.37$，$SD = 0.55$）和其他职业人员被试（$M = 3.41$，$SD = 0.54$），与公务员被试（$M = 3.44$，$SD = 0.58$）之间的得分差异不显著；工商业人员被试的得分显著高于专业技术人员被试，与公务员、在校学生、其他职业人员被试之间的得分差异不显著；专业技术人员被试的得分显著低于公务员、其他职业人员被试，与在校学生被试之间的得分差异不显著；公务员、在校学生、其他职业人员三种被试相互间的得分差异均不显著。2016 年问卷调查也显示不同职业被试的体制认同得分之间差异显著，$F = 7.077$，$p < 0.001$，务农人员被试（$M = 3.49$，$SD = 0.49$）的得分显著高于工商业人员被试（$M = 3.42$，$SD = 0.51$）、专业技术人员被试（$M = 3.40$，$SD = 0.53$）、在校学生被试（$M = 3.43$，$SD = 0.51$）和其他职业人员被试（$M = 3.40$，$SD = 0.46$），与公务员被试（$M = 3.47$，$SD = 0.45$）之间的得分差异不显著；工商业人员、专业技术人员、公务员、在校学生、其他职业人员五种被试两两之间的得分差异均不显著。

表 6 - 2 - 1 　　　　　　六类职业被试体制认同得分的差异比较

2012 年问卷调查		N	均值	标准差	标准误	95% 置信区间		极小值	极大值
						下限	上限		
体制认同	务农人员	2304	3.5023	0.48062	0.01001	3.4827	3.5220	1.00	5.00
	工商业人员	1308	3.4072	0.57326	0.01585	3.3761	3.4383	1.00	5.00
	技术人员	468	3.3333	0.64416	0.02978	3.2748	3.3918	1.00	5.00
	公务员	152	3.4386	0.58106	0.04713	3.3455	3.5317	1.67	4.67
	在校学生	256	3.3672	0.54886	0.03430	3.2996	3.4347	2.00	4.67
	其他职业	1662	3.4095	0.54321	0.01332	3.3834	3.4357	1.00	5.00
	总数	6150	3.4370	0.53980	0.00688	3.4235	3.4505	1.00	5.00

续表

2016 年问卷调查		N	均值	标准差	标准误	95% 置信区间		极小值	极大值
						下限	上限		
体制认同	务农人员	1805	3.4894	0.48641	0.01145	3.4669	3.5118	1.00	5.00
	工商业人员	1875	3.4199	0.51253	0.01184	3.3967	3.4431	1.33	5.00
	技术人员	411	3.4031	0.52628	0.02596	3.3521	3.4541	1.67	5.00
	公务员	119	3.4734	0.44993	0.04125	3.3917	3.5551	2.33	4.33
	在校学生	758	3.4340	0.50795	0.01845	3.3978	3.4703	1.33	5.00
	其他职业	1612	3.3978	0.46147	0.01149	3.3753	3.4204	1.00	5.00
	总数	6580	3.4351	0.49369	0.00609	3.4232	3.4470	1.00	5.00

表 6-2-2　　　　六类职业被试体制认同得分的方差分析结果

2012 年问卷调查		平方和	df	均方	F	显著性
体制认同	组间	18.518	5	3.704	12.832	0.000
	组内	1773.212	6144	0.289		
	总数	1791.730	6149			

2016 年问卷调查		平方和	df	均方	F	显著性
体制认同	组间	8.584	5	1.717	7.077	0.000
	组内	1594.928	6574	0.243		
	总数	1603.513	6579			

表 6-2-3　　　　六类职业被试体制认同得分的多重比较（2012 年）

因变量	（I）职业	（J）职业	均值差（I-J）	标准误	显著性	95% 置信区间	
						下限	上限
体制认同	务农人员	工商业人员	0.09508 *	0.01860	0.000	0.0586	0.1315
		技术人员	0.16898 *	0.02724	0.000	0.1156	0.2224
		公务员	0.06372	0.04499	0.157	-0.0245	0.1519
		在校学生	0.13513 *	0.03539	0.000	0.0657	0.2045
		其他职业	0.09277 *	0.01729	0.000	0.0589	0.1267

续表

因变量	（I）职业	（J）职业	均值差（I－J）	标准误	显著性	95% 置信区间	
						下限	上限
体制认同	工商业人员	务农人员	－0.09508*	0.01860	0.000	－0.1315	－0.0586
		技术人员	0.07390*	0.02894	0.011	0.0172	0.1306
		公务员	－0.03136	0.04604	0.496	－0.1216	0.0589
		在校学生	0.04005	0.03672	0.275	－0.0319	0.1120
		其他职业	－0.00231	0.01986	0.907	－0.0412	0.0366
	技术人员	务农人员	－0.16898*	0.02724	0.000	－0.2224	－0.1156
		工商业人员	－0.07390*	0.02894	0.011	－0.1306	－0.0172
		公务员	－0.10526*	0.05015	0.036	－0.2036	－0.0069
		在校学生	－0.03385	0.04176	0.418	－0.1157	0.0480
		其他职业	－0.07621*	0.02811	0.007	－0.1313	－0.0211
	公务员	务农人员	－0.06372	0.04499	0.157	－0.1519	0.0245
		工商业人员	0.03136	0.04604	0.496	－0.0589	0.1216
		技术人员	0.10526*	0.05015	0.036	0.0069	0.2036
		在校学生	0.07141	0.05501	0.194	－0.0364	0.1792
		其他职业	0.02905	0.04552	0.523	－0.0602	0.1183
	在校学生	务农人员	－0.13513*	0.03539	0.000	－0.2045	－0.0657
		工商业人员	－0.04005	0.03672	0.275	－0.1120	0.0319
		技术人员	0.03385	0.04176	0.418	－0.0480	0.1157
		公务员	－0.07141	0.05501	0.194	－0.1792	0.0364
		其他职业	－0.04236	0.03607	0.240	－0.1131	0.0284
	其他职业	务农人员	－0.09277*	0.01729	0.000	－0.1267	－0.0589
		工商业人员	0.00231	0.01986	0.907	－0.0366	0.0412
		技术人员	0.07621*	0.02811	0.007	0.0211	0.1313
		公务员	－0.02905	0.04552	0.523	－0.1183	0.0602
		在校学生	0.04236	0.03607	0.240	－0.0284	0.1131

* 均值差的显著性水平为 0.05。

表 6 - 2 - 4　　　六类职业被试体制认同得分的多重比较（2016 年）

因变量	（I）职业	（J）职业	均值差（I-J）	标准误	显著性	95% 置信区间	
						下限	上限
体制认同	务农人员	工商业人员	0.06947 *	0.01624	0.000	0.0376	0.1013
		技术人员	0.08630 *	0.02692	0.001	0.0335	0.1391
		公务员	0.01599	0.04662	0.732	-0.0754	0.1074
		在校学生	0.05534 *	0.02132	0.009	0.0136	0.0971
		其他职业	0.09153 *	0.01688	0.000	0.0584	0.1246
	工商业人员	务农人员	-0.06947 *	0.01624	0.000	-0.1013	-0.0376
		技术人员	0.01683	0.02683	0.530	-0.0358	0.0694
		公务员	-0.05348	0.04656	0.251	-0.1448	0.0378
		在校学生	-0.01413	0.02120	0.505	-0.0557	0.0274
		其他职业	0.02206	0.01673	0.187	-0.0107	0.0549
	技术人员	务农人员	-0.08630 *	0.02692	0.001	-0.1391	-0.0335
		工商业人员	-0.01683	0.02683	0.530	-0.0694	0.0358
		公务员	-0.07031	0.05127	0.170	-0.1708	0.0302
		在校学生	-0.03096	0.03017	0.305	-0.0901	0.0282
		其他职业	0.00523	0.02722	0.848	-0.0481	0.0586
	公务员	务农人员	-0.01599	0.04662	0.732	-0.1074	0.0754
		工商业人员	0.05348	0.04656	0.251	-0.0378	0.1448
		技术人员	0.07031	0.05127	0.170	-0.0302	0.1708
		在校学生	0.03935	0.04857	0.418	-0.0559	0.1346
		其他职业	0.07554	0.04679	0.106	-0.0162	0.1673
	在校学生	务农人员	-0.05534 *	0.02132	0.009	-0.0971	-0.0136
		工商业人员	0.01413	0.02120	0.505	-0.0274	0.0557
		技术人员	0.03096	0.03017	0.305	-0.0282	0.0901
		公务员	-0.03935	0.04857	0.418	-0.1346	0.0559
		其他职业	0.03619	0.02169	0.095	-0.0063	0.0787
	其他职业	务农人员	-0.09153 *	0.01688	0.000	-0.1246	-0.0584
		工商业人员	-0.02206	0.01673	0.187	-0.0549	0.0107
		技术人员	-0.00523	0.02722	0.848	-0.0586	0.0481
		公务员	-0.07554	0.04679	0.106	-0.1673	0.0162
		在校学生	-0.03619	0.02169	0.095	-0.0787	0.0063

* 均值差的显著性水平为 0.05。

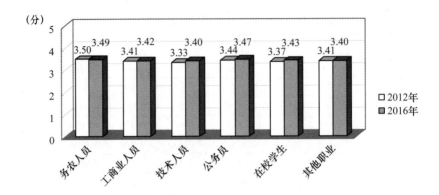

图6-2　六类职业被试的体制认同得分比较

通过比较可以看出，2016年延续了2012年务农人员被试体制认同得分显著高于除公务员之外四种职业被试的现象，有所变化的是除务农人员外的五种职业被试之间的得分差异在2016年均不再显现。

2016年与2012年相比，务农人员被试体制认同的得分下降0.01分，工商业人员被试体制认同的得分上升0.01分，专业技术人员被试体制认同的得分上升0.07分，公务员被试体制认同的得分上升0.03分，在校学生被试体制认同的得分上升0.06分，其他职业人员被试体制认同的得分下降0.01分（见表6-2-5）。务农人员被试的得分尽管略有下降，但还是保持了体制认同得分最高的状态。专业技术人员和在校学生被试得分的较大幅度上升，则改变了这两种职业被试体制认同的过低得分，使其不再显著低于别的职业被试。

表6-2-5　　　　　　　　六类职业被试体制认同得分的变化

项目	2012年问卷调查	2016年问卷调查	2016年比2012年增减
务农人员	3.50	3.49	-0.01
工商业人员	3.41	3.42	+0.01
技术人员	3.33	3.40	+0.07
公务员	3.44	3.47	+0.03
在校学生	3.37	3.43	+0.06
其他职业	3.41	3.40	-0.01

对 2016 年问卷调查的八类职业被试体制认同得分的差异性进行方差分析（见表 6 - 2 - 6 - 1、表 6 - 2 - 6 - 2、表 6 - 2 - 6 - 3），显示不同职业被试的体制认同得分之间差异显著，$F = 5.492$，$p < 0.001$，受职业分类影响的四类职业被试，企业职工被试（$M = 3.43$，$SD = 0.55$）、个体业者被试（$M = 3.41$，$SD = 0.49$）、退休人员被试（$M = 3.42$，$SD = 0.45$）、其他职业人员被试（$M = 3.38$，$SD = 0.47$）的得分都显著低于务农人员被试（$M = 3.49$，$SD = 0.49$），都与专业技术人员被试（$M = 3.40$，$SD = 0.53$）、公务员被试（$M = 3.47$，$SD = 0.45$）、在校学生被试（$M = 3.43$，$SD = 0.51$）之间的得分差异不显著；企业职工、个体业者、退休人员、其他职业人员四种被试两两之间的得分差异均不显著。

表 6 - 2 - 6 - 1   2016 年八类职业被试体制认同得分的差异比较

项目		N	均值	标准差	标准误	95% 置信区间		极小值	极大值
						下限	上限		
体制认同	务农人员	1805	3.4894	0.48641	0.01145	3.4669	3.5118	1.00	5.00
	企业职工	674	3.4293	0.54909	0.02115	3.3877	3.4708	1.33	5.00
	个体业者	1201	3.4147	0.49099	0.01417	3.3869	3.4425	1.33	5.00
	技术人员	411	3.4031	0.52628	0.02596	3.3521	3.4541	1.67	5.00
	公务员	119	3.4734	0.44993	0.04125	3.3917	3.5551	2.33	4.33
	在校学生	758	3.4340	0.50795	0.01845	3.3978	3.4703	1.33	5.00
	退休人员	648	3.4223	0.45487	0.01787	3.3872	3.4574	1.33	5.00
	其他职业	964	3.3814	0.46536	0.01499	3.3520	3.4108	1.00	5.00
	总数	6580	3.4351	0.49369	0.00609	3.4232	3.4470	1.00	5.00

表 6 - 2 - 6 - 2   2016 年八类职业被试体制认同得分的方差分析结果

项目		平方和	df	均方	F	显著性
体制认同	组间	9.326	7	1.332	5.492	0.000
	组内	1594.187	6572	0.243		
	总数	1603.513	6579			

表 6-2-6-3　　2016 年受职业分类影响的四类职业被试体制
认同得分的多重比较

因变量	(I) 职业	(J) 职业	均值差 (I-J)	标准误	显著性	95% 置信区间 下限	95% 置信区间 上限
体制认同	企业职工	务农人员	-0.06010*	0.02223	0.007	-0.1037	-0.0165
		个体业者	0.01462	0.02370	0.537	-0.0318	0.0611
		技术人员	0.02620	0.03082	0.395	-0.0342	0.0866
		公务员	-0.04411	0.04897	0.368	-0.1401	0.0519
		在校学生	-0.00476	0.02608	0.855	-0.0559	0.0464
		退休人员	0.00695	0.02710	0.798	-0.0462	0.0601
		其他职业	0.04788	0.02473	0.053	-0.0006	0.0964
	个体业者	务农人员	-0.07473*	0.01834	0.000	-0.1107	-0.0388
		企业职工	-0.01462	0.02370	0.537	-0.0611	0.0318
		技术人员	0.01157	0.02815	0.681	-0.0436	0.0667
		公务员	-0.05873	0.04733	0.215	-0.1515	0.0341
		在校学生	-0.01938	0.02285	0.396	-0.0642	0.0254
		退休人员	-0.00767	0.02401	0.749	-0.0547	0.0394
		其他职业	0.03326	0.02130	0.118	-0.0085	0.0750
	退休人员	务农人员	-0.06706*	0.02256	0.003	-0.1113	-0.0228
		企业职工	-0.00695	0.02710	0.798	-0.0601	0.0462
		个体业者	0.00767	0.02401	0.749	-0.0394	0.0547
		技术人员	0.01924	0.03106	0.536	-0.0416	0.0801
		公务员	-0.05106	0.04912	0.299	-0.1474	0.0452
		在校学生	-0.01171	0.02635	0.657	-0.0634	0.0399
		其他职业	0.04093	0.02502	0.102	-0.0081	0.0900
	其他职业	务农人员	-0.10798*	0.01965	0.000	-0.1465	-0.0695
		企业职工	-0.04788	0.02473	0.053	-0.0964	0.0006
		个体业者	-0.03326	0.02130	0.118	-0.0750	0.0085
		技术人员	-0.02168	0.02901	0.455	-0.0786	0.0352
		公务员	-0.09199	0.04785	0.055	-0.1858	0.0018
		在校学生	-0.05264*	0.02391	0.028	-0.0995	-0.0058
		退休人员	-0.04093	0.02502	0.102	-0.0900	0.0081

* 均值差的显著性水平为 0.05。

三　不同职业被试的政党认同比较

对六类职业被试政党认同得分的差异性进行方差分析（见表6－3－1、表6－3－2、表6－3－3、表6－3－4和图6－3），2012年问卷调查显示不同职业被试的政党认同得分之间差异显著，$F = 6.313$，$p < 0.001$，公务员被试（$M = 3.81$，$SD = 0.74$）的得分显著高于务农人员被试（$M = 3.67$，$SD = 0.59$）、工商业人员被试（$M = 3.59$，$SD = 0.65$）、专业技术人员被试（$M = 3.58$，$SD = 0.70$）、在校学生被试（$M = 3.61$，$SD = 0.62$）和其他职业人员被试（$M = 3.61$，$SD = 0.62$）；务农人员被试的得分显著高于工商业人员、专业技术人员、其他职业人员被试，与在校学生被试之间的得分差异不显著；工商业人员、专业技术人员、在校学生、其他职业人员四种被试两两之间的得分差异均不显著。2016年问卷调查也显示不同职业被试的政党认同得分之间差异显著，$F = 5.028$，$p < 0.001$，公务员被试（$M = 3.74$，$SD = 0.72$）的得分显著高于务农人员被试（$M = 3.63$，$SD = 0.55$）、工商业人员被试（$M = 3.56$，$SD = 0.57$）、专业技术人员被试（$M = 3.56$，$SD = 0.60$）、在校学生被试（$M = 3.56$，$SD = 0.54$）和其他职业人员被试（$M = 3.59$，$SD = 0.59$）；务农人员被试的得分显著高于工商业人员、专业技术人员、在校学生、其他职业人员被试；工商业人员、专业技术人员、在校学生、其他职业人员四种被试两两之间的得分差异均不显著。

通过比较可以看出，2016年延续了2012年一种职业被试（公务员被试）政党认同得分显著高于另外五种职业被试的状态，并且使务农人员被试的得分显著高于除公务员被试外的四种职业被试。

表6-3-1 六类职业被试政党认同得分的差异比较

2012 年问卷调查		N	均值	标准差	标准误	95% 置信区间		极小值	极大值
						下限	上限		
政党认同	务农人员	2302	3.6665	0.59074	0.01231	3.6424	3.6907	1.00	5.00
	工商业人员	1308	3.5869	0.64687	0.01789	3.5518	3.6220	1.00	5.00
	技术人员	468	3.5791	0.69680	0.03221	3.5158	3.6424	1.00	5.00
	公务员	151	3.8079	0.73780	0.06004	3.6893	3.9266	1.67	5.00
	在校学生	255	3.6144	0.62176	0.03894	3.5377	3.6911	1.00	5.00
	其他职业	1660	3.6078	0.62419	0.01532	3.5778	3.6379	1.00	5.00
	总数	6144	3.6284	0.62703	0.00800	3.6127	3.6440	1.00	5.00

2016 年问卷调查		N	均值	标准差	标准误	95% 置信区间		极小值	极大值
						下限	上限		
政党认同	务农人员	1802	3.6286	0.55287	0.01302	3.6030	3.6541	1.33	5.00
	工商业人员	1870	3.5576	0.57294	0.01325	3.5316	3.5836	1.33	5.00
	技术人员	411	3.5629	0.60399	0.02979	3.5043	3.6214	1.33	5.00
	公务员	119	3.7395	0.72377	0.06635	3.6081	3.8709	2.00	5.00
	在校学生	756	3.5608	0.54223	0.01972	3.5221	3.5996	1.67	5.00
	其他职业	1610	3.5851	0.58887	0.01468	3.5563	3.6139	1.33	5.00
	总数	6568	3.5878	0.57399	0.00708	3.5739	3.6017	1.33	5.00

表6-3-2 六类职业被试政党认同得分的方差分析结果

2012 年问卷调查		平方和	df	均方	F	显著性
政党认同	组间	12.358	5	2.472	6.313	0.000
	组内	2402.851	6138	0.391		
	总数	2415.208	6143			

2016 年问卷调查		平方和	df	均方	F	显著性
政党认同	组间	8.257	5	1.651	5.028	0.000
	组内	2155.334	6562	0.328		
	总数	2163.591	6567			

表6-3-3 六类职业被试政党认同得分的多重比较（2012年）

因变量	（I）职业	（J）职业	均值差（I-J）	标准误	显著性	95%置信区间	
						下限	上限
政党认同	务农人员	工商业人员	0.07962*	0.02166	0.000	0.0372	0.1221
		技术人员	0.08746*	0.03173	0.006	0.0253	0.1497
		公务员	-0.14143*	0.05256	0.007	-0.2445	-0.0384
		在校学生	0.05214	0.04129	0.207	-0.0288	0.1331
		其他职业	0.05869*	0.02015	0.004	0.0192	0.0982
	工商业人员	务农人员	-0.07962*	0.02166	0.000	-0.1221	-0.0372
		技术人员	0.00784	0.03370	0.816	-0.0582	0.0739
		公务员	-0.22105*	0.05378	0.000	-0.3265	-0.1156
		在校学生	-0.02748	0.04283	0.521	-0.1114	0.0565
		其他职业	-0.02093	0.02313	0.366	-0.0663	0.0244
	技术人员	务农人员	-0.08746*	0.03173	0.006	-0.1497	-0.0253
		工商业人员	-0.00784	0.03370	0.816	-0.0739	0.0582
		公务员	-0.22889*	0.05856	0.000	-0.3437	-0.1141
		在校学生	-0.03532	0.04870	0.468	-0.1308	0.0601
		其他职业	-0.02877	0.03275	0.380	-0.0930	0.0354
	公务员	务农人员	0.14143*	0.05256	0.007	0.0384	0.2445
		工商业人员	0.22105*	0.05378	0.000	0.1156	0.3265
		技术人员	0.22889*	0.05856	0.000	0.1141	0.3437
		在校学生	0.19357*	0.06425	0.003	0.0676	0.3195
		其他职业	0.20012*	0.05318	0.000	0.0959	0.3044
	在校学生	务农人员	-0.05214	0.04129	0.207	-0.1331	0.0288
		工商业人员	0.02748	0.04283	0.521	-0.0565	0.1114
		技术人员	0.03532	0.04870	0.468	-0.0601	0.1308
		公务员	-0.19357*	0.06425	0.003	-0.3195	-0.0676
		其他职业	0.00655	0.04208	0.876	-0.0760	0.0890
	其他职业	务农人员	-0.05869*	0.02015	0.004	-0.0982	-0.0192
		工商业人员	0.02093	0.02313	0.366	-0.0244	0.0663
		技术人员	0.02877	0.03275	0.380	-0.0354	0.0930
		公务员	-0.20012*	0.05318	0.000	-0.3044	-0.0959
		在校学生	-0.00655	0.04208	0.876	-0.0890	0.0760

* 均值差的显著性水平为0.05。

表6-3-4　　　　六类职业被试政党认同得分的多重比较（2016年）

因变量	（I）职业	（J）职业	均值差（I-J）	标准误	显著性	95% 置信区间	
						下限	上限
政党认同	务农人员	工商业人员	0.07099*	0.01892	0.000	0.0339	0.1081
		技术人员	0.06571*	0.03133	0.036	0.0043	0.1271
		公务员	-0.11093*	0.05424	0.041	-0.2173	-0.0046
		在校学生	0.06771*	0.02483	0.006	0.0190	0.1164
		其他职业	0.04347*	0.01965	0.027	0.0049	0.0820
	工商业人员	务农人员	-0.07099*	0.01892	0.000	-0.1081	-0.0339
		技术人员	-0.00528	0.03122	0.866	-0.0665	0.0559
		公务员	-0.18192*	0.05418	0.001	-0.2881	-0.0757
		在校学生	-0.00327	0.02470	0.895	-0.0517	0.0452
		其他职业	-0.02752	0.01948	0.158	-0.0657	0.0107
	技术人员	务农人员	-0.06571*	0.03133	0.036	-0.1271	-0.0043
		工商业人员	0.00528	0.03122	0.866	-0.0559	0.0665
		公务员	-0.17664*	0.05966	0.003	-0.2936	-0.0597
		在校学生	0.00201	0.03512	0.954	-0.0668	0.0709
		其他职业	-0.02224	0.03167	0.483	-0.0843	0.0399
	公务员	务农人员	0.11093*	0.05424	0.041	0.0046	0.2173
		工商业人员	0.18192*	0.05418	0.001	0.0757	0.2881
		技术人员	0.17664*	0.05966	0.003	0.0597	0.2936
		在校学生	0.17865*	0.05652	0.002	0.0678	0.2894
		其他职业	0.15440*	0.05444	0.005	0.0477	0.2611
	在校学生	务农人员	-0.06771*	0.02483	0.006	-0.1164	-0.0190
		工商业人员	0.00327	0.02470	0.895	-0.0452	0.0517
		技术人员	-0.00201	0.03512	0.954	-0.0709	0.0668
		公务员	-0.17865*	0.05652	0.002	-0.2894	-0.0678
		其他职业	-0.02425	0.02527	0.337	-0.0738	0.0253
	其他职业	务农人员	-0.04347*	0.01965	0.027	-0.0820	-0.0049
		工商业人员	0.02752	0.01948	0.158	-0.0107	0.0657
		技术人员	0.02224	0.03167	0.483	-0.0399	0.0843
		公务员	-0.15440*	0.05444	0.005	-0.2611	-0.0477
		在校学生	0.02425	0.02527	0.337	-0.0253	0.0738

*均值差的显著性水平为0.05。

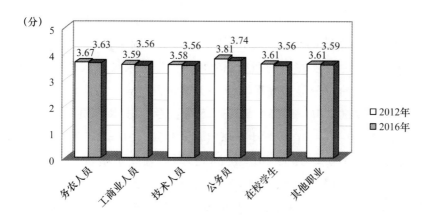

图6-3　六类职业被试的政党认同得分比较

2016年与2012年相比，务农人员被试政党认同的得分下降0.04分，工商业人员被试政党认同的得分下降0.03分，专业技术人员被试政党认同的得分下降0.02分，公务员被试政党认同的得分下降0.07分，在校学生被试政党认同的得分下降0.05分，其他职业人员被试政党认同的得分下降0.02分（见表6-3-5）。恰是由于各职业被试的得分2016年都有所下降，使得不同职业被试政党认同的得分差异未发生重大变化；也正是由于在校学生得分下降的幅度略大于务农人员，使两者之间的得分差异由不显著变成了显著。

表6-3-5　　　　　六类职业被试政党认同得分的变化

项目	2012年问卷调查	2016年问卷调查	2016年比2012年增减
务农人员	3.67	3.63	-0.04
工商业人员	3.59	3.56	-0.03
技术人员	3.58	3.56	-0.02
公务员	3.81	3.74	-0.07
在校学生	3.61	3.56	-0.05
其他职业	3.61	3.59	-0.02

对 2016 年问卷调查的八类职业被试政党认同得分的差异性进行方差分析（见表 6 - 3 - 6 - 1、表 6 - 3 - 6 - 2、表 6 - 3 - 6 - 3），显示不同职业被试的政党认同得分之间差异显著，$F = 6.663$，$p < 0.001$，受职业分类影响的四类职业被试，退休人员被试（$M = 3.67$，$SD = 0.59$）的得分显著高于企业职工被试（$M = 3.57$，$SD = 0.53$）、个体业者被试（$M = 3.55$，$SD = 0.59$）、专业技术人员被试（$M = 3.56$，$SD = 0.60$）、在校学生被试（$M = 3.56$，$SD = 0.54$）和其他职业人员被试（$M = 3.53$，$SD = 0.58$），与务农人员被试（$M = 3.63$，$SD = 0.55$）、公务员被试（$M = 3.74$，$SD = 0.72$）之间的得分差异不显著；企业职工、个体业者、其他职业人员被试相互间的得分差异均不显著，但是这三种职业被试的得分都显著低于务农人员、公务员被试，都与专业技术人员、在校学生被试之间的得分差异不显著。

表 6 - 3 - 6 - 1　　　　2016 年八类职业被试政党认同得分的差异比较

项目		N	均值	标准差	标准误	95% 置信区间		极小值	极大值
						下限	上限		
政党认同	务农人员	1802	3.6286	0.55287	0.01302	3.6030	3.6541	1.33	5.00
	企业职工	671	3.5668	0.53358	0.02060	3.5264	3.6073	1.67	5.00
	个体业者	1199	3.5524	0.59399	0.01715	3.5187	3.5861	1.33	5.00
	技术人员	411	3.5629	0.60399	0.02979	3.5043	3.6214	1.33	5.00
	公务员	119	3.7395	0.72377	0.06635	3.6081	3.8709	2.00	5.00
	在校学生	756	3.5608	0.54223	0.01972	3.5221	3.5996	1.67	5.00
	退休人员	647	3.6651	0.59249	0.02329	3.6194	3.7109	1.33	5.00
	其他职业	963	3.5313	0.58057	0.01871	3.4946	3.5680	1.33	5.00
	总数	6568	3.5878	0.57399	0.00708	3.5739	3.6017	1.33	5.00

表 6 - 3 - 6 - 2　　　　2016 年八类职业被试政党认同得分的方差分析结果

项目		平方和	df	均方	F	显著性
政党认同	组间	15.274	7	2.182	6.663	0.000
	组内	2148.317	6560	0.327		
	总数	2163.591	6567			

表 6 - 3 - 6 - 3　　　　　 2016 年受职业分类影响的四类职业被试政党
认同得分的多重比较

因变量	(I) 职业	(J) 职业	均值差 (I - J)	标准误	显著性	95% 置信区间	
						下限	上限
政党认同	企业职工	务农人员	- 0.06175 *	0.02588	0.017	- 0.1125	- 0.0110
		个体业者	0.01441	0.02759	0.601	- 0.0397	0.0685
		技术人员	0.00396	0.03585	0.912	- 0.0663	0.0742
		公务员	- 0.17268 *	0.05692	0.002	- 0.2843	- 0.0611
		在校学生	0.00597	0.03035	0.844	- 0.0535	0.0655
		退休人员	- 0.09831 *	0.03153	0.002	- 0.1601	- 0.0365
		其他职业	0.03549	0.02878	0.218	- 0.0209	0.0919
	个体业者	务农人员	- 0.07616 *	0.02133	0.000	- 0.1180	- 0.0343
		企业职工	- 0.01441	0.02759	0.601	- 0.0685	0.0397
		技术人员	- 0.01045	0.03271	0.749	- 0.0746	0.0537
		公务员	- 0.18709 *	0.05500	0.001	- 0.2949	- 0.0793
		在校学生	- 0.00844	0.02658	0.751	- 0.0605	0.0437
		退休人员	- 0.11272 *	0.02792	0.000	- 0.1674	- 0.0580
		其他职业	0.02108	0.02476	0.395	- 0.0275	0.0696
	退休人员	务农人员	0.03656	0.02623	0.163	- 0.0149	0.0880
		企业职工	0.09831 *	0.03153	0.002	0.0365	0.1601
		个体业者	0.11272 *	0.02792	0.000	0.0580	0.1674
		技术人员	0.10227 *	0.03610	0.005	0.0315	0.1730
		公务员	- 0.07437	0.05708	0.193	- 0.1863	0.0375
		在校学生	0.10427 *	0.03065	0.001	0.0442	0.1644
		其他职业	0.13380 *	0.02909	0.000	0.0768	0.1908
	其他职业	务农人员	- 0.09724 *	0.02284	0.000	- 0.1420	- 0.0525
		企业职工	- 0.03549	0.02878	0.218	- 0.0919	0.0209
		个体业者	- 0.02108	0.02476	0.395	- 0.0696	0.0275
		技术人员	- 0.03153	0.03372	0.350	- 0.0976	0.0346
		公务员	- 0.20817 *	0.05561	0.000	- 0.3172	- 0.0992
		在校学生	- 0.02952	0.02781	0.288	- 0.0840	0.0250
		退休人员	- 0.13380 *	0.02909	0.000	- 0.1908	- 0.0768

* 均值差的显著性水平为 0.05。

四 不同职业被试的身份认同比较

对六类职业被试身份认同得分的差异性进行方差分析（见表 6 - 4 -1、表 6 -4 -2、表 6 -4 -3、表 6 -4 -4 和图 6 -4），2012 年问卷调查显示不同职业被试的身份认同得分之间差异显著，$F = 9.872$，$p < 0.001$，在校学生被试（$M = 4.43$，$SD = 0.62$）的得分显著高于务农人员被试（$M = 4.14$，$SD = 0.66$）、工商业人员被试（$M = 4.22$，$SD = 0.67$）、专业技术人员被试（$M = 4.24$，$SD = 0.68$）、公务员被试（$M = 4.22$，$SD = 0.74$）和其他职业人员被试（$M = 4.19$，$SD = 0.65$）；务农人员被试的得分显著低于工商业人员、专业技术人员、其他职业人员被试，与公务员被试之间的得分差异不显著；工商业人员、专业技术人员、公务员、其他职业人员四种被试两两之间的得分差异均不显著。2016 年问卷调查也显示不同职业被试的身份认同得分之间差异显著，$F = 4.196$，$p < 0.01$，务农人员被试（$M = 4.13$，$SD = 0.63$）的得分显著高于工商业人员被试（$M = 4.04$，$SD = 0.67$）和其他职业人员被试（$M = 4.08$，$SD = 0.64$），与专业技术人员被试（$M = 4.07$，$SD = 0.67$）、公务员被试（$M = 4.13$，$SD = 0.71$）、在校学生被试（$M = 4.11$，$SD = 0.65$）之间的得分差异不显著；在校学生被试的得分显著高于工商业人员被试，与专业技术人员、公务员、其他职业人员被试之间的得分差异不显著；工商业人员、专业技术人员、公务员、其他职业人员四种被试两两之间的得分差异均不显著。

通过比较可以看出，由 2012 年到 2016 年发生的重要变化，一是 2016 年不再有一种职业被试得分显著高于另外五种职业被试的现象（2012 年在校学生被试的得分显著高于另外五种职业被试）；二是务农人员被试的得分由 2012 年的最低分变成了 2016 年的最高分。

表 6 - 4 - 1　　　　　　　　六类职业被试身份认同得分的差异比较

2012 年问卷调查		N	均值	标准差	标准误	95% 置信区间		极小值	极大值
						下限	上限		
身份认同	务农人员	2307	4.1430	0.65940	0.01373	4.1161	4.1700	1.25	5.00
	工商业人员	1309	4.2156	0.66810	0.01847	4.1794	4.2518	1.25	5.00
	技术人员	468	4.2388	0.67576	0.03124	4.1774	4.3002	2.00	5.00
	公务员	152	4.2237	0.74204	0.06019	4.1048	4.3426	1.50	5.00
	在校学生	256	4.4268	0.61815	0.03863	4.3507	4.5028	2.00	5.00
	其他职业	1659	4.1927	0.65037	0.01597	4.1614	4.2241	1.00	5.00
	总数	6151	4.1930	0.66298	0.00845	4.1764	4.2095	1.00	5.00

2016 年问卷调查		N	均值	标准差	标准误	95% 置信区间		极小值	极大值
						下限	上限		
身份认同	务农人员	1800	4.1347	0.62599	0.01475	4.1058	4.1637	1.75	5.00
	工商业人员	1873	4.0411	0.66540	0.01537	4.0110	4.0713	1.25	5.00
	技术人员	410	4.0659	0.67159	0.03317	4.0007	4.1311	1.75	5.00
	公务员	119	4.1324	0.70847	0.06495	4.0037	4.2610	1.50	5.00
	在校学生	757	4.1090	0.65023	0.02363	4.0626	4.1554	1.00	5.00
	其他职业	1611	4.0841	0.64424	0.01605	4.0526	4.1156	1.00	5.00
	总数	6570	4.0883	0.64986	0.00802	4.0726	4.1040	1.00	5.00

表 6 - 4 - 2　　　　　　　六类职业被试身份认同得分的方差分析结果

2012 年问卷调查		平方和	df	均方	F	显著性
身份认同	组间	21.540	5	4.308	9.872	0.000
	组内	2681.646	6145	0.436		
	总数	2703.187	6150			
2016 年问卷调查		平方和	df	均方	F	显著性
身份认同	组间	8.840	5	1.768	4.196	0.001
	组内	2765.351	6564	0.421		
	总数	2774.191	6569			

表 6 - 4 - 3　　六类职业被试身份认同得分的多重比较（2012 年）

因变量	（I）职业	（J）职业	均值差（I－J）	标准误	显著性	95% 置信区间 下限	95% 置信区间 上限
身份认同	务农人员	工商业人员	- 0. 07258 *	0. 02286	0. 002	- 0. 1174	- 0. 0278
		技术人员	- 0. 09574 *	0. 03349	0. 004	- 0. 1614	- 0. 0301
		公务员	- 0. 08064	0. 05532	0. 145	- 0. 1891	0. 0278
		在校学生	- 0. 28371 *	0. 04352	0. 000	- 0. 3690	- 0. 1984
		其他职业	- 0. 04969 *	0. 02127	0. 019	- 0. 0914	- 0. 0080
	工商业人员	务农人员	0. 07258 *	0. 02286	0. 002	0. 0278	0. 1174
		技术人员	- 0. 02316	0. 03558	0. 515	- 0. 0929	0. 0466
		公务员	- 0. 00806	0. 05661	0. 887	- 0. 1190	0. 1029
		在校学生	- 0. 21114 *	0. 04514	0. 000	- 0. 2996	- 0. 1226
		其他职业	0. 02289	0. 02442	0. 349	- 0. 0250	0. 0708
	技术人员	务农人员	0. 09574 *	0. 03349	0. 004	0. 0301	0. 1614
		工商业人员	0. 02316	0. 03558	0. 515	- 0. 0466	0. 0929
		公务员	0. 01510	0. 06167	0. 807	- 0. 1058	0. 1360
		在校学生	- 0. 18798 *	0. 05135	0. 000	- 0. 2886	- 0. 0873
		其他职业	0. 04605	0. 03458	0. 183	- 0. 0217	0. 1138
	公务员	务农人员	0. 08064	0. 05532	0. 145	- 0. 0278	0. 1891
		工商业人员	0. 00806	0. 05661	0. 887	- 0. 1029	0. 1190
		技术人员	- 0. 01510	0. 06167	0. 807	- 0. 1360	0. 1058
		在校学生	- 0. 20307 *	0. 06764	0. 003	- 0. 3357	- 0. 0705
		其他职业	0. 03095	0. 05598	0. 580	- 0. 0788	0. 1407
	在校学生	务农人员	0. 28371 *	0. 04352	0. 000	0. 1984	0. 3690
		工商业人员	0. 21114 *	0. 04514	0. 000	0. 1226	0. 2996
		技术人员	0. 18798 *	0. 05135	0. 000	0. 0873	0. 2886
		公务员	0. 20307 *	0. 06764	0. 003	0. 0705	0. 3357
		其他职业	0. 23402 *	0. 04436	0. 000	0. 1471	0. 3210
	其他职业	务农人员	0. 04969 *	0. 02127	0. 019	0. 0080	0. 0914
		工商业人员	- 0. 02289	0. 02442	0. 349	- 0. 0708	0. 0250
		技术人员	- 0. 04605	0. 03458	0. 183	- 0. 1138	0. 0217
		公务员	- 0. 03095	0. 05598	0. 580	- 0. 1407	0. 0788
		在校学生	- 0. 23402 *	0. 04436	0. 000	- 0. 3210	- 0. 1471

* 均值差的显著性水平为 0. 05。

表6－4－4   六类职业被试身份认同得分的多重比较（2016 年）

因变量	（I）职业	（J）职业	均值差（I－J）	标准误	显著性	95% 置信区间	
						下限	上限
身份认同	务农人员	工商业人员	0.09361 *	0.02142	0.000	0.0516	0.1356
		技术人员	0.06887	0.03552	0.053	－0.0008	0.1385
		公务员	0.00237	0.06144	0.969	－0.1181	0.1228
		在校学生	0.02574	0.02812	0.360	－0.0294	0.0809
		其他职业	0.05061 *	0.02226	0.023	0.0070	0.0943
	工商业人员	务农人员	－0.09361 *	0.02142	0.000	－0.1356	－0.0516
		技术人员	－0.02474	0.03539	0.484	－0.0941	0.0446
		公务员	－0.09124	0.06136	0.137	－0.2115	0.0290
		在校学生	－0.06787 *	0.02795	0.015	－0.1227	－0.0131
		其他职业	－0.04300	0.02206	0.051	－0.0862	0.0002
	技术人员	务农人员	－0.06887	0.03552	0.053	－0.1385	0.0008
		工商业人员	0.02474	0.03539	0.484	－0.0446	0.0941
		公务员	－0.06650	0.06759	0.325	－0.1990	0.0660
		在校学生	－0.04313	0.03980	0.279	－0.1212	0.0349
		其他职业	－0.01826	0.03590	0.611	－0.0886	0.0521
	公务员	务农人员	－0.00237	0.06144	0.969	－0.1228	0.1181
		工商业人员	0.09124	0.06136	0.137	－0.0290	0.2115
		技术人员	0.06650	0.06759	0.325	－0.0660	0.1990
		在校学生	0.02337	0.06401	0.715	－0.1021	0.1488
		其他职业	0.04824	0.06166	0.434	－0.0726	0.1691
	在校学生	务农人员	－0.02574	0.02812	0.360	－0.0809	0.0294
		工商业人员	0.06787 *	0.02795	0.015	0.0131	0.1227
		技术人员	0.04313	0.03980	0.279	－0.0349	0.1212
		公务员	－0.02337	0.06401	0.715	－0.1488	0.1021
		其他职业	0.02487	0.02860	0.385	－0.0312	0.0809
	其他职业	务农人员	－0.05061 *	0.02226	0.023	－0.0943	－0.0070
		工商业人员	0.04300	0.02206	0.051	－0.0002	0.0862
		技术人员	0.01826	0.03590	0.611	－0.0521	0.0886
		公务员	－0.04824	0.06166	0.434	－0.1691	0.0726
		在校学生	－0.02487	0.02860	0.385	－0.0809	0.0312

* 均值差的显著性水平为 0.05。

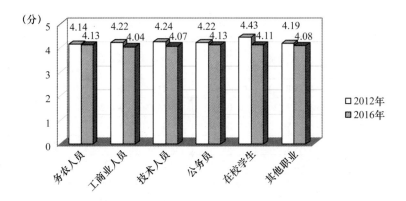

图 6 - 4　六类职业被试的身份认同得分比较

2016 年与 2012 年相比，务农人员被试身份认同的得分下降 0.01分，工商业人员被试身份认同的得分下降 0.18 分，专业技术人员被试身份认同的得分下降 0.17 分，公务员被试身份认同的得分下降 0.09分，在校学生被试身份认同的得分下降 0.32 分，其他职业人员被试身份认同的得分下降 0.11 分（见表 6 - 4 - 5）。在校学生被试得分的大幅度下降，使其丧失了得分显著高于另外五种职业被试的位置。务农人员被试得分只是略有下降，在其他被试得分下降幅度较大的情况下，务农人员的身份认同得分从显著低于工商业人员、专业技术人员、其他职业人员被试，变成了显著高于工商业人员、其他职业人员被试。

表 6 - 4 - 5　　　　　　六类职业被试身份认同得分的变化

项目	2012 年问卷调查	2016 年问卷调查	2016 年比 2012 年增减
务农人员	4.14	4.13	- 0.01
工商业人员	4.22	4.04	- 0.18
技术人员	4.24	4.07	- 0.17
公务员	4.22	4.13	- 0.09
在校学生	4.43	4.11	- 0.32
其他职业	4.19	4.08	- 0.11

对 2016 年问卷调查的八类职业被试身份认同得分的差异性进行

方差分析（见表6-4-6-1、表6-4-6-2、表6-4-6-3），显示不同职业被试的身份认同得分之间差异显著，$F = 3.975$，$p < 0.001$，受职业分类影响的四类职业被试，个体业者被试（$M = 4.02$，$SD = 0.67$）的得分显著低于务农人员被试（$M = 4.13$，$SD = 0.63$）、企业职工被试（$M = 4.09$，$SD = 0.66$）、在校学生被试（$M = 4.11$，$SD = 0.65$）和退休人员被试（$M = 4.11$，$SD = 0.63$），与专业技术人员被试（$M = 4.07$，$SD = 0.67$）、公务员被试（$M = 4.13$，$SD = 0.71$）和其他职业人员被试（$M = 4.07$，$SD = 0.65$）之间的得分差异不显著；其他职业人员被试的得分显著低于务农人员被试，与另六种职业被试之间的得分差异均不显著；企业职工被试与退休人员被试之间的得分差异不显著，这两种被试与务农人员、专业技术人员、公务员、在校学生被试之间的得分差异均不显著。

表6-4-6-1　　　　2016年八类职业被试身份认同得分的差异比较

项目		N	均值	标准差	标准误	95% 置信区间		极小值	极大值
						下限	上限		
身份认同	务农人员	1800	4.1347	0.62599	0.01475	4.1058	4.1637	1.75	5.00
	企业职工	672	4.0859	0.66303	0.02558	4.0357	4.1362	1.75	5.00
	个体业者	1201	4.0160	0.66568	0.01921	3.9783	4.0537	1.25	5.00
	技术人员	410	4.0659	0.67159	0.03317	4.0007	4.1311	1.75	5.00
	公务员	119	4.1324	0.70847	0.06495	4.0037	4.2610	1.50	5.00
	在校学生	757	4.1090	0.65023	0.02363	4.0626	4.1554	1.00	5.00
	退休人员	648	4.1107	0.62932	0.02472	4.0622	4.1593	2.00	5.00
	其他职业	963	4.0662	0.65380	0.02107	4.0249	4.1075	1.00	5.00
	总数	6570	4.0883	0.64986	0.00802	4.0726	4.1040	1.00	5.00

表6-4-6-2　　　　2016年八类职业被试身份认同得分的方差分析结果

项目		平方和	df	均方	F	显著性
身份认同	组间	11.713	7	1.673	3.975	0.000
	组内	2762.477	6562	0.421		
	总数	2774.191	6569			

表6-4-6-3　　　　　2016年受职业分类影响的四类职业被
试身份认同得分的多重比较

因变量	（I）职业	（J）职业	均值差（I-J）	标准误	显著性	95% 置信区间 下限	95% 置信区间 上限
身份认同	企业职工	务农人员	-0.04878	0.02933	0.096	-0.1063	0.0087
		个体业者	0.06991*	0.03126	0.025	0.0086	0.1312
		技术人员	0.02008	0.04066	0.621	-0.0596	0.0998
		公务员	-0.04642	0.06453	0.472	-0.1729	0.0801
		在校学生	-0.02305	0.03439	0.503	-0.0905	0.0444
		退休人员	-0.02479	0.03572	0.488	-0.0948	0.0452
		其他职业	0.01974	0.03261	0.545	-0.0442	0.0837
	个体业者	务农人员	-0.11869*	0.02417	0.000	-0.1661	-0.0713
		企业职工	-0.06991*	0.03126	0.025	-0.1312	-0.0086
		技术人员	-0.04983	0.03711	0.179	-0.1226	0.0229
		公务员	-0.11632	0.06236	0.062	-0.2386	0.0059
		在校学生	-0.09295*	0.03011	0.002	-0.1520	-0.0339
		退休人员	-0.09470*	0.03163	0.003	-0.1567	-0.0327
		其他职业	-0.05017	0.02807	0.074	-0.1052	0.0048
	退休人员	务农人员	-0.02400	0.02972	0.420	-0.0823	0.0343
		企业职工	0.02479	0.03572	0.488	-0.0452	0.0948
		个体业者	0.09470*	0.03163	0.003	0.0327	0.1567
		技术人员	0.04487	0.04094	0.273	-0.0354	0.1251
		公务员	-0.02163	0.06471	0.738	-0.1485	0.1052
		在校学生	0.00174	0.03472	0.960	-0.0663	0.0698
		其他职业	0.04453	0.03297	0.177	-0.0201	0.1092
	其他职业	务农人员	-0.06852*	0.02590	0.008	-0.1193	-0.0177
		企业职工	-0.01974	0.03261	0.545	-0.0837	0.0442
		个体业者	0.05017	0.02807	0.074	-0.0048	0.1052
		技术人员	0.00035	0.03826	0.993	-0.0747	0.0754
		公务员	-0.06615	0.06305	0.294	-0.1897	0.0574
		在校学生	-0.04278	0.03152	0.175	-0.1046	0.0190
		退休人员	-0.04453	0.03297	0.177	-0.1092	0.0201

*均值差的显著性水平为0.05。

五　不同职业被试的文化认同比较

对六类职业被试文化认同得分的差异性进行方差分析（见表6-5-1、表6-5-2、表6-5-3、表6-5-4和图6-5），2012年问卷调查显示不同职业被试的文化认同得分之间差异显著，$F = 6.168$，$p < 0.001$，务农人员被试（$M = 3.40$，$SD = 0.56$）的得分显著低于工商业人员被试（$M = 3.46$，$SD = 0.57$）、专业技术人员被试（$M = 3.46$，$SD = 0.59$）、公务员被试（$M = 3.57$，$SD = 0.60$）、在校学生被试（$M = 3.54$，$SD = 0.52$）和其他职业人员被试（$M = 3.44$，$SD = 0.55$）；公务员被试的得分显著高于工商业人员、专业技术人员、其他职业人员被试，与在校学生被试之间的得分差异不显著；在校学生被试的得分显著高于工商业人员、其他职业人员被试，与专业技术人员被试之间的得分差异不显著；工商业人员、专业技术人员、其他职业人员三种被试相互间的得分差异均不显著。2016年问卷调查也显示不同职业被试的文化认同得分之间差异显著，$F = 3.525$，$p < 0.01$，务农人员被试（$M = 3.44$，$SD = 0.56$）的得分显著低于公务员被试（$M = 3.57$，$SD = 0.65$）和其他职业人员被试（$M = 3.51$，$SD = 0.53$），与工商业人员被试（$M = 3.47$，$SD = 0.55$）、专业技术人员被试（$M = 3.47$，$SD = 0.57$）、在校学生被试（$M = 3.48$，$SD = 0.55$）之间的得分差异不显著；工商业人员被试的得分显著低于其他职业人员被试，与专业技术人员、公务员、在校学生被试之间的得分差异不显著；专业技术人员、公务员、在校学生、其他职业人员四种被试两两之间的得分差异均不显著。

通过比较可以看出，由2012年到2016年发生的重要变化，一是2016年不再有一种职业被试得分显著低于另外五种职业被试的现象（2012年务农人员被试的得分显著低于另外五种职业被试）；二是公务员被试的得分优势减弱，由2012年的得分显著高于四种职业被试变为2016年的只显著高于一种职业被试；三是在校学生被试的得分优势也有所减弱，由2012年的得分显著高于三种职业被试变为2016

年的不显著高于任一职业被试。

表 6－5－1　　　　　　　六类职业被试文化认同得分的差异比较

2012 年问卷调查		N	均值	标准差	标准误	95%　置信区间		极小值	极大值
						下限	上限		
文化认同	务农人员	2302	3.4005	0.56078	0.01169	3.3776	3.4234	1.33	5.00
	工商业人员	1307	3.4626	0.56561	0.01565	3.4319	3.4933	1.00	5.00
	技术人员	467	3.4632	0.58658	0.02714	3.4099	3.5166	1.33	5.00
	公务员	152	3.5680	0.59904	0.04859	3.4720	3.6640	1.67	5.00
	在校学生	255	3.5425	0.52397	0.03281	3.4779	3.6071	1.67	4.67
	其他职业	1661	3.4419	0.54960	0.01349	3.4155	3.4684	1.00	5.00
	总数	6144	3.4397	0.56150	0.00716	3.4257	3.4538	1.00	5.00

2016 年问卷调查		N	均值	标准差	标准误	95%　置信区间		极小值	极大值
						下限	上限		
文化认同	务农人员	1800	3.4415	0.55740	0.01314	3.4157	3.4672	1.33	5.00
	工商业人员	1875	3.4688	0.55346	0.01278	3.4437	3.4939	1.00	5.00
	技术人员	411	3.4728	0.57453	0.02834	3.4171	3.5285	2.00	5.00
	公务员	119	3.5658	0.64885	0.05948	3.4480	3.6836	1.67	5.00
	在校学生	758	3.4776	0.54855	0.01992	3.4385	3.5167	1.67	5.00
	其他职业	1611	3.5127	0.53313	0.01328	3.4867	3.5388	1.33	5.00
	总数	6574	3.4751	0.55282	0.00682	3.4617	3.4885	1.00	5.00

表 6－5－2　　　　　　六类职业被试文化认同得分的方差分析结果

2012 年问卷调查		平方和	df	均方	F	显著性
文化认同	组间	9.683	5	1.937	6.168	0.000
	组内	1927.106	6138	0.314		
	总数	1936.789	6143			
2016 年问卷调查		平方和	df	均方	F	显著性
文化认同	组间	5.376	5	1.075	3.525	0.003
	组内	2003.383	6568	0.305		
	总数	2008.759	6573			

表6－5－3　　　　六类职业被试文化认同得分的多重比较（2012 年）

因变量	（I）职业	（J）职业	均值差（I－J）	标准误	显著性	95% 置信区间	
						下限	上限
文化认同	务农人员	工商业人员	－0.06212*	0.01941	0.001	－0.1002	－0.0241
		技术人员	－0.06272*	0.02844	0.027	－0.1185	－0.0070
		公务员	－0.16746*	0.04692	0.000	－0.2595	－0.0755
		在校学生	－0.14196*	0.03698	0.000	－0.2145	－0.0695
		其他职业	－0.04138*	0.01804	0.022	－0.0767	－0.0060
	工商业人员	务农人员	0.06212*	0.01941	0.001	0.0241	0.1002
		技术人员	－0.00060	0.03021	0.984	－0.0598	0.0586
		公务员	－0.10535*	0.04802	0.028	－0.1995	－0.0112
		在校学生	－0.07985*	0.03836	0.037	－0.1550	－0.0046
		其他职业	0.02073	0.02072	0.317	－0.0199	0.0613
	技术人员	务农人员	0.06272*	0.02844	0.027	0.0070	0.1185
		工商业人员	0.00060	0.03021	0.984	－0.0586	0.0598
		公务员	－0.10474*	0.05232	0.045	－0.2073	－0.0022
		在校学生	－0.07924	0.04363	0.069	－0.1648	0.0063
		其他职业	0.02134	0.02935	0.467	－0.0362	0.0789
	公务员	务农人员	0.16746*	0.04692	0.000	0.0755	0.2595
		工商业人员	0.10535*	0.04802	0.028	0.0112	0.1995
		技术人员	0.10474*	0.05232	0.045	0.0022	0.2073
		在校学生	0.02550	0.05742	0.657	－0.0871	0.1381
		其他职业	0.12608*	0.04748	0.008	0.0330	0.2192
	在校学生	务农人员	0.14196*	0.03698	0.000	0.0695	0.2145
		工商业人员	0.07985*	0.03836	0.037	0.0046	0.1550
		技术人员	0.07924	0.04363	0.069	－0.0063	0.1648
		公务员	－0.02550	0.05742	0.657	－0.1381	0.0871
		其他职业	0.10058*	0.03769	0.008	0.0267	0.1745
	其他职业	务农人员	0.04138*	0.01804	0.022	0.0060	0.0767
		工商业人员	－0.02073	0.02072	0.317	－0.0613	0.0199
		技术人员	－0.02134	0.02935	0.467	－0.0789	0.0362
		公务员	－0.12608*	0.04748	0.008	－0.2192	－0.0330
		在校学生	－0.10058*	0.03769	0.008	－0.1745	－0.0267

* 均值差的显著性水平为 0.05。

表6-5-4　　　六类职业被试文化认同得分的多重比较（2016年）

因变量	（I）职业	（J）职业	均值差（I-J）	标准误	显著性	95% 置信区间 下限	上限
文化认同	务农人员	工商业人员	-0.02732	0.01822	0.134	-0.0630	0.0084
		技术人员	-0.03135	0.03019	0.299	-0.0905	0.0278
		公务员	-0.12434*	0.05227	0.017	-0.2268	-0.0219
		在校学生	-0.03609	0.02391	0.131	-0.0830	0.0108
		其他职业	-0.07124*	0.01894	0.000	-0.1084	-0.0341
	工商业人员	务农人员	0.02732	0.01822	0.134	-0.0084	0.0630
		技术人员	-0.00403	0.03008	0.893	-0.0630	0.0549
		公务员	-0.09703	0.05221	0.063	-0.1994	0.0053
		在校学生	-0.00877	0.02377	0.712	-0.0554	0.0378
		其他职业	-0.04393*	0.01876	0.019	-0.0807	-0.0071
	技术人员	务农人员	0.03135	0.03019	0.299	-0.0278	0.0905
		工商业人员	0.00403	0.03008	0.893	-0.0549	0.0630
		公务员	-0.09300	0.05749	0.106	-0.2057	0.0197
		在校学生	-0.00474	0.03383	0.889	-0.0711	0.0616
		其他职业	-0.03989	0.03052	0.191	-0.0997	0.0199
	公务员	务农人员	0.12434*	0.05227	0.017	0.0219	0.2268
		工商业人员	0.09703	0.05221	0.063	-0.0053	0.1994
		技术人员	0.09300	0.05749	0.106	-0.0197	0.2057
		在校学生	0.08825	0.05446	0.105	-0.0185	0.1950
		其他职业	0.05310	0.05246	0.312	-0.0497	0.1559
	在校学生	务农人员	0.03609	0.02391	0.131	-0.0108	0.0830
		工商业人员	0.00877	0.02377	0.712	-0.0378	0.0554
		技术人员	0.00474	0.03383	0.889	-0.0616	0.0711
		公务员	-0.08825	0.05446	0.105	-0.1950	0.0185
		其他职业	-0.03515	0.02433	0.148	-0.0828	0.0125
	其他职业	务农人员	0.07124*	0.01894	0.000	0.0341	0.1084
		工商业人员	0.04393*	0.01876	0.019	0.0071	0.0807
		技术人员	0.03989	0.03052	0.191	-0.0199	0.0997
		公务员	-0.05310	0.05246	0.312	-0.1559	0.0497
		在校学生	0.03515	0.02433	0.148	-0.0125	0.0828

* 均值差的显著性水平为0.05。

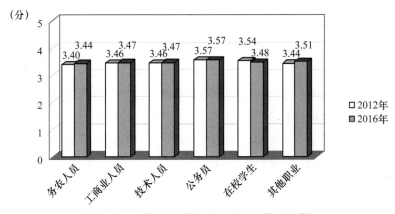

图 6 - 5　六类职业被试的文化认同得分比较

　　2016 年与 2012 年相比，务农人员被试文化认同的得分上升 0.04 分，工商业人员被试文化认同的得分上升 0.01 分，专业技术人员被试文化认同的得分上升 0.01 分，公务员被试文化认同的得分与 2012 年持平，在校学生被试文化认同的得分下降 0.06 分，其他职业人员被试文化认同的得分上升 0.07 分（见表 6 - 5 - 5）。务农人员被试得分的上升，使其文化认同的得分不再显著低于另外五种职业被试，只显著低于公务员和其他职业人员被试。公务员被试的得分两次调查持平，在其他被试得分大多上升的情况下，其得分优势自然有明显的减弱。在校学生被试得分的较大幅度下降，则是其得分优势减弱的重要原因。还需要注意的是，其他职业人员被试得分的较大幅度上升，使其在文化认同的得分排序上由 2012 年的第五位上升到 2016 年的第二位，但是这样的得分，只显著高于务农人员和工商业人员被试。

表 6 - 5 - 5　　　　　　　　六类职业被试文化认同得分的变化

项目	2012 年问卷调查	2016 年问卷调查	2016 年比 2012 年增减
务农人员	3.40	3.44	+ 0.04
工商业人员	3.46	3.47	+ 0.01
技术人员	3.46	3.47	+ 0.01
公务员	3.57	3.57	0
在校学生	3.54	3.48	- 0.06
其他职业	3.44	3.51	+ 0.07

对 2016 年问卷调查的八类职业被试文化认同得分的差异性进行方差分析（见表 6 - 5 - 6 - 1、表 6 - 5 - 6 - 2、表 6 - 5 - 6 - 3），显示不同职业被试的文化认同得分之间差异显著，$F = 7.581$，$p < 0.001$，受职业分类影响的四类职业被试，退休人员被试（$M = 3.61$，$SD = 0.55$）的得分显著高于务农人员被试（$M = 3.44$，$SD = 0.56$）、企业职工被试（$M = 3.51$，$SD = 0.58$）、个体业者被试（$M = 3.45$，$SD = 0.53$）、专业技术人员被试（$M = 3.47$，$SD = 0.57$）、在校学生被试（$M = 3.48$，$SD = 0.55$）和其他职业人员被试（$M = 3.45$，$SD = 0.51$），与公务员被试（$M = 3.57$，$SD = 0.65$）之间的得分差异不显著；企业职工被试的得分显著高于务农人员、个体业者、其他职业人员被试，与专业技术人员、公务员、在校学生之间的得分差异不显著；个体业者被试与其他职业人员被试之间的得分差异不显著，但是这两种被试的得分均显著低于公务员被试，均与专业技术人员、在校学生被试之间的得分差异不显著。

表 6 - 5 - 6 - 1　　　　2016 年八类职业被试文化认同得分的差异比较

| 项目 | | N | 均值 | 标准差 | 标准误 | 95% 置信区间 | | 极小值 | 极大值 |
						下限	上限		
文化认同	务农人员	1800	3.4415	0.55740	0.01314	3.4157	3.4672	1.33	5.00
	企业职工	674	3.5059	0.58492	0.02253	3.4617	3.5502	1.33	5.00
	个体业者	1201	3.4480	0.53411	0.01541	3.4177	3.4782	1.00	5.00
	技术人员	411	3.4728	0.57453	0.02834	3.4171	3.5285	2.00	5.00
	公务员	119	3.5658	0.64885	0.05948	3.4480	3.6836	1.67	5.00
	在校学生	758	3.4776	0.54855	0.01992	3.4385	3.5167	1.67	5.00
	退休人员	647	3.6054	0.55068	0.02165	3.5628	3.6479	1.33	5.00
	其他职业	964	3.4506	0.51198	0.01649	3.4182	3.4829	1.67	5.00
	总数	6574	3.4751	0.55282	0.00682	3.4617	3.4885	1.00	5.00

表 6 - 5 - 6 - 2　　　　2016 年八类职业被试文化认同得分的方差分析结果

项目		平方和	df	均方	F	显著性
文化认同	组间	16.105	7	2.301	7.581	0.000
	组内	1992.654	6566	0.303		
	总数	2008.759	6573			

表 6 - 5 - 6 - 3　　　　　2016 年受职业分类影响的四类职业
被试文化认同得分的多重比较

因变量	（I）职业	（J）职业	均值差（I - J）	标准误	显著性	95% 置信区间	
						下限	上限
文化认同	企业职工	务农人员	0.06445 *	0.02488	0.010	0.0157	0.1132
		个体业者	0.05797 *	0.02651	0.029	0.0060	0.1099
		技术人员	0.03310	0.03448	0.337	- 0.0345	0.1007
		公务员	- 0.05989	0.05478	0.274	- 0.1673	0.0475
		在校学生	0.02836	0.02917	0.331	- 0.0288	0.0855
		退休人员	- 0.09942 *	0.03032	0.001	- 0.1589	- 0.0400
		其他职业	0.05538 *	0.02766	0.045	0.0012	0.1096
	个体业者	务农人员	0.00648	0.02053	0.752	- 0.0338	0.0467
		企业职工	- 0.05797 *	0.02651	0.029	- 0.1099	- 0.0060
		技术人员	- 0.02487	0.03148	0.430	- 0.0866	0.0368
		公务员	- 0.11787 *	0.05294	0.026	- 0.2217	- 0.0141
		在校学生	- 0.02961	0.02556	0.247	- 0.0797	0.0205
		退休人员	- 0.15740 *	0.02687	0.000	- 0.2101	- 0.1047
		其他职业	- 0.00259	0.02382	0.913	- 0.0493	0.0441
	退休人员	务农人员	0.16388 *	0.02525	0.000	0.1144	0.2134
		企业职工	0.09942 *	0.03032	0.001	0.0400	0.1589
		个体业者	0.15740 *	0.02687	0.000	0.1047	0.2101
		技术人员	0.13253 *	0.03475	0.000	0.0644	0.2006
		公务员	0.03953	0.05495	0.472	- 0.0682	0.1472
		在校学生	0.12779 *	0.02949	0.000	0.0700	0.1856
		其他职业	0.15480 *	0.02800	0.000	0.0999	0.2097

续表

因变量	（I）职业	（J）职业	均值差 （I-J）	标准误	显著性	95% 置信区间	
						下限	上限
文化 认同	其他职业	务农人员	0.00907	0.02199	0.680	-0.0340	0.0522
		企业职工	-0.05538*	0.02766	0.045	-0.1096	-0.0012
		个体业者	0.00259	0.02382	0.913	-0.0441	0.0493
		技术人员	-0.02228	0.03245	0.492	-0.0859	0.0413
		公务员	-0.11527*	0.05353	0.031	-0.2202	-0.0103
		在校学生	-0.02702	0.02674	0.312	-0.0794	0.0254
		退休人员	-0.15480*	0.02800	0.000	-0.2097	-0.0999

* 均值差的显著性水平为 0.05。

六　不同职业被试的政策认同比较

对六类职业被试政策认同得分的差异性进行方差分析（见表6-6-1、表6-6-2、表6-6-3、表6-6-4和图6-6），2012年问卷调查显示不同职业被试的政策认同得分之间差异显著，$F=6.868$，$p<0.001$，公务员被试（$M=3.71$，$SD=0.73$）的得分显著高于工商业人员被试（$M=3.57$，$SD=0.71$）、专业技术人员被试（$M=3.54$，$SD=0.75$）、在校学生被试（$M=3.46$，$SD=0.61$）和其他职业人员被试（$M=3.56$，$SD=0.68$），与务农人员被试（$M=3.65$，$SD=0.68$）之间的得分差异不显著；务农人员被试的得分显著高于工商业人员、专业技术人员、在校学生、其他职业人员被试；工商业人员被试的得分显著高于在校学生被试，与专业技术人员、其他职业人员被试之间的得分差异不显著；专业技术人员、在校学生、其他职业人员三种被试相互间的得分差异均不显著。2016年问卷调查也显示不同职业被试的政策认同得分之间差异显著，$F=7.388$，$p<0.001$，公务员被试（$M=3.68$，$SD=0.66$）的得分显著高于工商业人员被试（$M=3.54$，$SD=0.65$）、专业技术人员被试（$M=3.50$，$SD=$

0.71)、在校学生被试（$M = 3.53$，$SD = 0.59$）和其他职业人员被试（$M = 3.54$，$SD = 0.61$），与务农人员被试（$M = 3.63$，$SD = 0.61$）之间的得分差异不显著；务农人员被试的得分显著高于工商业人员、专业技术人员、在校学生、其他职业人员被试；工商业人员、专业技术人员、在校学生、其他职业人员四种被试两两之间的得分差异均不显著。

通过比较可以看出，2016年基本延续了2012年不同职业被试政策认同得分差异的状态，只是工商业人员与在校学生两种被试之间的得分差异由显著变成了不显著。

表6-6-1　　　　　六类职业被试政策认同得分的差异比较

2012年问卷调查		N	均值	标准差	标准误	95% 置信区间		极小值	极大值
						下限	上限		
政策认同	务农人员	2304	3.6454	0.67721	0.01411	3.6177	3.6731	1.00	5.00
	工商业人员	1309	3.5742	0.71466	0.01975	3.5355	3.6130	1.00	5.00
	技术人员	467	3.5389	0.75464	0.03492	3.4703	3.6075	1.00	5.00
	公务员	151	3.7108	0.73402	0.05973	3.5928	3.8288	1.33	5.00
	在校学生	256	3.4609	0.60804	0.03800	3.3861	3.5358	2.00	5.00
	其他职业	1663	3.5606	0.68491	0.01680	3.5277	3.5936	1.00	5.00
	总数	6150	3.5932	0.69391	0.00885	3.5758	3.6105	1.00	5.00
2016年问卷调查		N	均值	标准差	标准误	95% 置信区间		极小值	极大值
						下限	上限		
政策认同	务农人员	1804	3.6340	0.61370	0.01445	3.6056	3.6623	1.33	5.00
	工商业人员	1874	3.5395	0.64946	0.01500	3.5101	3.5689	1.00	5.00
	技术人员	410	3.5016	0.70787	0.03496	3.4329	3.5703	1.33	5.00
	公务员	119	3.6807	0.65584	0.06012	3.5616	3.7997	2.00	5.00
	在校学生	757	3.5341	0.59333	0.02157	3.4918	3.5765	1.33	5.00
	其他职业	1612	3.5420	0.61430	0.01530	3.5120	3.5720	1.33	5.00
	总数	6576	3.5656	0.63047	0.00777	3.5504	3.5808	1.00	5.00

表6-6-2 　　　六类职业被试政策认同得分的方差分析结果

2012年问卷调查		平方和	df	均方	F	显著性
政策认同	组间	16.457	5	3.291	6.868	0.000
	组内	2944.323	6144	0.479		
	总数	2960.780	6149			
2016年问卷调查		平方和	df	均方	F	显著性
政策认同	组间	14.612	5	2.922	7.388	0.000
	组内	2598.874	6570	0.396		
	总数	2613.486	6575			

表6-6-3 　　　六类职业被试政策认同得分的多重比较（2012年）

因变量	（I）职业	（J）职业	均值差（I－J）	标准误	显著性	95%置信区间 下限	上限
政策认同	务农人员	工商业人员	0.07117*	0.02396	0.003	0.0242	0.1181
		技术人员	0.10650*	0.03513	0.002	0.0376	0.1754
		公务员	-0.06542	0.05815	0.261	-0.1794	0.0486
		在校学生	0.18446*	0.04561	0.000	0.0951	0.2739
		其他职业	0.08477*	0.02227	0.000	0.0411	0.1284
	工商业人员	务农人员	-0.07117*	0.02396	0.003	-0.1181	-0.0242
		技术人员	0.03533	0.03731	0.344	-0.0378	0.1085
		公务员	-0.13659*	0.05950	0.022	-0.2532	-0.0200
		在校学生	0.11329*	0.04731	0.017	0.0206	0.2060
		其他职业	0.01360	0.02558	0.595	-0.0365	0.0637
	技术人员	务农人员	-0.10650*	0.03513	0.002	-0.1754	-0.0376
		工商业人员	-0.03533	0.03731	0.344	-0.1085	0.0378
		公务员	-0.17192*	0.06481	0.008	-0.2990	-0.0449
		在校学生	0.07796	0.05383	0.148	-0.0276	0.1835
		其他职业	-0.02173	0.03625	0.549	-0.0928	0.0493
	公务员	务农人员	0.06542	0.05815	0.261	-0.0486	0.1794
		工商业人员	0.13659*	0.05950	0.022	0.0200	0.2532
		技术人员	0.17192*	0.06481	0.008	0.0449	0.2990
		在校学生	0.24988*	0.07103	0.000	0.1106	0.3891
		其他职业	0.15018*	0.05884	0.011	0.0348	0.2655

续表

因变量	（I）职业	（J）职业	均值差（I－J）	标准误	显著性	95% 置信区间	
						下限	上限
政策认同	在校学生	务农人员	－ 0.18446 *	0.04561	0.000	－ 0.2739	－ 0.0951
		工商业人员	－ 0.11329 *	0.04731	0.017	－ 0.2060	－ 0.0206
		技术人员	－ 0.07796	0.05383	0.148	－ 0.1835	0.0276
		公务员	－ 0.24988 *	0.07103	0.000	－ 0.3891	－ 0.1106
		其他职业	－ 0.09970 *	0.04648	0.032	－ 0.1908	－ 0.0086
	其他职业	务农人员	－ 0.08477 *	0.02227	0.000	－ 0.1284	－ 0.0411
		工商业人员	－ 0.01360	0.02558	0.595	－ 0.0637	0.0365
		技术人员	0.02173	0.03625	0.549	－ 0.0493	0.0928
		公务员	－ 0.15018 *	0.05884	0.011	－ 0.2655	－ 0.0348
		在校学生	0.09970 *	0.04648	0.032	0.0086	0.1908

* 均值差的显著性水平为 0.05。

表6－6－4　　　　六类职业被试政策认同得分的多重比较（2016 年）

因变量	（I）职业	（J）职业	均值差（I－J）	标准误	显著性	95% 置信区间	
						下限	上限
政策认同	务农人员	工商业人员	0.09447 *	0.02074	0.000	0.0538	0.1351
		技术人员	0.13234 *	0.03441	0.000	0.0649	0.1998
		公务员	－ 0.04671	0.05953	0.433	－ 0.1634	0.0700
		在校学生	0.09984 *	0.02724	0.000	0.0464	0.1532
		其他职业	0.09198 *	0.02156	0.000	0.0497	0.1342
	工商业人员	务农人员	－ 0.09447 *	0.02074	0.000	－ 0.1351	－ 0.0538
		技术人员	0.03786	0.03429	0.270	－ 0.0294	0.1051
		公务员	－ 0.14118 *	0.05946	0.018	－ 0.2577	－ 0.0246
		在校学生	0.00536	0.02709	0.843	－ 0.0477	0.0585
		其他职业	－ 0.00249	0.02137	0.907	－ 0.0444	0.0394

续表

因变量	（I）职业	（J）职业	均值差（I－J）	标准误	显著性	95% 置信区间	
						下限	上限
政策认同	技术人员	务农人员	－0.13234*	0.03441	0.000	－0.1998	－0.0649
		工商业人员	－0.03786	0.03429	0.270	－0.1051	0.0294
		公务员	－0.17905*	0.06549	0.006	－0.3074	－0.0507
		在校学生	－0.03250	0.03857	0.399	－0.1081	0.0431
		其他职业	－0.04035	0.03479	0.246	－0.1085	0.0278
	公务员	务农人员	0.04671	0.05953	0.433	－0.0700	0.1634
		工商业人员	0.14118*	0.05946	0.018	0.0246	0.2577
		技术人员	0.17905*	0.06549	0.006	0.0507	0.3074
		在校学生	0.14655*	0.06202	0.018	0.0250	0.2681
		其他职业	0.13870*	0.05975	0.020	0.0216	0.2558
	在校学生	务农人员	－0.09984*	0.02724	0.000	－0.1532	－0.0464
		工商业人员	－0.00536	0.02709	0.843	－0.0585	0.0477
		技术人员	0.03250	0.03857	0.399	－0.0431	0.1081
		公务员	－0.14655*	0.06202	0.018	－0.2681	－0.0250
		其他职业	－0.00785	0.02771	0.777	－0.0622	0.0465
	其他职业	务农人员	－0.09198*	0.02156	0.000	－0.1342	－0.0497
		工商业人员	0.00249	0.02137	0.907	－0.0394	0.0444
		技术人员	0.04035	0.03479	0.246	－0.0278	0.1085
		公务员	－0.13870*	0.05975	0.020	－0.2558	－0.0216
		在校学生	0.00785	0.02771	0.777	－0.0465	0.0622

* 均值差的显著性水平为 0.05。

　　2016 年与 2012 年相比，务农人员被试政策认同的得分下降 0.02 分，工商业人员被试政策认同的得分下降 0.03 分，专业技术人员被试政策认同的得分下降 0.04 分，公务员被试政策认同的得分下降 0.03 分，在校学生被试政策认同的得分上升 0.07 分，其他职业人员被试政策认同的得分下降 0.02 分（见表 6－6－5）。由于各职业被试的得分大都有所下降，使得 2012 年各职业被试的政策得分差异状态没有发生重大的变化（在校学生被试的得分有较大幅度上升，但是由

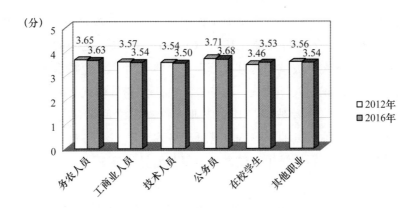

图 6 - 6 六类职业被试的政策认同得分比较

于该种被试 2012 年的得分过低，得分上升只是使其与工商业人员被
试的得分差异由显著变为不显著）。

表 6 - 6 - 5 六类职业被试政策认同得分的变化

项目	2012 年问卷调查	2016 年问卷调查	2016 年比 2012 年增减
务农人员	3.65	3.63	- 0.02
工商业人员	3.57	3.54	- 0.03
技术人员	3.54	3.50	- 0.04
公务员	3.71	3.68	- 0.03
在校学生	3.46	3.53	+ 0.07
其他职业	3.56	3.54	- 0.02

对 2016 年问卷调查的八类职业被试政策认同得分的差异性进行
方差分析（见表 6 - 6 - 6 - 1、表 6 - 6 - 6 - 2、表 6 - 6 - 6 - 3），显
示不同职业被试的政策认同得分之间差异显著，$F = 10.412$，$p <$
0.001，受职业分类影响的四类职业被试，企业职工被试（$M = 3.63$，
$SD = 0.70$）的得分显著高于个体业者被试（$M = 3.49$，$SD = 0.61$）、
专业技术人员被试（$M = 3.50$，$SD = 0.71$）、在校学生被试（$M =$

3.53，$SD = 0.59$）和其他职业人员被试（$M = 3.49$，$SD = 0.60$），与务农人员被试（$M = 3.63$，$SD = 0.61$）、公务员被试（$M = 3.68$，$SD = 0.66$）、退休人员被试（$M = 3.61$，$SD = 0.62$）之间的得分差异不显著；退休人员被试的得分显著高于个体业者、专业技术人员、在校学生、其他职业人员被试，与务农人员、公务员被试之间的得分差异不显著；个体业者被试与其他职业人员被试之间的得分差异不显著，但是这两种被试的得分均显著低于务农人员、公务员被试，均与专业技术人员、在校学生被试之间的得分差异不显著。

表 6 - 6 - 6 - 1　　　　2016 年八类职业被试政策认同得分的差异比较

项目		N	均值	标准差	标准误	95% 置信区间		极小值	极大值
						下限	上限		
政策认同	务农人员	1804	3.6340	0.61370	0.01445	3.6056	3.6623	1.33	5.00
	企业职工	673	3.6290	0.70093	0.02702	3.5760	3.6821	1.33	5.00
	个体业者	1201	3.4893	0.61336	0.01770	3.4546	3.5240	1.00	5.00
	技术人员	410	3.5016	0.70787	0.03496	3.4329	3.5703	1.33	5.00
	公务员	119	3.6807	0.65584	0.06012	3.5616	3.7997	2.00	5.00
	在校学生	757	3.5341	0.59333	0.02157	3.4918	3.5765	1.33	5.00
	退休人员	648	3.6142	0.62271	0.02446	3.5662	3.6622	2.00	5.00
	其他职业	964	3.4934	0.60407	0.01946	3.4552	3.5316	1.33	5.00
	总数	6576	3.5656	0.63047	0.00777	3.5504	3.5808	1.00	5.00

表 6 - 6 - 6 - 2　　　　2016 年八类职业被试政策认同得分的方差分析结果

项目		平方和	df	均方	F	显著性
政策认同	组间	28.682	7	4.097	10.412	0.000
	组内	2584.804	6568	0.394		
	总数	2613.486	6575			

表 6 - 6 - 6 - 3　　　　　　2016 年受职业分类影响的四类职业
被试政策认同得分的多重比较

因变量	（I）职业	（J）职业	均值差（I－J）	标准误	显著性	95% 置信区间	
						下限	上限
政策认同	企业职工	务农人员	－ 0.00494	0.02834	0.862	－ 0.0605	0.0506
		个体业者	0.13971 *	0.03021	0.000	0.0805	0.1989
		技术人员	0.12740 *	0.03930	0.001	0.0504	0.2044
		公务员	－ 0.05165	0.06238	0.408	－ 0.1739	0.0706
		在校学生	0.09490 *	0.03324	0.004	0.0297	0.1601
		退休人员	0.01483	0.03453	0.668	－ 0.0529	0.0825
		其他职业	0.13559 *	0.03151	0.000	0.0738	0.1974
	个体业者	务农人员	－ 0.14465 *	0.02336	0.000	－ 0.1904	－ 0.0988
		企业职工	－ 0.13971 *	0.03021	0.000	－ 0.1989	－ 0.0805
		技术人员	－ 0.01231	0.03588	0.732	－ 0.0827	0.0580
		公务员	－ 0.19136 *	0.06029	0.002	－ 0.3095	－ 0.0732
		在校学生	－ 0.04481	0.02911	0.124	－ 0.1019	0.0123
		退休人员	－ 0.12488 *	0.03058	0.000	－ 0.1848	－ 0.0649
		其他职业	－ 0.00412	0.02713	0.879	－ 0.0573	0.0491
	退休人员	务农人员	－ 0.01976	0.02873	0.492	－ 0.0761	0.0366
		企业职工	－ 0.01483	0.03453	0.668	－ 0.0825	0.0529
		个体业者	0.12488 *	0.03058	0.000	0.0649	0.1848
		技术人员	0.11257 *	0.03959	0.004	0.0350	0.1902
		公务员	－ 0.06647	0.06257	0.288	－ 0.1891	0.0562
		在校学生	0.08007 *	0.03357	0.017	0.0143	0.1459
		其他职业	0.12077 *	0.03187	0.000	0.0583	0.1832
	其他职业	务农人员	－ 0.14053 *	0.02503	0.000	－ 0.1896	－ 0.0915
		企业职工	－ 0.13559 *	0.03151	0.000	－ 0.1974	－ 0.0738
		个体业者	0.00412	0.02713	0.879	－ 0.0491	0.0573
		技术人员	－ 0.00820	0.03699	0.825	－ 0.0807	0.0643
		公务员	－ 0.18724 *	0.06095	0.002	－ 0.3067	－ 0.0678
		在校学生	－ 0.04070	0.03047	0.182	－ 0.1004	0.0190
		退休人员	－ 0.12077 *	0.03187	0.000	－ 0.1832	－ 0.0583

* 均值差的显著性水平为 0.05。

七　不同职业被试的发展认同比较

对六类职业被试发展认同得分的差异性进行方差分析（见表 6 -
7 -1、表 6 -7 -2、表 6 -7 -3、表 6 -7 -4 和图 6 -7），2012 年问卷
调查显示不同职业被试的发展认同得分之间差异显著，$F = 5.588$，$p <$
0.001，务农人员被试（$M = 3.71$，$SD = 0.64$）的得分显著低于专业技
术人员被试（$M = 3.80$，$SD = 0.63$）、公务员被试（$M = 3.86$，$SD =$
0.60）和在校学生被试（$M = 3.86$，$SD = 0.59$），与工商业人员被试
（$M = 3.74$，$SD = 0.61$）、其他职业人员被试（$M = 3.74$，$SD = 0.60$）
之间的得分差异不显著；工商业人员被试的得分显著低于公务员、在校
学生被试，与专业技术人员、其他职业人员被试之间的得分差异不显
著；其他职业人员被试的得分显著低于公务员、在校学生被试，与专业
技术人员被试之间的得分差异不显著；专业技术人员、公务员、在校学
生三种被试相互间的得分差异均不显著。2016 年问卷调查也显示不同
职业被试的发展认同得分之间差异显著，$F = 8.464$，$p < 0.001$，公务员
被试（$M = 3.88$，$SD = 0.69$）的得分显著高于务农人员被试（$M =$
3.67，$SD = 0.65$）、工商业人员被试（$M = 3.57$，$SD = 0.64$）、专业技
术人员被试（$M = 3.63$，$SD = 0.69$）、在校学生被试（$M = 3.63$，$SD =$
0.63）和其他职业人员被试（$M = 3.63$，$SD = 0.64$）；工商业人员被试
的得分显著低于务农人员、在校学生、其他职业人员被试，与专业技术
人员被试之间的得分差异不显著；务农人员、专业技术人员、在校学
生、其他职业人员四种被试两两之间的得分差异均不显著。

通过比较可以看出，由 2012 年到 2016 年发生的重要变化，一是
2016 年出现了一种职业被试（公务员被试）得分显著高于另外五种职
业被试的现象（2012 年未出现这种现象）；二是务农人员被试的得分弱
势有所改变，由 2012 年的得分显著低于三种职业被试变为 2016 年的只
显著低于一种职业被试；三是工商业人员被试进一步彰显得分弱势，由
2012 年的得分显著低于两种职业被试变为 2016 年的显著低于四种职业
被试；四是在校学生被试的得分优势有所减弱，由 2012 年的得分显著

高于三种职业被试变为 2016 年的只显著高于一种职业被试。

表 6 - 7 - 1　　　　　　　　六类职业被试发展认同得分的差异比较

2012 年问卷调查		N	均值	标准差	标准误	95% 置信区间		极小值	极大值
						下限	上限		
发展认同	务农人员	2304	3.7055	0.63549	0.01324	3.6795	3.7315	1.00	5.00
	工商业人员	1310	3.7410	0.61367	0.01696	3.7078	3.7743	2.00	5.00
	技术人员	467	3.8030	0.62645	0.02899	3.7460	3.8600	2.00	5.00
	公务员	152	3.8635	0.59859	0.04855	3.7676	3.9594	2.00	5.00
	在校学生	256	3.8604	0.59432	0.03714	3.7872	3.9335	1.75	5.00
	其他职业	1661	3.7440	0.59570	0.01462	3.7153	3.7726	1.75	5.00
	总数	6150	3.7412	0.61817	0.00788	3.7258	3.7567	1.00	5.00

2016 年问卷调查		N	均值	标准差	标准误	95% 置信区间		极小值	极大值
						下限	上限		
发展认同	务农人员	1803	3.6657	0.64576	0.01521	3.6359	3.6955	1.50	5.00
	工商业人员	1874	3.5658	0.64032	0.01479	3.5368	3.5948	1.50	5.00
	技术人员	408	3.6281	0.68661	0.03399	3.5612	3.6949	2.00	5.00
	公务员	119	3.8845	0.68719	0.06299	3.7597	4.0092	2.00	5.00
	在校学生	756	3.6253	0.62621	0.02277	3.5806	3.6700	1.50	5.00
	其他职业	1612	3.6272	0.64239	0.01600	3.5958	3.6586	1.25	5.00
	总数	6572	3.6247	0.64638	0.00797	3.6091	3.6404	1.25	5.00

表 6 - 7 - 2　　　　　　　六类职业被试发展认同得分的方差分析结果

2012 年问卷调查		平方和	df	均方	F	显著性
发展认同	组间	10.638	5	2.128	5.588	0.000
	组内	2339.138	6144	0.381		
	总数	2349.776	6149			

2016 年问卷调查		平方和	df	均方	F	显著性
发展认同	组间	17.582	5	3.516	8.464	0.000
	组内	2727.855	6566	0.415		
	总数	2745.437	6571			

表 6-7-3 六类职业被试发展认同得分的多重比较（2012 年）

因变量	（I）职业	（J）职业	均值差（I-J）	标准误	显著性	95% 置信区间	
						下限	上限
发展认同	务农人员	工商业人员	-0.03552	0.02135	0.096	-0.0774	0.0063
		技术人员	-0.09749*	0.03131	0.002	-0.1589	-0.0361
		公务员	-0.15797*	0.05167	0.002	-0.2593	-0.0567
		在校学生	-0.15484*	0.04065	0.000	-0.2345	-0.0752
		其他职业	-0.03847	0.01986	0.053	-0.0774	0.0005
	工商业人员	务农人员	0.03552	0.02135	0.096	-0.0063	0.0774
		技术人员	-0.06197	0.03325	0.062	-0.1272	0.0032
		公务员	-0.12246*	0.05287	0.021	-0.2261	-0.0188
		在校学生	-0.11932*	0.04216	0.005	-0.2020	-0.0367
		其他职业	-0.00295	0.02280	0.897	-0.0476	0.0417
	技术人员	务农人员	0.09749*	0.03131	0.002	0.0361	0.1589
		工商业人员	0.06197	0.03325	0.062	-0.0032	0.1272
		公务员	-0.06049	0.05762	0.294	-0.1734	0.0525
		在校学生	-0.05735	0.04798	0.232	-0.1514	0.0367
		其他职业	0.05902	0.03232	0.068	-0.0043	0.1224
	公务员	务农人员	0.15797*	0.05167	0.002	0.0567	0.2593
		工商业人员	0.12246*	0.05287	0.021	0.0188	0.2261
		技术人员	0.06049	0.05762	0.294	-0.0525	0.1734
		在校学生	0.00314	0.06318	0.960	-0.1207	0.1270
		其他职业	0.11951*	0.05229	0.022	0.0170	0.2220
	在校学生	务农人员	0.15484*	0.04065	0.000	0.0752	0.2345
		工商业人员	0.11932*	0.04216	0.005	0.0367	0.2020
		技术人员	0.05735	0.04798	0.232	-0.0367	0.1514
		公务员	-0.00314	0.06318	0.960	-0.1270	0.1207
		其他职业	0.11637*	0.04143	0.005	0.0352	0.1976
	其他职业	务农人员	0.03847	0.01986	0.053	-0.0005	0.0774
		工商业人员	0.00295	0.02280	0.897	-0.0417	0.0476
		技术人员	-0.05902	0.03232	0.068	-0.1224	0.0043
		公务员	-0.11951*	0.05229	0.022	-0.2220	-0.0170
		在校学生	-0.11637*	0.04143	0.005	-0.1976	-0.0352

* 均值差的显著性水平为 0.05。

表6－7－4　　　　六类职业被试发展认同得分的多重比较（2016年）

因变量	（I）职业	（J）职业	均值差（I－J）	标准误	显著性	95% 置信区间	
						下限	上限
发展认同	务农人员	工商业人员	0.09993 *	0.02126	0.000	0.0582	0.1416
		技术人员	0.03763	0.03534	0.287	－ 0.0316	0.1069
		公务员	－ 0.21876 *	0.06101	0.000	－ 0.3383	－ 0.0992
		在校学生	0.04037	0.02793	0.148	－ 0.0144	0.0951
		其他职业	0.03852	0.02209	0.081	－ 0.0048	0.0818
	工商业人员	务农人员	－ 0.09993 *	0.02126	0.000	－ 0.1416	－ 0.0582
		技术人员	－ 0.06230	0.03521	0.077	－ 0.1313	0.0067
		公务员	－ 0.31869 *	0.06093	0.000	－ 0.4381	－ 0.1992
		在校学生	－ 0.05956 *	0.02777	0.032	－ 0.1140	－ 0.0051
		其他职业	－ 0.06140 *	0.02190	0.005	－ 0.1043	－ 0.0185
	技术人员	务农人员	－ 0.03763	0.03534	0.287	－ 0.1069	0.0316
		工商业人员	0.06230	0.03521	0.077	－ 0.0067	0.1313
		公务员	－ 0.25639 *	0.06715	0.000	－ 0.3880	－ 0.1247
		在校学生	0.00273	0.03960	0.945	－ 0.0749	0.0804
		其他职业	0.00089	0.03572	0.980	－ 0.0691	0.0709
	公务员	务农人员	0.21876 *	0.06101	0.000	0.0992	0.3383
		工商业人员	0.31869 *	0.06093	0.000	0.1992	0.4381
		技术人员	0.25639 *	0.06715	0.000	0.1247	0.3880
		在校学生	0.25912 *	0.06357	0.000	0.1345	0.3837
		其他职业	0.25728 *	0.06123	0.000	0.1373	0.3773
	在校学生	务农人员	－ 0.04037	0.02793	0.148	－ 0.0951	0.0144
		工商业人员	0.05956 *	0.02777	0.032	0.0051	0.1140
		技术人员	－ 0.00273	0.03960	0.945	－ 0.0804	0.0749
		公务员	－ 0.25912 *	0.06357	0.000	－ 0.3837	－ 0.1345
		其他职业	－ 0.00184	0.02841	0.948	－ 0.0575	0.0539
	其他职业	务农人员	－ 0.03852	0.02209	0.081	－ 0.0818	0.0048
		工商业人员	0.06140 *	0.02190	0.005	0.0185	0.1043
		技术人员	－ 0.00089	0.03572	0.980	－ 0.0709	0.0691
		公务员	－ 0.25728 *	0.06123	0.000	－ 0.3773	－ 0.1373
		在校学生	0.00184	0.02841	0.948	－ 0.0539	0.0575

* 均值差的显著性水平为 0.05。

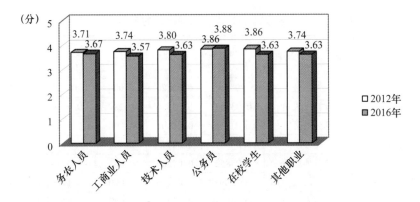

图6-7 六类职业被试发展认同得分的比较

2016年与2012年相比,务农人员被试发展认同的得分下降0.04分,工商业人员被试发展认同的得分下降0.17分,专业技术人员被试发展认同的得分下降0.17分,公务员被试发展认同的得分上升0.02分,在校学生被试发展认同的得分下降0.23分,其他职业人员被试发展认同的得分下降0.11分(见表6-7-5)。恰是由于公务员得分上升和另外五种职业被试的得分下降,使得公务员被试的发展认同得分优势更加显著。务农人员被试得分的下降幅度小于得分下降的其他被试,使其原有的得分弱势有所改变。工商业人员被试得分的较大幅度下降,是其得分弱势更为显著的重要原因;在校学生被试得分的大幅度下降,则是其得分优势减弱的重要原因。

表6-7-5 六类职业被试发展认同得分的变化

项目	2012年问卷调查	2016年问卷调查	2016年比2012年增减
务农人员	3.71	3.67	-0.04
工商业人员	3.74	3.57	-0.17
技术人员	3.80	3.63	-0.17
公务员	3.86	3.88	+0.02
在校学生	3.86	3.63	-0.23
其他职业	3.74	3.63	-0.11

对 2016 年问卷调查的八类职业被试发展认同得分的差异性进行方差分析（见表 6 - 7 - 6 - 1、表 6 - 7 - 6 - 2、表 6 - 7 - 6 - 3），显示不同职业被试的发展认同得分之间差异显著，$F = 7.116$，$p < 0.001$，受职业分类影响的四类职业被试，个体业者被试（$M = 3.55$，$SD = 0.65$）的得分显著低于务农人员被试（$M = 3.67$，$SD = 0.65$）、专业技术人员被试（$M = 3.63$，$SD = 0.69$）、公务员被试（$M = 3.88$，$SD = 0.69$）、在校学生被试（$M = 3.63$，$SD = 0.63$）和退休人员被试（$M = 3.67$，$SD = 0.64$），与企业职工被试（$M = 3.59$，$SD = 0.63$）和其他职业人员被试（$M = 3.60$，$SD = 0.64$）之间的得分差异不显著；退休人员被试的得分显著高于企业职工、其他职业人员被试，显著低于公务员被试，与专业技术人员、在校学生被试之间的得分差异不显著；企业职工被试与其他职业人员被试之间的得分差异不显著，但是这两种被试的得分均显著低于务农人员、公务员被试，均与专业技术人员、在校学生被试之间的得分差异不显著。

表 6 - 7 - 6 - 1　　　　2016 年八类职业被试发展认同得分的差异比较

项目		N	均值	标准差	标准误	95% 置信区间		极小值	极大值
						下限	上限		
发展认同	务农人员	1803	3.6657	0.64576	0.01521	3.6359	3.6955	1.50	5.00
	企业职工	674	3.5946	0.62902	0.02423	3.5470	3.6422	1.50	5.00
	个体业者	1200	3.5496	0.64628	0.01866	3.5130	3.5862	1.75	5.00
	技术人员	408	3.6281	0.68661	0.03399	3.5612	3.6949	2.00	5.00
	公务员	119	3.8845	0.68719	0.06299	3.7597	4.0092	2.00	5.00
	在校学生	756	3.6253	0.62621	0.02277	3.5806	3.6700	1.50	5.00
	退休人员	648	3.6725	0.64275	0.02525	3.6229	3.7220	2.00	5.00
	其他职业	964	3.5967	0.64069	0.02064	3.5562	3.6372	1.25	5.00
	总数	6572	3.6247	0.64638	0.00797	3.6091	3.6404	1.25	5.00

表 6 - 7 - 6 - 2　　　　2016 年八类职业被试发展认同得分的方差分析结果

项目		平方和	df	均方	F	显著性
发展认同	组间	20.678	7	2.954	7.116	0.000
	组内	2724.759	6564	0.415		
	总数	2745.437	6571			

表 6 - 7 - 6 - 3　　　　2016 年受职业分类影响的四类职业

被试发展认同得分的多重比较

因变量	(I) 职业	(J) 职业	均值差 (I－J)	标准误	显著性	95% 置信区间 下限	95% 置信区间 上限
发展认同	企业职工	务农人员	－ 0.07111 *	0.02909	0.015	－ 0.1281	－ 0.0141
		个体业者	0.04500	0.03101	0.147	－ 0.0158	0.1058
		技术人员	－ 0.03348	0.04041	0.407	－ 0.1127	0.0457
		公务员	－ 0.28987 *	0.06406	0.000	－ 0.4155	－ 0.1643
		在校学生	－ 0.03075	0.03413	0.368	－ 0.0977	0.0362
		退休人员	－ 0.07787 *	0.03545	0.028	－ 0.1474	－ 0.0084
		其他职业	－ 0.00215	0.03235	0.947	－ 0.0656	0.0613
	个体业者	务农人员	－ 0.11611 *	0.02400	0.000	－ 0.1632	－ 0.0691
		企业职工	－ 0.04500	0.03101	0.147	－ 0.1058	0.0158
		技术人员	－ 0.07848 *	0.03692	0.034	－ 0.1509	－ 0.0061
		公务员	－ 0.33487 *	0.06192	0.000	－ 0.4563	－ 0.2135
		在校学生	－ 0.07575 *	0.02992	0.011	－ 0.1344	－ 0.0171
		退休人员	－ 0.12287 *	0.03141	0.000	－ 0.1844	－ 0.0613
		其他职业	－ 0.04715	0.02787	0.091	－ 0.1018	0.0075
	退休人员	务农人员	0.00676	0.02951	0.819	－ 0.0511	0.0646
		企业职工	0.07787 *	0.03545	0.028	0.0084	0.1474
		个体业者	0.12287 *	0.03141	0.000	0.0613	0.1844
		技术人员	0.04439	0.04072	0.276	－ 0.0354	0.1242
		公务员	－ 0.21200 *	0.06426	0.001	－ 0.3380	－ 0.0860
		在校学生	0.04712	0.03449	0.172	－ 0.0205	0.1147
		其他职业	0.07572 *	0.03273	0.021	0.0116	0.1399

续表

因变量	（I）职业	（J）职业	均值差（I－J）	标准误	显著性	95% 置信区间	
						下限	上限
发展认同	其他职业	务农人员	− 0. 06896 *	0. 02571	0. 007	− 0. 1194	− 0. 0186
		企业职工	0. 00215	0. 03235	0. 947	− 0. 0613	0. 0656
		个体业者	0. 04715	0. 02787	0. 091	− 0. 0075	0. 1018
		技术人员	− 0. 03133	0. 03805	0. 410	− 0. 1059	0. 0433
		公务员	− 0. 28772 *	0. 06260	0. 000	− 0. 4104	− 0. 1650
		在校学生	− 0. 02860	0. 03130	0. 361	− 0. 0900	0. 0328
		退休人员	− 0. 07572 *	0. 03273	0. 021	− 0. 1399	− 0. 0116

* 均值差的显著性水平为 0. 05。

八　不同职业被试的政治认同总分比较

对六类职业被试政治认同总分的差异性进行方差分析（见表6 -8 -1、表6 -8 -2、表6 -8 -3、表6 -8 -4 和图6 -8），2012 年问卷调查显示不同职业被试的政治认同总分之间差异显著，$F = 2.859$，$p < 0.05$，公务员被试（$M = 3.77$，$SD = 0.43$）的得分显著高于务农人员被试（$M = 3.68$，$SD = 0.37$）、工商业人员被试（$M = 3.67$，$SD = 0.43$）、专业技术人员被试（$M = 3.66$，$SD = 0.44$）和其他职业人员被试（$M = 3.66$，$SD = 0.40$），与在校学生被试（$M = 3.72$，$SD = 0.37$）之间的得分差异不显著；其他职业人员被试的得分显著低于在校学生被试，与务农人员、工商业人员、专业技术人员被试之间的得分差异不显著；务农人员、工商业人员、专业技术人员、在校学生四种被试两两之间的得分差异均不显著。2016 年问卷调查也显示不同职业被试的政治认同总分之间差异显著，$F = 7.864$，$p < 0.001$，公务员被试（$M = 3.75$，$SD = 0.45$）的得分显著高于务农人员被试（$M = 3.67$，$SD = 0.36$）、工商业人员被试（$M = 3.60$，$SD = 0.41$）、专业技术人员被试（$M = 3.61$，$SD = 0.43$）、在校学生被试

（$M = 3.62$，$SD = 0.37$）和其他职业人员被试（$M = 3.63$，$SD = 0.38$）；务农人员被试的得分显著高于工商业人员、专业技术人员、在校学生、其他职业人员被试；工商业人员、专业技术人员、在校学生、其他职业人员四种被试两两之间的得分差异均不显著。

通过比较可以看出，由 2012 年到 2016 年发生的重要变化，一是 2016 年出现了一种职业被试（公务员被试）得分显著高于另五种职业被试的现象（2012 年未出现这种现象）；二是显示出了务农人员被试的得分优势，2016 年务农人员被试的得分显著高于除公务员以外的四种职业被试（2012 年务农人员被试的得分未显著高于任一职业被试）。

表 6 - 8 - 1　　　　　　　六类职业被试政治认同总分的差异比较

2012 年问卷调查		N	均值	标准差	标准误	95% 置信区间		极小值	极大值
						下限	上限		
政治认同总分	务农人员	2288	3.6781	0.37308	0.00780	3.6628	3.6934	2.15	4.78
	工商业人员	1302	3.6651	0.42689	0.01183	3.6419	3.6883	2.06	4.68
	技术人员	466	3.6613	0.43848	0.02031	3.6214	3.7012	2.11	4.64
	公务员	150	3.7690	0.42576	0.03476	3.7003	3.8377	2.53	4.64
	在校学生	254	3.7154	0.37317	0.02341	3.6693	3.7615	2.46	4.61
	其他职业	1647	3.6613	0.39738	0.00979	3.6421	3.6805	1.64	4.78
	总数	6107	3.6733	0.39841	0.00510	3.6633	3.6833	1.64	4.78
2016 年问卷调查		N	均值	标准差	标准误	95% 置信区间		极小值	极大值
						下限	上限		
政治认同总分	务农人员	1790	3.6664	0.36283	0.00858	3.6496	3.6832	2.32	4.90
	工商业人员	1866	3.6003	0.40626	0.00940	3.5818	3.6187	2.31	4.89
	技术人员	407	3.6082	0.42526	0.02108	3.5668	3.6497	2.42	4.74
	公务员	119	3.7460	0.44873	0.04113	3.6646	3.8275	2.17	4.63
	在校学生	753	3.6235	0.36927	0.01346	3.5971	3.6499	2.35	4.72
	其他职业	1608	3.6251	0.38286	0.00955	3.6064	3.6439	1.83	4.83
	总数	6543	3.6303	0.38793	0.00480	3.6209	3.6397	1.83	4.90

表6-8-2　　　　　六类职业被试政治认同总分的方差分析结果

2012年问卷调查		平方和	df	均方	F	显著性
政治认同总分	组间	2.266	5	0.453	2.859	0.014
	组内	966.965	6101	0.158		
	总数	969.231	6106			
2016年问卷调查		平方和	df	均方	F	显著性
政治认同总分	组间	5.887	5	1.177	7.864	0.000
	组内	978.617	6537	0.150		
	总数	984.504	6542			

表6-8-3　　　　六类职业被试政治认同总分的多重比较（2012年）

因变量	(I)职业	(J)职业	均值差(I-J)	标准误	显著性	95%置信区间	
						下限	上限
政治认同总分	务农人员	工商业人员	0.01299	0.01382	0.347	-0.0141	0.0401
		技术人员	0.01678	0.02023	0.407	-0.0229	0.0564
		公务员	-0.09087*	0.03355	0.007	-0.1567	-0.0251
		在校学生	-0.03728	0.02633	0.157	-0.0889	0.0143
		其他职业	0.01678	0.01286	0.192	-0.0084	0.0420
	工商业人员	务农人员	-0.01299	0.01382	0.347	-0.0401	0.0141
		技术人员	0.00379	0.02149	0.860	-0.0383	0.0459
		公务员	-0.10386*	0.03433	0.002	-0.1712	-0.0366
		在校学生	-0.05027	0.02731	0.066	-0.1038	0.0033
		其他职业	0.00379	0.01476	0.797	-0.0252	0.0327
	技术人员	务农人员	-0.01678	0.02023	0.407	-0.0564	0.0229
		工商业人员	-0.00379	0.02149	0.860	-0.0459	0.0383
		公务员	-0.10765*	0.03737	0.004	-0.1809	-0.0344
		在校学生	-0.05406	0.03105	0.082	-0.1149	0.0068
		其他职业	0.00000	0.02089	1.000	-0.0409	0.0410

续表

因变量	（I）职业	（J）职业	均值差（I－J）	标准误	显著性	95％ 置信区间	
						下限	上限
政治认同总分	公务员	务农人员	0.09087*	0.03355	0.007	0.0251	0.1567
		工商业人员	0.10386*	0.03433	0.002	0.0366	0.1712
		技术人员	0.10765*	0.03737	0.004	0.0344	0.1809
		在校学生	0.05359	0.04100	0.191	－0.0268	0.1340
		其他职业	0.10765*	0.03395	0.002	0.0411	0.1742
	在校学生	务农人员	0.03728	0.02633	0.157	－0.0143	0.0889
		工商业人员	0.05027	0.02731	0.066	－0.0033	0.1038
		技术人员	0.05406	0.03105	0.082	－0.0068	0.1149
		公务员	－0.05359	0.04100	0.191	－0.1340	0.0268
		其他职业	0.05406*	0.02684	0.044	0.0014	0.1067
	其他职业	务农人员	－0.01678	0.01286	0.192	－0.0420	0.0084
		工商业人员	－0.00379	0.01476	0.797	－0.0327	0.0252
		技术人员	0.00000	0.02089	1.000	－0.0410	0.0409
		公务员	－0.10765*	0.03395	0.002	－0.1742	－0.0411
		在校学生	－0.05406*	0.02684	0.044	－0.1067	－0.0014

* 均值差的显著性水平为 0.05。

表6－8－4　　六类职业被试政治认同总分的多重比较（2016 年）

因变量	（I）职业	（J）职业	均值差（I－J）	标准误	显著性	95％ 置信区间	
						下限	上限
政治认同总分	务农人员	工商业人员	0.06614*	0.01280	0.000	0.0411	0.0912
		技术人员	0.05818*	0.02125	0.006	0.0165	0.0998
		公务员	－0.07961*	0.03663	0.030	－0.1514	－0.0078
		在校学生	0.04290*	0.01681	0.011	0.0100	0.0758
		其他职业	0.04128*	0.01329	0.002	0.0152	0.0673
	工商业人员	务农人员	－0.06614*	0.01280	0.000	－0.0912	－0.0411
		技术人员	－0.00796	0.02117	0.707	－0.0495	0.0335
		公务员	－0.14575*	0.03658	0.000	－0.2175	－0.0740
		在校学生	－0.02324	0.01670	0.164	－0.0560	0.0095
		其他职业	－0.02487	0.01317	0.059	－0.0507	0.0009

续表

因变量	（I）职业	（J）职业	均值差（I−J）	标准误	显著性	95% 置信区间	
						下限	上限
政治认同总分	技术人员	务农人员	− 0.05818*	0.02125	0.006	− 0.0998	− 0.0165
		工商业人员	0.00796	0.02117	0.707	− 0.0335	0.0495
		公务员	− 0.13779*	0.04032	0.001	− 0.2168	− 0.0587
		在校学生	− 0.01528	0.02380	0.521	− 0.0619	0.0314
		其他职业	− 0.01690	0.02147	0.431	− 0.0590	0.0252
	公务员	务农人员	0.07961*	0.03663	0.030	0.0078	0.1514
		工商业人员	0.14575*	0.03658	0.000	0.0740	0.2175
		技术人员	0.13779*	0.04032	0.001	0.0587	0.2168
		在校学生	0.12251*	0.03817	0.001	0.0477	0.1973
		其他职业	0.12088*	0.03676	0.001	0.0488	0.1929
	在校学生	务农人员	− 0.04290*	0.01681	0.011	− 0.0758	− 0.0100
		工商业人员	0.02324	0.01670	0.164	− 0.0095	0.0560
		技术人员	0.01528	0.02380	0.521	− 0.0314	0.0619
		公务员	− 0.12251*	0.03817	0.001	− 0.1973	− 0.0477
		其他职业	− 0.00162	0.01709	0.924	− 0.0351	0.0319
	其他职业	务农人员	− 0.04128*	0.01329	0.002	− 0.0673	− 0.0152
		工商业人员	0.02487	0.01317	0.059	− 0.0009	0.0507
		技术人员	0.01690	0.02147	0.431	− 0.0252	0.0590
		公务员	− 0.12088*	0.03676	0.001	− 0.1929	− 0.0488
		在校学生	0.00162	0.01709	0.924	− 0.0319	0.0351

* 均值差的显著性水平为 0.05。

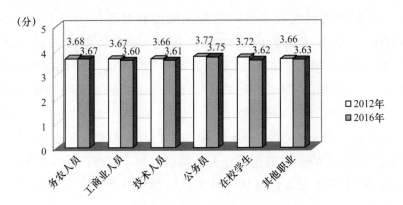

图 6−8　六类职业被试的政治认同总分比较

2016 年不同职业被试的政治认同总分与 2012 年相比，务农人员被试下降 0.01 分，工商业人员被试下降 0.07 分，专业技术人员被试下降 0.05 分，公务员被试下降 0.02 分，在校学生被试下降 0.10 分，其他职业人员被试下降 0.03（见表 6 - 8 - 5）。由于务农人员和公务员被试得分下降的幅度小于其他被试，加之原来得分较高的在校学生被试得分较大幅度下降，使得务农人员和公务员被试的政治认同总分与其他被试明显地拉开了差距。

表 6 - 8 - 5　　　　　　　　六类职业被试政治认同总分的变化

项目	2012 年问卷调查	2016 年问卷调查	2016 年比 2012 年增减
务农人员	3.68	3.67	- 0.01
工商业人员	3.67	3.60	- 0.07
技术人员	3.66	3.61	- 0.05
公务员	3.77	3.75	- 0.02
在校学生	3.72	3.62	- 0.10
其他职业	3.66	3.63	- 0.03

对 2016 年问卷调查的八类职业被试政治认同总分的差异性进行方差分析（见表 6 - 8 - 6 - 1、表 6 - 8 - 6 - 2、表 6 - 8 - 6 - 3），显示不同职业被试的政治认同总分之间差异显著，$F = 10.429$，$p < 0.001$，受职业分类影响的四类职业被试，个体业者被试（$M = 3.58$，$SD = 0.40$）的得分显著低于务农人员被试（$M = 3.67$，$SD = 0.36$）、企业职工被试（$M = 3.64$，$SD = 0.42$）、公务员被试（$M = 3.75$，$SD = 0.45$）、在校学生被试（$M = 3.62$，$SD = 0.37$）和退休人员被试（$M = 3.68$，$SD = 0.39$），与专业技术人员被试（$M = 3.61$，$SD = 0.43$）和其他职业人员被试（$M = 3.59$，$SD = 0.38$）之间的得分差异不显著；退休人员被试的得分显著高于企业职工、专业技术人员、在校学生、其他职业人员被试，与务农人员、公务员

被试之间的得分差异不显著；企业职工被试的得分显著高于其他职业人员被试，显著低于公务员被试，与务农人员、专业技术人员、在校学生被试之间的得分差异不显著；其他职业人员被试的得分显著低于务农人员、公务员被试，与专业技术人员、在校学生被试之间的得分差异不显著。

表 6 - 8 - 6 - 1　　　　2016 年八类职业被试政治认同总分的差异比较

项目		N	均值	标准差	标准误	95% 置信区间		极小值	极大值
						下限	上限		
政治认同总分	务农人员	1790	3.6664	0.36283	0.00858	3.6496	3.6832	2.32	4.90
	企业职工	668	3.6379	0.41847	0.01619	3.6061	3.6697	2.47	4.89
	个体业者	1198	3.5793	0.39793	0.01150	3.5567	3.6019	2.31	4.78
	技术人员	407	3.6082	0.42526	0.02108	3.5668	3.6497	2.42	4.74
	公务员	119	3.7460	0.44873	0.04113	3.6646	3.8275	2.17	4.63
	在校学生	753	3.6235	0.36927	0.01346	3.5971	3.6499	2.35	4.72
	退休人员	646	3.6822	0.38663	0.01521	3.6523	3.7121	2.47	4.74
	其他职业	962	3.5868	0.37567	0.01211	3.5631	3.6106	1.83	4.83
	总数	6543	3.6303	0.38793	0.00480	3.6209	3.6397	1.83	4.90

表 6 - 8 - 6 - 2　　　　2016 年八类职业被试政治认同总分的方差分析结果

项目		平方和	df	均方	F	显著性
政治认同总分	组间	10.876	7	1.554	10.429	0.000
	组内	973.628	6535	0.149		
	总数	984.504	6542			

表 6 - 8 - 6 - 3　　　　　　2016 年受职业分类影响的四类职业
被试政治认同总分的多重比较

因变量	（I）职业	（J）职业	均值差（I－J）	标准误	显著性	95% 置信区间	
						下限	上限
政治认同总分	企业职工	务农人员	- 0. 02851	0. 01750	0. 103	- 0. 0628	0. 0058
		个体业者	0. 05861 *	0. 01864	0. 002	0. 0221	0. 0952
		技术人员	0. 02967	0. 02427	0. 222	- 0. 0179	0. 0772
		公务员	- 0. 10812 *	0. 03841	0. 005	- 0. 1834	- 0. 0328
		在校学生	0. 01439	0. 02052	0. 483	- 0. 0258	0. 0546
		退休人员	- 0. 04430 *	0. 02130	0. 038	- 0. 0861	- 0. 0025
		其他职业	0. 05108 *	0. 01944	0. 009	0. 0130	0. 0892
	个体业者	务农人员	- 0. 08713 *	0. 01441	0. 000	- 0. 1154	- 0. 0589
		企业职工	- 0. 05861 *	0. 01864	0. 002	- 0. 0952	- 0. 0221
		技术人员	- 0. 02895	0. 02215	0. 191	- 0. 0724	0. 0145
		公务员	- 0. 16673 *	0. 03710	0. 000	- 0. 2395	- 0. 0940
		在校学生	- 0. 04423 *	0. 01795	0. 014	- 0. 0794	- 0. 0090
		退休人员	- 0. 10291 *	0. 01884	0. 000	- 0. 1398	- 0. 0660
		其他职业	- 0. 00753	0. 01671	0. 652	- 0. 0403	0. 0252
	退休人员	务农人员	0. 01578	0. 01772	0. 373	- 0. 0189	0. 0505
		企业职工	0. 04430 *	0. 02130	0. 038	0. 0025	0. 0861
		个体业者	0. 10291 *	0. 01884	0. 000	0. 0660	0. 1398
		技术人员	0. 07397 *	0. 02443	0. 002	0. 0261	0. 1219
		公务员	- 0. 06382	0. 03850	0. 097	- 0. 1393	0. 0117
		在校学生	0. 05869 *	0. 02070	0. 005	0. 0181	0. 0993
		其他职业	0. 09538 *	0. 01963	0. 000	0. 0569	0. 1339
	其他职业	务农人员	- 0. 07960 *	0. 01543	0. 000	- 0. 1098	- 0. 0493
		企业职工	- 0. 05108 *	0. 01944	0. 009	- 0. 0892	- 0. 0130
		个体业者	0. 00753	0. 01671	0. 652	- 0. 0252	0. 0403
		技术人员	- 0. 02142	0. 02282	0. 348	- 0. 0662	0. 0233
		公务员	- 0. 15920 *	0. 03751	0. 000	- 0. 2327	- 0. 0857
		在校学生	- 0. 03670	0. 01878	0. 051	- 0. 0735	0. 0001
		退休人员	- 0. 09538 *	0. 01963	0. 000	- 0. 1339	- 0. 0569

* 均值差的显著性水平为 0. 05。

通过本章的数据比较，可以对不同职业被试在政治认同方面所反映出来的差异做一个简单的小结。

第一，通过两次问卷调查，对六类职业划分被试的政治认同情况进行比较，可以看出在政治认同方面确实存在明显的职业差异。这样的差异既表现为一种职业被试的政治认同总分显著高于另外五种职业被试（如 2016 年问卷调查显示的公务员被试的得分显著高于另外五种职业被试），也表现为一种职业被试的政治认同总分显著高于四种职业被试（如 2012 年问卷调查显示的公务员被试的得分显著高于四种职业被试和 2016 年问卷调查显示的务农人员被试的得分显著高于四种职业被试）。尽管各职业被试的政治认同总分两次调查都有一定的变化，但并没有改变中国不同职业的公民在整体性政治认同方面存在显著差异的基本形态。

第二，六类职业被试在六种认同上的得分排序，2012 年和 2016年两次问卷调查发生了重要的变化（见表 6-9，表中括号内的数字，代表不同职业被试得分高低的排序）。（1）公务员被试由 2012 年的四个得分排序第一（政党认同、文化认同、政策认同、发展认同），变成了 2016 年的五个得分排序第一（政党认同、文化认同、政策认同、发展认同以及身份认同并列第一），并且两次调查体制认同得分均位居第二。（2）务农人员被试由 2012 年的各种认同得分排序前后分布不均（体制认同得分位居第一，政党认同和政策认同得分位居第二，身份认同、文化认同、发展认同得分均位居第六），变成了 2016年六种认同得分排序以位居第二为主（除体制认同得分位居第一、身份认同得分并列第一、文化认同得分位居第六外，另三种认同的得分均位居第二）。（3）在校学生被试由 2012 年的各种认同得分排序前后分布不均（身份认同得分位居第一，发展认同得分并列第一，文化认同得分位居第二，政党认同得分位居第三，体制认同得分位居第五，政策认同位居第六），变成了 2016 年六种认同得分排序以位居第三为主（除政策认同得分位居第五、政党认同得分位居第四外，另四种认同的得分均位居第三）。（4）工商业人员被试由 2012 年的各种认同得分位居第三为主（除发展认同得分位居第四、政党认同得分位居第五外，另四种认同的得分均位居第三），变成了 2016 年六种认同得分排序以位居四、六为主（除政策认同得分位居第三外，体制认同、政党认同、文化认同的得分均位居第四，身份认同、发展认同的得分则均位居第六）。（5）其他职业人员被试在两次问卷调查中，六种认同得分排序大多位居第三至第五（只有2016年的文化认同得分位居第二）。（6）专业技术人员被试由2012年的各种认同得分排序前后分布不均（身份认同得分位居第二，文化认同和发展认同得分位居第三，政策认同得分位居第五，体制认同和政党认同得分位居第六），变成了2016年六种认同得分排序在后三位为主（除发展认同得分并列第三外，另五种认同的得分排序均在第四、五、六位）。

表6-9　　　　　　　　　不同职业被试政治认同得分排序比较

2012年	务农人员	工商人员	技术人员	公务员	在校学生	其他职业
体制认同	3.50（1）	3.41（3）	3.33（6）	3.44（2）	3.37（5）	3.41（3）
政党认同	3.67（2）	3.59（5）	3.58（6）	3.81（1）	3.61（3）	3.61（3）
身份认同	4.14（6）	4.22（3）	4.24（2）	4.22（3）	4.43（1）	4.19（5）
文化认同	3.40（6）	3.46（3）	3.46（3）	3.57（1）	3.54（2）	3.44（5）
政策认同	3.65（2）	3.57（3）	3.54（5）	3.71（1）	3.46（6）	3.56（4）
发展认同	3.71（6）	3.74（4）	3.80（3）	3.86（1）	3.86（1）	3.74（4）
认同总分	3.68（3）	3.67（4）	3.66（6）	3.77（1）	3.72（2）	3.66（5）
2016年	务农人员	工商人员	技术人员	公务员	在校学生	其他职业
体制认同	3.49（1）	3.42（4）	3.40（5）	3.47（2）	3.43（3）	3.40（5）
政党认同	3.63（2）	3.56（4）	3.56（4）	3.74（1）	3.56（4）	3.59（3）
身份认同	4.13（1）	4.04（6）	4.07（5）	4.13（1）	4.11（3）	4.08（4）
文化认同	3.44（6）	3.47（4）	3.47（4）	3.57（1）	3.48（3）	3.51（2）
政策认同	3.63（2）	3.54（4）	3.50（6）	3.68（1）	3.53（5）	3.54（3）
发展认同	3.67（2）	3.57（6）	3.63（3）	3.88（1）	3.63（3）	3.63（3）
认同总分	3.67（2）	3.60（6）	3.61（5）	3.75（1）	3.62（4）	3.63（3）

第三，两次问卷调查显示，六类职业被试的六种认同得分之间的差异都达到了显著水平，表明政治认同的职业差异具有"全覆盖性"的特征。尤其需要注意的是，某一职业被试的得分显著高于或低于另

五种或四种职业被试的现象，在 2012 年和 2016 年交替出现：（1）在体制认同方面，2016 年延续了 2012 年某一职业被试（务农人员被试）得分显著高于四种职业被试的现象。（2）在政党认同方面，2016 年延续了 2012 年某一职业被试（公务员被试）得分显著高于另五种职业被试的现象，并在 2016 年出现了某一职业被试（务农人员被试）得分显著高于四种职业被试的现象。（3）在身份认同方面，2012 年出现了某一职业被试（在校学生被试）得分显著高于四种职业被试的现象，2016 年未再出现这样的现象。（4）在文化认同方面，2012 年既出现了某一职业被试（务农人员被试）得分显著低于另外五种职业被试的现象，也出现了某一职业被试（公务员被试）得分显著高于四种职业被试的现象，2016 年未再出现这样的现象。（5）在政策认同方面，2016 年延续了 2012 年两种职业被试（公务员和务农人员被试）得分显著高于另四种职业被试的现象。（6）在发展认同方面，2016 年出现了某一职业被试（公务员被试）得分显著高于另外五种职业被试的现象，这样的现象在 2012 年未出现。也就是说，由职业因素带来的各种认同的差异，集中表现在公务员和务农人员在具体认同上与别的职业人员有较明显的差距。

第四，在六类职业被试中，公务员被试和务农人员被试在政治认同方面的突出表现固然应该引起重视，但应该注意到，2016 年与2012 年相比，公务员被试只是体制认同和发展认同得分略有提高，文化认同得分持平，政党认同、政策认同和身份认同得分都有所下降，使得政治认同总分略有下降。务农人员被试则只有文化认同得分有所上升，另五种认同的得分都有所下降，亦使得政治认同总分有一定幅度的下降。工商业人员和专业技术人员两种被试，都是体制认同和文化认同得分有所上升，另四种认同得分有所下降，使得政治认同总分有一定幅度的下降。其他职业人员被试只有文化认同得分有所上升，另五种认同的得分都有所下降，拉低了该被试的政治认同总分。对在校学生被试的得分变化，应给予一定的关注，因为在校学生被试体制认同和政策认同的得分有较大幅度提高，文化认同、政党认同的得分有较大幅度下降，发展认同、政策认同的得分则有大幅度下降，并使得政治认同总分下降的幅度大于另外五种职业被试。也就是说，在校学生的政治认同具有不稳定的特点，应特别注意这种被试不同时期的认同变动倾向。

第五，2016年增加两类职业后，八类职业被试的六种认同得分排序及政治认同总分的排序，可作综合性的说明（见表6-10，表中括号内的数字，代表不同职业被试得分高低的排序）。公务员被试在政党认同、政策认同、发展认同三种认同上的得分最高，并且在政治认同总分上显著高于另外七种职业被试。务农人员被试在体制认同、身份认同上得分最高，但只是在体制认同上显著高于六种职业被试（与公务员被试之间的得分差异不显著）。退休人员被试在文化认同上得分最高，并显著高于六种职业被试（与公务员被试之间的得分差异不显著）。个体业者被试在身份认同、政策认同、发展认同上的得分最低，并且在发展认同上的得分显著低于五种职业被试（与企业职工、其他职业人员被试的得分差异不显著），在政治认同总分上亦显著低于五种职业被试（与专业技术人员、其他职业人员被试的得分差异不显著）。

表6-10　　　　2016年问卷调查八类职业被试政治认同得分排序比较

项目	体制认同	政党认同	身份认同	文化认同	政策认同	发展认同	认同总分
务农人员	3.489（1）	3.629（3）	4.135（1）	3.442（8）	3.634（2）	3.666（3）	3.666（3）
企业职工	3.429（4）	3.567（4）	4.086（5）	3.506（3）	3.629（3）	3.595（7）	3.638（4）
个体业者	3.415（6）	3.552（7）	4.016（8）	3.448（7）	3.489（8）	3.550（8）	3.579（8）
技术人员	3.403（7）	3.562（5）	4.066（6）	3.473（5）	3.502（6）	3.628（4）	3.608（6）
公务员	3.473（2）	3.740（1）	4.132（2）	3.566（2）	3.681（1）	3.885（1）	3.746（1）
在校学生	3.434（3）	3.561（6）	4.109（4）	3.478（4）	3.534（5）	3.625（5）	3.624（5）
退休人员	3.422（5）	3.665（2）	4.111（3）	3.605（1）	3.614（4）	3.673（2）	3.682（2）
其他职业	3.381（8）	3.531（8）	4.066（6）	3.451（6）	3.493（7）	3.600（6）	3.587（7）

第六，2016年问卷调查受职业分类影响的四类职业被试，个体业者和退休人员两种被试在政治认同方面都有值得注意的表现（前者

表现为得分偏低，后者表现为得分偏高），表明增加这两类职业被试后，确实对政治认同的职业差异可以有更全面的了解。尤为重要的是，将工商业人员划分为个体业者和企业职工两种不同的职业后，2016 年的调查显示这两种被试的体制认同、政党认同、发展认同得分差异不显著，身份认同、文化认同、政策认同和政治认同总分的差异显著，表明这两类职业状况确实应该分开（如果经过调查数据的检验，各种认同得分和政治认同总分的差异均未达到显著水平，说明这两种职业状态的区分可能没有太大意义）。从其他职业中区分出退休人员和其他职业人员两种被试后，2016 年的调查显示这两种被试的体制认同、身份认同得分差异不显著，政党认同、发展认同、文化认同、政策认同和政治认同总分的差异显著，表明这两类职业状况更应该分开。也就是说，增加两类职业显然是必要的，在下次问卷调查时所要做的，应该是八种职业被试的政治认同情况比较。

第七章　政治认同的差异比较：户籍

2012 年问卷调查有 13 名被试的户籍信息缺失，在有户籍信息的 6146 名被试中，城镇户口被试 2649 人，占 43.10%；农村户口被试 3497 人，占 56.90%。2016 年问卷调查有 2 名被试的户籍信息缺失，在有户籍信息的 6579 名被试中，城镇户口被试 3049 人，占 46.34%；农村户口被试 3530 人，占 53.66%。根据问卷调查的数据，可以比较不同户籍被试政治认同的变化情况。

一　不同户籍被试政治认同的总体情况

2012 年问卷调查结果显示，城镇户籍被试政治认同的总体得分在 2.00—4.78 分之间，均值为 3.69，标准差为 0.41。在六种认同中，城镇户籍被试的体制认同得分在 1.00—5.00 分之间，均值为 3.42，标准差为 0.56；政党认同得分在 1.00—5.00 分之间，均值为 3.63，标准差为 0.63；身份认同得分在 1.25—5.00 分之间，均值为 4.23，标准差为 0.65；文化认同得分在 1.00—5.00 分之间，均值为 3.49，标准差为 0.56；政策认同得分在 1.00—5.00 分之间，均值为 3.59，标准差为 0.71；发展认同得分在 2.00—5.00 分之间，均值为 3.79，标准差为 0.60（见表 7-1-1 和图 7-1-1）。

表 7 - 1 - 1　　　城镇户籍被试政治认同的描述统计（2012 年）

项目	N	极小值	极大值	均值	标准差
政治认同总分	2628	2.00	4.78	3.6939	0.41006
体制认同	2645	1.00	5.00	3.4159	0.56091
政党认同	2642	1.00	5.00	3.6341	0.63183
身份认同	2646	1.25	5.00	4.2325	0.65199
文化认同	2646	1.00	5.00	3.4946	0.55743
政策认同	2648	1.00	5.00	3.5938	0.71027
发展认同	2646	2.00	5.00	3.7881	0.60131
有效的 N（列表状态）	2630				

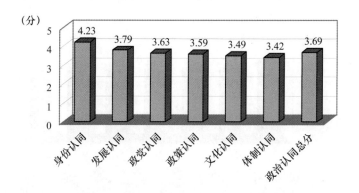

图 7 - 1 - 1　城镇户籍被试政治认同得分的总体情况（2012 年）

2016 年问卷调查结果显示，城镇户籍被试政治认同的总体得分在 1.83—4.89 分之间，均值为 3.62，标准差为 0.40。在六种认同中，城镇户籍被试的体制认同得分在 1.00—5.00 分之间，均值为 3.41，标准差为 0.50；政党认同得分在 1.33—5.00 分之间，均值为 3.59，标准差为 0.58；身份认同得分在 1.00—5.00 分之间，均值为 4.05，标准差为 0.66；文化认同得分在 1.33—5.00 分之间，均值为 3.50，标准差为 0.55；政策认同得分在 1.00—5.00 分之间，均值为 3.54，标准差为 0.63；发展认同得分在 1.50—5.00 分之间，均值为

3.60，标准差为0.65（见表7-1-2和图7-1-2）。

表7-1-2　　　　城镇户籍被试政治认同的描述统计（2016年）

项目	N	极小值	极大值	均值	标准差
政治认同总分	3036	1.83	4.89	3.6173	0.40309
体制认同	3049	1.00	5.00	3.4112	0.50297
政党认同	3044	1.33	5.00	3.5859	0.58346
身份认同	3045	1.00	5.00	4.0544	0.66348
文化认同	3048	1.33	5.00	3.5015	0.55299
政策认同	3047	1.00	5.00	3.5441	0.63363
发展认同	3047	1.50	5.00	3.6012	0.65153
有效的N（列表状态）	3036				

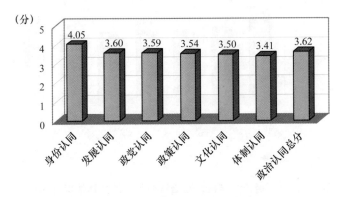

图7-1-2　城镇户籍被试政治认同得分的总体情况（2016年）

2012年问卷调查结果显示，农村户籍被试政治认同的总体得分在1.64—4.78分之间，均值为3.66，标准差为0.39。在六种认同中，农村户籍被试的体制认同得分在1.00—5.00分之间，均值为3.45，标准差为0.52；政党认同得分在1.00—5.00分之间，均值为3.62，标准差为0.62；身份认同得分在1.00—5.00分之间，均值为4.16，标准差为0.67；文化认同得分在1.00—5.00分之间，均值为3.40，标准差为0.56；政策认同得分在1.00—5.00分之间，均值为

3.59，标准差为0.68；发展认同得分在1.00—5.00分之间，均值为3.71，标准差为0.63（见表7-1-3和图7-1-3）。

表7-1-3　　　　农村户籍被试政治认同的描述统计（2012年）

项目	N	极小值	极大值	均值	标准差
政治认同总分	3468	1.64	4.78	3.6579	0.38864
体制认同	3494	1.00	5.00	3.4530	0.52333
政党认同	3491	1.00	5.00	3.6245	0.62420
身份认同	3494	1.00	5.00	4.1634	0.66929
文化认同	3487	1.00	5.00	3.3986	0.56137
政策认同	3491	1.00	5.00	3.5915	0.68167
发展认同	3493	1.00	5.00	3.7066	0.62825
有效的N（列表状态）	3468				

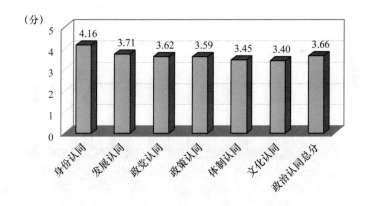

图7-1-3　农村户籍被试政治认同得分的总体情况（2012年）

2016年问卷调查结果显示，农村户籍被试政治认同的总体得分在2.32—4.90分之间，均值为3.64，标准差为0.37。在六种认同中，农村户籍被试的体制认同得分在1.00—5.00分之间，均值为3.46，标准差为0.48；政党认同得分在1.33—5.00分之间，均值为3.59，标准差为0.57；身份认同得分在1.25—5.00分之间，均值为4.12，标准差为0.64；文化认同得分在1.00—5.00分之间，均值为

3.45，标准差为 0.55；政策认同得分在 1.33—5.00 分之间，均值为 3.58，标准差为 0.63；发展认同得分在 1.25—5.00 分之间，均值为 3.64，标准差为 0.64（见表 7-1-4 和图 7-1-4）。

表7-1-4　　　农村户籍被试政治认同的描述统计（2016 年）

项目	N	极小值	极大值	均值	标准差
政治认同总分	3506	2.32	4.90	3.6414	0.37439
体制认同	3530	1.00	5.00	3.4554	0.48469
政党认同	3523	1.33	5.00	3.5895	0.56595
身份认同	3524	1.25	5.00	4.1173	0.63746
文化认同	3525	1.00	5.00	3.4520	0.55206
政策认同	3528	1.33	5.00	3.5844	0.62702
发展认同	3524	1.25	5.00	3.6449	0.64150
有效的 N（列表状态）	3506				

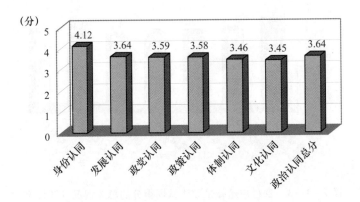

图7-1-4　农村户籍被试政治认同得分的总体情况（2016 年）

　　六种认同的得分由高到低排序，2012 年问卷调查不同户籍被试的前四位排序相同（身份认同第一，发展认同第二，政党认同第三，政策认同第四），第五、六位排序不同，城镇户籍被试的文化认同得分高于体制认同，农村户籍被试的体制认同得分高于文化认同。2016年问卷调查不同户籍被试的排序与 2012 年相同。

二　不同户籍被试的体制认同比较

对不同户籍被试体制认同得分的差异性进行方差分析（见表7 -
2 - 1、表7 - 2 - 2和图7 - 2），2012年问卷调查显示不同户籍被试的
体制认同得分之间差异显著，$F = 7.105$，$p < 0.01$，城镇户籍被试
（$M = 3.42$，$SD = 0.56$）的得分显著低于农村户籍被试（$M = 3.45$，
$SD = 0.52$）。2016年问卷调查也显示不同户籍被试的体制认同得分之
间差异显著，$F = 13.170$，$p < 0.001$，城镇户籍被试（$M = 3.41$，
$SD = 0.50$）的得分显著低于农村户籍被试（$M = 3.46$，$SD = 0.48$）。

表7 - 2 - 1　　　　**不同户籍被试体制认同得分的差异比较**

2012年问卷调查		N	均值	标准差	标准误	95% 置信区间		极小值	极大值
						下限	上限		
体制认同	城镇	2645	3.4159	0.56091	0.01091	3.3945	3.4373	1.00	5.00
	农村	3494	3.4530	0.52333	0.00885	3.4356	3.4703	1.00	5.00
	总数	6139	3.4370	0.54011	0.00689	3.4235	3.4505	1.00	5.00
2016年问卷调查		N	均值	标准差	标准误	95% 置信区间		极小值	极大值
						下限	上限		
体制认同	城镇	3049	3.4112	0.50297	0.00911	3.3933	3.4290	1.00	5.00
	农村	3530	3.4554	0.48469	0.00816	3.4394	3.4714	1.00	5.00
	总数	6579	3.4349	0.49370	0.00609	3.4230	3.4469	1.00	5.00

表7 - 2 - 2　　　　**不同户籍被试体制认同得分的方差分析结果**

2012年问卷调查		平方和	df	均方	F	显著性
体制认同	组间	2.071	1	2.071	7.105	0.008
	组内	1788.526	6137	0.291		
	总数	1790.597	6138			

续表

2016 年问卷调查		平方和	df	均方	F	显著性
体制认同	组间	3.204	1	3.204	13.170	0.000
	组内	1600.125	6577	0.243		
	总数	1603.329	6578			

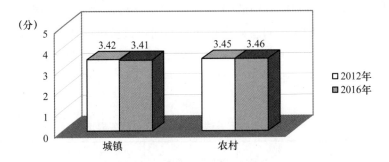

图 7 - 2　不同户籍被试的体制认同得分比较

2016 年与 2012 年相比，城镇户籍被试体制认同的得分下降 0.01 分，农村户籍被试体制认同的得分上升 0.01 分（见表 7 - 2 - 3）。由于城镇户籍和农村户籍被试的体制认同得分变化不大，所以继续保持了两者之间显著性的得分差异。

表 7 - 2 - 3　　　　　　不同户籍被试体制认同得分的变化

项目	2012 年问卷调查	2016 年问卷调查	2016 年比 2012 年增减
城镇	3.42	3.41	- 0.01
农村	3.45	3.46	+ 0.01

三　不同户籍被试的政党认同比较

对不同户籍被试政党认同得分的差异性进行方差分析（见表 7 -

3 – 1、表 7 – 3 – 2 和图 7 – 3），可以发现 2012 年和 2016 年两次问卷调查所显示的不同户籍被试政党认同得分之间的差异都没有达到显著水平。

表 7 – 3 – 1 　　　　　不同户籍被试政党认同得分的差异比较

2012 年问卷调查		N	均值	标准差	标准误	95% 置信区间		极小值	极大值
						下限	上限		
政党认同	城镇	2642	3.6341	0.63183	0.01229	3.6100	3.6582	1.00	5.00
	农村	3491	3.6245	0.62420	0.01056	3.6037	3.6452	1.00	5.00
	总数	6133	3.6286	0.62746	0.00801	3.6129	3.6443	1.00	5.00
2016 年问卷调查		N	均值	标准差	标准误	95% 置信区间		极小值	极大值
						下限	上限		
政党认同	城镇	3044	3.5859	0.58346	0.01058	3.5651	3.6066	1.33	5.00
	农村	3523	3.5895	0.56595	0.00954	3.5708	3.6082	1.33	5.00
	总数	6567	3.5878	0.57409	0.00708	3.5739	3.6017	1.33	5.00

表 7 – 3 – 2 　　　　不同户籍被试政党认同得分的方差分析结果

2012 年问卷调查		平方和	df	均方	F	显著性
政党认同	组间	0.140	1	0.140	0.356	0.551
	组内	2414.094	6131	0.394		
	总数	2414.234	6132			
2016 年问卷调查		平方和	df	均方	F	显著性
政党认同	组间	0.021	1	0.021	0.064	0.800
	组内	2164.008	6565	0.330		
	总数	2164.029	6566			

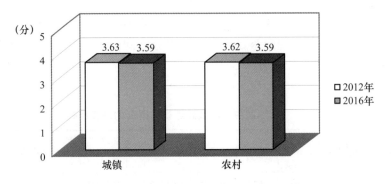

图 7 - 3　不同户籍被试的政党认同得分比较

2016 年与 2012 年相比，城镇户籍被试政党认同的得分下降 0.04 分，农村户籍被试政党认同的得分下降 0.03 分（见表 7 - 3 - 3）。由于城镇户籍和农村户籍被试的政党认同得分下降幅度接近，所以继续保持了两者之间得分差异不显著的状态。

表 7 - 3 - 3　　　　　　不同户籍被试政党认同得分的变化

项目	2012 年问卷调查	2016 年问卷调查	2016 年比 2012 年增减
城镇	3.63	3.59	- 0.04
农村	3.62	3.59	- 0.03

四　不同户籍被试的身份认同比较

对不同户籍被试身份认同得分的差异性进行方差分析（见表 7 - 4 - 1、表 7 - 4 - 2 和图 7 - 4），2012 年问卷调查显示不同户籍被试的身份认同得分之间差异显著，$F = 16.443$，$p < 0.001$，城镇户籍被试（$M = 4.23$，$SD = 0.65$）的得分显著高于农村户籍被试（$M = 4.16$，$SD = 0.67$）。2016 年问卷调查也显示不同户籍被试的身份认同得分之间差异显著，$F = 15.355$，$p < 0.001$，城镇户籍被试（$M = 4.05$，$SD = 0.66$）的得分显著低于农村户籍被试（$M = 4.12$，$SD = 0.64$）。

表 7 - 4 - 1　　　　　　不同户籍被试身份认同得分的差异比较

2012 年问卷调查		N	均值	标准差	标准误	95% 置信区间		极小值	极大值
						下限	上限		
身份认同	城镇	2646	4.2325	0.65199	0.01268	4.2077	4.2574	1.25	5.00
	农村	3494	4.1634	0.66929	0.01132	4.1412	4.1856	1.00	5.00
	总数	6140	4.1932	0.66273	0.00846	4.1766	4.2097	1.00	5.00
2016 年问卷调查		N	均值	标准差	标准误	95% 置信区间		极小值	极大值
						下限	上限		
身份认同	城镇	3045	4.0544	0.66348	0.01202	4.0308	4.0779	1.00	5.00
	农村	3524	4.1173	0.63746	0.01074	4.0963	4.1384	1.25	5.00
	总数	6569	4.0881	0.65036	0.00802	4.0724	4.1039	1.00	5.00

表 7 - 4 - 2　　　　　不同户籍被试身份认同得分的方差分析结果

2012 年问卷调查		平方和	df	均方	F	显著性
身份认同	组间	7.204	1	7.204	16.443	0.000
	组内	2689.084	6138	0.438		
	总数	2696.288	6139			
2016 年问卷调查		平方和	df	均方	F	显著性
身份认同	组间	6.481	1	6.481	15.355	0.000
	组内	2771.610	6567	0.422		
	总数	2778.091	6568			

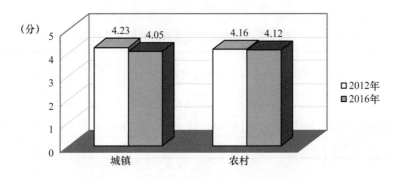

图 7 - 4　　不同户籍被试身份认同得分的比较

2016 年与 2012 年相比，城镇户籍被试身份认同的得分下降 0.18 分，农村户籍被试身份认同的得分下降 0.04 分（见表 7 - 4 - 3）。正是由于城镇户籍被试得分下降的幅度远大于农村户籍被试，使其由身份认同得分显著高于农村户籍被试，变成了身份认同得分显著低于农村户籍被试。

表 7 - 4 - 3　　　　　**不同户籍被试身份认同得分的变化**

项目	2012 年问卷调查	2016 年问卷调查	2016 年比 2012 年增减
城镇	4.23	4.05	- 0.18
农村	4.16	4.12	- 0.04

五　不同户籍被试的文化认同比较

对不同户籍被试文化认同得分的差异性进行方差分析（见表 7 - 5 - 1、表 7 - 5 - 2 和图 7 - 5），2012 年问卷调查显示不同户籍被试的文化认同得分之间差异显著，$F = 44.226$，$p < 0.001$，城镇户籍被试（$M = 3.49$，$SD = 0.56$）的得分显著高于农村户籍被试（$M = 3.40$，$SD = 0.56$）。2016 年问卷调查也显示不同户籍被试的文化认同得分之间差异显著，$F = 13.132$，$p < 0.001$，城镇户籍被试（$M = 3.50$，$SD = 0.55$）的得分显著高于农村户籍被试（$M = 3.45$，$SD = 0.55$）。

表 7 - 5 - 1　　　　　**不同户籍被试文化认同得分的差异比较**

2012 年问卷调查		N	均值	标准差	标准误	95% 置信区间		极小值	极大值
						下限	上限		
文化认同	城镇	2646	3.4946	0.55743	0.01084	3.4733	3.5158	1.00	5.00
	农村	3487	3.3986	0.56137	0.00951	3.3800	3.4173	1.00	5.00
	总数	6133	3.4400	0.56164	0.00717	3.4260	3.4541	1.00	5.00

续表

2016 年问卷调查		N	均值	标准差	标准误	95% 置信区间		极小值	极大值
						下限	上限		
文化认同	城镇	3048	3.5015	0.55299	0.01002	3.4819	3.5212	1.33	5.00
	农村	3525	3.4520	0.55206	0.00930	3.4338	3.4702	1.00	5.00
	总数	6573	3.4750	0.55300	0.00682	3.4616	3.4883	1.00	5.00

表 7 - 5 - 2　　　　不同户籍被试文化认同得分的方差分析结果

2012 年问卷调查		平方和	df	均方	F	显著性
文化认同	组间	13.853	1	13.853	44.226	0.000
	组内	1920.447	6131	0.313		
	总数	1934.300	6132			

2016 年问卷调查		平方和	df	均方	F	显著性
文化认同	组间	4.009	1	4.009	13.132	0.000
	组内	2005.791	6571	0.305		
	总数	2009.800	6572			

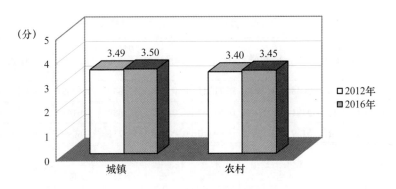

图 7 - 5　不同户籍被试的文化认同得分比较

2016 年与 2012 年相比，城镇户籍被试文化认同的得分上升 0.01 分，农村户籍被试文化认同的得分上升 0.05 分（见表 7 - 5 - 3）。尽管农村户籍被试的得分上升幅度大于城镇户籍被试，但是并未改变文化认同得分显著低于城镇户籍被试的状态。

表 7 - 5 - 3　　　　　不同户籍被试文化认同得分的变化

项目	2012 年问卷调查	2016 年问卷调查	2016 年比 2012 年增减
城镇	3.49	3.50	+0.01
农村	3.40	3.45	+0.05

六　不同户籍被试的政策认同比较

对不同户籍被试政策认同得分的差异性进行方差分析（见表 7 - 6 - 1、表 7 - 6 - 2 和图 7 - 6），2012 年问卷调查显示不同户籍被试的政策认同得分之间差异不显著；2016 年问卷调查则显示不同户籍被试的政策认同得分之间差异显著，$F = 6.665$，$p < 0.05$，城镇户籍被试（$M = 3.54$，$SD = 0.63$）的得分显著低于农村户籍被试（$M = 3.58$，$SD = 0.63$）。

表 7 - 6 - 1　　　　　不同户籍被试政策认同得分的差异比较

2012 年问卷调查		N	均值	标准差	标准误	95% 置信区间		极小值	极大值
						下限	上限		
政策认同	城镇	2648	3.5938	0.71027	0.01380	3.5667	3.6208	1.00	5.00
	农村	3491	3.5915	0.68167	0.01154	3.5689	3.6141	1.00	5.00
	总数	6139	3.5925	0.69410	0.00886	3.5751	3.6099	1.00	5.00
2016 年问卷调查		N	均值	标准差	标准误	95% 置信区间		极小值	极大值
						下限	上限		
政策认同	城镇	3047	3.5441	0.63363	0.01148	3.5216	3.5666	1.00	5.00
	农村	3528	3.5844	0.62702	0.01056	3.5637	3.6051	1.33	5.00
	总数	6575	3.5657	0.63036	0.00777	3.5505	3.5810	1.00	5.00

表 7 - 6 - 2　　　　　不同户籍被试政策认同得分的方差分析结果

2012 年问卷调查		平方和	df	均方	F	显著性
政策认同	组间	0.008	1	0.008	0.016	0.899
	组内	2957.109	6137	0.482		
	总数	2957.117	6138			

2016 年问卷调查		平方和	df	均方	F	显著性
政策认同	组间	2.646	1	2.646	6.665	0.010
	组内	2609.587	6573	0.397		
	总数	2612.233	6574			

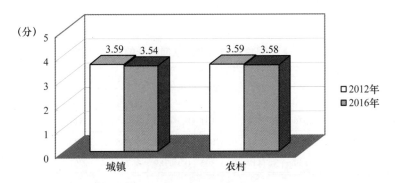

图 7 - 6　不同户籍被试的政策认同得分比较

2016 年与 2012 年相比，城镇户籍被试政策认同的得分下降 0.05 分，农村户籍被试政策认同的得分下降 0.01 分（见表 7 - 6 - 3）。恰是因为农村户籍被试的得分下降幅度小于城镇户籍被试，使得两者之间的政策认同得分差异由不显著变成了显著。

表 7 - 6 - 3　　　　　不同户籍被试政策认同得分的变化

项目	2012 年问卷调查	2016 年问卷调查	2016 年比 2012 年增减
城镇	3.59	3.54	- 0.05
农村	3.59	3.58	- 0.01

七　不同户籍被试的发展认同比较

对不同户籍被试发展认同得分的差异性进行方差分析（见表 7 - 7 - 1、表 7 - 7 - 2 和图 7 - 7），2012 年问卷调查显示不同户籍被试的发展认同得分之间差异显著，$F = 26.254$，$p < 0.001$，城镇户籍被试（$M = 3.79$，$SD = 0.60$）的得分显著高于农村户籍被试（$M = 3.71$，$SD = 0.63$）。2016 年问卷调查也显示不同户籍被试的发展认同得分之间差异显著，$F = 7.473$，$p < 0.01$，城镇户籍被试（$M = 3.60$，$SD = 0.65$）的得分显著低于农村户籍被试（$M = 3.64$，$SD = 0.64$）。

表 7 - 7 - 1　　　　　不同户籍被试发展认同得分的差异比较

2012 年问卷调查		N	均值	标准差	标准误	95% 置信区间		极小值	极大值
						下限	上限		
发展认同	城镇	2646	3.7881	0.60131	0.01169	3.7652	3.8110	2.00	5.00
	农村	3493	3.7066	0.62825	0.01063	3.6858	3.7275	1.00	5.00
	总数	6139	3.7417	0.61805	0.00789	3.7263	3.7572	1.00	5.00
2016 年问卷调查		N	均值	标准差	标准误	95% 置信区间		极小值	极大值
						下限	上限		
发展认同	城镇	3047	3.6012	0.65153	0.01180	3.5780	3.6243	1.50	5.00
	农村	3524	3.6449	0.64150	0.01081	3.6237	3.6661	1.25	5.00
	总数	6571	3.6246	0.64649	0.00798	3.6090	3.6402	1.25	5.00

表 7 - 7 - 2　　　　不同户籍被试发展认同得分的方差分析结果

2012 年问卷调查		平方和	df	均方	F	显著性
发展认同	组间	9.988	1	9.988	26.254	0.000
	组内	2334.655	6137	0.380		
	总数	2344.643	6138			

续表

2016 年问卷调查		平方和	df	均方	F	显著性
发展认同	组间	3. 120	1	3. 120	7. 473	0. 006
	组内	2742. 800	6569	0. 418		
	总数	2745. 921	6570			

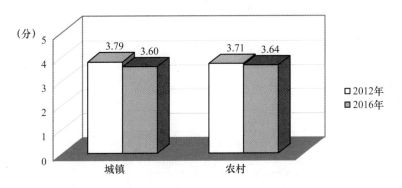

图 7 – 7　不同户籍被试的发展认同得分比较

2016 年与 2012 年相比，城镇户籍被试发展认同的得分下降 0. 19 分，农村户籍被试发展认同的得分下降 0. 07 分（见表 7 – 7 – 3）。正是由于城镇户籍被试得分下降的幅度远大于农村户籍被试，使其由发展认同得分显著高于农村户籍被试，变成了得分显著低于农村户籍被试。

表 7 – 7 – 3　　　　　　**不同户籍被试发展认同得分的变化**

项目	2012 年问卷调查	2016 年问卷调查	2016 年比 2012 年增减
城镇	3. 79	3. 60	– 0. 19
农村	3. 71	3. 64	– 0. 07

八　不同户籍被试的政治认同总分比较

对不同户籍被试政治认同总分的差异性进行方差分析（见表 7 –

8-1、表7-8-2和图7-8），2012年问卷调查显示不同户籍被试的政治认同总分之间差异显著，$F = 12.231$，$p < 0.001$，城镇户籍被试（$M = 3.69$，$SD = 0.41$）的得分显著高于农村户籍被试（$M = 3.66$，$SD = 0.39$）。2016年问卷调查也显示不同户籍被试的政治认同总分之间差异显著，$F = 6.286$，$p < 0.05$，城镇户籍被试（$M = 3.62$，$SD = 0.40$）的得分显著低于农村户籍被试（$M = 3.64$，$SD = 0.37$）。

表7-8-1 不同户籍被试政治认同总分的差异比较

2012年问卷调查		N	均值	标准差	标准误	95% 置信区间		极小值	极大值
						下限	上限		
政治认同总分	城镇	2628	3.6939	0.41006	0.00800	3.6782	3.7096	2.00	4.78
	农村	3468	3.6579	0.38864	0.00660	3.6450	3.6708	1.64	4.78
	总数	6096	3.6734	0.39838	0.00510	3.6634	3.6834	1.64	4.78
2016年问卷调查		N	均值	标准差	标准误	95% 置信区间		极小值	极大值
						下限	上限		
政治认同总分	城镇	3036	3.6173	0.40309	0.00732	3.6030	3.6316	1.83	4.89
	农村	3506	3.6414	0.37439	0.00632	3.6290	3.6538	2.32	4.90
	总数	6542	3.6302	0.38813	0.00480	3.6208	3.6396	1.83	4.90

表7-8-2 不同户籍被试政治认同总分的方差分析结果

2012年问卷调查		平方和	df	均方	F	显著性
政治认同总分	组间	1.938	1	1.938	12.231	0.000
	组内	965.382	6094	0.158		
	总数	967.320	6095			
2016年问卷调查		平方和	df	均方	F	显著性
政治认同总分	组间	0.946	1	0.946	6.286	0.012
	组内	984.440	6540	0.151		
	总数	985.386	6541			

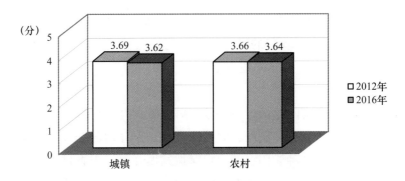

图 7 - 8　不同户籍被试的政治认同总分比较

2016 年与 2012 年相比，城镇户籍被试的政治认同总分下降 0.07 分，农村户籍被试的政治认同总分下降 0.02 分（见表 7 - 8 - 3）。正是由于城镇户籍被试得分下降的幅度远大于农村户籍被试，使其由政治认同总分显著高于农村户籍被试，变成了政治认同总分显著低于农村户籍被试。

表 7 - 8 - 3　　　　　　　不同户籍被试政治认同总分的变化

项目	2012 年问卷调查	2016 年问卷调查	2016 年比 2012 年增减
城镇	3.69	3.62	- 0.07
农村	3.66	3.64	- 0.02

通过本章的数据比较，可以对不同户籍被试在政治认同方面所反映出来的差异做一个简单的小结。

第一，通过两次问卷调查，可以看出公民户籍的不同对政治认同确实有重要的影响。但是需要特别注意的是，两次调查的结果有明显的不同。2012 年问卷调查显示城镇户籍被试的政治认同总分显著高于农村户籍被试，2016 年问卷调查则显示农村户籍被试的政治认同总分显著高于城镇户籍被试。

第二，在六种认同中，两次问卷调查不同户籍被试得分差异都达到显著水平的有体制认同、身份认同、文化认同和发展认同，得分差异均未达到显著水平的只有政党认同，政策认同由 2012 年的得分差异不显著变成了 2016 年的得分差异显著。也就是说，因公民户籍不同带来的政治认同差异，基本上是"全覆盖性"的，只有个别认同的差异不明显。

第三，在两次问卷调查中，城镇户籍被试得分均高于农村户籍被试的只有文化认同一种认同，城镇户籍被试得分均低于农村户籍被试的只有体制认同一种认同，城镇户籍被试得分由高于农村户籍被试变为低于农村户籍被试的，则有政党认同、身份认同、政策认同、发展认同四种认同和政治认同总分。也就是说，得分高低的互换，是不同户籍被试政治认同的一种值得注意的现象，所表现的应是农村居民政治认同的水平有所提高，但是对于这一点，还需要由更多的调查来验证。

第四，2016 年与 2012 年相比，政党认同、身份认同、政策认同、发展认同四种认同以及政治认同总分，不同户籍被试的得分都有所下降，但是农村户籍被试的得分下降幅度都小于城镇户籍被试。体制认同城镇户籍被试的得分略有下降，农村户籍被试的得分略有上升。文化认同农村户籍和城镇户籍被试的得分均有所上升，但是农村户籍被试得分上升的幅度大于城镇户籍被试。这样的得分变化，反映出了一个重要的信息，就是无论是城镇居民还是农村居民，其政治认同水平都处在变化中，还没有形成比较固定的差异形态。在两次问卷调查涉及的十一种类型的公民群体中，政治认同状态变化最为明显的，就应该是以户籍为代表的公民群体。

第八章　政治认同的差异比较：单位

在 2012 年和 2016 年两次问卷调查中，都将被试的"单位"分为五大类：第一类是"国家机关"；第二类是"国有企事业单位"（简称"国营单位"）；第三类是"民营私营合资单位"（简称"民营单位"）；第四类是"基层群众组织和社会团体"（简称"组织社团"）；第五类是"其他性质单位"。2012 年问卷调查有 79 名被试的单位信息缺失，在有单位信息的 6080 名被试中，国家机关被试 166人，占 2.73%；国营单位被试 946 人，占 15.56%；民营单位被试 958 人，占 15.76%；组织社团被试 760 人，占 12.50%；其他性质单位被试 3250 人，占 53.45%。2016 年问卷调查有 3 名被试的单位信息缺失，在有单位信息的 6578 名被试中，国家机关被试 162 人，占 2.46%；国营单位被试 814 人，占 12.38%；民营单位被试 1439人，占 21.88%；组织社团被试 339 人，占 5.15%；其他性质单位被试 3824 人，占 58.13%。根据两次问卷调查的数据，可以比较不同单位性质被试政治认同的变化情况。

一　不同单位性质被试政治认同的总体情况

2012 年问卷调查结果显示，国家机关被试政治认同的总体得分在 2.21—4.64 分之间，均值为 3.75，标准差为 0.44。在六种认同中，国家机关被试的体制认同得分在 1.67—4.67 分之间，均值为 3.42，标准差为 0.58；政党认同得分在 1.33—5.00 分之间，均值为 3.67，标准差为 0.77；身份认同得分在 2.00—5.00 分之间，均值为

4.28，标准差为 0.71；文化认同得分在 2.00—5.00 分之间，均值为 3.53，标准差为 0.63；政策认同得分在 1.00—5.00 分之间，均值为 3.68，标准差为 0.75；发展认同得分在 2.25—5.00 分之间，均值为 3.88，标准差为 0.63（见表 8-1-1 和图 8-1-1）。

表 8-1-1　　　　国家机关被试政治认同的描述统计（2012 年）

项目	N	极小值	极大值	均值	标准差
政治认同总分	162	2.21	4.64	3.7499	0.43674
体制认同	166	1.67	4.67	3.4177	0.57757
政党认同	165	1.33	5.00	3.6747	0.77210
身份认同	166	2.00	5.00	4.2801	0.70860
文化认同	165	2.00	5.00	3.5313	0.62675
政策认同	164	1.00	5.00	3.6809	0.74796
发展认同	166	2.25	5.00	3.8810	0.63347
有效的 N（列表状态）	162				

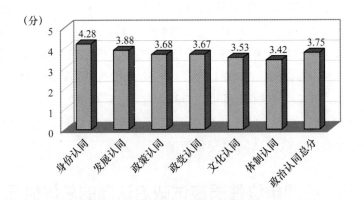

图 8-1-1　国家机关被试政治认同得分的总体情况（2012 年）

2016 年问卷调查结果显示，国家机关被试政治认同的总体得分在 2.33—4.63 分之间，均值为 3.78，标准差为 0.42。在六种认同中，国家机关被试的体制认同得分在 1.67—5.00 分之间，均值为 3.43，标准差为 0.54；政党认同得分在 1.67—5.00 分之间，均值为

3.83，标准差为 0.68；身份认同得分在 2.25—5.00 分之间，均值为 4.21，标准差为 0.64；文化认同得分在 2.00—5.00 分之间，均值为 3.63，标准差为 0.54；政策认同得分在 2.00—5.00 分之间，均值为 3.71，标准差为 0.67；发展认同得分在 2.00—5.00 分之间，均值为 3.84，标准差为 0.68（见表 8 - 1 - 2 和图 8 - 1 - 2）。

表 8 - 1 - 2　　　　　　国家机关被试政治认同的描述统计（2016 年）

项目	N	极小值	极大值	均值	标准差
政治认同总分	161	2.33	4.63	3.7758	0.41737
体制认同	162	1.67	5.00	3.4300	0.53926
政党认同	161	1.67	5.00	3.8282	0.68120
身份认同	162	2.25	5.00	4.2083	0.64223
文化认同	162	2.00	5.00	3.6317	0.53659
政策认同	162	2.00	5.00	3.7119	0.66719
发展认同	162	2.00	5.00	3.8426	0.67617
有效的 N（列表状态）	161				

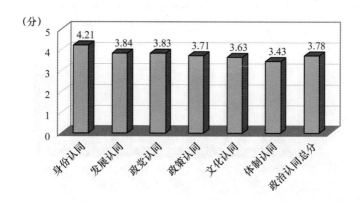

图 8 - 1 - 2　国家机关被试政治认同得分的总体情况（2016 年）

2012 年调查结果显示，国营单位被试政治认同的总体得分在 2.21—4.64 分之间，均值为 3.75，标准差为 0.44。在六种认同中，国营单位被试的体制认同得分在 1.00—5.00 分之间，均值为 3.42，标准差为 0.59；政党认同得分在 1.00—5.00 分之间，均值为 3.69，标准差为 0.68；身份认同得分在 1.25—5.00 分之间，均值为 4.26，标准差为 0.65；文化认同得分在 1.33—5.00 分之间，均值为 3.53，标准差为 0.57；政策认同得分在 1.00—5.00 分之间，均值为 3.62，标准差为 0.73；发展认同得分在 1.00—5.00 分之间，均值为 3.80，标准差为 0.62（见表 8 - 1 - 3 和图 8 - 1 - 3）。

表 8 - 1 - 3　　　　国营单位被试政治认同的描述统计（2012 年）

项目	N	极小值	极大值	均值	标准差
政治认同总分	940	2.21	4.64	3.7499	0.43674
体制认同	945	1.00	5.00	3.4236	0.59409
政党认同	942	1.00	5.00	3.6897	0.67813
身份认同	945	1.25	5.00	4.2590	0.65068
文化认同	946	1.33	5.00	3.5349	0.56636
政策认同	946	1.00	5.00	3.6209	0.72514
发展认同	946	1.00	5.00	3.8021	0.62393
有效的 N（列表状态）	940				

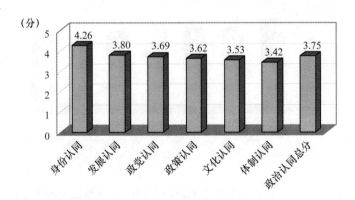

图 8 - 1 - 3　国营单位被试政治认同得分的总体情况（2012 年）

2016 年调查结果显示，国营单位被试政治认同的总体得分在 2.17—4.68 分之间，均值为 3.64，标准差为 0.38。在六种认同中，国营单位被试的体制认同得分在 1.00—5.00 分之间，均值为 3.40，标准差为 0.47；政党认同得分在 1.67—5.00 分之间，均值为 3.65，标准差为 0.59；身份认同得分在 1.50—5.00 分之间，均值为 4.09，标准差为 0.62；文化认同得分在 1.33—5.00 分之间，均值为 3.52，标准差为 0.53；政策认同得分在 1.33—5.00 分之间，均值为 3.55，标准差为 0.60；发展认同得分在 1.50—5.00 分之间，均值为 3.65，标准差为 0.66（见表 8 - 1 - 4 和图 8 - 1 - 4）。

表 8 - 1 - 4　　　国营单位被试政治认同的描述统计（2016 年）

项目	N	极小值	极大值	均值	标准差
政治认同总分	811	2.17	4.68	3.6426	0.38376
体制认同	814	1.00	5.00	3.3984	0.47284
政党认同	814	1.67	5.00	3.6450	0.59260
身份认同	813	1.50	5.00	4.0910	0.61502
文化认同	814	1.33	5.00	3.5242	0.53486
政策认同	814	1.33	5.00	3.5450	0.59640
发展认同	812	1.50	5.00	3.6502	0.65932
有效的 N（列表状态）	811				

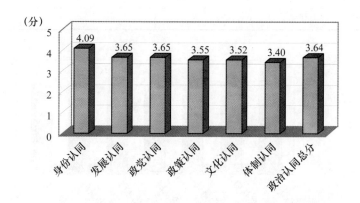

图 8 - 1 - 4　国营单位被试政治认同得分的总体情况（2016 年）

2012 年问卷调查结果显示，民营单位被试政治认同的总体得分在 2.06—4.68 分之间，均值为 3.61，标准差为 0.42。在六种认同中，民营单位被试的体制认同得分在 1.00—5.00 分之间，均值为 3.35，标准差为 0.58；政党认同得分在 1.00—5.00 分之间，均值为 3.51，标准差为 0.63；身份认同得分在 1.25—5.00 分之间，均值为 4.18，标准差为 0.68；文化认同得分在 1.00—5.00 分之间，均值为 3.41，标准差为 0.57；政策认同得分在 1.00—5.00 分之间，均值为 3.50，标准差为 0.72；发展认同得分在 2.00—5.00 分之间，均值为 3.70，标准差为 0.61（见表 8-1-5 和图 8-1-5）。

表 8-1-5 　　　　　民营单位被试政治认同的描述统计（2012 年）

项目	N	极小值	极大值	均值	标准差
政治认同总分	950	2.06	4.68	3.6091	0.41979
体制认同	957	1.00	5.00	3.3469	0.57527
政党认同	958	1.00	5.00	3.5132	0.63308
身份认同	958	1.25	5.00	4.1756	0.67701
文化认同	954	1.00	5.00	3.4081	0.57197
政策认同	956	1.00	5.00	3.4983	0.71865
发展认同	955	2.00	5.00	3.7013	0.60893
有效的 N（列表状态）	951				

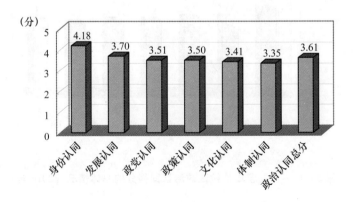

图 8-1-5 　民营单位被试政治认同得分的总体情况（2012 年）

2016 年问卷调查结果显示，民营单位被试政治认同的总体得分在 2.31—4.89 分之间，均值为 3.59，标准差为 0.43。在六种认同中，民营单位被试的体制认同得分在 1.33—5.00 分之间，均值为 3.41，标准差为 0.54；政党认同得分在 1.33—5.00 分之间，均值为 3.54，标准差为 0.58；身份认同得分在 1.75—5.00 分之间，均值为 4.02，标准差为 0.70；文化认同得分在 1.00—5.00 分之间，均值为 3.45，标准差为 0.58；政策认同得分在 1.00—5.00 分之间，均值为 3.52，标准差为 0.69；发展认同得分在 1.50—5.00 分之间，均值为 3.57，标准差为 0.65（见表 8-1-6 和图 8-1-6）。

表 8-1-6　　　　民营单位被试政治认同的描述统计（2016 年）

项目	N	极小值	极大值	均值	标准差
政治认同总分	1430	2.31	4.89	3.5885	0.42836
体制认同	1439	1.33	5.00	3.4107	0.53875
政党认同	1435	1.33	5.00	3.5403	0.58108
身份认同	1438	1.75	5.00	4.0186	0.70356
文化认同	1439	1.00	5.00	3.4538	0.57762
政策认同	1437	1.00	5.00	3.5228	0.69142
发展认同	1437	1.50	5.00	3.5739	0.65154
有效的 N（列表状态）	1430				

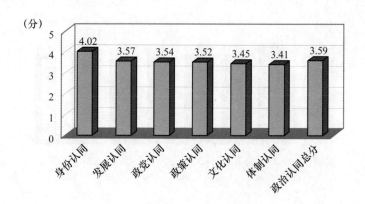

图 8-1-6　民营单位被试政治认同得分的总体情况（2016 年）

2012 年问卷调查结果显示，组织社团被试政治认同的总体得分在 2.36—4.64 分之间，均值为 3.71，标准差为 0.37。在六种认同中，组织社团被试的体制认同得分在 1.00—5.00 分之间，均值为 3.49，标准差为 0.49；政党认同得分在 1.67—5.00 分之间，均值为 3.69，标准差为 0.59；身份认同得分在 1.75—5.00 分之间，均值为 4.21，标准差为 0.67；文化认同得分在 1.33—5.00 分之间，均值为 3.45，标准差为 0.55；政策认同得分在 1.33—5.00 分之间，均值为 3.70，标准差为 0.64；发展认同得分在 1.50—5.00 分之间，均值为 3.71，标准差为 0.64（见表 8-1-7 和图 8-1-7）。

表 8-1-7　　　　　组织社团被试政治认同的描述统计（2012 年）

项目	N	极小值	极大值	均值	标准差
政治认同总分	756	2.36	4.64	3.7090	0.37071
体制认同	760	1.00	5.00	3.4873	0.49428
政党认同	758	1.67	5.00	3.6944	0.58678
身份认同	759	1.75	5.00	4.2111	0.67009
文化认同	760	1.33	5.00	3.4509	0.54962
政策认同	759	1.33	5.00	3.7040	0.63807
发展认同	760	1.50	5.00	3.7102	0.63597
有效的 N（列表状态）	756				

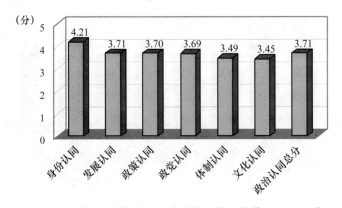

图 8-1-7　组织社团被试政治认同得分的总体情况（2012 年）

2016 年问卷调查结果显示，组织社团被试政治认同的总体得分在 2.67—4.90 分之间，均值为 3.69，标准差为 0.40。在六种认同中，组织社团被试的体制认同得分在 2.00—5.00 分之间，均值为 3.47，标准差为 0.49；政党认同得分在 1.67—5.00 分之间，均值为 3.64，标准差为 0.60；身份认同得分在 2.25—5.00 分之间，均值为 4.16，标准差为 0.62；文化认同得分在 2.00—5.00 分之间，均值为 3.50，标准差为 0.54；政策认同得分在 2.00—5.00 分之间，均值为 3.62，标准差为 0.63；发展认同得分在 2.25—5.00 分之间，均值为 3.71，标准差为 0.66（见表 8 - 1 - 8 和图 8 - 1 - 8）。

表 8 - 1 - 8　　　　组织社团被试政治认同的描述统计（2016 年）

项目	N	极小值	极大值	均值	标准差
政治认同总分	336	2.67	4.90	3.6856	0.39518
体制认同	339	2.00	5.00	3.4690	0.49048
政党认同	338	1.67	5.00	3.6420	0.60309
身份认同	337	2.25	5.00	4.1580	0.62297
文化认同	339	2.00	5.00	3.5015	0.54234
政策认同	339	2.00	5.00	3.6185	0.63171
发展认同	338	2.25	5.00	3.7145	0.65696
有效的 N（列表状态）	336				

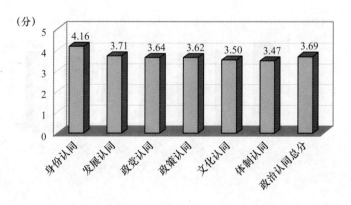

图 8 - 1 - 8　组织社团被试政治认同得分的总体情况（2016 年）

2012 年问卷调查结果显示，其他性质单位被试政治认同的总体得分在 1.64—4.78 分之间，均值为 3.67，标准差为 0.39。在六种认同中，其他性质单位被试的体制认同得分在 1.00—5.00 分之间，均值为 3.46，标准差为 0.52；政党认同得分在 1.00—5.00 分之间，均值为 3.63，标准差为 0.61；身份认同得分在 1.00—5.00 分之间，均值为 4.17，标准差为 0.66；文化认同得分在 1.00—5.00 分之间，均值为 3.42，标准差为 0.55；政策认同得分在 1.00—5.00 分之间，均值为 3.58，标准差为 0.68；发展认同得分在 1.50—5.00 分之间，均值为 3.74，标准差为 0.61（见表 8-1-9 和图 8-1-9）。

表 8-1-9　　**其他性质单位被试政治认同的描述统计（2012 年）**

项目	N	极小值	极大值	均值	标准差
政治认同总分	3224	1.64	4.78	3.6672	0.38639
体制认同	3245	1.00	5.00	3.4581	0.51827
政党认同	3245	1.00	5.00	3.6271	0.60926
身份认同	3247	1.00	5.00	4.1715	0.65664
文化认同	3243	1.00	5.00	3.4186	0.55228
政策认同	3246	1.00	5.00	3.5823	0.68269
发展认同	3246	1.50	5.00	3.7379	0.61324
有效的 N（列表状态）	3224				

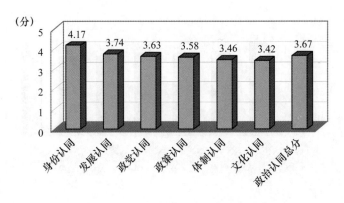

图 8-1-9　其他性质单位被试政治认同得分的总体情况（2012 年）

　　2016 年问卷调查结果显示，其他性质单位被试政治认同的总体得分在 1.83—4.83 分之间，均值为 3.63，标准差为 0.37。在六种认同中，其他性质单位被试的体制认同得分在 1.00—5.00 分之间，均值为 3.45，标准差为 0.48；政党认同得分在 1.33—5.00 分之间，均值为 3.58，标准差为 0.56；身份认同得分在 1.00—5.00 分之间，均值为 4.10，标准差为 0.64；文化认同得分在 1.33—5.00 分之间，均值为 3.46，标准差为 0.55；政策认同得分在 1.33—5.00 分之间，均值为 3.58，标准差为 0.61；发展认同得分在 1.25—5.00 分之间，均值为 3.62，标准差为 0.64（见表 8-1-10 和图 8-1-10）。

表 8-1-10　　其他性质单位被试政治认同的描述统计（2016 年）

项目	N	极小值	极大值	均值	标准差
政治认同总分	3803	1.83	4.83	3.6320	0.36862
体制认同	3824	1.00	5.00	3.4492	0.47787
政党认同	3818	1.33	5.00	3.5784	0.55630
身份认同	3818	1.00	5.00	4.1017	0.63723
文化认同	3818	1.33	5.00	3.4634	0.54747
政策认同	3822	1.33	5.00	3.5751	0.61003
发展认同	3821	1.25	5.00	3.6207	0.63694
有效的 N（列表状态）	3803				

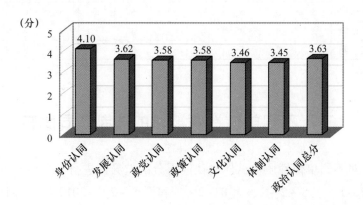

图 8-1-10　其他性质单位被试政治认同得分的总体情况（2016 年）

六种认同的得分由高到低排序，国营单位、民营单位被试两次调查的排序相同，都是身份认同第一，发展认同第二，政党认同第三，政策认同第四，文化认同第五，体制认同第六。国家机关被试 2012 年问卷调查显示的六种认同得分由高到低排序是身份认同第一，发展认同第二，政策认同第三，政党认同第四，文化认同第五，体制认同第六，2016 年的排序变化是政党认同上升为第三位，政策认同下降为第四位。组织社团被试 2012 年问卷调查显示的六种认同得分由高到低排序是身份认同第一，发展认同第二，政策认同第三，政党认同第四，体制认同第五，文化认同第六，2016 年的排序变化是政党认同上升为第三位，政策认同下降为第四位，文化认同上升为第五位，体制认同下降为第六位。其他性质单位被试 2012 年问卷调查显示的六种认同得分由高到低排序是身份认同第一，发展认同第二，政党认同第三，政策认同第四，体制认同第五，文化认同第六，2016 年的排序变化是文化认同上升为第五位，体制认同下降为第六位（见表8－1－11）。

表 8－1－11　　　不同单位性质被试六种认同得分排序的变化

项目	国家机关		国营单位		民营单位		组织社团		其他性质	
	2012	2016	2012	2016	2012	2016	2012	2016	2012	2016
体制认同	6	6	6	6	6	6	5	6	5	6
政党认同	4	3	3	3	3	3	4	3	3	3
身份认同	1	1	1	1	1	1	1	1	1	1
文化认同	5	5	5	5	5	5	6	5	6	5
政策认同	3	4	4	4	4	4	3	4	4	4
发展认同	2	2	2	2	2	2	2	2	2	2

二　不同单位性质被试的体制认同比较

对不同单位性质被试体制认同得分的差异性进行方差分析（见表 8－2－1、表 8－2－2、表 8－2－3 和图 8－2），2012 年问卷调查显示不同单位性质被试的体制认同得分之间差异显著，$F = 9.788$，$p <$

0.001，民营单位被试（$M = 3.35$，$SD = 0.58$）的得分显著低于国营单位被试（$M = 3.42$，$SD = 0.59$）、组织社团被试（$M = 3.49$，$SD = 0.49$）和其他性质单位被试（$M = 3.46$，$SD = 0.52$），与国家机关被试（$M = 3.42$，$SD = 0.58$）之间的得分差异不显著；组织社团被试的得分显著高于国营单位被试，与国家机关、其他性质单位被试之间的得分差异不显著；国家机关、国营单位、其他性质单位三种被试相互间的得分差异均不显著。2016 年问卷调查也显示不同单位性质被试的体制认同得分之间差异显著，$F = 3.186$，$p < 0.05$，组织社团被试（$M = 3.47$，$SD = 0.49$）和其他性质单位被试（$M = 3.45$，$SD = 0.48$）的得分显著高于国营单位被试（$M = 3.40$，$SD = 0.47$）和民营单位被试（$M = 3.41$，$SD = 0.54$），与国家机关被试（$M = 3.43$，$SD = 0.54$）之间的得分差异不显著，组织社团被试与其他性质单位被试之间的得分差异亦不显著；国家机关、国营单位和民营单位三种被试相互间的得分差异均不显著。

表 8 - 2 - 1　　　　　**不同单位性质被试体制认同得分的差异比较**

2012 年问卷调查		N	均值	标准差	标准误	95% 置信区间		极小值	极大值
						下限	上限		
体制认同	国家机关	166	3.4177	0.57757	0.04483	3.3292	3.5062	1.67	4.67
	国营单位	945	3.4236	0.59409	0.01933	3.3857	3.4616	1.00	5.00
	民营单位	957	3.3469	0.57527	0.01860	3.3104	3.3834	1.00	5.00
	组织社团	760	3.4873	0.49428	0.01793	3.4521	3.5225	1.00	5.00
	其他性质	3245	3.4581	0.51827	0.00910	3.4403	3.4760	1.00	5.00
	总数	6073	3.4378	0.54033	0.00693	3.4242	3.4514	1.00	5.00
2016 年问卷调查		N	均值	标准差	标准误	95% 置信区间		极小值	极大值
						下限	上限		
体制认同	国家机关	162	3.4300	0.53926	0.04237	3.3464	3.5137	1.67	5.00
	国营单位	814	3.3984	0.47284	0.01657	3.3659	3.4310	1.00	5.00
	民营单位	1439	3.4107	0.53875	0.01420	3.3828	3.4386	1.33	5.00
	组织社团	339	3.4690	0.49048	0.02664	3.4166	3.5214	2.00	5.00
	其他性质	3824	3.4492	0.47787	0.00773	3.4340	3.4643	1.00	5.00
	总数	6578	3.4350	0.49375	0.00609	3.4231	3.4470	1.00	5.00

表 8 - 2 - 2　　　　不同单位性质被试体制认同得分的方差分析结果

2012 年问卷调查		平方和	df	均方	F	显著性
体制认同	组间	11.365	4	2.841	9.788	0.000
	组内	1761.378	6068	0.290		
	总数	1772.743	6072			
2016 年问卷调查		平方和	df	均方	F	显著性
体制认同	组间	3.103	4	0.776	3.186	0.013
	组内	1600.303	6573	0.243		
	总数	1603.405	6577			

表 8 - 2 - 3　　　　不同单位性质被试体制认同得分的多重比较

2012 年问卷调查	（I）单位	（J）单位	均值差（I－J）	标准误	显著性	95% 置信区间	
						下限	上限
体制认同	国家机关	国营单位	-0.00596	0.04534	0.895	-0.0948	0.0829
		民营单位	0.07075	0.04530	0.118	-0.0180	0.1596
		组织社团	-0.06961	0.04616	0.132	-0.1601	0.0209
		其他性质	-0.04047	0.04287	0.345	-0.1245	0.0436
	国营单位	国家机关	0.00596	0.04534	0.895	-0.0829	0.0948
		民营单位	0.07672 *	0.02471	0.002	0.0283	0.1252
		组织社团	-0.06365 *	0.02625	0.015	-0.1151	-0.0122
		其他性质	-0.03451	0.01992	0.083	-0.0735	0.0045
	民营单位	国家机关	-0.07075	0.04530	0.118	-0.1596	0.0180
		国营单位	-0.07672 *	0.02471	0.002	-0.1252	-0.0283
		组织社团	-0.14036 *	0.02618	0.000	-0.1917	-0.0890
		其他性质	-0.11122 *	0.01982	0.000	-0.1501	-0.0724
	组织社团	国家机关	0.06961	0.04616	0.132	-0.0209	0.1601
		国营单位	0.06365 *	0.02625	0.015	0.0122	0.1151
		民营单位	0.14036 *	0.02618	0.000	0.0890	0.1917
		其他性质	0.02914	0.02171	0.180	-0.0134	0.0717
	其他性质	国家机关	0.04047	0.04287	0.345	-0.0436	0.1245
		国营单位	0.03451	0.01992	0.083	-0.0045	0.0735
		民营单位	0.11122 *	0.01982	0.000	0.0724	0.1501
		组织社团	-0.02914	0.02171	0.180	-0.0717	0.0134

续表

2016 年问卷调查	（I）单位	（J）单位	均值差（I－J）	标准误	显著性	95% 置信区间	
						下限	上限
体制认同	国家机关	国营单位	0.03160	0.04245	0.457	－ 0.0516	0.1148
		民营单位	0.01934	0.04089	0.636	－ 0.0608	0.0995
		组织社团	－ 0.03899	0.04713	0.408	－ 0.1314	0.0534
		其他性质	－ 0.01914	0.03958	0.629	－ 0.0967	0.0584
	国营单位	国家机关	－ 0.03160	0.04245	0.457	－ 0.1148	0.0516
		民营单位	－ 0.01226	0.02164	0.571	－ 0.0547	0.0302
		组织社团	－ 0.07058 *	0.03189	0.027	－ 0.1331	－ 0.0081
		其他性质	－ 0.05074 *	0.01905	0.008	－ 0.0881	－ 0.0134
	民营单位	国家机关	－ 0.01934	0.04089	0.636	－ 0.0995	0.0608
		国营单位	0.01226	0.02164	0.571	－ 0.0302	0.0547
		组织社团	－ 0.05832 *	0.02979	0.050	－ 0.1167	0.0001
		其他性质	－ 0.03848 *	0.01526	0.012	－ 0.0684	－ 0.0086
	组织社团	国家机关	0.03899	0.04713	0.408	－ 0.0534	0.1314
		国营单位	0.07058 *	0.03189	0.027	0.0081	0.1331
		民营单位	0.05832 *	0.02979	0.050	－ 0.0001	0.1167
		其他性质	0.01985	0.02796	0.478	－ 0.0350	0.0747
	其他性质	国家机关	0.01914	0.03958	0.629	－ 0.0584	0.0967
		国营单位	0.05074 *	0.01905	0.008	0.0134	0.0881
		民营单位	0.03848 *	0.01526	0.012	0.0086	0.0684
		组织社团	－ 0.01985	0.02796	0.478	－ 0.0747	0.0350

* 均值差的显著性水平为 0.05。

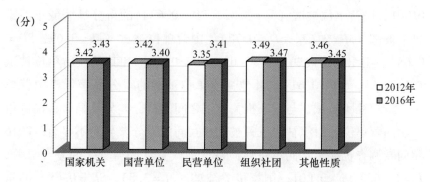

图 8 - 2　不同单位性质被试的体制认同得分比较

2016 年与 2012 年相比，国家机关被试体制认同的得分上升 0.01 分，国营单位被试体制认同的得分下降 0.02 分，民营单位被试体制认同的得分上升 0.06 分，组织社团被试体制认同的得分下降 0.02 分，其他性质单位被试体制认同的得分下降 0.01 分（见表 8 - 2 - 4）。尽管不同单位性质被试的得分有所变化，但是体制认同得分差异状态的变化不是很大。

表 8 - 2 - 4　　　　　　**不同单位性质被试体制认同得分的变化**

项目	2012 年问卷调查	2016 年问卷调查	2016 年比 2012 年增减
国家机关	3.42	3.43	+ 0.01
国营单位	3.42	3.40	- 0.02
民营单位	3.35	3.41	+ 0.06
组织社团	3.49	3.47	- 0.02
其他性质	3.46	3.45	- 0.01

三　不同单位性质被试的政党认同比较

对不同单位性质被试政党认同得分的差异性进行方差分析（见表 8 - 3 - 1、表 8 - 3 - 2、表 8 - 3 - 3 和图 8 - 3），2012 年问卷调查显示不同单位性质被试的政党认同得分之间差异显著，$F = 12.682$，$p < 0.001$，民营单位被试（$M = 3.51$，$SD = 0.63$）的得分显著低于国家机关被试（$M = 3.67$，$SD = 0.77$）、国营单位被试（$M = 3.69$，$SD = 0.68$）、组织社团被试（$M = 3.69$，$SD = 0.59$）和其他性质单位被试（$M = 3.63$，$SD = 0.61$）；其他性质单位被试的得分显著低于国营单位、组织社团被试，与国家机关被试之间的得分差异不显著；国家机关、国营单位、组织社团三种被试相互间的得分差异均不显著。2016 年问卷调查也显示不同单位性质被试的政党认同得分之间差异显著，$F = 12.623$，$p < 0.001$，国家机关被试（$M = 3.83$，$SD = 0.68$）的得分显著高于国营单位被试（$M = 3.65$，$SD = 0.59$）、民营单位被试

（$M = 3.54$，$SD = 0.58$）、组织社团被试（$M = 3.64$，$SD = 0.60$）和其他性质单位被试（$M = 3.58$，$SD = 0.56$）；民营单位被试的得分显著低于国营单位、组织社团和其他性质单位三种被试；其他性质单位被试的得分显著低于国营单位被试和组织社团被试；国营单位被试与组织社团被试之间的得分差异不显著。

通过比较可以看出，2016 年不仅延续了 2012 年一种单位被试（民营单位被试）政党认同得分显著低于另四种单位被试的现象，还出现了一种单位被试（国家机关被试）政党认同得分显著高于另四种单位被试的现象。

表 8 - 3 - 1 　　　　不同单位性质被试政党认同得分的差异比较

2012 年问卷调查		N	均值	标准差	标准误	95% 置信区间		极小值	极大值
						下限	上限		
政党认同	国家机关	165	3.6747	0.77210	0.06011	3.5561	3.7934	1.33	5.00
	国营单位	942	3.6897	0.67813	0.02209	3.6463	3.7330	1.00	5.00
	民营单位	958	3.5132	0.63308	0.02045	3.4731	3.5534	1.00	5.00
	组织社团	758	3.6944	0.58678	0.02131	3.6525	3.7362	1.67	5.00
	其他性质	3245	3.6271	0.60926	0.01070	3.6061	3.6481	1.00	5.00
	总数	6068	3.6285	0.62879	0.00807	3.6127	3.6444	1.00	5.00
2016 年问卷调查		N	均值	标准差	标准误	95% 置信区间		极小值	极大值
						下限	上限		
政党认同	国家机关	161	3.8282	0.68120	0.05369	3.7221	3.9342	1.67	5.00
	国营单位	814	3.6450	0.59260	0.02077	3.6042	3.6857	1.67	5.00
	民营单位	1435	3.5403	0.58108	0.01534	3.5102	3.5704	1.33	5.00
	组织社团	338	3.6420	0.60309	0.03280	3.5775	3.7065	1.67	5.00
	其他性质	3818	3.5784	0.55630	0.00900	3.5607	3.5961	1.33	5.00
	总数	6566	3.5877	0.57417	0.00709	3.5738	3.6016	1.33	5.00

表 8 - 3 - 2   不同单位性质被试政党认同得分的方差分析结果

2012 年问卷调查		平方和	df	均方	F	显著性
政党认同	组间	19.903	4	4.976	12.682	0.000
	组内	2378.833	6063	0.392		
	总数	2398.736	6067			
2016 年问卷调查		平方和	df	均方	F	显著性
政党认同	组间	16.529	4	4.132	12.623	0.000
	组内	2147.775	6561	0.327		
	总数	2164.304	6565			

表 8 - 3 - 3   不同单位性质被试政党认同得分的多重比较

2012 年问卷调查	(I) 单位	(J) 单位	均值差 (I - J)	标准误	显著性	95% 置信区间 下限	95% 置信区间 上限
政党认同	国家机关	国营单位	- 0.01492	0.05286	0.778	- 0.1185	0.0887
		民营单位	0.16153 *	0.05280	0.002	0.0580	0.2650
		组织社团	- 0.01962	0.05381	0.715	- 0.1251	0.0859
		其他性质	0.04763	0.04999	0.341	- 0.0504	0.1456
	国营单位	国家机关	0.01492	0.05286	0.778	- 0.0887	0.1185
		民营单位	0.17645 *	0.02874	0.000	0.1201	0.2328
		组织社团	- 0.00470	0.03056	0.878	- 0.0646	0.0552
		其他性质	0.06255 *	0.02318	0.007	0.0171	0.1080
	民营单位	国家机关	- 0.16153 *	0.05280	0.002	- 0.2650	- 0.0580
		国营单位	- 0.17645 *	0.02874	0.000	- 0.2328	- 0.1201
		组织社团	- 0.18115 *	0.03045	0.000	- 0.2408	- 0.1215
		其他性质	- 0.11390 *	0.02303	0.000	- 0.1590	- 0.0687
	组织社团	国家机关	0.01962	0.05381	0.715	- 0.0859	0.1251
		国营单位	0.00470	0.03056	0.878	- 0.0552	0.0646
		民营单位	0.18115 *	0.03045	0.000	0.1215	0.2408
		其他性质	0.06725 *	0.02527	0.008	0.0177	0.1168
	其他性质	国家机关	- 0.04763	0.04999	0.341	- 0.1456	0.0504
		国营单位	- 0.06255 *	0.02318	0.007	- 0.1080	- 0.0171
		民营单位	0.11390 *	0.02303	0.000	0.0687	0.1590
		组织社团	- 0.06725 *	0.02527	0.008	- 0.1168	- 0.0177

续表

2016年问卷调查	（I）单位	（J）单位	均值差（I－J）	标准误	显著性	95% 置信区间 下限	上限
政党认同	国家机关	国营单位	0.18319 *	0.04935	0.000	0.0865	0.2799
		民营单位	0.28786 *	0.04755	0.000	0.1946	0.3811
		组织社团	0.18615 *	0.05479	0.001	0.0787	0.2935
		其他性质	0.24976 *	0.04603	0.000	0.1595	0.3400
	国营单位	国家机关	－0.18319 *	0.04935	0.000	－0.2799	－0.0865
		民营单位	0.10466 *	0.02511	0.000	0.0554	0.1539
		组织社团	0.00295	0.03702	0.936	－0.0696	0.0755
		其他性质	0.06656 *	0.02209	0.003	0.0233	0.1099
	民营单位	国家机关	－0.28786 *	0.04755	0.000	－0.3811	－0.1946
		国营单位	－0.10466 *	0.02511	0.000	－0.1539	－0.0554
		组织社团	－0.10171 *	0.03459	0.003	－0.1695	－0.0339
		其他性质	－0.03810 *	0.01772	0.032	－0.0728	－0.0034
	组织社团	国家机关	－0.18615 *	0.05479	0.001	－0.2935	－0.0787
		国营单位	－0.00295	0.03702	0.936	－0.0755	0.0696
		民营单位	0.10171 *	0.03459	0.003	0.0339	0.1695
		其他性质	0.06361 *	0.03247	0.050	0.0000	0.1273
	其他性质	国家机关	－0.24976 *	0.04603	0.000	－0.3400	－0.1595
		国营单位	－0.06656 *	0.02209	0.003	－0.1099	－0.0233
		民营单位	0.03810 *	0.01772	0.032	0.0034	0.0728
		组织社团	－0.06361 *	0.03247	0.050	－0.1273	0.0000

* 均值差的显著性水平为 0.05。

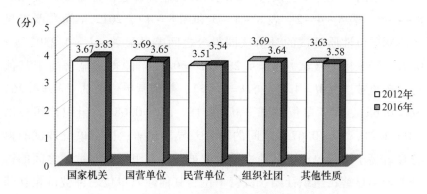

图 8－3　不同单位性质被试的政党认同得分比较

2016 年与 2012 年相比，国家机关被试政党认同的得分上升 0.16
分，国营单位被试政党认同的得分下降 0.04 分，民营单位被试政党
认同的得分上升 0.03 分，组织社团被试政党认同的得分下降 0.05
分，其他性质单位被试政党认同的得分下降 0.05 分（见表 8－3－
4）。国家机关被试得分的较大幅度提高，使其政党认同得分变成了显
著高于另四种单位被试。民营单位被试的得分尽管有所提高，但是并
没有改变政党认同得分过低的局面，依然保持了得分显著低于另四种
单位被试的状态。

表 8－3－4　　　　　不同单位性质被试政党认同得分的变化

项目	2012 年问卷调查	2016 年问卷调查	2016 年比 2012 年增减
国家机关	3.67	3.83	+0.16
国营单位	3.69	3.65	-0.04
民营单位	3.51	3.54	+0.03
组织社团	3.69	3.64	-0.05
其他性质	3.63	3.58	-0.05

四　不同单位性质被试的身份认同比较

对不同单位性质被试身份认同得分的差异性进行方差分析（见表
8－4－1、表 8－4－2、表 8－4－3 和图 8－4），2012 年问卷调查显
示不同单位性质被试的身份认同得分之间差异显著，$F = 4.230$，$p <
0.01$，国家机关被试（$M = 4.28$，$SD = 0.71$）的得分显著高于其他
性质单位被试（$M = 4.17$，$SD = 0.66$），与国营单位被试（$M = 4.26$，
$SD = 0.65$）、民营单位被试（$M = 4.18$，$SD = 0.68$）、组织社团被试
（$M = 4.21$，$SD = 0.67$）之间的得分差异不显著；国营单位被试的得
分显著高于民营单位、其他性质单位被试，与组织社团被试之间的得
分差异不显著；组织社团、民营单位、其他性质单位三种被试相互间
的得分差异均不显著。2016 年问卷调查也显示不同单位性质被试的

身份认同得分之间差异显著，$F = 6.910$，$p < 0.001$，民营单位被试（$M = 4.02$，$SD = 0.70$）的得分显著低于国家机关被试（$M = 4.21$，$SD = 0.64$）、国营单位被试（$M = 4.09$，$SD = 0.62$）、组织社团被试（$M = 4.16$，$SD = 0.62$）和其他性质单位被试（$M = 4.10$，$SD = 0.64$）；国家机关被试的得分显著高于国营单位被试、其他性质单位被试，与组织社团被试之间的得分差异不显著；国营单位、组织社团、其他性质单位三种被试相互间的得分差异均不显著。

通过比较可以看出，由 2012 年到 2016 年发生的重要变化，一是 2016 年出现了一种单位被试（民营单位被试）得分显著低于另四种单位被试的现象；二是国家机关被试的得分由 2012 年显著高于一种单位被试变成了 2016 年的显著高于三种单位被试。

表 8 - 4 - 1　　　　　不同单位性质被试身份认同得分的差异比较

2012 年问卷调查		N	均值	标准差	标准误	95% 置信区间		极小值	极大值
						下限	上限		
身份认同	国家机关	166	4.2801	0.70860	0.05500	4.1715	4.3887	2.00	5.00
	国营单位	945	4.2590	0.65068	0.02117	4.2175	4.3005	1.25	5.00
	民营单位	958	4.1756	0.67701	0.02187	4.1327	4.2186	1.25	5.00
	组织社团	759	4.2111	0.67009	0.02432	4.1634	4.2589	1.75	5.00
	其他性质	3247	4.1715	0.65664	0.01152	4.1489	4.1941	1.00	5.00
	总数	6075	4.1937	0.66282	0.00850	4.1770	4.2103	1.00	5.00
2016 年问卷调查		N	均值	标准差	标准误	95% 置信区间		极小值	极大值
						下限	上限		
身份认同	国家机关	162	4.2083	0.64223	0.05046	4.1087	4.3080	2.25	5.00
	国营单位	813	4.0910	0.61502	0.02157	4.0487	4.1334	1.50	5.00
	民营单位	1438	4.0186	0.70356	0.01855	3.9822	4.0550	1.75	5.00
	组织社团	337	4.1580	0.62297	0.03394	4.0913	4.2248	2.25	5.00
	其他性质	3818	4.1017	0.63723	0.01031	4.0815	4.1219	1.00	5.00
	总数	6568	4.0877	0.65027	0.00802	4.0720	4.1034	1.00	5.00

表 8 - 4 - 2　　　　不同单位性质被试身份认同得分的方差分析结果

2012 年问卷调查		平方和	df	均方	F	显著性
身份认同	组间	7.417	4	1.854	4.230	0.002
	组内	2661.114	6070	0.438		
	总数	2668.531	6074			
2016 年问卷调查		平方和	df	均方	F	显著性
身份认同	组间	11.645	4	2.911	6.910	0.000
	组内	2765.216	6563	0.421		
	总数	2776.861	6567			

表 8 - 4 - 3　　　　不同单位性质被试身份认同得分的多重比较

2012 年问卷调查	(I) 单位	(J) 单位	均值差 (I-J)	标准误	显著性	95% 置信区间 下限	上限
身份认同	国家机关	国营单位	0.02113	0.05572	0.705	-0.0881	0.1304
		民营单位	0.10449	0.05567	0.061	-0.0046	0.2136
		组织社团	0.06899	0.05673	0.224	-0.0422	0.1802
		其他性质	0.10865*	0.05269	0.039	0.0054	0.2119
	国营单位	国家机关	-0.02113	0.05572	0.705	-0.1304	0.0881
		民营单位	0.08337*	0.03036	0.006	0.0239	0.1429
		组织社团	0.04786	0.03227	0.138	-0.0154	0.1111
		其他性质	0.08753*	0.02447	0.000	0.0396	0.1355
	民营单位	国家机关	-0.10449	0.05567	0.061	-0.2136	0.0046
		国营单位	-0.08337*	0.03036	0.006	-0.1429	-0.0239
		组织社团	-0.03551	0.03218	0.270	-0.0986	0.0276
		其他性质	0.00416	0.02434	0.864	-0.0436	0.0519
	组织社团	国家机关	-0.06899	0.05673	0.224	-0.1802	0.0422
		国营单位	-0.04786	0.03227	0.138	-0.1111	0.0154
		民营单位	0.03551	0.03218	0.270	-0.0276	0.0986
		其他性质	0.03967	0.02670	0.137	-0.0127	0.0920
	其他性质	国家机关	-0.10865*	0.05269	0.039	-0.2119	-0.0054
		国营单位	-0.08753*	0.02447	0.000	-0.1355	-0.0396
		民营单位	-0.00416	0.02434	0.864	-0.0519	0.0436
		组织社团	-0.03967	0.02670	0.137	-0.0920	0.0127

续表

2016年问卷调查	（I）单位	（J）单位	均值差（I－J）	标准误	显著性	95% 置信区间	
						下限	上限
身份认同	国家机关	国营单位	0.11731*	0.05585	0.036	0.0078	0.2268
		民营单位	0.18973*	0.05379	0.000	0.0843	0.2952
		组织社团	0.05032	0.06206	0.417	−0.0713	0.1720
		其他性质	0.10664*	0.05207	0.041	0.0046	0.2087
	国营单位	国家机关	−0.11731*	0.05585	0.036	−0.2268	−0.0078
		民营单位	0.07242*	0.02848	0.011	0.0166	0.1283
		组织社团	−0.06699	0.04205	0.111	−0.1494	0.0154
		其他性质	−0.01067	0.02507	0.670	−0.0598	0.0385
	民营单位	国家机关	−0.18973*	0.05379	0.000	−0.2952	−0.0843
		国营单位	−0.07242*	0.02848	0.011	−0.1283	−0.0166
		组织社团	−0.13941*	0.03928	0.000	−0.2164	−0.0624
		其他性质	−0.08309*	0.02008	0.000	−0.1225	−0.0437
	组织社团	国家机关	−0.05032	0.06206	0.417	−0.1720	0.0713
		国营单位	0.06699	0.04205	0.111	−0.0154	0.1494
		民营单位	0.13941*	0.03928	0.000	0.0624	0.2164
		其他性质	0.05632	0.03689	0.127	−0.0160	0.1286
	其他性质	国家机关	−0.10664*	0.05207	0.041	−0.2087	−0.0046
		国营单位	0.01067	0.02507	0.670	−0.0385	0.0598
		民营单位	0.08309*	0.02008	0.000	0.0437	0.1225
		组织社团	−0.05632	0.03689	0.127	−0.1286	0.0160

* 均值差的显著性水平为 0.05。

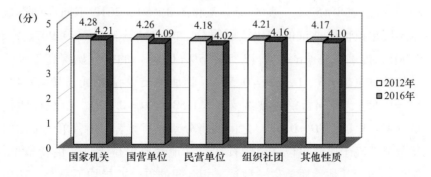

图 8−4　不同单位性质被试的身份认同得分比较

2016 年与 2012 年相比,国家机关被试身份认同的得分下降 0.07 分,国营单位被试身份认同的得分下降 0.17 分,民营单位被试身份认同的得分下降 0.16 分,组织社团被试身份认同的得分下降 0.05 分,其他性质单位被试身份认同的得分下降 0.07 分(见表 8 - 4 - 4)。由于民营单位被试的得分下降幅度较大,使其在 2016 年成为身份认同的最低得分并显著低于另四种单位被试。国家机关被试的得分尽管有所下降,但是在国营单位、其他性质单位得分下降幅度更大或相同的情况下,则显示出了得分显著高于三种单位被试的优势。

表 8 - 4 - 4   不同单位性质被试身份认同得分的变化

项目	2012 年问卷调查	2016 年问卷调查	2016 年比 2012 年增减
国家机关	4.28	4.21	- 0.07
国营单位	4.26	4.09	- 0.17
民营单位	4.18	4.02	- 0.16
组织社团	4.21	4.16	- 0.05
其他性质	4.17	4.10	- 0.07

五　不同单位性质被试的文化认同比较

对不同单位性质被试文化认同得分的差异性进行方差分析(见表 8 - 5 - 1、表 8 - 5 - 2、表 8 - 5 - 3 和图 8 - 5),2012 年问卷调查显示不同单位性质被试的文化认同得分之间差异显著,$F = 9.907$,$p < 0.001$,国家机关被试($M = 3.53$,$SD = 0.63$)的得分显著高于民营单位被试($M = 3.41$,$SD = 0.57$)、其他性质单位被试($M = 3.42$,$SD = 0.55$),与国营单位被试($M = 3.53$,$SD = 0.57$)、组织社团被试($M = 3.45$,$SD = 0.55$)之间的得分差异不显著;国营单位被试的得分显著高于民营单位、组织社团、其他性质单位被试;民营单位、组织社团、其他性质单位三种被试相互间的得分差异均不显著。2016 年问卷调查也显示不同单位性质被试的文化认同得分之间差异显著,

$F = 6.020$，$p < 0.001$，国家机关被试（$M = 3.63$，$SD = 0.54$）的得分显著高于国营单位被试（$M = 3.52$，$SD = 0.53$）、民营单位被试（$M = 3.45$，$SD = 0.58$）、组织社团被试（$M = 3.50$，$SD = 0.54$）和其他性质单位被试（$M = 3.46$，$SD = 0.55$）；国营单位被试的得分显著高于民营单位被试、其他性质单位被试，与组织社团被试之间的得分差异不显著；民营单位、组织社团、其他性质单位三种被试相互间的得分差异均不显著。

通过比较可以看出，由 2012 年到 2016 年发生的重要变化，一是 2016 年出现了一种单位被试（国家机关被试）得分显著高于另四种单位被试的现象；二是国营单位被试的得分由 2012 年显著高于三种单位被试变成了 2016 年的显著高于两种单位被试。

表 8 - 5 - 1　　　　不同单位性质被试文化认同得分的差异比较

2012 年问卷调查		N	均值	标准差	标准误	95% 置信区间		极小值	极大值
						下限	上限		
文化认同	国家机关	165	3.5313	0.62675	0.04879	3.4350	3.6277	2.00	5.00
	国营单位	946	3.5349	0.56636	0.01841	3.4987	3.5710	1.33	5.00
	民营单位	954	3.4081	0.57197	0.01852	3.3718	3.4444	1.00	5.00
	组织社团	760	3.4509	0.54962	0.01994	3.4117	3.4900	1.33	5.00
	其他性质	3243	3.4186	0.55228	0.00970	3.3996	3.4377	1.00	5.00
	总数	6068	3.4422	0.56106	0.00720	3.4281	3.4563	1.00	5.00

2016 年问卷调查		N	均值	标准差	标准误	95% 置信区间		极小值	极大值
						下限	上限		
文化认同	国家机关	162	3.6317	0.53659	0.04216	3.5484	3.7149	2.00	5.00
	国营单位	814	3.5242	0.53486	0.01875	3.4874	3.5610	1.33	5.00
	民营单位	1439	3.4538	0.57762	0.01523	3.4239	3.4837	1.00	5.00
	组织社团	339	3.5015	0.54234	0.02946	3.4435	3.5594	2.00	5.00
	其他性质	3818	3.4634	0.54747	0.00886	3.4460	3.4808	1.33	5.00
	总数	6572	3.4749	0.55301	0.00682	3.4616	3.4883	1.00	5.00

表 8 - 5 - 2　　　　　**不同单位性质被试文化认同得分的方差分析结果**

2012 年问卷调查		平方和	*df*	均方	*F*	显著性
文化认同	组间	12. 402	4	3. 101	9. 907	0. 000
	组内	1897. 444	6063	0. 313		
	总数	1909. 846	6067			
2016 年问卷调查		平方和	*df*	均方	*F*	显著性
文化认同	组间	7. 342	4	1. 835	6. 020	0. 000
	组内	2002. 199	6567	0. 305		
	总数	2009. 541	6571			

表 8 - 5 - 3　　　　　**不同单位性质被试文化认同得分的多重比较**

2012 年问卷调查	（I）单位	（J）单位	均值差（I－J）	标准误	显著性	95% 置信区间	
						下限	上限
文化认同	国家机关	国营单位	- 0. 00357	0. 04720	0. 940	- 0. 0961	0. 0890
		民营单位	0. 12321 *	0. 04717	0. 009	0. 0307	0. 2157
		组织社团	0. 08044	0. 04805	0. 094	- 0. 0138	0. 1746
		其他性质	0. 11267 *	0. 04465	0. 012	0. 0251	0. 2002
	国营单位	国家机关	0. 00357	0. 04720	0. 940	- 0. 0890	0. 0961
		民营单位	0. 12678 *	0. 02567	0. 000	0. 0765	0. 1771
		组织社团	0. 08401 *	0. 02725	0. 002	0. 0306	0. 1374
		其他性质	0. 11624 *	0. 02067	0. 000	0. 0757	0. 1568
	民营单位	国家机关	- 0. 12321 *	0. 04717	0. 009	- 0. 2157	- 0. 0307
		国营单位	- 0. 12678 *	0. 02567	0. 000	- 0. 1771	- 0. 0765
		组织社团	- 0. 04277	0. 02720	0. 116	- 0. 0961	0. 0106
		其他性质	- 0. 01054	0. 02060	0. 609	- 0. 0509	0. 0299
	组织社团	国家机关	- 0. 08044	0. 04805	0. 094	- 0. 1746	0. 0138
		国营单位	- 0. 08401 *	0. 02725	0. 002	- 0. 1374	- 0. 0306
		民营单位	0. 04277	0. 02720	0. 116	- 0. 0106	0. 0961
		其他性质	0. 03223	0. 02255	0. 153	- 0. 0120	0. 0764
	其他性质	国家机关	- 0. 11267 *	0. 04465	0. 012	- 0. 2002	- 0. 0251
		国营单位	- 0. 11624 *	0. 02067	0. 000	- 0. 1568	- 0. 0757
		民营单位	0. 01054	0. 02060	0. 609	- 0. 0299	0. 0509
		组织社团	- 0. 03223	0. 02255	0. 153	- 0. 0764	0. 0120

续表

2016年问卷调查	（I）单位	（J）单位	均值差（I−J）	标准误	显著性	95% 置信区间	
						下限	上限
文化认同	国家机关	国营单位	0.10753 *	0.04750	0.024	0.0144	0.2006
		民营单位	0.17790 *	0.04576	0.000	0.0882	0.2676
		组织社团	0.13021 *	0.05274	0.014	0.0268	0.2336
		其他性质	0.16827 *	0.04429	0.000	0.0814	0.2551
	国营单位	国家机关	− 0.10753 *	0.04750	0.024	− 0.2006	− 0.0144
		民营单位	0.07037 *	0.02422	0.004	0.0229	0.1178
		组织社团	0.02269	0.03569	0.525	− 0.0473	0.0927
		其他性质	0.06074 *	0.02132	0.004	0.0190	0.1025
	民营单位	国家机关	− 0.17790 *	0.04576	0.000	− 0.2676	− 0.0882
		国营单位	− 0.07037 *	0.02422	0.004	− 0.1178	− 0.0229
		组织社团	− 0.04769	0.03334	0.153	− 0.1130	0.0177
		其他性质	− 0.00963	0.01708	0.573	− 0.0431	0.0239
	组织社团	国家机关	− 0.13021 *	0.05274	0.014	− 0.2336	− 0.0268
		国营单位	− 0.02269	0.03569	0.525	− 0.0927	0.0473
		民营单位	0.04769	0.03334	0.153	− 0.0177	0.1130
		其他性质	0.03806	0.03129	0.224	− 0.0233	0.0994
	其他性质	国家机关	− 0.16827 *	0.04429	0.000	− 0.2551	− 0.0814
		国营单位	− 0.06074 *	0.02132	0.004	− 0.1025	− 0.0190
		民营单位	0.00963	0.01708	0.573	− 0.0239	0.0431
		组织社团	− 0.03806	0.03129	0.224	− 0.0994	0.0233

* 均值差的显著性水平为 0.05。

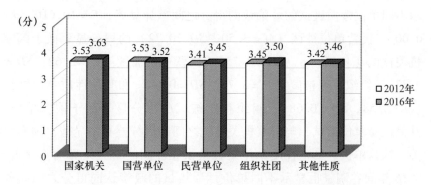

图 8 − 5　不同单位性质被试的文化认同得分比较

2016 年与 2012 年相比，国家机关被试文化认同的得分上升 0.10 分，国营单位被试文化认同的得分下降 0.01 分，民营单位被试文化认同的得分上升 0.04 分，组织社团被试文化认同的得分上升 0.05 分，其他性质单位被试文化认同的得分上升 0.04 分（见表 8 - 5 - 4）。正是由于国家机关被试的得分上升幅度最大，使其文化认同得分能够显著高于另四种单位被试。在五种单位被试中，只有国营单位被试文化认同的得分下降，使其原有的较高得分优势有所减弱。

表 8 - 5 - 4　　　　　不同单位性质被试文化认同得分的变化

项目	2012 年问卷调查	2016 年问卷调查	2016 年比 2012 年增减
国家机关	3.53	3.63	+ 0.10
国营单位	3.53	3.52	- 0.01
民营单位	3.41	3.45	+ 0.04
组织社团	3.45	3.50	+ 0.05
其他性质	3.42	3.46	+ 0.04

六　不同单位性质被试的政策认同比较

对不同单位性质被试政策认同得分的差异性进行方差分析（见表 8 - 6 - 1、表 8 - 6 - 2、表 8 - 6 - 3 和图 8 - 6），2012 年问卷调查显示不同单位性质被试的政策认同得分之间差异显著，$F = 10.610$，$p < 0.001$，民营单位被试（$M = 3.50$，$SD = 0.72$）的得分显著低于国家机关被试（$M = 3.68$，$SD = 0.75$）、国营单位被试（$M = 3.62$，$SD = 0.73$）、组织社团被试（$M = 3.70$，$SD = 0.64$）和其他性质单位被试（$M = 3.58$，$SD = 0.68$）；组织社团被试的得分显著高于国营单位、其他性质单位被试，与国家机关被试之间的得分差异不显著；国家机关、国营单位、其他性质单位三种被试相互间的得分差异均不显著。2016 年问卷调查也显示不同单位性质被试的政策认同得分之间差异显著，$F = 4.876$，$p < 0.01$，国家机关被试（$M = 3.71$，$SD = 0.67$）

的得分显著高于国营单位被试（$M = 3.55$，$SD = 0.60$）、民营单位被试（$M = 3.52$，$SD = 0.69$）和其他性质单位被试（$M = 3.58$，$SD = 0.61$），与组织社团被试（$M = 3.62$，$SD = 0.63$）之间的得分差异不显著；民营单位被试的得分显著低于组织社团被试、其他性质单位被试，与国营单位被试之间的得分差异不显著；国营单位、组织社团、其他性质单位三种被试相互间的得分差异均不显著。

通过比较可以看出，由2012年到2016年发生的重要变化，一是2012年出现的一种单位被试（民营单位被试）得分显著低于另四种单位被试的现象，2016年不再出现；二是2012年出现的一种单位被试得分显著高于三种单位被试的现象，2016年依然延续，只是得分最高的被试由组织社团被试变成了国家机关被试。

表 8 - 6 - 1　　　　不同单位性质被试政策认同得分的差异比较

2012年问卷调查		N	均值	标准差	标准误	95% 置信区间		极小值	极大值
						下限	上限		
政策认同	国家机关	164	3.6809	0.74796	0.05841	3.5656	3.7962	1.00	5.00
	国营单位	946	3.6209	0.72514	0.02358	3.5746	3.6671	1.00	5.00
	民营单位	956	3.4983	0.71865	0.02324	3.4526	3.5439	1.00	5.00
	组织社团	759	3.7040	0.63807	0.02316	3.6585	3.7495	1.33	5.00
	其他性质	3248	3.5823	0.68269	0.01198	3.5588	3.6058	1.00	5.00
	总数	6073	3.5930	0.69389	0.00890	3.5755	3.6104	1.00	5.00
2016年问卷调查		N	均值	标准差	标准误	95% 置信区间		极小值	极大值
						下限	上限		
政策认同	国家机关	162	3.7119	0.66719	0.05242	3.6084	3.8155	2.00	5.00
	国营单位	814	3.5450	0.59640	0.02090	3.5040	3.5861	1.33	5.00
	民营单位	1437	3.5228	0.69142	0.01824	3.4871	3.5586	1.00	5.00
	组织社团	339	3.6185	0.63171	0.03431	3.5510	3.6860	2.00	5.00
	其他性质	3822	3.5751	0.61003	0.00987	3.5557	3.5944	1.33	5.00
	总数	6574	3.5656	0.63037	0.00777	3.5503	3.5808	1.00	5.00

表 8 - 6 - 2　　　　不同单位性质被试政策认同得分的方差分析结果

2012 年问卷调查		平方和	df	均方	F	显著性
政策认同	组间	20.305	4	5.076	10.610	0.000
	组内	2903.251	6068	0.478		
	总数	2923.556	6072			
2016 年问卷调查		平方和	df	均方	F	显著性
政策认同	组间	7.732	4	1.933	4.876	0.001
	组内	2604.178	6569	0.396		
	总数	2611.910	6573			

表 8 - 6 - 3　　　　不同单位性质被试政策认同得分的多重比较

2012 年问卷调查	（I）单位	（J）单位	均值差（I - J）	标准误	显著性	95% 置信区间	
						下限	上限
政策认同	国家机关	国营单位	0.06003	0.05851	0.305	- 0.0547	0.1747
		民营单位	0.18264 *	0.05846	0.002	0.0680	0.2972
		组织社团	- 0.02310	0.05956	0.698	- 0.1399	0.0937
		其他性质	0.09859	0.05536	0.075	- 0.0099	0.2071
	国营单位	国家机关	- 0.06003	0.05851	0.305	- 0.1747	0.0547
		民营单位	0.12260 *	0.03172	0.000	0.0604	0.1848
		组织社团	- 0.08314 *	0.03371	0.014	- 0.1492	- 0.0171
		其他性质	0.03855	0.02556	0.131	- 0.0115	0.0887
	民营单位	国家机关	- 0.18264 *	0.05846	0.002	- 0.2972	- 0.0680
		国营单位	- 0.12260 *	0.03172	0.000	- 0.1848	- 0.0604
		组织社团	- 0.20574 *	0.03363	0.000	- 0.2717	- 0.1398
		其他性质	- 0.08405 *	0.02545	0.001	- 0.1339	- 0.0342
	组织社团	国家机关	0.02310	0.05956	0.698	- 0.0937	0.1399
		国营单位	0.08314 *	0.03371	0.014	0.0171	0.1492
		民营单位	0.20574 *	0.03363	0.000	0.1398	0.2717
		其他性质	0.12169 *	0.02789	0.000	0.0670	0.1764
	其他性质	国家机关	- 0.09859	0.05536	0.075	- 0.2071	0.0099
		国营单位	- 0.03855	0.02556	0.131	- 0.0887	0.0115
		民营单位	0.08405 *	0.02545	0.001	0.0342	0.1339
		组织社团	- 0.12169 *	0.02789	0.000	- 0.1764	- 0.0670

续表

2016年问卷调查	（I）单位	（J）单位	均值差（I－J）	标准误	显著性	95% 置信区间 下限	上限
政策认同	国家机关	国营单位	0.16689 *	0.05417	0.002	0.0607	0.2731
		民营单位	0.18909 *	0.05218	0.000	0.0868	0.2914
		组织社团	0.09345	0.06014	0.120	－0.0244	0.2113
		其他性质	0.13684 *	0.05051	0.007	0.0378	0.2359
	国营单位	国家机关	－0.16689 *	0.05417	0.002	－0.2731	－0.0607
		民营单位	0.02220	0.02762	0.422	－0.0319	0.0763
		组织社团	－0.07344	0.04070	0.071	－0.1532	0.0063
		其他性质	－0.03005	0.02431	0.216	－0.0777	0.0176
	民营单位	国家机关	－0.18909 *	0.05218	0.000	－0.2914	－0.0868
		国营单位	－0.02220	0.02762	0.422	－0.0763	0.0319
		组织社团	－0.09564 *	0.03802	0.012	－0.1702	－0.0211
		其他性质	－0.05224 *	0.01948	0.007	－0.0904	－0.0140
	组织社团	国家机关	－0.09345	0.06014	0.120	－0.2113	0.0244
		国营单位	0.07344	0.04070	0.071	－0.0063	0.1532
		民营单位	0.09564 *	0.03802	0.012	0.0211	0.1702
		其他性质	0.04339	0.03568	0.224	－0.0266	0.1133
	其他性质	国家机关	－0.13684 *	0.05051	0.007	－0.2359	－0.0378
		国营单位	0.03005	0.02431	0.216	－0.0176	0.0777
		民营单位	0.05224 *	0.01948	0.007	0.0140	0.0904
		组织社团	－0.04339	0.03568	0.224	－0.1133	0.0266

* 均值差的显著性水平为 0.05。

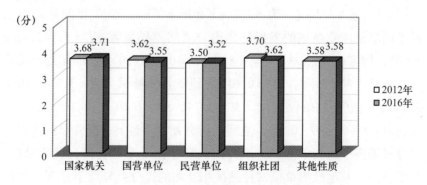

图 8-6　不同单位性质被试政策认同得分的比较

2016 年与 2012 年相比，国家机关被试政策认同的得分上升 0.03 分，国营单位被试政策认同的得分下降 0.07 分，民营单位被试政策认同的得分上升 0.02 分，组织社团被试政策认同的得分下降 0.08 分，其他性质单位被试政策认同的得分与 2012 年持平（见表 8 - 6 - 4）。民营单位被试得分的提高，改变了其得分显著低于另四种单位被试的状态（但依然显著低于三种单位被试）。国家机关被试得分的提高以及组织社团被试得分的较大幅度下降，使得政策认同的得分最高者发生了转换。

表 8 - 6 - 4   不同单位性质被试政策认同得分的变化

项目	2012 年问卷调查	2016 年问卷调查	2016 年比 2012 年增减
国家机关	3.68	3.71	+ 0.03
国营单位	3.62	3.55	− 0.07
民营单位	3.50	3.52	+ 0.02
组织社团	3.70	3.62	− 0.08
其他性质	3.58	3.58	0

七 不同单位性质被试的发展认同比较

对不同单位性质被试发展认同得分的差异性进行方差分析（见表 8 - 7 - 1、表 8 - 7 - 2、表 8 - 7 - 3 和图 8 - 7），2012 年问卷调查显示不同单位性质被试的发展认同得分之间差异显著，$F = 5.912$，$p < 0.001$，国家机关被试（$M = 3.88$，$SD = 0.63$）的得分显著高于民营单位被试（$M = 3.70$，$SD = 0.61$）、组织社团被试（$M = 3.71$，$SD = 0.64$）、其他性质单位被试（$M = 3.74$，$SD = 0.61$），与国营单位被试（$M = 3.80$，$SD = 0.62$）之间的得分差异不显著；国营单位被试的得分显著高于民营单位、组织社团、其他性质单位被试；民营单位、组织社团、其他性质单位三种被试相互间的得分差异均不显著。2016 年问卷调查也显示不同单位性质被试的发展认同得分之间差异显著，

$F = 8.840$，$p < 0.001$，国家机关被试（$M = 3.84$，$SD = 0.68$）的得分显著高于国营单位被试（$M = 3.65$，$SD = 0.66$）、民营单位被试（$M = 3.57$，$SD = 0.65$）、组织社团被试（$M = 3.71$，$SD = 0.66$）和其他性质单位被试（$M = 3.62$，$SD = 0.64$）；民营单位被试的得分显著低于国营单位被试、组织社团被试、其他性质单位被试；其他性质单位被试的得分显著低于组织社团被试，与国营单位被试之间的得分差异不显著；组织社团被试与国营单位被试之间的得分差异不显著。

通过比较可以看出，由 2012 年到 2016 年发生的重要变化，一是 2016 年出现了 2012 年未曾出现的一种单位被试（民营单位被试）得分显著低于另四种单位被试的现象；二是 2016 年出现了 2012 年未曾出现的一种单位被试（国家机关被试）得分显著高于另四种单位被试的现象。

表 8 - 7 - 1　　　　不同单位性质被试发展认同得分的差异比较

2012 年问卷调查		N	均值	标准差	标准误	95% 置信区间		极小值	极大值
						下限	上限		
发展认同	国家机关	166	3.8810	0.63347	0.04917	3.7839	3.9781	2.25	5.00
	国营单位	946	3.8021	0.62393	0.02029	3.7623	3.8419	1.00	5.00
	民营单位	955	3.7013	0.60893	0.01970	3.6626	3.7400	2.00	5.00
	组织社团	760	3.7102	0.63597	0.02307	3.6649	3.7555	1.50	5.00
	其他性质	3246	3.7379	0.61324	0.01076	3.7168	3.7590	1.50	5.00
	总数	6073	3.7426	0.61868	0.00794	3.7270	3.7582	1.00	5.00
2016 年问卷调查		N	均值	标准差	标准误	95% 置信区间		极小值	极大值
						下限	上限		
发展认同	国家机关	162	3.8426	0.67617	0.05313	3.7377	3.9475	2.00	5.00
	国营单位	812	3.6502	0.65932	0.02314	3.6048	3.6957	1.50	5.00
	民营单位	1437	3.5739	0.65154	0.01719	3.5402	3.6077	1.50	5.00
	组织社团	338	3.7145	0.65696	0.03573	3.6442	3.7848	2.25	5.00
	其他性质	3821	3.6207	0.63694	0.01030	3.6005	3.6409	1.25	5.00
	总数	6570	3.6244	0.64651	0.00798	3.6088	3.6401	1.25	5.00

表8-7-2　　　　　不同单位性质被试发展认同得分的方差分析结果

2012 年问卷调查		平方和	df	均方	F	显著性
发展认同	组间	9.023	4	2.256	5.912	0.000
	组内	2315.143	6068	0.382		
	总数	2324.167	6072			
2016 年问卷调查		平方和	df	均方	F	显著性
发展认同	组间	14.710	4	3.677	8.840	0.000
	组内	2730.944	6565	0.416		
	总数	2745.654	6569			

表8-7-3　　　　　　不同单位性质被试发展认同得分的多重比较

2012 年问卷调查	(I) 单位	(J) 单位	均值差 (I-J)	标准误	显著性	95% 置信区间 下限	95% 置信区间 上限
发展认同	国家机关	国营单位	0.07896	0.05198	0.129	-0.0229	0.1809
		民营单位	0.17972*	0.05194	0.001	0.0779	0.2815
		组织社团	0.17083*	0.05292	0.001	0.0671	0.2746
		其他性质	0.14312*	0.04915	0.004	0.0468	0.2395
	国营单位	国家机关	-0.07896	0.05198	0.129	-0.1809	0.0229
		民营单位	0.10075*	0.02833	0.000	0.0452	0.1563
		组织社团	0.09186*	0.03009	0.002	0.0329	0.1508
		其他性质	0.06415*	0.02282	0.005	0.0194	0.1089
	民营单位	国家机关	-0.17972*	0.05194	0.001	-0.2815	-0.0779
		国营单位	-0.10075*	0.02833	0.000	-0.1563	-0.0452
		组织社团	-0.00889	0.03003	0.767	-0.0677	0.0500
		其他性质	-0.03660	0.02274	0.108	-0.0812	0.0080
	组织社团	国家机关	-0.17083*	0.05292	0.001	-0.2746	-0.0671
		国营单位	-0.09186*	0.03009	0.002	-0.1508	-0.0329
		民营单位	0.00889	0.03003	0.767	-0.0500	0.0677
		其他性质	-0.02771	0.02489	0.266	-0.0765	0.0211
	其他性质	国家机关	-0.14312*	0.04915	0.004	-0.2395	-0.0468
		国营单位	-0.06415*	0.02282	0.005	-0.1089	-0.0194
		民营单位	0.03660	0.02274	0.108	-0.0080	0.0812
		组织社团	0.02771	0.02489	0.266	-0.0211	0.0765

续表

2016年问卷调查	（I）单位	（J）单位	均值差（I－J）	标准误	显著性	95% 置信区间	
						下限	上限
发展认同	国家机关	国营单位	0.19235*	0.05550	0.001	0.0836	0.3011
		民营单位	0.26865*	0.05345	0.000	0.1639	0.3734
		组织社团	0.12810*	0.06163	0.038	0.0073	0.2489
		其他性质	0.22188*	0.05174	0.000	0.1205	0.3233
	国营单位	国家机关	－0.19235*	0.05550	0.001	－0.3011	－0.0836
		民营单位	0.07631*	0.02832	0.007	0.0208	0.1318
		组织社团	－0.06425	0.04175	0.124	－0.1461	0.0176
		其他性质	0.02953	0.02492	0.236	－0.0193	0.0784
	民营单位	国家机关	－0.26865*	0.05345	0.000	－0.3734	－0.1639
		国营单位	－0.07631*	0.02832	0.007	－0.1318	－0.0208
		组织社团	－0.14056*	0.03899	0.000	－0.2170	－0.0641
		其他性质	－0.04678*	0.01996	0.019	－0.0859	－0.0077
	组织社团	国家机关	－0.12810*	0.06163	0.038	－0.2489	－0.0073
		国营单位	0.06425	0.04175	0.124	－0.0176	0.1461
		民营单位	0.14056*	0.03899	0.000	0.0641	0.2170
		其他性质	0.09378*	0.03660	0.010	0.0220	0.1655
	其他性质	国家机关	－0.22188*	0.05174	0.000	－0.3233	－0.1205
		国营单位	－0.02953	0.02492	0.236	－0.0784	0.0193
		民营单位	0.04678*	0.01996	0.019	0.0077	0.0859
		组织社团	－0.09378*	0.03660	0.010	－0.1655	－0.0220

* 均值差的显著性水平为 0.05。

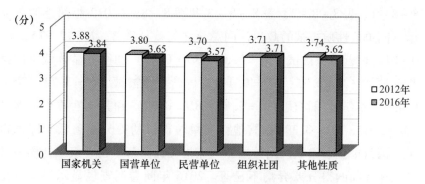

图 8－7 不同单位性质被试的发展认同得分比较

2016 年与 2012 年相比，国家机关被试发展认同的得分下降 0.04 分，国营单位被试发展认同的得分下降 0.15 分，民营单位被试发展认同的得分下降 0.13 分，组织社团被试发展认同的得分与 2012 年持平，其他性质单位被试发展认同的得分下降 0.12 分（见表 8 - 7 - 4）。民营单位被试发展认同得分的较大幅度下降，使其得分变成了显著低于另四种单位被试的状态。国家机关被试的得分尽管有所下降，但是在国营单位和其他性质单位被试得分较大幅度下降的情况下，更彰显了其最高得分的优势。

表 8 - 7 - 4   不同单位性质被试发展认同得分的变化

项目	2012 年问卷调查	2016 年问卷调查	2016 年比 2012 年增减
国家机关	3.88	3.84	- 0.04
国营单位	3.80	3.65	- 0.15
民营单位	3.70	3.57	- 0.13
组织社团	3.71	3.71	0
其他性质	3.74	3.62	- 0.12

八　不同单位性质被试的政治认同总分比较

对不同单位性质被试政治认同总分的差异性进行方差分析（见表 8 - 8 - 1、表 8 - 8 - 2、表 8 - 8 - 3 和图 8 - 8），2012 年问卷调查显示不同单位性质被试的政治认同总分之间差异显著，$F = 12.975$，$p < 0.001$，民营单位被试（$M = 3.61$，$SD = 0.42$）的得分显著低于国家机关被试（$M = 3.75$，$SD = 0.44$）、国营单位被试（$M = 3.72$，$SD = 0.43$）、组织社团被试（$M = 3.71$，$SD = 0.37$）和其他性质单位被试（$M = 3.67$，$SD = 0.39$）；其他性质单位被试的得分显著低于国家机关、国营单位、组织社团被试；国家机关、国营单位、组织社团三种被试相互间的得分差异均不显著。2016 年问卷调查也显示不同单位性质被试的政治认同总分之间差异显著，$F = 11.794$，$p < 0.001$，国

家机关被试（$M = 3.78$，$SD = 0.42$）的得分显著高于国营单位被试（$M = 3.64$，$SD = 0.38$）、民营单位被试（$M = 3.59$，$SD = 0.43$）、组织社团被试（$M = 3.69$，$SD = 0.40$）和其他性质单位被试（$M = 3.63$，$SD = 0.37$）；民营单位被试的得分显著低于国营单位被试、组织社团被试、其他性质单位被试；其他性质单位被试的得分显著低于组织社团被试，与国营单位被试之间的得分差异不显著；组织社团被试与国营单位被试之间的得分差异不显著。

通过比较可以看出，2016年不仅延续了2012年一种单位被试（民营单位被试）政治认同总分显著低于另四种单位被试的现象，还出现了一种单位被试（国家机关被试）政治认同总分显著高于另四种单位被试的现象。

表 8 - 8 - 1　　　　不同单位性质被试政治认同总分的差异比较

2012年问卷调查		N	均值	标准差	标准误	95% 置信区间		极小值	极大值
						下限	上限		
政治认同总分	国家机关	162	3.7499	0.43674	0.03431	3.6822	3.8177	2.21	4.64
	国营单位	940	3.7223	0.42532	0.01387	3.6951	3.7496	2.11	4.64
	民营单位	950	3.6091	0.41979	0.01362	3.5824	3.6359	2.06	4.68
	组织社团	756	3.7090	0.37071	0.01348	3.6826	3.7355	2.36	4.64
	其他性质	3224	3.6672	0.38639	0.00681	3.6538	3.6805	1.64	4.78
	总数	6032	3.6741	0.39917	0.00514	3.6640	3.6842	1.64	4.78
2016年问卷调查		N	均值	标准差	标准误	95% 置信区间		极小值	极大值
						下限	上限		
政治认同总分	国家机关	161	3.7758	0.41737	0.03289	3.7108	3.8408	2.33	4.63
	国营单位	811	3.6426	0.38376	0.01348	3.6161	3.6690	2.17	4.68
	民营单位	1430	3.5885	0.42836	0.01133	3.5663	3.6108	2.31	4.89
	组织社团	336	3.6856	0.39518	0.02156	3.6431	3.7280	2.67	4.90
	其他性质	3803	3.6320	0.36862	0.00598	3.6203	3.6437	1.83	4.83
	总数	6541	3.6301	0.38816	0.00480	3.6207	3.6395	1.83	4.90

表 8 - 8 - 2 　　　不同单位性质被试政治认同总分的方差分析结果

2012 年问卷调查		平方和	*df*	均方	*F*	显著性
政治认同总分	组间	8.204	4	2.051	12.975	0.000
	组内	952.746	6027	0.158		
	总数	960.951	6031			

2016 年问卷调查		平方和	*df*	均方	*F*	显著性
政治认同总分	组间	7.062	4	1.765	11.794	0.000
	组内	978.312	6536	0.150		
	总数	985.374	6540			

表 8 - 8 - 3 　　　　不同单位性质被试政治认同总分的多重比较

2012 年问卷调查	(I) 单位	(J) 单位	均值差 (I - J)	标准误	显著性	95% 置信区间 下限	95% 置信区间 上限
政治认同总分	国家机关	国营单位	0.02759	0.03382	0.415	-0.0387	0.0939
		民营单位	0.14078 *	0.03380	0.000	0.0745	0.2070
		组织社团	0.04088	0.03442	0.235	-0.0266	0.1084
		其他性质	0.08276 *	0.03201	0.010	0.0200	0.1455
	国营单位	国家机关	-0.02759	0.03382	0.415	-0.0939	0.0387
		民营单位	0.11319 *	0.01829	0.000	0.0773	0.1490
		组织社团	0.01329	0.01942	0.494	-0.0248	0.0514
		其他性质	0.05517 *	0.01474	0.000	0.0263	0.0841
	民营单位	国家机关	-0.14078 *	0.03380	0.000	-0.2070	-0.0745
		国营单位	-0.11319 *	0.01829	0.000	-0.1490	-0.0773
		组织社团	-0.09989 *	0.01938	0.000	-0.1379	-0.0619
		其他性质	-0.05802 *	0.01468	0.000	-0.0868	-0.0292
	组织社团	国家机关	-0.04088	0.03442	0.235	-0.1084	0.0266
		国营单位	-0.01329	0.01942	0.494	-0.0514	0.0248
		民营单位	0.09989 *	0.01938	0.000	0.0619	0.1379
		其他性质	0.04187 *	0.01607	0.009	0.0104	0.0734
	其他性质	国家机关	-0.08276 *	0.03201	0.010	-0.1455	-0.0200
		国营单位	-0.05517 *	0.01474	0.000	-0.0841	-0.0263
		民营单位	0.05802 *	0.01468	0.000	0.0292	0.0868
		组织社团	-0.04187 *	0.01607	0.009	-0.0734	-0.0104

续表

2016 年问卷调查	（I）单位	（J）单位	均值差（I－J）	标准误	显著性	95% 置信区间	
						下限	上限
政治认同总分	国家机关	国营单位	0.13324 *	0.03338	0.000	0.0678	0.1987
		民营单位	0.18726 *	0.03216	0.000	0.1242	0.2503
		组织社团	0.09024 *	0.03708	0.015	0.0175	0.1629
		其他性质	0.14379 *	0.03113	0.000	0.0828	0.2048
	国营单位	国家机关	− 0.13324 *	0.03338	0.000	− 0.1987	− 0.0678
		民营单位	0.05402 *	0.01701	0.001	0.0207	0.0874
		组织社团	− 0.04300	0.02510	0.087	− 0.0922	0.0062
		其他性质	0.01055	0.01496	0.481	− 0.0188	0.0399
	民营单位	国家机关	− 0.18726 *	0.03216	0.000	− 0.2503	− 0.1242
		国营单位	− 0.05402 *	0.01701	0.001	− 0.0874	− 0.0207
		组织社团	− 0.09703 *	0.02346	0.000	− 0.1430	− 0.0510
		其他性质	− 0.04348 *	0.01200	0.000	− 0.0670	− 0.0199
	组织社团	国家机关	− 0.09024 *	0.03708	0.015	− 0.1629	− 0.0175
		国营单位	0.04300	0.02510	0.087	− 0.0062	0.0922
		民营单位	0.09703 *	0.02346	0.000	0.0510	0.1430
		其他性质	0.05355 *	0.02202	0.015	0.0104	0.0967
	其他性质	国家机关	− 0.14379 *	0.03113	0.000	− 0.2048	− 0.0828
		国营单位	− 0.01055	0.01496	0.481	− 0.0399	0.0188
		民营单位	0.04348 *	0.01200	0.000	0.0199	0.0670
		组织社团	− 0.05355 *	0.02202	0.015	− 0.0967	− 0.0104

* 均值差的显著性水平为 0.05。

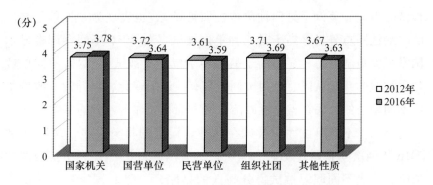

图 8 - 8　不同单位性质被试的政治认同总分比较

2016 年不同单位性质被试的政治认同总分与 2012 年相比，国家机关被试上升 0.03 分，国营单位被试下降 0.08 分，民营单位被试下降 0.02 分，组织社团被试下降 0.02 分，其他性质单位被试下降 0.04 分（见表 8 - 8 - 4）。国家机关被试的得分上升和另四种单位被试得分的下降，凸显了国家机关的得分优势。民营单位被试得分下降的幅度尽管不大，但由于原来得分偏低，因此未能改变得分显著低于另四种单位被试的状态。

表 8 - 8 - 4　　　　　不同单位性质被试政治认同总分的变化

项目	2012 年问卷调查	2016 年问卷调查	2016 年比 2012 年增减
国家机关	3.75	3.78	+ 0.03
国营单位	3.72	3.64	− 0.08
民营单位	3.61	3.59	− 0.02
组织社团	3.71	3.69	− 0.02
其他性质	3.67	3.63	− 0.04

通过本章的数据比较，可以对不同单位性质被试在政治认同方面所反映出来的差异做一个简单的小结。

第一，通过两次问卷调查，可以看出单位性质的不同，确实可以带来较明显的政治认同差异。这样的差异既表现为一种单位被试的政治认同总分显著低于另四种单位被试（两次问卷调查都显示民营单位被试的得分显著低于另四种单位性质被试），也表现为一种单位被试的政治认同总分显著高于另四种单位被试（如 2016 年问卷调查显示国家机关被试的得分显著高于另四种单位性质被试）。尽管不同单位性质被试的政治认同总分两次调查都有一定的变化，但并没有改变中国不同单位的公民在整体性政治认同方面存在显著差异的基本形态。

第二，不同单位性质被试在六种认同上的得分排序，2012 年和 2016 年两次问卷调查发生了重要的变化（见表 8 - 9，表中括号内的数字，代表不同职业被试得分高低的排序）。（1）国家机关被试由 2012 年的三个得分排序第一（身份认同、文化认同、发展认同），变成了 2016 年的五个得分排序第一（政党认同、身份认同、文化认同、政策认同、发展认同），并且两次调查体制认同得分均位居第三。（2）民营单位被试两次调查都有五个得分排序居于末位（2012 年是体制认同、政党认同、文化认同、政策认同、发展认同得分排序第五，2016 年是政党认同、身份认同、文化认同、政策认同、发展认同得分排序第五）。（3）国营单位被试由 2012 年的得分排序居前（政党认同、文化认同得分位居第一或并列第一，身份认同、发展认同得分位居第二，体制认同、政策认同位居第三或并列第三），变成了 2016 年的得分排序前后分布不均（政党认同、文化认同得分位居第二，发展认同得分均位居第三，身份认同、政策认同得分位居第四，体制认同得分位居第五）。（4）组织社团被试基本保持了得分排序居前的格局（2012 年体制认同、政党认同、政策认同得分位居第一或并列第一，身份认同、文化认同得分位居第三，只有发展认同得分位居第四；2016 年体制认同得分位居第一，身份认同、政策认同、发展认同得分位居第二，政党认同、文化认同得分位居第三）。（5）其他性质单位被试基本保持了得分排序偏后的格局（2012 年体制认同得分位居第二，发展认同得分位居第三，政党认同、文化认同得分位居第四，身份认同得分位居第五；2016 年体制认同得分位居第二，身份认同、政策认同得分位居第三，政党认同、文化认同、发展认同得分位居第四）。

表 8-9　　　　　　　　不同单位性质被试政治认同得分排序比较

2012 年问卷调查	国家机关	国营单位	民营单位	组织社团	其他性质
体制认同	3.42（3）	3.42（3）	3.35（5）	3.49（1）	3.46（2）
政党认同	3.67（3）	3.69（1）	3.51（5）	3.69（1）	3.63（4）
身份认同	4.28（1）	4.26（2）	4.18（4）	4.21（3）	4.17（5）
文化认同	3.53（1）	3.53（1）	3.41（5）	3.45（3）	3.42（4）
政策认同	3.68（2）	3.62（3）	3.50（5）	3.70（1）	3.58（4）
发展认同	3.88（1）	3.80（2）	3.70（5）	3.71（4）	3.74（3）
政治认同总分/指数	3.75（1）	3.72（2）	3.61（5）	3.71（3）	3.67（4）

续表

2016 年问卷调查	国家机关	国营单位	民营单位	组织社团	其他性质
体制认同	3.43（3）	3.40（5）	3.41（4）	3.47（1）	3.45（2）
政党认同	3.83（1）	3.65（2）	3.54（5）	3.64（3）	3.58（4）
身份认同	4.21（1）	4.09（4）	4.02（5）	4.16（2）	4.10（3）
文化认同	3.63（1）	3.52（2）	3.45（5）	3.50（3）	3.46（4）
政策认同	3.71（1）	3.55（4）	3.52（5）	3.62（2）	3.58（3）
发展认同	3.84（1）	3.65（3）	3.57（5）	3.71（2）	3.62（4）
政治认同总分/指数	3.78（1）	3.64（3）	3.59（5）	3.69（2）	3.63（4）

　　第三，两次问卷调查显示，不同单位性质被试的六种认同得分之间的差异都达到了显著水平，表明由单位不同带来的政治认同差异具有"全覆盖性"的特征。尤其需要注意的是，某一单位性质被试的得分显著高于或低于另四种单位性质被试的现象，在 2012 年和 2016 年交替出现：（1）在政党认同方面，2016 年延续了 2012 年某一单位性质被试（民营单位被试）得分显著低于另四种单位性质被试的现象，并在 2016 年出现了某一单位性质被试（国家机关被试）得分显著高于另四种单位性质被试的现象。（2）在身份认同方面，2016 年出现了某一单位性质被试（民营单位被试）得分显著低于另四种单位性质被试的现象，2012 年未曾出现这样的现象。（3）在文化认同方面，2016 年出现了某一单位性质被试（国家机关被试）得分显著高于另四种单位性质被试的现象，2012 年未曾出现这样的现象。（4）在政策认同方面，2012 年出现的某一单位性质被试（民营单位被试）得分显著低于另四种单位性质被试的现象，2016 年未能延续。（5）在发展认同方面，2016 年既出现了某一单位性质被试（民营单位被试）得分显著低于另四种单位性质被试的现象，也出现了某一单位性质被试（国家机关被试）得分显著高于另四种单位性质被试的现象，这两种现象在 2012 年均未出现。也就是说，由单位因素带来的各种认同的差异，主要表现在国家机关被试的较高认同水平和民营单位被试的偏低认同水平之间的差距。

第四，国家机关被试之所以在 2016 年问卷调查中政治认同总分显著高于另四种单位被试，是因为与 2012 年相比，国家机关被试的体制认同、政党认同、文化认同、政策认同得分均有所提高（尤其是政党认同和文化认同得分有较大幅度提高），只是身份认同和发展认同得分有所下降，并使得其政治认同总分有小幅度的提高。在另四种单位性质被试政治认同总分均有所下降的情况下，国家机关被试的得分上升，显然是值得注意的现象。

第五，民营单位被试之所以在两次调查中政治认同总分显著低于另四种单位被试，并不是因为 2016 年与 2012 年相比得分有大幅度的下降（民营单位被试的体制认同、政党认同、文化认同、政策认同的得分都有所提高，只是身份认同和发展认同的得分有较大幅度的下降，使得其政治认同总分有小幅度下降），而是由于此种被试在 2012 年就表现出了得分偏低的状态，2016 年只是继续维持了这样的状态。

第六，国营单位被试的政治认同总分 2016 年与 2012 年相比有较大幅度下降，其原因是该种被试的六种认同得分全部下降，尤其是身份认同和发展认同得分较大幅度下降，对拉低政治认同总分起了重要的作用。某种单位被试的六种政治认同得分全面下降的情况，在调查中并不多见（至少在文化认同上得分会有所提高），因此对国营单位被试的表现应给予一定的关注。

第七，组织社团被试和其他性质单位被试的六种认同得分，2016 年与 2012 年相比，都是文化认同得分有所上升，另五种认同得分有所下降或与 2012 年得分持平，使得政治认同总分有小幅度的下降。相比之下，这两种单位性质的被试的政治认同水平相对较为稳定。

第八，改革开放以来，"单位"对于中国公民的影响可能有所减弱，但是这样的影响显然没有消失，中国公民并没有完全变成"没有单位"的"社会人"，至少还有将近半数的人自认为是"有单位"的人（两次调查都显示，有 50% 以上的被试将自己归入"其他性质单位"，这些被试可能确实在列出的"单位"选项中难以认定本人的单位属性，或者是确实与"单位"没有固定的关系）。"单位"的存在，会使不同单位的人员自觉或不自觉地被表现出一定的"单位意识"，并可能在一些重大问题产生不同的判断。在政治认同方面表现出来的不同单位性质被试之间的重大差异，表明至少在当前还不能忽视"单位"对中国民众所起的重要作用。

第九章　政治认同的差异比较：收入

在 2012 年和 2016 年问卷调查中，都将被试的月平均可支配收入分为六大类：第一类是 500 元及以下，对应"低收入"；第二类是 501—1500 元，对应"较低收入"；第三类是 1501—2500 元，对应"中低收入"；第四类是 2501—3500 元，对应"中高收入"；第五类是 3501—5000 元，对应"较高收入"；第六类是 5001 元及以上，对应"高收入"。2012 年问卷调查中有 17 名被试的收入信息缺失，在有收入信息的 6142 名被试中，按月平均可支配收入划定的标准，低收入被试 2017 人，占 32.84%；较低收入被试 1583 人，占 25.77%；中低收入被试 1238 人，占 20.16%；中高收入被试 689 人，占 11.22%；较高收入被试 428 人，占 6.97%；高收入被试 187 人，占 3.04%。2016 年问卷调查涉及的 6581 名被试中，低收入被试 1420 人，占 21.58%；较低收入被试 1421 人，占 21.59%；中低收入被试 1406 人，占 21.37%；中高收入被试 1176 人，占 17.87%；较高收入被试 832 人，占 12.64%；高收入被试 326 人，占 4.95%。根据两次问卷调查的数据，可以比较不同收入被试政治认同的变化情况。

一　不同收入被试政治认同的总体情况

2012 年问卷调查结果显示，低收入被试政治认同的总体得分在 1.64—4.78 分之间，均值为 3.68，标准差为 0.39。在六种认同中，低收入被试的体制认同得分在 1.00—5.00 分之间，均值为 3.49，标准差为 0.51；政党认同得分在 1.00—5.00 分之间，均值为 3.65，标准差为 0.59；身份认同得分在 1.00—5.00 分之间，均值为 4.15，标准差为 0.67；文化认同得分在 1.00—5.00 分之间，均值为 3.42，标准差为 0.56；政策认同得分在 1.00—5.00 分之间，均值为 3.65，标准差为 0.68；发展认同得分在 1.50—5.00 分之间，均值为 3.72，标准差为 0.64（见表 9 - 1 - 1 和图 9 - 1 - 1）。

表 9 - 1 - 1　　　　低收入被试政治认同的描述统计（2012 年）

项目	N	极小值	极大值	均值	标准差
政治认同总分	2001	1.64	4.78	3.6796	0.38772
体制认同	2014	1.00	5.00	3.4856	0.50813
政党认同	2014	1.00	5.00	3.6493	0.59368
身份认同	2016	1.00	5.00	4.1469	0.66591
文化认同	2013	1.00	5.00	3.4179	0.56396
政策认同	2014	1.00	5.00	3.6468	0.67681
发展认同	2015	1.50	5.00	3.7215	0.64021
有效的 N（列表状态）	2001				

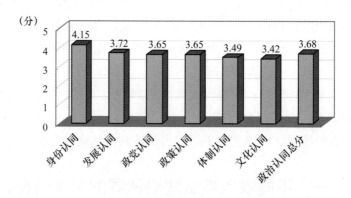

图 9 - 1 - 1　低收入被试政治认同得分的总体情况（2012 年）

2016 年问卷调查结果显示，低收入被试政治认同的总体得分在 2.28—4.72 分之间，均值为 3.66，标准差为 0.37。在六种认同中，低收入被试的体制认同得分在 1.00—5.00 分之间，均值为 3.47，标

准差为 0.50；政党认同得分在 1.33—5.00 分之间，均值为 3.61，标

准差为 0.55；身份认同得分在 1.00—5.00 分之间，均值为 4.14，标

准差为 0.63；文化认同得分在 1.33—5.00 分之间，均值为 3.47，标

准差为 0.55；政策认同得分在 1.33—5.00 分之间，均值为 3.61，标

准差为 0.62；发展认同得分在 1.50—5.00 分之间，均值为 3.65，标

准差为 0.64（见表 9 – 1 – 2 和图 9 – 1 – 2）。

表 9 – 1 – 2　　　　　低收入被试政治认同的描述统计（2016 年）

项目	N	极小值	极大值	均值	标准差
政治认同总分	1412	2.28	4.72	3.6566	0.36991
体制认同	1420	1.00	5.00	3.4676	0.49865
政党认同	1417	1.33	5.00	3.6107	0.55334
身份认同	1417	1.00	5.00	4.1367	0.63073
文化认同	1418	1.33	5.00	3.4664	0.55045
政策认同	1420	1.33	5.00	3.6122	0.61854
发展认同	1419	1.50	5.00	3.6482	0.64479
有效的 N（列表状态）	1412				

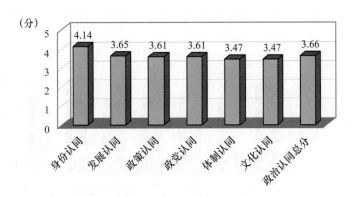

图 9 – 1 – 2　低收入被试政治认同得分的总体情况（2016 年）

2012 年问卷调查结果显示，较低收入被试政治认同的总体得分

在 2.19—4.68 分之间，均值为 3.69，标准差为 0.37。在六种认同

中，较低收入被试的体制认同得分在 1.00—5.00 分之间，均值为 3.47，标准差为 0.52；政党认同得分在 1.33—5.00 分之间，均值为 3.67，标准差为 0.61；身份认同得分在 1.25—5.00 分之间，均值为 4.21，标准差为 0.65；文化认同得分在 1.00—5.00 分之间，均值为 3.43，标准差为 0.56；政策认同得分在 1.00—5.00 分之间，均值为 3.61，标准差为 0.67；发展认同得分在 1.00—5.00 分之间，均值为 3.73，标准差为 0.61（见表 9 - 1 - 3 和图 9 - 1 - 3）。

表 9 - 1 - 3　　　　较低收入被试政治认同的描述统计（2012 年）

项目	N	极小值	极大值	均值	标准差
政治认同总分	1571	2.19	4.68	3.6883	0.37379
体制认同	1581	1.00	5.00	3.4657	0.52212
政党认同	1579	1.33	5.00	3.6679	0.60661
身份认同	1583	1.25	5.00	4.2142	0.64671
文化认同	1580	1.00	5.00	3.4281	0.55816
政策认同	1581	1.00	5.00	3.6140	0.67289
发展认同	1581	1.00	5.00	3.7274	0.60588
有效的 N（列表状态）	1571				

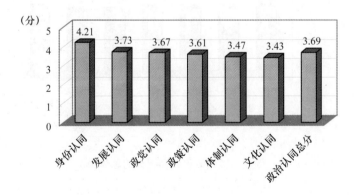

图 9 - 1 - 3　较低收入被试政治认同得分的总体情况（2012 年）

2016 年问卷调查结果显示，较低收入被试政治认同的总体得分在 1.83—4.90 分之间，均值为 3.63，标准差为 0.36。在六种认同中，较低收入被试的体制认同得分在 1.00—5.00 分之间，均值为 3.43，标准差为 0.48；政党认同得分在 1.33—5.00 分之间，均值为 3.59，标准差为 0.57；身份认同得分在 1.00—5.00 分之间，均值为 4.09，标准差为 0.63；文化认同得分在 1.33—5.00 分之间，均值为 3.44，标准差为 0.54；政策认同得分在 1.33—5.00 分之间，均值为 3.56，标准差为 0.61；发展认同得分在 1.50—5.00 分之间，均值为 3.64，标准差为 0.63（见表 9-1-4 和图 9-1-4）。

表 9-1-4　　　　较低收入被试政治认同的描述统计（2016 年）

项目	N	极小值	极大值	均值	标准差
政治认同总分	1417	1.83	4.90	3.6258	0.36114
体制认同	1421	1.00	5.00	3.4265	0.47964
政党认同	1421	1.33	5.00	3.5904	0.57195
身份认同	1418	1.00	5.00	4.0852	0.62888
文化认同	1420	1.33	5.00	3.4427	0.53571
政策认同	1421	1.33	5.00	3.5627	0.60636
发展认同	1419	1.50	5.00	3.6448	0.62877
有效的 N（列表状态）	1417				

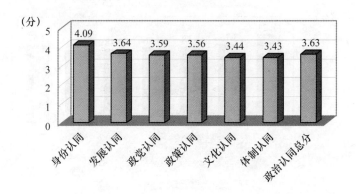

图 9-1-4　较低收入被试政治认同得分的总体情况（2016 年）

2012 年问卷调查结果显示，中低收入被试政治认同的总体得分在 2.24—4.68 分之间，均值为 3.67，标准差为 0.40。在六种认同中，中低收入被试的体制认同得分在 1.00—5.00 分之间，均值为 3.42，标准差为 0.54；政党认同得分在 1.00—5.00 分之间，均值为 3.58，标准差为 0.62；身份认同得分在 1.25—5.00 分之间，均值为 4.21，标准差为 0.66；文化认同得分在 1.67—5.00 分之间，均值为 3.48，标准差为 0.54；政策认同得分在 1.00—5.00 分之间，均值为 3.56，标准差为 0.70；发展认同得分在 2.00—5.00 分之间，均值为 3.75，标准差为 0.62（见表 9-1-5 和图 9-1-5）。

表 9-1-5　　　　中低收入被试政治认同的描述统计（2012 年）

项目	N	极小值	极大值	均值	标准差
政治认同总分	1230	2.24	4.68	3.6658	0.40259
体制认同	1238	1.00	5.00	3.4249	0.53802
政党认同	1235	1.00	5.00	3.5835	0.61651
身份认同	1236	1.25	5.00	4.2091	0.65914
文化认同	1236	1.67	5.00	3.4752	0.53674
政策认同	1238	1.00	5.00	3.5552	0.69784
发展认同	1237	2.00	5.00	3.7474	0.61792
有效的 N（列表状态）	1230				

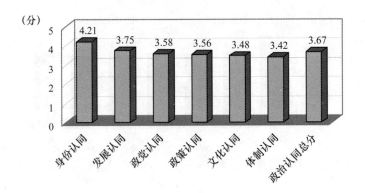

图 9-1-5　中低收入被试政治认同得分的总体情况（2012 年）

2016 年问卷调查结果显示，中低收入被试政治认同的总体得分在 2.42—4.83 分之间，均值为 3.62，标准差为 0.39。在六种认同中，中低收入被试的体制认同得分在 1.33—5.00 分之间，均值为 3.43，标准差为 0.48；政党认同得分在 1.33—5.00 分之间，均值为 3.59，标准差为 0.57；身份认同得分在 1.75—5.00 分之间，均值为 4.06，标准差为 0.67；文化认同得分在 1.33—5.00 分之间，均值为 3.50，标准差为 0.56；政策认同得分在 1.00—5.00 分之间，均值为 3.56，标准差为 0.62；发展认同得分在 1.25—5.00 分之间，均值为 3.58，标准差为 0.66（见表 9-1-6 和图 9-1-6）。

表 9-1-6　　　　　中低收入被试政治认同的描述统计（2016 年）

项目	N	极小值	极大值	均值	标准差
政治认同总分	1396	2.42	4.83	3.6198	0.38970
体制认同	1406	1.33	5.00	3.4334	0.48131
政党认同	1403	1.33	5.00	3.5885	0.56793
身份认同	1404	1.75	5.00	4.0579	0.66609
文化认同	1404	1.33	5.00	3.4957	0.55695
政策认同	1404	1.00	5.00	3.5586	0.62494
发展认同	1405	1.25	5.00	3.5822	0.66016
有效的 N（列表状态）	1396				

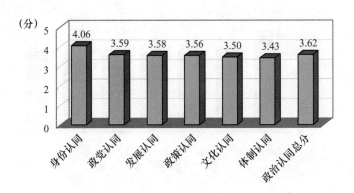

图 9-1-6　中低收入被试政治认同得分的总体情况（2016 年）

2012 年问卷调查结果显示，中高收入被试政治认同的总体得分在 2.13—4.64 分之间，均值为 3.66，标准差为 0.44。在六种认同中，中高收入被试的体制认同得分在 1.00—5.00 分之间，均值为 3.35，标准差为 0.57；政党认同得分在 1.00—5.00 分之间，均值为 3.61，标准差为 0.71；身份认同得分在 1.25—5.00 分之间，均值为 4.20，标准差为 0.71；文化认同得分在 1.67—5.00 分之间，均值为 3.46，标准差为 0.60；政策认同得分在 1.00—5.00 分之间，均值为 3.53，标准差为 0.76；发展认同得分在 2.00—5.00 分之间，均值为 3.77，标准差为 0.59（见表 9-1-7 和图 9-1-7）。

表 9-1-7　　　　中高收入被试政治认同的描述统计（2012 年）

项目	N	极小值	极大值	均值	标准差
政治认同总分	685	2.13	4.64	3.6555	0.44839
体制认同	689	1.00	5.00	3.3498	0.57459
政党认同	689	1.00	5.00	3.6110	0.71096
身份认同	689	1.25	5.00	4.2010	0.70508
文化认同	687	1.67	5.00	3.4600	0.59935
政策认同	688	1.00	5.00	3.5271	0.76278
发展认同	687	2.00	5.00	3.7744	0.59029
有效的 N（列表状态）	685				

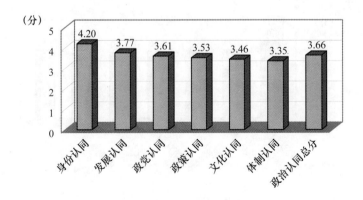

图 9-1-7　中高收入被试政治认同得分的总体情况（2012 年）

2016 年问卷调查结果显示，中高收入被试政治认同的总体得分在 2.32—4.89 分之间，均值为 3.62，标准差为 0.42。在六种认同中，中高收入被试的体制认同得分在 1.67—5.00 分之间，均值为 3.45，标准差为 0.49；政党认同得分在 1.33—5.00 分之间，均值为 3.55，标准差为 0.60；身份认同得分在 1.75—5.00 分之间，均值为 4.09，标准差为 0.68；文化认同得分在 1.00—5.00 分之间，均值为 3.47，标准差为 0.59；政策认同得分在 1.33—5.00 分之间，均值为 3.55，标准差为 0.68；发展认同得分在 1.75—5.00 分之间，均值为 3.62，标准差为 0.64（见表 9 - 1 - 8 和图 9 - 1 - 8）。

表 9 - 1 - 8　　　　中高收入被试政治认同的描述统计（2016 年）

项目	N	极小值	极大值	均值	标准差
政治认同总分	1167	2.32	4.89	3.6247	0.42289
体制认同	1176	1.67	5.00	3.4501	0.49409
政党认同	1171	1.33	5.00	3.5468	0.59594
身份认同	1176	1.75	5.00	4.0872	0.68257
文化认同	1176	1.00	5.00	3.4668	0.59250
政策认同	1174	1.33	5.00	3.5539	0.67785
发展认同	1174	1.75	5.00	3.6248	0.64391
有效的 N（列表状态）	1167				

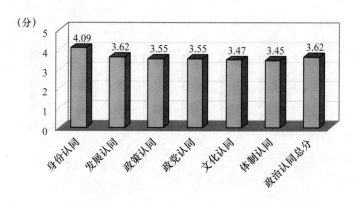

图 9 - 1 - 8　中高收入被试政治认同得分的总体情况（2016 年）

2012 年问卷调查结果显示，较高收入被试政治认同的总体得分在 2.06—4.64 分之间，均值为 3.65，标准差为 0.39。在六种认同中，较高收入被试的体制认同得分在 1.00—5.00 分之间，均值为 3.33，标准差为 0.63；政党认同得分在 1.00—5.00 分之间，均值为 3.56，标准差为 0.71；身份认同得分在 2.00—5.00 分之间，均值为 4.25，标准差为 0.64；文化认同得分在 1.33—5.00 分之间，均值为 3.46，标准差为 0.56；政策认同得分在 1.33—5.00 分之间，均值为 3.54，标准差为 0.67；发展认同得分在 1.75—5.00 分之间，均值为 3.78，标准差为 0.62（见表 9－1－9 和图 9－1－9）。

表 9－1－9　　　　较高收入被试政治认同的描述统计（2012 年）

项目	N	极小值	极大值	均值	标准差
政治认同总分	424	2.06	4.64	3.6506	0.38772
体制认同	428	1.00	5.00	3.3287	0.62806
政党认同	427	1.00	5.00	3.5597	0.71263
身份认同	427	2.00	5.00	4.2529	0.64036
文化认同	427	1.33	5.00	3.4582	0.56411
政策认同	427	1.33	5.00	3.5363	0.67167
发展认同	428	1.75	5.00	3.7763	0.61598
有效的 N（列表状态）	424				

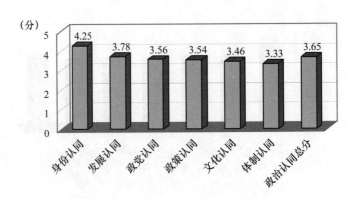

图 9－1－9　较高收入被试政治认同得分的总体情况（2012 年）

2016 年问卷调查结果显示，较高收入被试政治认同的总体得分在 2.31—4.74 分之间，均值为 3.62，标准差为 0.40。在六种认同中，较高收入被试的体制认同得分在 1.67—5.00 分之间，均值为 3.41，标准差为 0.50；政党认同得分在 1.67—5.00 分之间，均值为 3.60，标准差为 0.57；身份认同得分在 1.50—5.00 分之间，均值为 4.07，标准差为 0.65；文化认同得分在 2.00—5.00 分之间，均值为 3.50，标准差为 0.51；政策认同得分在 1.33—5.00 分之间，均值为 3.53，标准差为 0.63；发展认同得分在 1.75—5.00 分之间，均值为 3.60，标准差为 0.66（见表 9 - 1 - 10 和图 9 - 1 - 10）。

表 9 - 1 - 10　　　较高收入被试政治认同的描述统计（2016 年）

项目	N	极小值	极大值	均值	标准差
政治认同总分	829	2.31	4.74	3.6178	0.39931
体制认同	832	1.67	5.00	3.4054	0.50178
政党认同	832	1.67	5.00	3.5954	0.57304
身份认同	831	1.50	5.00	4.0653	0.64649
文化认同	831	2.00	5.00	3.4978	0.51298
政策认同	832	1.33	5.00	3.5329	0.62889
发展认同	831	1.75	5.00	3.5981	0.65813
有效的 N（列表状态）	829				

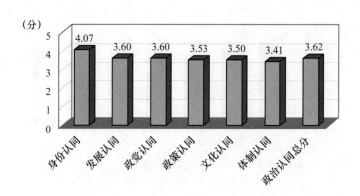

图 9 - 1 - 10　较高收入被试政治认同得分的总体情况（2016 年）

2012 年问卷调查结果显示，高收入被试政治认同的总体得分在 2.15—4.58 分之间，均值为 3.64，标准差为 0.40。在六种认同中，高收入被试的体制认同得分在 1.67—5.00 分之间，均值为 3.33，标准差为 0.58；政党认同得分在 1.67—5.00 分之间，均值为 3.58，标准差为 0.66；身份认同得分在 1.75—5.00 分之间，均值为 4.24，标准差为 0.65；文化认同得分在 1.67—5.00 分之间，均值为 3.41，标准差为 0.57；政策认同得分在 1.00—5.00 分之间，均值为 3.47，标准差为 0.75；发展认同得分在 2.25—5.00 分之间，均值为 3.82，标准差为 0.57（见表 9 – 1 – 11 和图 9 – 1 – 11）。

表 9 – 1 – 11　　　　　　高收入被试政治认同的描述统计（2012 年）

项目	N	极小值	极大值	均值	标准差
政治认同总分	184	2.15	4.58	3.6418	0.40027
体制认同	187	1.67	5.00	3.3316	0.58403
政党认同	186	1.67	5.00	3.5824	0.66266
身份认同	185	1.75	5.00	4.2419	0.64737
文化认同	186	1.67	5.00	3.4104	0.56688
政策认同	187	1.00	5.00	3.4688	0.75377
发展认同	187	2.25	5.00	3.8195	0.56545
有效的 N（列表状态）	184				

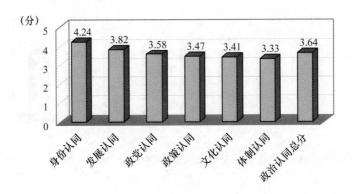

图 9 – 1 – 11　高收入被试政治认同得分的总体情况（2012 年）

2016 年问卷调查结果显示，高收入被试政治认同的总体得分在 2.17—4.78 分之间，均值为 3.63，标准差为 0.41。在六种认同中，高收入被试的体制认同得分在 1.33—5.00 分之间，均值为 3.36，标准差为 0.55；政党认同得分在 1.33—5.00 分之间，均值为 3.60，标准差为 0.62；身份认同得分在 2.00—5.00 分之间，均值为 4.08，标准差为 0.64；文化认同得分在 1.67—5.00 分之间，均值为 3.53，标准差为 0.56；政策认同得分在 1.67—5.00 分之间，均值为 3.53，标准差为 0.63；发展认同得分在 2.00—5.00 分之间，均值为 3.68，标准差为 0.64（见表 9 - 1 - 12 和图 9 - 1 - 12）。

表 9 - 1 - 12　　　　　**高收入被试政治认同的描述统计（2016 年）**

项目	N	极小值	极大值	均值	标准差
政治认同总分	323	2.17	4.78	3.6299	0.40971
体制认同	326	1.33	5.00	3.3589	0.54946
政党认同	325	1.33	5.00	3.5990	0.61603
身份认同	325	2.00	5.00	4.0792	0.64045
文化认同	326	1.67	5.00	3.5337	0.56452
政策认同	326	1.67	5.00	3.5286	0.62896
发展认同	325	2.00	5.00	3.6838	0.63998
有效的 N（列表状态）	323				

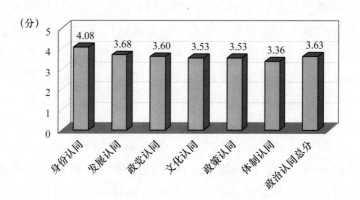

图 9 - 1 - 12　高收入被试政治认同得分的总体情况（2016 年）

　　六种认同的得分由高到低排序，只有较高收入被试两次调查的排序相同，都是身份认同第一，发展认同第二，政党认同第三，政策认同第四，文化认同第五，体制认同第六（见表 9 - 1 - 13）。低收入被试六种认同得分由高到低排序，2012 年是身份认同第一，发展认同第二，政党认同第三，政策认同第四，体制认同第五，文化认同第六；2016 年是身份认同第一，发展认同第二，政策认同第三，政党认同第四，体制认同第五，文化认同第六（第三、四位排序与 2012 年不同，尤其需要注意的是政策认同排序在政党认同之前，体制认同排序依然在文化认同之前）。较低收入被试六种认同得分由高到低排序，2012 年是身份认同第一，发展认同第二，政党认同第三，政策认同第四，体制认同第五，文化认同第六；2016 年是身份认同第一，发展认同第二，政党认同第三，政策认同第四，文化认同第五，体制认同第六（后四位排序与 2012 年不同，政策认同和体制认同均排序下降，政党认同和文化认同均排序上升）。中低收入被试六种认同得分由高到低排序，2012 年是身份认同第一，发展认同第二，政党认同第三，政策认同第四，文化认同第五，体制认同第六；2016 年是身份认同第一，政党认同第二，发展认同第三，政策认同第四，文化认同第五，体制认同第六（第二、三位排序与 2012 年不同，尤其需要注意的是政党认同排序在发展认同之前，是比较少见的现象）。中高收入被试六种认同得分由高到低排序，2012 年是身份认同第一，发展认同第二，政党认同第三，政策认同第四，文化认同第五，体制认同第六；2016 年是身份认同第一，发展认同第二，政策认同第三，政党认同第四，文化认同第五，体制认同第六（第三、四位排序与 2012 年不同，尤其需要注意的是政策认同排序在政党认同之前）。高收入被试六种认同得分由高到低排序，2012 年是身份认同第一，发展认同第二，政党认同第三，政策认同第四，文化认同第五，体制认同第六；2016 年是身份认同第一，发展认同第二，政党认同第三，文化认同第四，政策认同第五，体制认同第六（第四、五位排序与 2012 年不同，尤其需要注意的是文化认同排序在政策认同之前，也是比较少见的现象）。两次调查显示的不同收入被试的六种认同的得分排序大都有重要的变化，显然是值得注意的现象。

表 9 - 1 - 13　　　　　**不同收入被试六种认同得分排序的变化**

认同项目	低收入		较低收入		中低收入		中高收入		较高收入		高收入	
	2012	2016	2012	2016	2012	2016	2012	2016	2012	2016	2012	2016
体制	5	5	5	6	6	6	6	6	6	6	6	6
政党	3	4	3	3	3	2	3	4	3	3	3	3
身份	1	1	1	1	1	1	1	1	1	1	1	1
文化	6	6	6	5	5	5	5	5	5	5	5	4
政策	4	3	4	4	4	4	4	3	4	4	4	5
发展	2	2	2	2	2	2	2	2	2	2	2	2

二　不同收入被试的体制认同比较

对不同收入被试体制认同得分的差异性进行方差分析（见表 9 - 2 - 1、表 9 - 2 - 2、表 9 - 2 - 3、表 9 - 2 - 4 和图 9 - 2），2012 年问卷调查显示不同收入被试的体制认同得分之间差异显著，$F = 12.895$，$p < 0.001$，低收入被试（$M = 3.49$，$SD = 0.51$）的得分显著高于中低收入被试（$M = 3.42$，$SD = 0.54$）、中高收入被试（$M = 3.35$，$SD = 0.57$）、较高收入被试（$M = 3.33$，$SD = 0.63$）、高收入被试（$M = 3.33$，$SD = 0.58$），与较低收入被试（$M = 3.47$，$SD = 0.52$）之间的得分差异不显著；较低收入被试的得分显著高于中低收入、中高收入、较高收入、高收入被试；中低收入被试的得分显著高于中高收入、较高收入、高收入被试；中高收入、较高收入、高收入三种被试相互间的得分差异均不显著。2016 年问卷调查也显示不同收入被试的体制认同得分之间差异显著，$F = 3.701$，$p < 0.01$，高收入被试（$M = 3.36$，$SD = 0.55$）的得分显著低于低收入被试（$M = 3.47$，$SD = 0.50$）、较低收入被试（$M = 3.43$，$SD = 0.48$）、中低收入被试（$M = 3.43$，$SD = 0.48$）、中高收入被试（$M = 3.45$，$SD = $

0.49）和较高收入被试（$M = 3.41$，$SD = 0.50$）；低收入被试的得分显著高于较低收入、较高收入被试，与中低收入、中高收入被试之间的得分差异不显著；中高收入的得分显著高于较高收入被试，与较低收入、中低收入被试之间的得分差异不显著；较低收入、中低收入、较高收入三种被试相互间的得分差异均不显著。

通过比较可以看出，2012 年出现的两种收入被试（低收入和较低收入被试）体制认同得分显著高于另四种收入被试的现象，2016 年未再出现，而是出现了一种收入被试（高收入被试）体制认同得分显著低于另五种收入被试的现象。

表 9 - 2 - 1　　　　　　不同收入被试体制认同得分的差异比较

2012 年问卷调查		N	均值	标准差	标准误	95% 置信区间		极小值	极大值
						下限	上限		
体制认同	低收入	2014	3.4856	0.50813	0.01132	3.4634	3.5078	1.00	5.00
	较低收入	1581	3.4657	0.52212	0.01313	3.4400	3.4915	1.00	5.00
	中低收入	1238	3.4249	0.53802	0.01529	3.3949	3.4549	1.00	5.00
	中高收入	689	3.3498	0.57459	0.02189	3.3068	3.3928	1.00	5.00
	较高收入	428	3.3287	0.62806	0.03036	3.2690	3.3883	1.00	5.00
	高收入	187	3.3316	0.58403	0.04271	3.2473	3.4158	1.67	5.00
	总数	6137	3.4373	0.53953	0.00689	3.4238	3.4508	1.00	5.00

2016 年问卷调查		N	均值	标准差	标准误	95% 置信区间		极小值	极大值
						下限	上限		
体制认同	低收入	1420	3.4676	0.49865	0.01323	3.4416	3.4936	1.00	5.00
	较低收入	1421	3.4265	0.47964	0.01272	3.4015	3.4514	1.00	5.00
	中低收入	1406	3.4334	0.48131	0.01284	3.4082	3.4586	1.33	5.00
	中高收入	1176	3.4501	0.49409	0.01441	3.4218	3.4784	1.67	5.00
	较高收入	832	3.4054	0.50178	0.01740	3.3713	3.4396	1.67	5.00
	高收入	326	3.3589	0.54946	0.03043	3.2990	3.4188	1.33	5.00
	总数	6581	3.4350	0.49368	0.00609	3.4231	3.4470	1.00	5.00

表9-2-2　　　　不同收入被试体制认同得分的方差分析结果

2012年问卷调查		平方和	df	均方	F	显著性
体制认同	组间	18.588	5	3.718	12.895	0.000
	组内	1767.572	6131	0.288		
	总数	1786.160	6136			
2016年问卷调查		平方和	df	均方	F	显著性
体制认同	组间	4.500	5	0.900	3.701	0.002
	组内	1599.202	6575	0.243		
	总数	1603.702	6580			

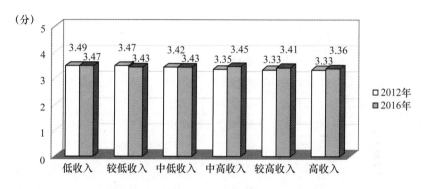

图9-2　不同收入被试的体制认同得分比较

表9-2-3　　　　不同收入被试体制认同得分的多重比较（2012年）

因变量	(I)收入	(J)收入	均值差 (I-J)	标准误	显著性	95% 置信区间 下限	95% 置信区间 上限
体制认同	低收入	较低收入	0.01986	0.01804	0.271	-0.0155	0.0552
		中低收入	0.06072 *	0.01939	0.002	0.0227	0.0987
		中高收入	0.13582 *	0.02370	0.000	0.0894	0.1823
		较高收入	0.15694 *	0.02858	0.000	0.1009	0.2130
		高收入	0.15405 *	0.04105	0.000	0.0736	0.2345

续表

因变量	（I）收入	（J）收入	均值差（I－J）	标准误	显著性	95% 置信区间 下限	上限
体制认同	较低收入	低收入	－0.01986	0.01804	0.271	－0.0552	0.0155
		中低收入	0.04086*	0.02038	0.045	0.0009	0.0808
		中高收入	0.11596*	0.02451	0.000	0.0679	0.1640
		较高收入	0.13708*	0.02926	0.000	0.0797	0.1944
		高收入	0.13419*	0.04152	0.001	0.0528	0.2156
	中低收入	低收入	－0.06072*	0.01939	0.002	－0.0987	－0.0227
		较低收入	－0.04086*	0.02038	0.045	－0.0808	－0.0009
		中高收入	0.07510*	0.02552	0.003	0.0251	0.1251
		较高收入	0.09622*	0.03011	0.001	0.0372	0.1552
		高收入	0.09333*	0.04213	0.027	0.0107	0.1759
	中高收入	低收入	－0.13582*	0.02370	0.000	－0.1823	－0.0894
		较低收入	－0.11596*	0.02451	0.000	－0.1640	－0.0679
		中低收入	－0.07510*	0.02552	0.003	－0.1251	－0.0251
		较高收入	0.02112	0.03305	0.523	－0.0437	0.0859
		高收入	0.01823	0.04427	0.681	－0.0686	0.1050
	较高收入	低收入	－0.15694*	0.02858	0.000	－0.2130	－0.1009
		较低收入	－0.13708*	0.02926	0.000	－0.1944	－0.0797
		中低收入	－0.09622*	0.03011	0.001	－0.1552	－0.0372
		中高收入	－0.02112	0.03305	0.523	－0.0859	0.0437
		高收入	－0.00289	0.04707	0.951	－0.0952	0.0894
	高收入	低收入	－0.15405*	0.04105	0.000	－0.2345	－0.0736
		较低收入	－0.13419*	0.04152	0.001	－0.2156	－0.0528
		中低收入	－0.09333*	0.04213	0.027	－0.1759	－0.0107
		中高收入	－0.01823	0.04427	0.681	－0.1050	0.0686
		较高收入	0.00289	0.04707	0.951	－0.0894	0.0952

* 均值差的显著性水平为 0.05。

表9-2-4　　　不同收入被试体制认同得分的多重比较（2016 年）

因变量	（I）收入	（J）收入	均值差（I-J）	标准误	显著性	95% 置信区间	
						下限	上限
体制认同	低收入	较低收入	0.04115 *	0.01851	0.026	0.0049	0.0774
		中低收入	0.03422	0.01855	0.065	-0.0021	0.0706
		中高收入	0.01749	0.01945	0.368	-0.0206	0.0556
		较高收入	0.06216 *	0.02153	0.004	0.0199	0.1044
		高收入	0.10871 *	0.03029	0.000	0.0493	0.1681
	较低收入	低收入	-0.04115 *	0.01851	0.026	-0.0774	-0.0049
		中低收入	-0.00692	0.01855	0.709	-0.0433	0.0294
		中高收入	-0.02365	0.01944	0.224	-0.0618	0.0145
		较高收入	0.02101	0.02153	0.329	-0.0212	0.0632
		高收入	0.06756 *	0.03029	0.026	0.0082	0.1269
	中低收入	低收入	-0.03422	0.01855	0.065	-0.0706	0.0021
		较低收入	0.00692	0.01855	0.709	-0.0294	0.0433
		中高收入	-0.01673	0.01949	0.391	-0.0549	0.0215
		较高收入	0.02793	0.02157	0.195	-0.0144	0.0702
		高收入	0.07449 *	0.03032	0.014	0.0151	0.1339
	中高收入	低收入	-0.01749	0.01945	0.368	-0.0556	0.0206
		较低收入	0.02365	0.01944	0.224	-0.0145	0.0618
		中低收入	0.01673	0.01949	0.391	-0.0215	0.0549
		较高收入	0.04466 *	0.02234	0.046	0.0009	0.0885
		高收入	0.09122 *	0.03087	0.003	0.0307	0.1517
	较高收入	低收入	-0.06216 *	0.02153	0.004	-0.1044	-0.0199
		较低收入	-0.02101	0.02153	0.329	-0.0632	0.0212
		中低收入	-0.02793	0.02157	0.195	-0.0702	0.0144
		中高收入	-0.04466 *	0.02234	0.046	-0.0885	-0.0009
		高收入	0.04655	0.03222	0.149	-0.0166	0.1097
	高收入	低收入	-0.10871 *	0.03029	0.000	-0.1681	-0.0493
		较低收入	-0.06756 *	0.03029	0.026	-0.1269	-0.0082
		中低收入	-0.07449 *	0.03032	0.014	-0.1339	-0.0151
		中高收入	-0.09122 *	0.03087	0.003	-0.1517	-0.0307
		较高收入	-0.04655	0.03222	0.149	-0.1097	0.0166

* 均值差的显著性水平为 0.05。

2016 年与 2012 年相比，低收入被试体制认同的得分下降 0.02 分，较低收入被试体制认同的得分下降 0.04 分，中低收入被试体制认同的得分上升 0.01 分，中高收入被试体制认同的得分上升 0.10 分，较高收入被试体制认同的得分上升 0.08 分，高收入被试体制认同的得分上升 0.03 分（见表 9-2-5）。正是由于低收入、较低收入被试体制认同得分的下降和其他四种收入被试得分的上升，使得这两种收入被试的得分优势有所减弱。高收入被试体制认同得分上升的幅度小于中高收入和较高收入被试，使其得分达到了显著低于另五种收入被试的水平（2012 年高收入被试的得分已经显著低于低收入、较低收入、中低收入被试，与中高收入、较高收入被试得分接近）。

表 9-2-5   不同收入被试体制认同得分的变化

项目	2012 年问卷调查	2016 年问卷调查	2016 年比 2012 年增减
低收入	3.49	3.47	-0.02
较低收入	3.47	3.43	-0.04
中低收入	3.42	3.43	+0.01
中高收入	3.35	3.45	+0.10
较高收入	3.33	3.41	+0.08
高收入	3.33	3.36	+0.03

三　不同收入被试的政党认同比较

对不同收入被试政党认同得分的差异性进行方差分析（见表 9-3-1、表 9-3-2、表 9-3-3、表 9-3-4 和图 9-3），2012 年问卷调查显示不同收入被试的政党认同得分之间差异显著，$F = 4.303$，$p < 0.01$，低收入被试（$M = 3.65$，$SD = 0.59$）的得分显著高于中低收入被试（$M = 3.58$，$SD = 0.62$）、较高收入被试（$M = 3.56$，$SD = 0.71$），与较低收入被试（$M = 3.67$，$SD = 0.61$）、中高收入被试（$M = 3.61$，$SD = 0.71$）、高收入被试（$M = 3.58$，$SD = 0.66$）之间的得分差异均不显著；较低收入被试的得分显著高于中低收入、中高

收入、较高收入被试，与高收入被试之间的得分差异不显著；中低收入、中高收入、较高收入、高收入四种被试两两之间的得分差异均不显著。2016 年问卷调查则显示，不同收入被试的政党认同得分之间的差异未达到显著水平，只是低收入被试（$M = 3.61$，$SD = 0.55$）的得分显著高于中高收入被试（$M = 3.55$，$SD = 0.60$）。

表 9 - 3 - 1　　　　　　　不同收入被试政党认同得分的差异比较

2012 年问卷调查		N	均值	标准差	标准误	95% 置信区间		极小值	极大值
						下限	上限		
政党认同	低收入	2014	3.6493	0.59368	0.01323	3.6233	3.6752	1.00	5.00
	较低收入	1579	3.6679	0.60661	0.01527	3.6380	3.6979	1.33	5.00
	中低收入	1235	3.5835	0.61651	0.01754	3.5491	3.6180	1.00	5.00
	中高收入	689	3.6110	0.71096	0.02709	3.5579	3.6642	1.00	5.00
	较高收入	427	3.5597	0.71263	0.03449	3.4919	3.6275	1.00	5.00
	高收入	186	3.5824	0.66266	0.04859	3.4866	3.6783	1.67	5.00
	总数	6130	3.6283	0.62745	0.00801	3.6126	3.6440	1.00	5.00

2016 年问卷调查		N	均值	标准差	标准误	95% 置信区间		极小值	极大值
						下限	上限		
政党认同	低收入	1417	3.6107	0.55334	0.01470	3.5818	3.6395	1.33	5.00
	较低收入	1421	3.5904	0.57195	0.01517	3.5607	3.6202	1.33	5.00
	中低收入	1403	3.5885	0.56793	0.01516	3.5588	3.6182	1.33	5.00
	中高收入	1171	3.5468	0.59594	0.01741	3.5127	3.5810	1.33	5.00
	较高收入	832	3.5954	0.57304	0.01987	3.5564	3.6343	1.67	5.00
	高收入	325	3.5990	0.61603	0.03417	3.5317	3.6662	1.33	5.00
	总数	6569	3.5877	0.57406	0.00708	3.5738	3.6015	1.33	5.00

表 9 - 3 - 2　　　　不同收入被试政党认同得分的方差分析结果

2012 年问卷调查		平方和	df	均方	F	显著性
政党认同	组间	8.447	5	1.689	4.303	0.001
	组内	2404.518	6124	0.393		
	总数	2412.965	6129			

续表

2016 年问卷调查		平方和	df	均方	F	显著性
	组间	2.806	5	0.561	1.704	0.130
政党认同	组内	2161.633	6563	0.329		
	总数	2164.440	6568			

表 9 - 3 - 3　　**不同收入被试政党认同得分的多重比较（2012 年）**

因变量	（I）收入	（J）收入	均值差（I－J）	标准误	显著性	95% 置信区间 下限	上限
政党认同	低收入	较低收入	-0.01864	0.02106	0.376	-0.0599	0.0226
		中低收入	0.06575*	0.02265	0.004	0.0214	0.1101
		中高收入	0.03826	0.02766	0.167	-0.0160	0.0925
		较高收入	0.08957*	0.03338	0.007	0.0241	0.1550
		高收入	0.06685	0.04802	0.164	-0.0273	0.1610
	较低收入	低收入	0.01864	0.02106	0.376	-0.0226	0.0599
		中低收入	0.08440*	0.02380	0.000	0.0377	0.1311
		中高收入	0.05690*	0.02861	0.047	0.0008	0.1130
		较高收入	0.10821*	0.03418	0.002	0.0412	0.1752
		高收入	0.08550	0.04858	0.078	-0.0097	0.1807
	中低收入	低收入	-0.06575*	0.02265	0.004	-0.1101	-0.0214
		较低收入	-0.08440*	0.02380	0.000	-0.1311	-0.0377
		中高收入	-0.02749	0.02980	0.356	-0.0859	0.0309
		较高收入	0.02382	0.03518	0.498	-0.0451	0.0928
		高收入	0.00110	0.04928	0.982	-0.0955	0.0977
	中高收入	低收入	-0.03826	0.02766	0.167	-0.0925	0.0160
		较低收入	-0.05690*	0.02861	0.047	-0.1130	-0.0008
		中低收入	0.02749	0.02980	0.356	-0.0309	0.0859
		较高收入	0.05131	0.03859	0.184	-0.0243	0.1270
		高收入	0.02859	0.05178	0.581	-0.0729	0.1301

续表

因变量	（I）收入	（J）收入	均值差（I-J）	标准误	显著性	95% 置信区间	
						下限	上限
政党认同	较高收入	低收入	-0.08957*	0.03338	0.007	-0.1550	-0.0241
		较低收入	-0.10821*	0.03418	0.002	-0.1752	-0.0412
		中低收入	-0.02382	0.03518	0.498	-0.0928	0.0451
		中高收入	-0.05131	0.03859	0.184	-0.1270	0.0243
		高收入	-0.02272	0.05505	0.680	-0.1306	0.0852
	高收入	低收入	-0.06685	0.04802	0.164	-0.1610	0.0273
		较低收入	-0.08550	0.04858	0.078	-0.1807	0.0097
		中低收入	-0.00110	0.04928	0.982	-0.0977	0.0955
		中高收入	-0.02859	0.05178	0.581	-0.1301	0.0729
		较高收入	0.02272	0.05505	0.680	-0.0852	0.1306

* 均值差的显著性水平为 0.05。

表 9-3-4　　不同收入被试政党认同得分的多重比较（2016 年）

因变量	（I）收入	（J）收入	均值差（I-J）	标准误	显著性	95% 置信区间	
						下限	上限
政党认同	低收入	较低收入	0.02025	0.02155	0.347	-0.0220	0.0625
		中低收入	0.02218	0.02161	0.305	-0.0202	0.0646
		中高收入	0.06385*	0.02267	0.005	0.0194	0.1083
		较高收入	0.01533	0.02507	0.541	-0.0338	0.0645
		高收入	0.01171	0.03530	0.740	-0.0575	0.0809
	较低收入	低收入	-0.02025	0.02155	0.347	-0.0625	0.0220
		中低收入	0.00193	0.02160	0.929	-0.0404	0.0443
		中高收入	0.04360	0.02265	0.054	-0.0008	0.0880
		较高收入	-0.00492	0.02505	0.844	-0.0540	0.0442
		高收入	-0.00855	0.03529	0.809	-0.0777	0.0606

续表

因变量	（I）收入	（J）收入	均值差（I－J）	标准误	显著性	95% 置信区间	
						下限	上限
政党认同	中低收入	低收入	－0.02218	0.02161	0.305	－0.0646	0.0202
		较低收入	－0.00193	0.02160	0.929	－0.0443	0.0404
		中高收入	0.04167	0.02272	0.067	－0.0029	0.0862
		较高收入	－0.00685	0.02511	0.785	－0.0561	0.0424
		高收入	－0.01047	0.03533	0.767	－0.0797	0.0588
	中高收入	低收入	－0.06385 *	0.02267	0.005	－0.1083	－0.0194
		较低收入	－0.04360	0.02265	0.054	－0.0880	0.0008
		中低收入	－0.04167	0.02272	0.067	－0.0862	0.0029
		较高收入	－0.04853	0.02602	0.062	－0.0995	0.0025
		高收入	－0.05215	0.03598	0.147	－0.1227	0.0184
	较高收入	低收入	－0.01533	0.02507	0.541	－0.0645	0.0338
		较低收入	0.00492	0.02505	0.844	－0.0442	0.0540
		中低收入	0.00685	0.02511	0.785	－0.0424	0.0561
		中高收入	0.04853	0.02602	0.062	－0.0025	0.0995
		高收入	－0.00362	0.03754	0.923	－0.0772	0.0700
	高收入	低收入	－0.01171	0.03530	0.740	－0.0809	0.0575
		较低收入	0.00855	0.03529	0.809	－0.0606	0.0777
		中低收入	0.01047	0.03533	0.767	－0.0588	0.0797
		中高收入	0.05215	0.03598	0.147	－0.0184	0.1227
		较高收入	0.00362	0.03754	0.923	－0.0700	0.0772

* 均值差的显著性水平为 0.05。

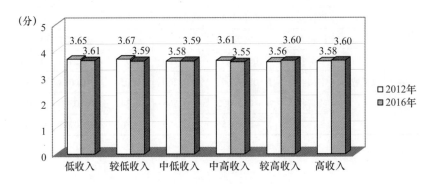

图 9－3　不同收入被试的政党认同得分比较

2016 年与 2012 年相比，低收入被试政党认同的得分下降 0.04 分，较低收入被试政党认同的得分下降 0.08 分，中低收入被试政党认同的得分上升 0.01 分，中高收入被试政党认同的得分下降 0.06 分，较高收入被试政党认同的得分上升 0.04 分，高收入被试政党认同的得分上升 0.02 分（见表 9 - 3 - 5）。由于原来得分偏高的低收入、较低收入、中高收入被试政党认同得分下降和得分偏低的其他被试得分上升，使得不同收入被试政党认同的整体性得分差异由显著变成了不显著。

表 9 - 3 - 5　　　　　　不同收入被试政党认同得分的变化

项目	2012 年问卷调查	2016 年问卷调查	2016 年比 2012 年增减
低收入	3.65	3.61	- 0.04
较低收入	3.67	3.59	- 0.08
中低收入	3.58	3.59	+ 0.01
中高收入	3.61	3.55	- 0.06
较高收入	3.56	3.60	+ 0.04
高收入	3.58	3.60	+ 0.02

四　不同收入被试的身份认同比较

对不同收入被试身份认同得分的差异性进行方差分析（见表 9 - 4 - 1、表 9 - 4 - 2、表 9 - 4 - 3、表 9 - 4 - 4 和图 9 - 4），2012 年问卷调查显示不同收入被试的身份认同得分之间差异显著，$F = 3.344$，$p < 0.01$，低收入被试（$M = 4.15$，$SD = 0.67$）的得分显著低于较低收入被试（$M = 4.21$，$SD = 0.65$）、中低收入被试（$M = 4.21$，$SD = 0.66$）、较高收入被试（$M = 4.25$，$SD = 0.64$），与中高收入被试（$M = 4.20$，$SD = 0.71$）、高收入被试（$M = 4.24$，$SD = 0.65$）之间的得分差异不显著；较低收入、中低收入、中高收入、较高收入、高收入五种被试两两之间的得分差异均不显著。2016 年问卷调查也显

示不同收入被试的身份认同得分之间差异显著，$F = 2.417$，$p < 0.05$，低收入被试（$M = 4.14$，$SD = 0.63$）的得分显著高于较低收入被试（$M = 4.09$，$SD = 0.63$）、中低收入被试（$M = 4.06$，$SD = 0.67$）和较高收入被试（$M = 4.07$，$SD = 0.65$），与中高收入被试（$M = 4.09$，$SD = 0.68$）和高收入被试（$M = 4.08$，$SD = 0.64$）之间的得分差异不显著；较低收入、中低收入、中高收入、较高收入、高收入五种被试两两之间的得分差异均不显著。

表 9 - 4 - 1　　　　　　　　不同收入被试身份认同得分的差异比较

2012 年问卷调查		N	均值	标准差	标准误	95% 置信区间		极小值	极大值
						下限	上限		
身份认同	低收入	2016	4.1469	0.66591	0.01483	4.1179	4.1760	1.00	5.00
	较低收入	1583	4.2142	0.64671	0.01625	4.1823	4.2460	1.25	5.00
	中低收入	1236	4.2091	0.65914	0.01875	4.1724	4.2459	1.25	5.00
	中高收入	689	4.2010	0.70508	0.02686	4.1483	4.2538	1.25	5.00
	较高收入	427	4.2529	0.64036	0.03099	4.1920	4.3138	2.00	5.00
	高收入	185	4.2419	0.64737	0.04760	4.1480	4.3358	1.75	5.00
	总数	6136	4.1931	0.66253	0.00846	4.1765	4.2097	1.00	5.00
2016 年问卷调查		N	均值	标准差	标准误	95% 置信区间		极小值	极大值
						下限	上限		
身份认同	低收入	1417	4.1367	0.63073	0.01676	4.1039	4.1696	1.00	5.00
	较低收入	1418	4.0852	0.62888	0.01670	4.0524	4.1179	1.00	5.00
	中低收入	1404	4.0579	0.66609	0.01778	4.0230	4.0927	1.75	5.00
	中高收入	1176	4.0872	0.68257	0.01990	4.0481	4.1262	1.75	5.00
	较高收入	831	4.0653	0.64649	0.02243	4.0213	4.1093	1.50	5.00
	高收入	325	4.0792	0.64045	0.03553	4.0093	4.1491	2.00	5.00
	总数	6571	4.0880	0.65032	0.00802	4.0723	4.1037	1.00	5.00

表9-4-2　　　　不同收入被试身份认同得分的方差分析结果

2012 年问卷调查		平方和	df	均方	F	显著性
身份认同	组间	7.325	5	1.465	3.344	0.005
	组内	2685.574	6130	0.438		
	总数	2692.900	6135			
2016 年问卷调查		平方和	df	均方	F	显著性
身份认同	组间	5.106	5	1.021	2.417	0.034
	组内	2773.445	6565	0.422		
	总数	2778.551	6570			

表9-4-3　　　　不同收入被试身份认同得分的多重比较（2012 年）

因变量	（I）收入	（J）收入	均值差（I-J）	标准误	显著性	95% 置信区间 下限	95% 置信区间 上限
身份认同	低收入	较低收入	-0.06720 *	0.02223	0.003	-0.1108	-0.0236
		中低收入	-0.06219 *	0.02391	0.009	-0.1091	-0.0153
		中高收入	-0.05407	0.02921	0.064	-0.1113	0.0032
		较高收入	-0.10598 *	0.03526	0.003	-0.1751	-0.0369
		高收入	-0.09494	0.05085	0.062	-0.1946	0.0047
	较低收入	低收入	0.06720 *	0.02223	0.003	0.0236	0.1108
		中低收入	0.00501	0.02512	0.842	-0.0442	0.0543
		中高收入	0.01313	0.03021	0.664	-0.0461	0.0724
		较高收入	-0.03878	0.03609	0.283	-0.1095	0.0320
		高收入	-0.02774	0.05143	0.590	-0.1286	0.0731
	中低收入	低收入	0.06219 *	0.02391	0.009	0.0153	0.1091
		较低收入	-0.00501	0.02512	0.842	-0.0543	0.0442
		中高收入	0.00813	0.03147	0.796	-0.0536	0.0698
		较高收入	-0.04379	0.03715	0.239	-0.1166	0.0291
		高收入	-0.03275	0.05218	0.530	-0.1350	0.0695

续表

因变量	（I）收入	（J）收入	均值差（I-J）	标准误	显著性	95% 置信区间	
						下限	上限
身份认同	中高收入	低收入	0.05407	0.02921	0.064	-0.0032	0.1113
		较低收入	-0.01313	0.03021	0.664	-0.0724	0.0461
		中低收入	-0.00813	0.03147	0.796	-0.0698	0.0536
		较高收入	-0.05191	0.04077	0.203	-0.1318	0.0280
		高收入	-0.04088	0.05481	0.456	-0.1483	0.0666
	较高收入	低收入	0.10598 *	0.03526	0.003	0.0369	0.1751
		较低收入	0.03878	0.03609	0.283	-0.0320	0.1095
		中低收入	0.04379	0.03715	0.239	-0.0291	0.1166
		中高收入	0.05191	0.04077	0.203	-0.0280	0.1318
		高收入	0.01104	0.05826	0.850	-0.1032	0.1252
	高收入	低收入	0.09494	0.05085	0.062	-0.0047	0.1946
		较低收入	0.02774	0.05143	0.590	-0.0731	0.1286
		中低收入	0.03275	0.05218	0.530	-0.0695	0.1350
		中高收入	0.04088	0.05481	0.456	-0.0666	0.1483
		较高收入	-0.01104	0.05826	0.850	-0.1252	0.1032

* 均值差的显著性水平为 0.05。

表 9-4-4　　**不同收入被试身份认同得分的多重比较（2016 年）**

因变量	（I）收入	（J）收入	均值差（I-J）	标准误	显著性	95% 置信区间	
						下限	上限
身份认同	低收入	较低收入	0.05158 *	0.02441	0.035	0.0037	0.0994
		中低收入	0.07886 *	0.02448	0.001	0.0309	0.1268
		中高收入	0.04957	0.02564	0.053	-0.0007	0.0998
		较高收入	0.07145 *	0.02840	0.012	0.0158	0.1271
		高收入	0.05750	0.03998	0.150	-0.0209	0.1359
	较低收入	低收入	-0.05158 *	0.02441	0.035	-0.0994	-0.0037
		中低收入	0.02728	0.02447	0.265	-0.0207	0.0753
		中高收入	-0.00200	0.02564	0.938	-0.0523	0.0482
		较高收入	0.01987	0.02840	0.484	-0.0358	0.0755
		高收入	0.00592	0.03997	0.882	-0.0724	0.0843

续表

因变量	（I）收入	（J）收入	均值差 （I-J）	标准误	显著性	95% 置信区间	
						下限	上限
身份 认同	中低收入	低收入	-0.07886*	0.02448	0.001	-0.1268	-0.0309
		较低收入	-0.02728	0.02447	0.265	-0.0753	0.0207
		中高收入	-0.02929	0.02569	0.254	-0.0797	0.0211
		较高收入	-0.00741	0.02845	0.794	-0.0632	0.0484
		高收入	-0.02136	0.04001	0.593	-0.0998	0.0571
	中高收入	低收入	-0.04957	0.02564	0.053	-0.0998	0.0007
		较低收入	0.00200	0.02564	0.938	-0.0482	0.0523
		中低收入	0.02929	0.02569	0.254	-0.0211	0.0797
		较高收入	0.02188	0.02946	0.458	-0.0359	0.0796
		高收入	0.00793	0.04073	0.846	-0.0719	0.0878
	较高收入	低收入	-0.07145*	0.02840	0.012	-0.1271	-0.0158
		较低收入	-0.01987	0.02840	0.484	-0.0755	0.0358
		中低收入	0.00741	0.02845	0.794	-0.0484	0.0632
		中高收入	-0.02188	0.02946	0.458	-0.0796	0.0359
		高收入	-0.01395	0.04252	0.743	-0.0973	0.0694
	高收入	低收入	-0.05750	0.03998	0.150	-0.1359	0.0209
		较低收入	-0.00592	0.03997	0.882	-0.0843	0.0724
		中低收入	0.02136	0.04001	0.593	-0.0571	0.0998
		中高收入	-0.00793	0.04073	0.846	-0.0878	0.0719
		较高收入	0.01395	0.04252	0.743	-0.0694	0.0973

* 均值差的显著性水平为 0.05。

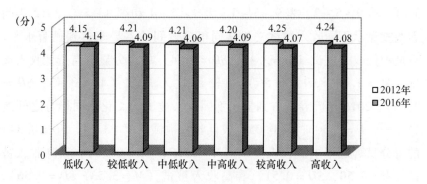

图 9-4　不同收入被试的身份认同得分比较

2016 年与 2012 年相比，低收入被试身份认同的得分下降 0.01 分，较低收入被试身份认同的得分下降 0.12 分，中低收入被试身份认同的得分下降 0.15 分，中高收入被试身份认同的得分下降 0.11 分，较高收入被试身份认同的得分下降 0.18 分，高收入被试身份认同的得分下降 0.16 分（见表 9 - 4 - 5）。由于原来得分最低的低收入被试身份认同得分略有下降，而其他被试的得分都有较大幅度下降，使得低收入被试的身份认同得分由显著低于较低收入、中低收入、较高收入三种被试变成了显著高于较低收入、中低收入、较高收入三种被试。

表 9 - 4 - 5　　　　　　不同收入被试身份认同得分的变化

项目	2012 年问卷调查	2016 年问卷调查	2016 年比 2012 年增减
低收入	4.15	4.14	- 0.01
较低收入	4.21	4.09	- 0.12
中低收入	4.21	4.06	- 0.15
中高收入	4.20	4.09	- 0.11
较高收入	4.25	4.07	- 0.18
高收入	4.24	4.08	- 0.16

五　不同收入被试的文化认同比较

对不同收入被试文化认同得分的差异性进行方差分析（见表 9 - 5 - 1、表 9 - 5 - 2、表 9 - 5 - 3、表 9 - 5 - 4 和图 9 - 5），2012 年问卷调查显示不同收入被试文化认同得分之间的差异未达到显著水平，只是中低收入被试（$M = 3.48$，$SD = 0.54$）的得分显著高于低收入被试（$M = 3.42$，$SD = 0.56$）和较低收入被试（$M = 3.43$，$SD = 0.56$）。2016 年问卷调查则显示不同收入被试的文化认同得分之间差异显著，$F = 2.503$，$p < 0.05$，较低收入被试（$M = 3.44$，$SD = 0.54$）的得分显著低于中低收入被试（$M = 3.50$，$SD = 0.56$）、较高收入被试（$M = 3.50$，$SD = 0.51$）和高收入被试（$M = 3.53$，$SD = 0.56$），与低收入被试（$M = 3.47$，$SD = 0.55$）、中高收入被试（$M = 3.47$，

$SD=0.59$）之间的得分差异不显著；低收入被试的得分显著低于高收入被试，与中低收入、中高收入、较高收入被试之间的得分差异不显著；中低收入、中高收入、较高收入、高收入四种被试两两之间的得分差异均不显著。

表 9 - 5 - 1 　　　　　不同收入被试文化认同得分的差异比较

2012 年问卷调查		N	均值	标准差	标准误	95% 置信区间		极小值	极大值
						下限	上限		
文化认同	低收入	2013	3.4179	0.56396	0.01257	3.3933	3.4426	1.00	5.00
	较低收入	1580	3.4281	0.55816	0.01404	3.4005	3.4556	1.00	5.00
	中低收入	1236	3.4752	0.53674	0.01527	3.4452	3.5051	1.67	5.00
	中高收入	687	3.4600	0.59935	0.02287	3.4151	3.5049	1.67	5.00
	较高收入	427	3.4582	0.56411	0.02730	3.4046	3.5119	1.33	5.00
	高收入	186	3.4104	0.56688	0.04157	3.3284	3.4924	1.67	5.00
	总数	6129	3.4394	0.56155	0.00717	3.4253	3.4534	1.00	5.00

2016 年问卷调查		N	均值	标准差	标准误	95% 置信区间		极小值	极大值
						下限	上限		
文化认同	低收入	1418	3.4664	0.55045	0.01462	3.4377	3.4951	1.33	5.00
	较低收入	1420	3.4427	0.53571	0.01422	3.4148	3.4706	1.33	5.00
	中低收入	1404	3.4957	0.55695	0.01486	3.4666	3.5249	1.33	5.00
	中高收入	1176	3.4668	0.59250	0.01728	3.4329	3.5007	1.00	5.00
	较高收入	831	3.4978	0.51298	0.01780	3.4629	3.5327	2.00	5.00
	高收入	326	3.5337	0.56452	0.03127	3.4722	3.5953	1.67	5.00
	总数	6575	3.4749	0.55296	0.00682	3.4616	3.4883	1.00	5.00

表 9 - 5 - 2 　　　　　不同收入被试文化认同得分的方差分析结果

2012 年问卷调查		平方和	df	均方	F	显著性
文化认同	组间	3.311	5	0.662	2.102	0.062
	组内	1929.088	6123	0.315		
	总数	1932.399	6128			

续表

2016 年问卷调查		平方和	df	均方	F	显著性
文化认同	组间	3.823	5	0.765	2.503	0.028
	组内	2006.239	6569	0.305		
	总数	2010.062	6574			

表 9 - 5 - 3　　不同收入被试文化认同得分的多重比较（2012 年）

因变量	（I）收入	（J）收入	均值差（I - J）	标准误	显著性	95% 置信区间	
						下限	上限
文化认同	低收入	较低收入	- 0.01011	0.01887	0.592	- 0.0471	0.0269
		中低收入	- 0.05724 *	0.02028	0.005	- 0.0970	- 0.0175
		中高收入	- 0.04202	0.02480	0.090	- 0.0906	0.0066
		较高收入	- 0.04029	0.02991	0.178	- 0.0989	0.0183
		高收入	0.00756	0.04302	0.861	- 0.0768	0.0919
	较低收入	低收入	0.01011	0.01887	0.592	- 0.0269	0.0471
		中低收入	- 0.04713 *	0.02131	0.027	- 0.0889	- 0.0053
		中高收入	- 0.03191	0.02565	0.214	- 0.0822	0.0184
		较高收入	- 0.03018	0.03061	0.324	- 0.0902	0.0298
		高收入	0.01766	0.04351	0.685	- 0.0676	0.1030
	中低收入	低收入	0.05724 *	0.02028	0.005	0.0175	0.0970
		较低收入	0.04713 *	0.02131	0.027	0.0053	0.0889
		中高收入	0.01522	0.02671	0.569	- 0.0371	0.0676
		较高收入	0.01695	0.03151	0.591	- 0.0448	0.0787
		高收入	0.06479	0.04414	0.142	- 0.0217	0.1513
	中高收入	低收入	0.04202	0.02480	0.090	- 0.0066	0.0906
		较低收入	0.03191	0.02565	0.214	- 0.0184	0.0822
		中低收入	- 0.01522	0.02671	0.569	- 0.0676	0.0371
		较高收入	0.00174	0.03459	0.960	- 0.0661	0.0695
		高收入	0.04958	0.04639	0.285	- 0.0414	0.1405

续表

因变量	(I) 收入	(J) 收入	均值差 (I－J)	标准误	显著性	95% 置信区间	
						下限	上限
文化认同	较高收入	低收入	0.04029	0.02991	0.178	－0.0183	0.0989
		较低收入	0.03018	0.03061	0.324	－0.0298	0.0902
		中低收入	－0.01695	0.03151	0.591	－0.0787	0.0448
		中高收入	－0.00174	0.03459	0.960	－0.0695	0.0661
		高收入	0.04784	0.04931	0.332	－0.0488	0.1445
	高收入	低收入	－0.00756	0.04302	0.861	－0.0919	0.0768
		较低收入	－0.01766	0.04351	0.685	－0.1030	0.0676
		中低收入	－0.06479	0.04414	0.142	－0.1513	0.0217
		中高收入	－0.04958	0.04639	0.285	－0.1405	0.0414
		较高收入	－0.04784	0.04931	0.332	－0.1445	0.0488

* 均值差的显著性水平为 0.05。

表 9－5－4　　**不同收入被试文化认同得分的多重比较（2016 年）**

因变量	(I) 收入	(J) 收入	均值差 (I－J)	标准误	显著性	95% 置信区间	
						下限	上限
文化认同	低收入	较低收入	0.02366	0.02075	0.254	－0.0170	0.0643
		中低收入	－0.02934	0.02081	0.159	－0.0701	0.0114
		中高收入	－0.00045	0.02180	0.983	－0.0432	0.0423
		较高收入	－0.03141	0.02414	0.193	－0.0787	0.0159
		高收入	－0.06736 *	0.03394	0.047	－0.1339	－0.0008
	较低收入	低收入	－0.02366	0.02075	0.254	－0.0643	0.0170
		中低收入	－0.05300 *	0.02080	0.011	－0.0938	－0.0122
		中高收入	－0.02411	0.02179	0.268	－0.0668	0.0186
		较高收入	－0.05507 *	0.02414	0.023	－0.1024	－0.0078
		高收入	－0.09102 *	0.03394	0.007	－0.1576	－0.0245
	中低收入	低收入	0.02934	0.02081	0.159	－0.0114	0.0701
		较低收入	0.05300 *	0.02080	0.011	0.0122	0.0938
		中高收入	0.02889	0.02185	0.186	－0.0139	0.0717
		较高收入	－0.00207	0.02419	0.932	－0.0495	0.0453
		高收入	－0.03802	0.03398	0.263	－0.1046	0.0286

续表

因变量	（I）收入	（J）收入	均值差 （I-J）	标准误	显著性	95% 置信区间	
						下限	上限
文化 认同	中高收入	低收入	0.00045	0.02180	0.983	-0.0423	0.0432
		较低收入	0.02411	0.02179	0.268	-0.0186	0.0668
		中低收入	-0.02889	0.02185	0.186	-0.0717	0.0139
		较高收入	-0.03096	0.02504	0.216	-0.0801	0.0181
		高收入	-0.06691	0.03459	0.053	-0.1347	0.0009
	较高收入	低收入	0.03141	0.02414	0.193	-0.0159	0.0787
		较低收入	0.05507 *	0.02414	0.023	0.0078	0.1024
		中低收入	0.00207	0.02419	0.932	-0.0453	0.0495
		中高收入	0.03096	0.02504	0.216	-0.0181	0.0801
		高收入	-0.03595	0.03612	0.320	-0.1067	0.0349
	高收入	低收入	0.06736 *	0.03394	0.047	0.0008	0.1339
		较低收入	0.09102 *	0.03394	0.007	0.0245	0.1576
		中低收入	0.03802	0.03398	0.263	-0.0286	0.1046
		中高收入	0.06691	0.03459	0.053	-0.0009	0.1347
		较高收入	0.03595	0.03612	0.320	-0.0349	0.1067

* 均值差的显著性水平为 0.05。

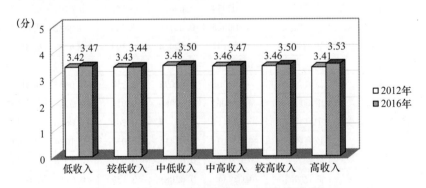

图 9-5 不同收入被试的文化认同得分比较

2016 年与 2012 年相比，低收入被试文化认同的得分上升 0.05 分，较低收入被试文化认同的得分上升 0.01 分，中低收入被试文化

认同的得分上升 0.02 分，中高收入被试文化认同的得分上升 0.01
分，较高收入被试文化认同的得分上升 0.04 分，高收入被试文化认
同的得分上升 0.12 分（见表 9 - 5 - 5）。正是由于原来得分最低的高
收入被试文化认同得分上升幅度最大，成为最高得分并显著高于低收
入、较低收入两种被试，使得不同收入被试文化认同的整体性得分差
异由不显著变成了显著。

表 9 - 5 - 5　　　　　　　不同收入被试文化认同得分的变化

项目	2012 年问卷调查	2016 年问卷调查	2016 年比 2012 年增减
低收入	3.42	3.47	+ 0.05
较低收入	3.43	3.44	+ 0.01
中低收入	3.48	3.50	+ 0.02
中高收入	3.46	3.47	+ 0.01
较高收入	3.46	3.50	+ 0.04
高收入	3.41	3.53	+ 0.12

六　不同收入被试的政策认同比较

对不同收入被试政策认同得分的差异性进行方差分析（见表 9 -
6 - 1、表 9 - 6 - 2、表 9 - 6 - 3、表 9 - 6 - 4 和图 9 - 6），2012 年问
卷调查显示不同收入被试的政策认同得分之间差异显著，$F = 6.483$，
$p < 0.001$，低收入被试（$M = 3.65$，$SD = 0.68$）的得分显著高于中低
收入被试（$M = 3.56$，$SD = 0.70$）、中高收入被试（$M = 3.53$，$SD = 0.76$）、较高收入被试（$M = 3.54$，$SD = 0.67$）、高收入被试（$M = 3.47$，$SD = 0.75$），与较低收入被试（$M = 3.61$，$SD = 0.67$）之间的
得分差异不显著；较低收入被试的得分显著高于中低收入、中高收
入、较高收入、高收入被试；中低收入、中高收入、较高收入、高收
入四种被试两两之间的得分差异均不显著。2016 年问卷调查也显示
不同收入被试的政策认同得分之间差异显著，$F = 2.348$，$p < 0.05$，

低收入被试（$M=3.61$，$SD=0.62$）的得分显著高于较低收入被试（$M=3.56$，$SD=0.61$）、中低收入被试（$M=3.56$，$SD=0.62$）、中高收入被试（$M=3.55$，$SD=0.68$）、较高收入被试（$M=3.53$，$SD=0.63$）和高收入被试（$M=3.53$，$SD=0.63$），较低收入、中低收入、中高收入、较高收入、高收入五种被试两两之间的得分差异均不显著。

通过比较可以看出，2012 年的两种收入被试（低收入和较低收入被试）政策认同得分显著高于另四种收入被试，在 2016 年变成了一种收入被试（低收入被试）政策认同得分显著高于另五种收入被试，较低收入被试的得分不再显著高于四种收入被试。

表 9 - 6 - 1 不同收入被试政策认同得分的差异比较

2012 年问卷调查		N	均值	标准差	标准误	95% 置信区间		极小值	极大值
						下限	上限		
政策认同	低收入	2014	3.6468	0.67681	0.01508	3.6172	3.6764	1.00	5.00
	较低收入	1581	3.6140	0.67289	0.01692	3.5808	3.6472	1.00	5.00
	中低收入	1238	3.5552	0.69784	0.01983	3.5163	3.5941	1.00	5.00
	中高收入	688	3.5271	0.76278	0.02908	3.4700	3.5842	1.00	5.00
	较高收入	427	3.5363	0.67167	0.03250	3.4724	3.6002	1.33	5.00
	高收入	187	3.4688	0.75377	0.05512	3.3601	3.5775	1.00	5.00
	总数	6135	3.5933	0.69384	0.00886	3.5760	3.6107	1.00	5.00
2016 年问卷调查		N	均值	标准差	标准误	95% 置信区间		极小值	极大值
						下限	上限		
政策认同	低收入	1420	3.6122	0.61854	0.01641	3.5800	3.6444	1.33	5.00
	较低收入	1421	3.5627	0.60636	0.01609	3.5312	3.5943	1.33	5.00
	中低收入	1404	3.5586	0.62494	0.01668	3.5259	3.5914	1.00	5.00
	中高收入	1174	3.5539	0.67785	0.01978	3.5151	3.5928	1.33	5.00
	较高收入	832	3.5329	0.62889	0.02180	3.4901	3.5756	1.33	5.00
	高收入	326	3.5286	0.62896	0.03483	3.4601	3.5972	1.67	5.00
	总数	6577	3.5655	0.63046	0.00777	3.5503	3.5807	1.00	5.00

表9-6-2　　　　不同收入被试政策认同得分的方差分析结果

2012年问卷调查		平方和	df	均方	F	显著性
政策认同	组间	15.536	5	3.107	6.483	0.000
	组内	2937.457	6129	0.479		
	总数	2952.993	6134			
2016年问卷调查		平方和	df	均方	F	显著性
政策认同	组间	4.661	5	0.932	2.348	0.039
	组内	2609.144	6571	0.397		
	总数	2613.806	6576			

表9-6-3　　　　不同收入被试政策认同得分的多重比较（2012年）

因变量	（I）收入	（J）收入	均值差（I-J）	标准误	显著性	95%置信区间下限	上限
政策认同	低收入	较低收入	0.03285	0.02326	0.158	-0.0128	0.0784
		中低收入	0.09161*	0.02500	0.000	0.0426	0.1406
		中高收入	0.11967*	0.03057	0.000	0.0597	0.1796
		较高收入	0.11051*	0.03688	0.003	0.0382	0.1828
		高收入	0.17800*	0.05292	0.001	0.0743	0.2817
	较低收入	低收入	-0.03285	0.02326	0.158	-0.0784	0.0128
		中低收入	0.05876*	0.02627	0.025	0.0073	0.1103
		中高收入	0.08683*	0.03162	0.006	0.0248	0.1488
		较高收入	0.07766*	0.03776	0.040	0.0036	0.1517
		高收入	0.14515*	0.05354	0.007	0.0402	0.2501
	中低收入	低收入	-0.09161*	0.02500	0.000	-0.1406	-0.0426
		较低收入	-0.05876*	0.02627	0.025	-0.1103	-0.0073
		中高收入	0.02806	0.03292	0.394	-0.0365	0.0926
		较高收入	0.01890	0.03885	0.627	-0.0573	0.0951
		高收入	0.08639	0.05431	0.112	-0.0201	0.1929

续表

因变量	（I）收入	（J）收入	均值差（I－J）	标准误	显著性	95％ 置信区间 下限	上限
政策认同	中高收入	低收入	－ 0.11967 *	0.03057	0.000	－ 0.1796	－ 0.0597
		较低收入	－ 0.08683 *	0.03162	0.006	－ 0.1488	－ 0.0248
		中低收入	－ 0.02806	0.03292	0.394	－ 0.0926	0.0365
		较高收入	－ 0.00917	0.04265	0.830	－ 0.0928	0.0744
		高收入	0.05833	0.05709	0.307	－ 0.0536	0.1702
	较高收入	低收入	－ 0.11051 *	0.03688	0.003	－ 0.1828	－ 0.0382
		较低收入	－ 0.07766 *	0.03776	0.040	－ 0.1517	－ 0.0036
		中低收入	－ 0.01890	0.03885	0.627	－ 0.0951	0.0573
		中高收入	0.00917	0.04265	0.830	－ 0.0744	0.0928
		高收入	0.06749	0.06071	0.266	－ 0.0515	0.1865
	高收入	低收入	－ 0.17800 *	0.05292	0.001	－ 0.2817	－ 0.0743
		较低收入	－ 0.14515 *	0.05354	0.007	－ 0.2501	－ 0.0402
		中低收入	－ 0.08639	0.05431	0.112	－ 0.1929	0.0201
		中高收入	－ 0.05833	0.05709	0.307	－ 0.1702	0.0536
		较高收入	－ 0.06749	0.06071	0.266	－ 0.1865	0.0515

* 均值差的显著性水平为 0.05。

表 9 - 6 - 4　　**不同收入被试政策认同得分的多重比较（2016 年）**

因变量	（I）收入	（J）收入	均值差（I－J）	标准误	显著性	95％ 置信区间 下限	上限
政策认同	低收入	较低收入	0.04946 *	0.02364	0.037	0.0031	0.0958
		中低收入	0.05356 *	0.02372	0.024	0.0071	0.1001
		中高收入	0.05826 *	0.02486	0.019	0.0095	0.1070
		较高收入	0.07935 *	0.02751	0.004	0.0254	0.1333
		高收入	0.08358 *	0.03870	0.031	0.0077	0.1594
	较低收入	低收入	－ 0.04946 *	0.02364	0.037	－ 0.0958	－ 0.0031
		中低收入	0.00411	0.02371	0.862	－ 0.0424	0.0506
		中高收入	0.00880	0.02485	0.723	－ 0.0399	0.0575
		较高收入	0.02990	0.02751	0.277	－ 0.0240	0.0838
		高收入	0.03412	0.03870	0.378	－ 0.0417	0.1100

续表

因变量	（I）收入	（J）收入	均值差（I－J）	标准误	显著性	95% 置信区间 下限	95% 置信区间 上限
政策认同	中低收入	低收入	－ 0.05356 *	0.02372	0.024	－ 0.1001	－ 0.0071
		较低收入	－ 0.00411	0.02371	0.862	－ 0.0506	0.0424
		中高收入	0.00470	0.02492	0.851	－ 0.0442	0.0535
		较高收入	0.02579	0.02757	0.350	－ 0.0283	0.0798
		高收入	0.03001	0.03874	0.439	－ 0.0459	0.1060
	中高收入	低收入	－ 0.05826 *	0.02486	0.019	－ 0.1070	－ 0.0095
		较低收入	－ 0.00880	0.02485	0.723	－ 0.0575	0.0399
		中低收入	－ 0.00470	0.02492	0.851	－ 0.0535	0.0442
		较高收入	0.02109	0.02856	0.460	－ 0.0349	0.0771
		高收入	0.02532	0.03945	0.521	－ 0.0520	0.1026
	较高收入	低收入	－ 0.07935 *	0.02751	0.004	－ 0.1333	－ 0.0254
		较低收入	－ 0.02990	0.02751	0.277	－ 0.0838	0.0240
		中低收入	－ 0.02579	0.02757	0.350	－ 0.0798	0.0283
		中高收入	－ 0.02109	0.02856	0.460	－ 0.0771	0.0349
		高收入	0.00422	0.04117	0.918	－ 0.0765	0.0849
	高收入	低收入	－ 0.08358 *	0.03870	0.031	－ 0.1594	－ 0.0077
		较低收入	－ 0.03412	0.03870	0.378	－ 0.1100	0.0417
		中低收入	－ 0.03001	0.03874	0.439	－ 0.1060	0.0459
		中高收入	－ 0.02532	0.03945	0.521	－ 0.1026	0.0520
		较高收入	－ 0.00422	0.04117	0.918	－ 0.0849	0.0765

* 均值差的显著性水平为 0.05。

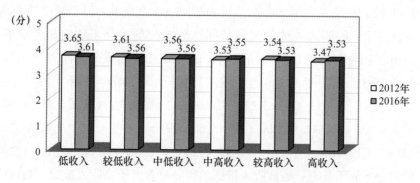

图 9 - 6　不同收入被试的政策认同得分比较

2016 年与 2012 年相比，低收入被试政策认同的得分下降 0.04
分，较低收入被试政策认同的得分下降 0.05 分，中低收入被试政策
认同的得分与 2012 年持平，中高收入被试政策认同的得分上升 0.02
分，较高收入被试政策认同的得分下降 0.01 分，高收入被试政策认
同的得分上升 0.06 分（见表 9 - 6 - 5）。低收入被试的得分尽管有所
下降，但是在较低收入被试得分下降幅度更大的情况下，凸显了其最
高得分的优势，较低收入被试则丧失了原有的偏高得分优势。

表 9 - 6 - 5　　　　　不同收入被试政策认同得分的变化

项目	2012 年问卷调查	2016 年问卷调查	2016 年比 2012 年增减
低收入	3.65	3.61	- 0.04
较低收入	3.61	3.56	- 0.05
中低收入	3.56	3.56	0
中高收入	3.53	3.55	+ 0.02
较高收入	3.54	3.53	- 0.01
高收入	3.47	3.53	+ 0.06

七　不同收入被试的发展认同比较

对不同收入被试发展认同得分的差异性进行方差分析（见表 9 -
7 - 1、表 9 - 7 - 2、表 9 - 7 - 3、表 9 - 7 - 4 和图 9 - 7），2012 年问卷
调查显示不同收入被试的发展认同得分之间的差异未达到显著水平。
2016 年问卷调查则显示不同收入被试的发展认同得分之间差异显著，
$F = 2.693$，$p < 0.05$，中低收入被试（$M = 3.58$，$SD = 0.66$）的得分显
著低于低收入被试（$M = 3.65$，$SD = 0.64$）、较低收入被试（$M = 3.64$，
$SD = 0.63$）和高收入被试（$M = 3.68$，$SD = 0.64$），与中高收入被试
（$M = 3.62$，$SD = 0.64$）和较高收入被试（$M = 3.60$，$SD = 0.66$）之间
的得分差异不显著；较高收入被试的得分显著低于高收入被试，与低收
入、中低收入、中高收入被试之间的得分差异不显著；低收入、较低收

入、中高收入、高收入四种被试两两之间的得分差异均不显著。

表 9-7-1　　　　　不同收入被试发展认同得分的差异比较

2012 年问卷调查		N	均值	标准差	标准误	95% 置信区间		极小值	极大值
						下限	上限		
发展认同	低收入	2015	3.7215	0.64021	0.01426	3.6935	3.7494	1.50	5.00
	较低收入	1581	3.7274	0.60588	0.01524	3.6975	3.7573	1.00	5.00
	中低收入	1237	3.7474	0.61792	0.01757	3.7129	3.7818	2.00	5.00
	中高收入	687	3.7744	0.59029	0.02252	3.7302	3.8186	2.00	5.00
	较高收入	428	3.7763	0.61598	0.02977	3.7178	3.8348	1.75	5.00
	高收入	187	3.8195	0.56545	0.04135	3.7379	3.9011	2.25	5.00
	总数	6135	3.7410	0.61784	0.00789	3.7255	3.7564	1.00	5.00

2016 年问卷调查		N	均值	标准差	标准误	95% 置信区间		极小值	极大值
						下限	上限		
发展认同	低收入	1419	3.6482	0.64479	0.01712	3.6146	3.6817	1.50	5.00
	较低收入	1419	3.6448	0.62877	0.01669	3.6121	3.6776	1.50	5.00
	中低收入	1405	3.5822	0.66016	0.01761	3.5477	3.6168	1.25	5.00
	中高收入	1174	3.6248	0.64391	0.01879	3.5879	3.6617	1.75	5.00
	较高收入	831	3.5981	0.65813	0.02283	3.5533	3.6429	1.75	5.00
	高收入	325	3.6838	0.63998	0.03550	3.6140	3.7537	2.00	5.00
	总数	6573	3.6246	0.64642	0.00797	3.6090	3.6402	1.25	5.00

表 9-7-2　　　　不同收入被试发展认同得分的方差分析结果

2012 年问卷调查		平方和	df	均方	F	显著性
发展认同	组间	3.564	5	0.713	1.868	0.096
	组内	2337.934	6129	0.381		
	总数	2341.498	6134			

2016 年问卷调查		平方和	df	均方	F	显著性
发展认同	组间	5.619	5	1.124	2.693	0.019
	组内	2740.583	6567	0.417		
	总数	2746.202	6572			

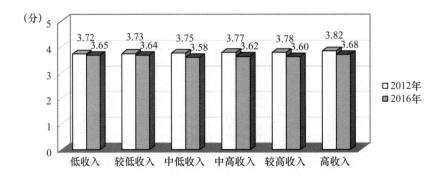

图9-7 不同收入被试的发展认同得分比较

表9-7-3 不同收入被试发展认同得分的多重比较（2012年）

因变量	(I) 收入	(J) 收入	均值差 (I-J)	标准误	显著性	95% 置信区间	
						下限	上限
发展认同	低收入	较低收入	-0.00592	0.02075	0.775	-0.0466	0.0348
		中低收入	-0.02591	0.02231	0.246	-0.0696	0.0178
		中高收入	-0.05292	0.02729	0.053	-0.1064	0.0006
		较高收入	-0.05482	0.03287	0.095	-0.1193	0.0096
		高收入	-0.09805	0.04721	0.038	-0.1906	-0.0055
	较低收入	低收入	0.00592	0.02075	0.775	-0.0348	0.0466
		中低收入	-0.01998	0.02344	0.394	-0.0659	0.0260
		中高收入	-0.04699	0.02822	0.096	-0.1023	0.0083
		较高收入	-0.04890	0.03365	0.146	-0.1149	0.0171
		高收入	-0.09213	0.04776	0.054	-0.1858	0.0015
	中低收入	低收入	0.02591	0.02231	0.246	-0.0178	0.0696
		较低收入	0.01998	0.02344	0.394	-0.0260	0.0659
		中高收入	-0.02701	0.02939	0.358	-0.0846	0.0306
		较高收入	-0.02891	0.03464	0.404	-0.0968	0.0390
		高收入	-0.07215	0.04846	0.137	-0.1671	0.0228

因变量	（I）收入	（J）收入	均值差（I-J）	标准误	显著性	95% 置信区间	
						下限	上限
发展认同	中高收入	低收入	0.05292	0.02729	0.053	-0.0006	0.1064
		较低收入	0.04699	0.02822	0.096	-0.0083	0.1023
		中低收入	0.02701	0.02939	0.358	-0.0306	0.0846
		较高收入	-0.00190	0.03803	0.960	-0.0765	0.0727
		高收入	-0.04514	0.05094	0.376	-0.1450	0.0547
	较高收入	低收入	0.05482	0.03287	0.095	-0.0096	0.1193
		较低收入	0.04890	0.03365	0.146	-0.0171	0.1149
		中低收入	0.02891	0.03464	0.404	-0.0390	0.0968
		中高收入	0.00190	0.03803	0.960	-0.0727	0.0765
		高收入	-0.04323	0.05414	0.425	-0.1494	0.0629
	高收入	低收入	0.09805	0.04721	0.038	0.0055	0.1906
		较低收入	0.09213	0.04776	0.054	-0.0015	0.1858
		中低收入	0.07215	0.04846	0.137	-0.0228	0.1671
		中高收入	0.04514	0.05094	0.376	-0.0547	0.1450
		较高收入	0.04323	0.05414	0.425	-0.0629	0.1494

表 9 - 7 - 4　**不同收入被试发展认同得分的多重比较（2016 年）**

因变量	（I）收入	（J）收入	均值差（I-J）	标准误	显著性	95% 置信区间	
						下限	上限
发展认同	低收入	较低收入	0.00335	0.02425	0.890	-0.0442	0.0509
		中低收入	0.06596 *	0.02431	0.007	0.0183	0.1136
		中高收入	0.02338	0.02549	0.359	-0.0266	0.0733
		较高收入	0.05009	0.02822	0.076	-0.0052	0.1054
		高收入	-0.03568	0.03973	0.369	-0.1136	0.0422
	较低收入	低收入	-0.00335	0.02425	0.890	-0.0509	0.0442
		中低收入	0.06261 *	0.02431	0.010	0.0150	0.1103
		中高收入	0.02003	0.02549	0.432	-0.0299	0.0700
		较高收入	0.04675	0.02822	0.098	-0.0086	0.1021
		高收入	-0.03903	0.03973	0.326	-0.1169	0.0389

因变量	（I）收入	（J）收入	均值差（I－J）	标准误	显著性	95% 置信区间	
						下限	上限
发展认同	中低收入	低收入	－ 0. 06596 *	0. 02431	0. 007	－ 0. 1136	－ 0. 0183
		较低收入	－ 0. 06261 *	0. 02431	0. 010	－ 0. 1103	－ 0. 0150
		中高收入	－ 0. 04258	0. 02554	0. 096	－ 0. 0927	0. 0075
		较高收入	－ 0. 01587	0. 02827	0. 575	－ 0. 0713	0. 0396
		高收入	－ 0. 10164 *	0. 03976	0. 011	－ 0. 1796	－ 0. 0237
	中高收入	低收入	－ 0. 02338	0. 02549	0. 359	－ 0. 0733	0. 0266
		较低收入	－ 0. 02003	0. 02549	0. 432	－ 0. 0700	0. 0299
		中低收入	0. 04258	0. 02554	0. 096	－ 0. 0075	0. 0927
		较高收入	0. 02671	0. 02929	0. 362	－ 0. 0307	0. 0841
		高收入	－ 0. 05906	0. 04049	0. 145	－ 0. 1384	0. 0203
	较高收入	低收入	－ 0. 05009	0. 02822	0. 076	－ 0. 1054	0. 0052
		较低收入	－ 0. 04675	0. 02822	0. 098	－ 0. 1021	0. 0086
		中低收入	0. 01587	0. 02827	0. 575	－ 0. 0396	0. 0713
		中高收入	－ 0. 02671	0. 02929	0. 362	－ 0. 0841	0. 0307
		高收入	－ 0. 08577 *	0. 04226	0. 042	－ 0. 1686	－ 0. 0029
	高收入	低收入	0. 03568	0. 03973	0. 369	－ 0. 0422	0. 1136
		较低收入	0. 03903	0. 03973	0. 326	－ 0. 0389	0. 1169
		中低收入	0. 10164 *	0. 03976	0. 011	0. 0237	0. 1796
		中高收入	0. 05906	0. 04049	0. 145	－ 0. 0203	0. 1384
		较高收入	0. 08577 *	0. 04226	0. 042	0. 0029	0. 1686

* 均值差的显著性水平为 0. 05。

2016 年与 2012 年相比，低收入被试发展认同的得分下降 0. 07 分，较低收入被试发展认同的得分下降 0. 09 分，中低收入被试发展认同的得分下降 0. 17 分，中高收入被试发展认同的得分下降 0. 15 分，较高收入被试发展认同的得分下降 0. 18 分，高收入被试发展认同的得分下降 0. 14 分（见表 9 – 7 – 5）。中低收入被试的发展认同得分原来就偏低，加之得分下降幅度较大，在 2016 年不仅成为最低分并显著低于低收入、较低收入、高收入三种被试，使得不同收入被试发展认同的整体性得分差异由不显著变成了显著。

表 9 - 7 - 5　　　　　不同收入被试发展认同得分的变化

项目	2012 年问卷调查	2016 年问卷调查	2016 年比 2012 年增减
低收入	3.72	3.65	-0.07
较低收入	3.73	3.64	-0.09
中低收入	3.75	3.58	-0.17
中高收入	3.77	3.62	-0.15
较高收入	3.78	3.60	-0.18
高收入	3.82	3.68	-0.14

八　不同收入被试的政治认同总分比较

对不同收入被试政治认同总分的差异性进行方差分析（见表 9 - 8 - 1、表 9 - 8 - 2、表 9 - 8 - 3、表 9 - 8 - 4 和图 9 - 8），2012 年问卷调查显示不同收入被试的政治认同总分之间的差异未达到显著水平。2016 年问卷调查也显示不同收入被试的政治认同总分之间的差异性达到显著水平，但是低收入被试（$M = 3.66$，$SD = 0.37$）的得分显著高于较低收入被试（$M = 3.63$，$SD = 0.36$）、中低收入被试（$M = 3.62$，$SD = 0.39$）、中高收入被试（$M = 3.62$，$SD = 0.42$）、较高收入被试（$M = 3.62$，$SD = 0.40$），与高收入被试（$M = 3.63$，$SD = 0.41$）之间的得分差异不显著。

表 9 - 8 - 1　　　　不同收入被试政治认同总分的差异比较

2012 年问卷调查		N	均值	标准差	标准误	95% 置信区间		极小值	极大值
						下限	上限		
政治认同总分	低收入	2001	3.6796	0.38772	0.00867	3.6626	3.6966	1.64	4.78
	较低收入	1571	3.6883	0.37379	0.00943	3.6698	3.7068	2.19	4.68
	中低收入	1230	3.6658	0.40259	0.01148	3.6433	3.6883	2.24	4.68
	中高收入	685	3.6555	0.44839	0.01713	3.6219	3.6892	2.13	4.64
	较高收入	424	3.6506	0.43436	0.02109	3.6091	3.6920	2.06	4.64
	高收入	184	3.6418	0.40027	0.02951	3.5836	3.7001	2.15	4.58
	总数	6095	3.6732	0.39834	0.00510	3.6632	3.6832	1.64	4.78

续表

2016 年问卷调查		N	均值	标准差	标准误	95% 置信区间		极小值	极大值
						下限	上限		
政治认同总分	低收入	1412	3.6566	0.36991	0.00984	3.6373	3.6759	2.28	4.72
	较低收入	1417	3.6258	0.36114	0.00959	3.6070	3.6447	1.83	4.90
	中低收入	1396	3.6198	0.38970	0.01043	3.5993	3.6402	2.42	4.83
	中高收入	1167	3.6247	0.42289	0.01238	3.6004	3.6490	2.32	4.89
	较高收入	829	3.6178	0.39931	0.01387	3.5906	3.6450	2.31	4.74
	高收入	323	3.6299	0.40971	0.02280	3.5850	3.6747	2.17	4.78
	总数	6544	3.6302	0.38810	0.00480	3.6208	3.6396	1.83	4.90

表 9 - 8 - 2   不同收入被试政治认同总分的方差分析结果

2012 年问卷调查		平方和	df	均方	F	显著性
政治认同总分	组间	1.123	5	0.225	1.416	0.215
	组内	965.841	6089	0.159		
	总数	966.964	6094			
2016 年问卷调查		平方和	df	均方	F	显著性
政治认同总分	组间	1.323	5	0.265	1.757	0.118
	组内	984.192	6538	0.151		
	总数	985.515	6543			

表 9 - 8 - 3   不同收入被试政治认同总分的多重比较（2012 年）

因变量	（I）收入	（J）收入	均值差（I-J）	标准误	显著性	95% 置信区间	
						下限	上限
政治认同总分	低收入	较低收入	-0.00871	0.01343	0.516	-0.0350	0.0176
		中低收入	0.01386	0.01443	0.337	-0.0144	0.0421
		中高收入	0.02412	0.01763	0.171	-0.0104	0.0587
		较高收入	0.02905	0.02129	0.173	-0.0127	0.0708
		高收入	0.03780	0.03068	0.218	-0.0223	0.0979

因变量	（I）收入	（J）收入	均值差（I−J）	标准误	显著性	95% 置信区间	
						下限	上限
政治认同总分	较低收入	低收入	0.00871	0.01343	0.516	−0.0176	0.0350
		中低收入	0.02257	0.01516	0.137	−0.0072	0.0523
		中高收入	0.03283	0.01824	0.072	−0.0029	0.0686
		较高收入	0.03776	0.02180	0.083	−0.0050	0.0805
		高收入	0.04651	0.03103	0.134	−0.0143	0.1073
	中低收入	低收入	−0.01386	0.01443	0.337	−0.0421	0.0144
		较低收入	−0.02257	0.01516	0.137	−0.0523	0.0072
		中高收入	0.01026	0.01899	0.589	−0.0270	0.0475
		较高收入	0.01519	0.02243	0.498	−0.0288	0.0592
		高收入	0.02394	0.03148	0.447	−0.0378	0.0857
	中高收入	低收入	−0.02412	0.01763	0.171	−0.0587	0.0104
		较低收入	−0.03283	0.01824	0.072	−0.0686	0.0029
		中低收入	−0.01026	0.01899	0.589	−0.0475	0.0270
		较高收入	0.00493	0.02461	0.841	−0.0433	0.0532
		高收入	0.01368	0.03307	0.679	−0.0511	0.0785
	较高收入	低收入	−0.02905	0.02129	0.173	−0.0708	0.0127
		较低收入	−0.03776	0.02180	0.083	−0.0805	0.0050
		中低收入	−0.01519	0.02243	0.498	−0.0592	0.0288
		中高收入	−0.00493	0.02461	0.841	−0.0532	0.0433
		高收入	0.00875	0.03516	0.803	−0.0602	0.0777
	高收入	低收入	−0.03780	0.03068	0.218	−0.0979	0.0223
		较低收入	−0.04651	0.03103	0.134	−0.1073	0.0143
		中低收入	−0.02394	0.03148	0.447	−0.0857	0.0378
		中高收入	−0.01368	0.03307	0.679	−0.0785	0.0511
		较高收入	−0.00875	0.03516	0.803	−0.0777	0.0602

表9－8－4　　　　不同收入被试政治认同总分的多重比较（2016年）

因变量	（I）收入	（J）收入	均值差（I－J）	标准误	显著性	95% 置信区间 下限	95% 置信区间 上限
政治认同总分	低收入	较低收入	0.03073 *	0.01459	0.035	0.0021	0.0593
		中低收入	0.03679 *	0.01464	0.012	0.0081	0.0655
		中高收入	0.03184 *	0.01535	0.038	0.0017	0.0619
		较高收入	0.03877 *	0.01698	0.022	0.0055	0.0720
		高收入	0.02671	0.02393	0.264	－ 0.0202	0.0736
	较低收入	低收入	－ 0.03073 *	0.01459	0.035	－ 0.0593	－ 0.0021
		中低收入	0.00606	0.01463	0.679	－ 0.0226	0.0347
		中高收入	0.00111	0.01534	0.942	－ 0.0290	0.0312
		较高收入	0.00804	0.01697	0.636	－ 0.0252	0.0413
		高收入	－ 0.00403	0.02392	0.866	－ 0.0509	0.0429
	中低收入	低收入	－ 0.03679 *	0.01464	0.012	－ 0.0655	－ 0.0081
		较低收入	－ 0.00606	0.01463	0.679	－ 0.0347	0.0226
		中高收入	－ 0.00495	0.01539	0.748	－ 0.0351	0.0252
		较高收入	0.00198	0.01701	0.907	－ 0.0314	0.0353
		高收入	－ 0.01008	0.02396	0.674	－ 0.0570	0.0369
	中高收入	低收入	－ 0.03184 *	0.01535	0.038	－ 0.0619	－ 0.0017
		较低收入	－ 0.00111	0.01534	0.942	－ 0.0312	0.0290
		中低收入	0.00495	0.01539	0.748	－ 0.0252	0.0351
		较高收入	0.00693	0.01762	0.694	－ 0.0276	0.0415
		高收入	－ 0.00513	0.02439	0.833	－ 0.0530	0.0427
	较高收入	低收入	－ 0.03877 *	0.01698	0.022	－ 0.0720	－ 0.0055
		较低收入	－ 0.00804	0.01697	0.636	－ 0.0413	0.0252
		中低收入	－ 0.00198	0.01701	0.907	－ 0.0353	0.0314
		中高收入	－ 0.00693	0.01762	0.694	－ 0.0415	0.0276
		高收入	－ 0.01206	0.02545	0.636	－ 0.0620	0.0378
	高收入	低收入	－ 0.02671	0.02393	0.264	－ 0.0736	0.0202
		较低收入	0.00403	0.02392	0.866	－ 0.0429	0.0509
		中低收入	0.01008	0.02396	0.674	－ 0.0369	0.0570
		中高收入	0.00513	0.02439	0.833	－ 0.0427	0.0530
		较高收入	0.01206	0.02545	0.636	－ 0.0378	0.0620

* 均值差的显著性水平为 0.05。

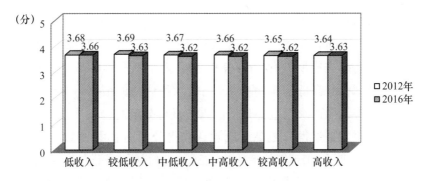

图9-8　不同收入被试的政治认同总分比较

2016年不同收入被试的政治认同总分与2012年相比，低收入被试下降0.02分，较低收入被试下降0.06分，中低收入被试下降0.05分，中高收入被试下降0.04分，较高收入被试下降0.03分，高收入被试下降0.01分（见表9-8-5）。不同收入被试得分的普遍下降并且下降幅度都不是很大，使得政治认同总分差异不显著的现象得以延续。

表9-8-5　　　　　　不同收入被试政治认同总分的变化

项目	2012年问卷调查	2016年问卷调查	2016年比2012年增减
低收入	3.68	3.66	-0.02
较低收入	3.69	3.63	-0.06
中低收入	3.67	3.62	-0.05
中高收入	3.66	3.62	-0.04
较高收入	3.65	3.62	-0.03
高收入	3.64	3.63	-0.01

通过本章的数据比较，可以对不同收入被试在政治认同方面所反映出来的差异做一个简单的小结。

第一，通过两次问卷调查，对不同收入被试的政治认同情况进行比较，可以看出就总体而言，公民的收入水平对政治认同的影响不是很大，因为两次问卷调查都显示不同收入被试的政治认同总分之间的差异均未达到显著水平。

第二，不同收入被试在六种认同上的得分排序，2012 年和 2016 年两次问卷调查有所变化（见表 9 - 9，表中括号内的数字，代表不同收入被试得分高低的排序）。仅比较六种认同的最高得分者，体制认同和政策认同两次调查都是低收入被试得分最高，发展认同两次调查都是高收入被试得分最高，政党认同得分最高者由 2012 年的较低收入被试变成了 2016 年的低收入被试，身份认同得分最高者由 2012 年的较高收入被试变成了 2016 年的低收入被试，文化认同得分最高者由 2012 年的中低收入被试变成了 2016 年的高收入被试。

表 9 - 9　　　　　　　　不同收入被试政治认同得分排序比较

2012 年调查	低收入	较低收入	中低收入	中高收入	较高收入	高收入
体制认同	3.49 (1)	3.47 (2)	3.42 (3)	3.35 (4)	3.33 (5)	3.33 (5)
政党认同	3.65 (2)	3.67 (1)	3.58 (4)	3.61 (3)	3.56 (6)	3.58 (4)
身份认同	4.15 (6)	4.21 (3)	4.21 (3)	4.20 (5)	4.25 (1)	4.24 (2)
文化认同	3.42 (5)	3.43 (4)	3.48 (1)	3.46 (2)	3.46 (2)	3.41 (6)
政策认同	3.65 (1)	3.61 (2)	3.56 (3)	3.53 (5)	3.54 (4)	3.47 (6)
发展认同	3.72 (6)	3.73 (5)	3.75 (4)	3.77 (3)	3.78 (2)	3.82 (1)
认同总分/指数	3.68 (2)	3.69 (1)	3.67 (3)	3.66 (4)	3.65 (5)	3.64 (6)
2016 年调查	低收入	较低收入	中低收入	中高收入	较高收入	高收入
体制认同	3.47 (1)	3.43 (3)	3.43 (3)	3.45 (2)	3.41 (5)	3.36 (6)
政党认同	3.61 (1)	3.59 (4)	3.59 (4)	3.55 (6)	3.60 (2)	3.60 (2)
身份认同	4.14 (1)	4.09 (2)	4.06 (6)	4.09 (2)	4.07 (5)	4.08 (4)
文化认同	3.47 (5)	3.44 (6)	3.50 (2)	3.47 (4)	3.50 (2)	3.54 (1)
政策认同	3.61 (1)	3.56 (2)	3.55 (3)	3.55 (3)	3.53 (5)	3.53 (6)
发展认同	3.65 (2)	3.64 (3)	3.58 (6)	3.62 (4)	3.60 (5)	3.68 (1)
认同总分/指数	3.66 (1)	3.63 (2)	3.62 (4)	3.62 (4)	3.62 (4)	3.63 (2)

第三，在六种认同中，不同收入被试在两次问卷调查中得分差异都达到显著水平的有体制认同、身份认同和政策认同，并且只是在体制认同方面 2016 年出现了一种收入被试（高收入被试）得分显著高

于另五种收入被试的现象，在政策认同方面 2016 年出现了一种收入被试（低收入被试）得分显著低于另五种收入被试的现象；政党认同由 2012 年的得分差异显著变成了 2016 年的得分差异不显著，文化认同和发展认同则由 2012 年的得分差异不显著变成了 2016 年的得分差异显著。也就是说，在具体认同方面，不同收入被试的得分差异也没有达到六种认同"全覆盖"的水平。

第四，比较两次问卷调查不同收入被试的得分情况，可以看出低收入被试和较低收入被试除了文化认同得分有所提高外，另五种认同的得分都有所下降；其他收入被试则大多表现为三种或以上认同得分上升（中低收入被试是体制认同、政党认同、文化认同得分上升，政策认同得分持平，身份认同、发展认同得分下降；中高收入被试是体制认同、文化认同、政策认同得分上升，政党认同、身份认同、发展认同得分下降；较高收入被试是体制认同、政党认同、文化认同得分上升，身份认同、政策认同、发展认同得分下降；高收入被试是体制认同、文化认同、政策认同得分上升，政党认同、身份认同、发展认同得分下降；较高收入被试是体制认同、政党认同、文化认同得分上升，政策认同、身份认同发展认同得分下降）。低收入被试和较低收入被试政治认同各项得分普遍下降，显然是值得注意的现象。

第十章 政治认同的差异比较：区域

在 2012 年和 2016 年两次问卷调查中，都将全国分为五大区域：
"都会区"包括北京、天津、上海、重庆 4 个直辖市；"东部地区"
包括河北、山东、江苏、浙江、福建、广东、海南 7 个省份；"西部
地区"包括内蒙古、广西、西藏、宁夏、新疆 5 个自治区和云南、贵
州、四川、陕西、甘肃、青海 6 个省份；"中部地区"包括山西、河
南、湖北、湖南、江西、安徽 6 个省份；"东北地区"包括辽宁、吉
林、黑龙江 3 个省份。2012 年问卷调查涉及的 10 个省、自治区、直
辖市的 6519 名被试，按五大区域划分，都会区（上海市和重庆市）
1217 人，占 19.76%；东部地区（广东省和福建省）1227 人，占
19.92%；西部地区（新疆维吾尔自治区、四川省和青海省）1860
人，占 30.20%；中部地区（湖南省和山西省）1210 人，占
19.65%；东北地区（吉林省）645 人，占 10.47%。2016 年问卷调
查涉及的 16 个省、自治区、直辖市的 6581 名被试，按五大区域划
分，都会区（北京市、天津市）821 人，占 12.48%；东北地区（辽
宁、吉林省）846 人，占 12.85%；东部地区（广东省、河北省、
山东省、福建省）1707 人，占 25.94%；西部地区（内蒙古自治区、
宁夏回族自治区、甘肃省、云南省、青海省）1961 人，占 29.80%；
中部地区（湖北省、河南省、山西省）1246 人，占 18.93%。根据两
次问卷调查的数据，可以比较不同区域被试政治认同的变化情况。

一 不同区域被试政治认同的总体情况

2012 年问卷调查结果显示，都会区被试政治认同的总体得分在 2.19—4.78 分之间，均值为 3.74，标准差为 0.37。在六种认同中，都会区被试的体制认同得分在 1.00—5.00 分之间，均值为 3.55，标准差为 0.52；政党认同得分在 1.00—5.00 分之间，均值为 3.66，标准差为 0.58；身份认同得分在 1.75—5.00 分之间，均值为 4.28，标准差为 0.61；文化认同得分在 1.33—5.00 分之间，均值为 3.48，标准差为 0.57；政策认同得分在 1.33—5.00 分之间，均值为 3.69，标准差为 0.67；发展认同得分在 2.00—5.00 分之间，均值为 3.79，标准差为 0.59（见图 10-1-1 和表 10-1-1）。

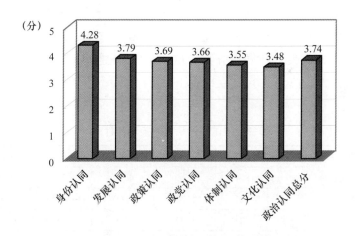

图 10-1-1 都会区被试政治认同得分的总体情况（2012 年）

表 10-1-1 都会区被试政治认同的描述统计（2012 年）

项目	N	极小值	极大值	均值	标准差
政治认同总分	1209	2.19	4.78	3.7419	0.36954
体制认同	1216	1.00	5.00	3.5466	0.51713
政党认同	1213	1.00	5.00	3.6557	0.57645

续表

项目	N	极小值	极大值	均值	标准差
身份认同	1217	1.75	5.00	4.2849	0.60885
文化认同	1215	1.33	5.00	3.4823	0.56956
政策认同	1217	1.33	5.00	3.6886	0.66904
发展认同	1216	2.00	5.00	3.7876	0.59436
有效的 N（列表状态）	1209				

2016 年问卷调查结果显示，都会区被试政治认同的总体得分在 2.39—4.89 分之间，均值为 3.79，标准差为 0.41。在六种认同中，都会区被试的体制认同得分在 1.33—5.00 分之间，均值为 3.50，标准差为 0.57；政党认同得分在 1.33—5.00 分之间，均值为 3.68，标准差为 0.55；身份认同得分在 2.00—5.00 分之间，均值为 4.33，标准差为 0.57；文化认同得分在 1.33—5.00 分之间，均值为 3.64，标准差为 0.58；政策认同得分在 1.33—5.00 分之间，均值为 3.83，标准差为 0.76；发展认同得分在 2.00—5.00 分之间，均值为 3.76，标准差为 0.59（见表 10 - 1 - 2 和图 10 - 1 - 2）。

表 10 - 1 - 2　　**都会区被试政治认同的描述统计（2016 年）**

项目	N	极小值	极大值	均值	标准差
政治认同总分	821	2.39	4.89	3.7909	0.40719
体制认同	821	1.33	5.00	3.4957	0.57277
政党认同	821	1.33	5.00	3.6833	0.54536
身份认同	821	2.00	5.00	4.3334	0.57399
文化认同	821	1.33	5.00	3.6415	0.57515
政策认同	821	1.33	5.00	3.8339	0.75630
发展认同	821	2.00	5.00	3.7576	0.59252
有效的 N（列表状态）	821				

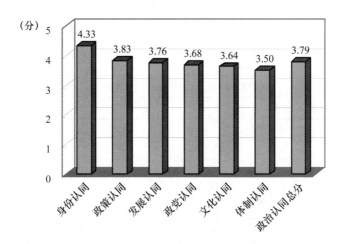

图 10 - 1 - 2　都会区被试政治认同得分的总体情况（2016 年）

2012 年问卷调查结果显示，东部地区被试政治认同的总体得分在 1.64—4.78 分之间，均值为 3.56，标准差为 0.43。在六种认同中，东部地区被试的体制认同得分在 1.00—5.00 分之间，均值为 3.30，标准差为 0.56；政党认同得分在 1.00—5.00 分之间，均值为 3.51，标准差为 0.66；身份认同得分在 1.25—5.00 分之间，均值为 4.08，标准差为 0.70；文化认同得分在 1.00—5.00 分之间，均值为 3.37，标准差为 0.55；政策认同得分在 1.00—5.00 分之间，均值为 3.45，标准差为 0.74；发展认同得分在 1.75—5.00 分之间，均值为 3.66，标准差为 0.64（见表 10 - 1 - 3 和图 10 - 1 - 3）。

表 10 - 1 - 3　　东部地区被试政治认同的描述统计（2012 年）

项目	N	极小值	极大值	均值	标准差
政治认同总分	1210	1.64	4.78	3.5613	0.42696
体制认同	1226	1.00	5.00	3.3007	0.56233
政党认同	1225	1.00	5.00	3.5064	0.66283
身份认同	1223	1.25	5.00	4.0760	0.69862
文化认同	1221	1.00	5.00	3.3680	0.54887

续表

项目	N	极小值	极大值	均值	标准差
政策认同	1223	1.00	5.00	3.4481	0.74194
发展认同	1225	1.75	5.00	3.6649	0.63790
有效的 N（列表状态）	1212				

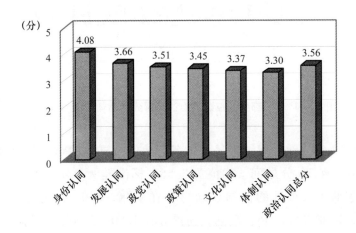

图 10-1-3　东部地区被试政治认同得分的总体情况（2012 年）

2016 年问卷调查结果显示，东部地区被试政治认同的总体得分在 1.83—4.75 分之间，均值为 3.60，标准差为 0.39。在六种认同中，东部地区被试的体制认同得分在 1.00—5.00 分之间，均值为 3.43，标准差为 0.47；政党认同得分在 1.33—5.00 分之间，均值为 3.54，标准差为 0.56；身份认同得分在 1.00—5.00 分之间，均值为 4.01，标准差为 0.66；文化认同得分在 1.00—5.00 分之间，均值为 3.46，标准差为 0.55；政策认同得分在 1.00—5.00 分之间，均值为 3.57，标准差为 0.59；发展认同得分在 1.25—5.00 分之间，均值为 3.60，标准差为 0.64（见表 10-1-4 和图 10-1-4）。

表 10 - 1 - 4　　　　东部地区被试政治认同的描述统计（2016 年）

项目	N	极小值	极大值	均值	标准差
政治认同总分	1693	1.83	4.75	3.6026	0.38962
体制认同	1707	1.00	5.00	3.4261	0.46702
政党认同	1705	1.33	5.00	3.5400	0.56443
身份认同	1703	1.00	5.00	4.0123	0.65893
文化认同	1704	1.00	5.00	3.4630	0.54825
政策认同	1707	1.00	5.00	3.5722	0.58779
发展认同	1702	1.25	5.00	3.5974	0.63911
有效的 N（列表状态）	1693				

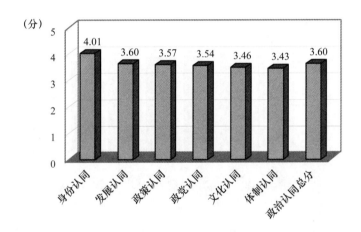

图 10 - 1 - 4　东部地区被试政治认同得分的总体情况（2016 年）

2012 年问卷调查结果显示，西部地区被试政治认同的总体得分在 2.00—4.68 分之间，均值为 3.71，标准差为 0.39。在六种认同中，西部地区被试的体制认同得分在 1.00—5.00 分之间，均值为 3.46，标准差为 0.54；政党认同得分在 1.00—5.00 分之间，均值为 3.66，标准差为 0.62；身份认同得分在 1.00—5.00 分之间，均值为 4.21，标准差为 0.64；文化认同得分在 1.00—5.00 分之间，均值为 3.50，标准差为 0.57；政策认同得分在 1.00—5.00 分之间，均值为 3.62，标准差为 0.68；发展认同得分在 1.75—5.00 分之间，均值为 3.79，标准差为 0.60（见表 10 - 1 - 5 和图 10 - 1 - 5）。

表 10 - 1 - 5 　　　　西部地区被试政治认同的描述统计（2012 年）

项目	N	极小值	极大值	均值	标准差
政治认同总分	1844	2.00	4.68	3.7080	0.39255
体制认同	1858	1.00	5.00	3.4632	0.54410
政党认同	1855	1.00	5.00	3.6620	0.61736
身份认同	1858	1.00	5.00	4.2064	0.64203
文化认同	1857	1.00	5.00	3.4954	0.56709
政策认同	1858	1.00	5.00	3.6207	0.68056
发展认同	1857	1.75	5.00	3.7940	0.60131
有效的 N（列表状态）	1844				

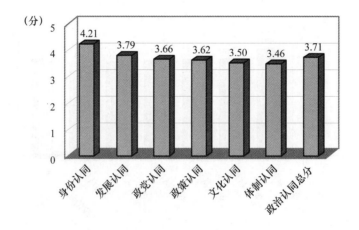

图 10 - 1 - 5 　西部地区被试政治认同得分的总体情况（2012 年）

2016 年问卷调查结果显示，西部地区被试政治认同的总体得分在 2.17—4.90 分之间，均值为 3.68，标准差为 0.37。在六种认同中，西部地区被试的体制认同得分在 1.00—5.00 分之间，均值为 3.47，标准差为 0.49；政党认同得分在 1.33—5.00 分之间，均值为 3.64，标准差为 0.60；身份认同得分在 1.00—5.00 分之间，均值为 4.19，标准差为 0.63；文化认同得分在 1.33—5.00 分之间，均值为 3.50，标准差为 0.55；政策认同得分在 1.33—5.00 分之间，均值为 3.56，标准差为 0.61；发展认同得分在 1.50—5.00 分之间，均值为 3.70，标准差为 0.65（见表 10 - 1 - 6 和图 10 - 1 - 6）。

表 10 - 1 - 6   西部地区被试政治认同的描述统计（2016 年）

项目	N	极小值	极大值	均值	标准差
政治认同总分	1949	2.17	4.90	3.6766	0.37183
体制认同	1961	1.00	5.00	3.4652	0.48800
政党认同	1955	1.33	5.00	3.6353	0.59961
身份认同	1957	1.00	5.00	4.1909	0.62929
文化认同	1960	1.33	5.00	3.4986	0.54724
政策认同	1960	1.33	5.00	3.5624	0.60705
发展认同	1959	1.50	5.00	3.7018	0.64603
有效的 N（列表状态）	1949				

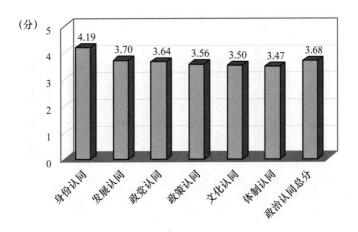

图 10 - 1 - 6   西部地区被试政治认同得分的总体情况（2016 年）

2012 年问卷调查结果显示，中部地区被试政治认同的总体得分在 2.31—4.68 分之间，均值为 3.64，标准差为 0.39。在六种认同中，中部地区被试的体制认同得分在 1.00—5.00 分之间，均值为 3.40，标准差为 0.53；政党认同得分在 1.00—5.00 分之间，均值为 3.62，标准差为 0.63；身份认同得分在 1.50—5.00 分之间，均值为 4.14，标准差为 0.68；文化认同得分在 1.33—5.00 分之间，均值为 3.45，标准差为 0.55；政策认同得分在 1.00—5.00 分之间，均值为 3.54，标准差为 0.65；发展认同得分在 1.50—5.00 分之间，均值为 3.68，标准差为 0.63（见表 10 - 1 - 7 和图 10 - 1 - 7）。

表10-1-7　　　　中部地区被试政治认同的描述统计（2012 年）

项目	N	极小值	极大值	均值	标准差
政治认同总分	1206	2.31	4.68	3.6385	0.39318
体制认同	1209	1.00	5.00	3.3965	0.52684
政党认同	1209	1.00	5.00	3.6245	0.63469
身份认同	1210	1.50	5.00	4.1393	0.68295
文化认同	1208	1.33	5.00	3.4454	0.55246
政策认同	1210	1.00	5.00	3.5391	0.65272
发展认同	1210	1.50	5.00	3.6791	0.62721
有效的 N（列表状态）	1206				

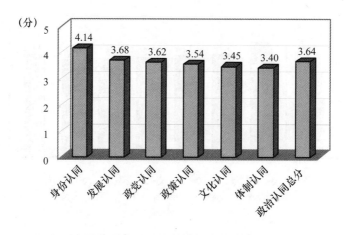

图10-1-7　中部地区被试政治认同得分的总体情况（2012 年）

2016 年问卷调查结果显示，中部地区被试政治认同的总体得分在 2.32—4.79 分之间，均值为 3.56，标准差为 0.37。在六种认同中，中部地区被试的体制认同得分在 1.33—5.00 分之间，均值为 3.36，标准差为 0.49；政党认同得分在 1.33—5.00 分之间，均值为 3.55，标准差为 0.59；身份认同得分在 1.75—5.00 分之间，均值为 4.02，标准差为 0.64；文化认同得分在 1.67—5.00 分之间，均值为 3.43，标准差为 0.53；政策认同得分在 1.33—5.00 分之间，均值为 3.43，标准差为 0.61；发展认同得分在 1.50—5.00 分之间，均值为 3.54，标准差为 0.63（见表10-1-8 和图10-1-8）。

表 10 - 1 - 8　　　　中部地区被试政治认同的描述统计（2016 年）

项目	N	极小值	极大值	均值	标准差
政治认同总分	1238	2.32	4.79	3.5590	0.37112
体制认同	1246	1.33	5.00	3.3625	0.48516
政党认同	1244	1.33	5.00	3.5544	0.58511
身份认同	1245	1.75	5.00	4.0221	0.63652
文化认同	1245	1.67	5.00	3.4335	0.52634
政策认同	1243	1.33	5.00	3.4339	0.61180
发展认同	1245	1.50	5.00	3.5402	0.63477
有效的 N（列表状态）	1238				

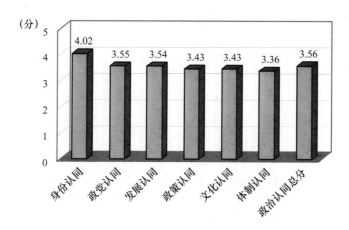

图 10 - 1 - 8　中部地区被试政治认同得分的总体情况（2016 年）

2012 年问卷调查结果显示，东北地区被试政治认同的总体得分在 2.24—4.61 分之间，均值为 3.72，标准差为 0.37。在六种认同中，东北地区被试的体制认同得分在 1.33—5.00 分之间，均值为 3.49，标准差为 0.49；政党认同得分在 1.33—5.00 分之间，均值为 3.72，标准差为 0.63；身份认同得分在 1.50—5.00 分之间，均值为 4.30，标准差为 0.67；文化认同得分在 1.33—5.00 分之间，均值为 3.33，标准差为 0.54；政策认同得分在 1.33—5.00 分之间，均值为 3.71，标准差为 0.71；发展认同得分在 1.00—5.00 分之间，均值为 3.76，标准差为 0.63（见表 10 - 1 - 9 和图 10 - 1 - 9）。

表 10 - 1 - 9　　　　东北地区被试政治认同的描述统计（2012 年）

项目	N	极小值	极大值	均值	标准差
政治认同总分	640	2.24	4.61	3.7213	0.37025
体制认同	643	1.33	5.00	3.4894	0.48660
政党认同	644	1.33	5.00	3.7210	0.63069
身份认同	645	1.50	5.00	4.3031	0.66873
文化认同	645	1.33	5.00	3.3256	0.54072
政策认同	644	1.33	5.00	3.7081	0.70546
发展认同	644	1.00	5.00	3.7636	0.63091
有效的 N（列表状态）	640				

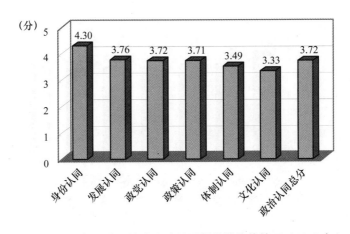

图 10 - 1 - 9　东北地区被试政治认同得分的总体情况（2012 年）

2016 年问卷调查结果显示，东北地区被试政治认同的总体得分在 2.63—4.60 分之间，均值为 3.53，标准差为 0.36。在六种认同中，东北地区被试的体制认同得分在 1.33—5.00 分之间，均值为 3.43，标准差为 0.48；政党认同得分在 1.67—5.00 分之间，均值为 3.53，标准差为 0.52；身份认同得分在 1.25—5.00 分之间，均值为 3.86，标准差为 0.65；文化认同得分在 1.33—5.00 分之间，均值为 3.34，标准差为 0.55；政策认同得分在 1.33—5.00 分之间，均值为 3.49，标准差为 0.58；发展认同得分在 1.50—5.00 分之间，均值为 3.50，标准差为 0.68（见表 10 - 1 - 10 和图 10 - 1 - 10）。

表 10 - 1 - 10　　　　东北地区被试政治认同的描述统计（2016 年）

项目	N	极小值	极大值	均值	标准差
政治认同总分	843	2.63	4.60	3.5260	0.36290
体制认同	846	1.33	5.00	3.4310	0.47575
政党认同	844	1.67	5.00	3.5296	0.52187
身份认同	845	1.25	5.00	3.8609	0.65483
文化认同	845	1.33	5.00	3.3432	0.54934
政策认同	846	1.33	5.00	3.4921	0.57895
发展认同	846	1.50	5.00	3.4959	0.68348
有效的 N（列表状态）	843				

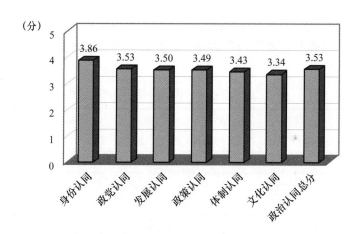

图 10 - 1 - 10　东北地区被试政治认同得分的总体情况（2016 年）

六种认同的得分由高到低排序，只有西部地区被试两次调查的排序相同，都是身份认同第一，发展认同第二，政党认同第三，政策认同第四，文化认同第五，体制认同第五（见表 10 - 1 - 11）。都会区被试的变化最大，六种认同的得分由高到低排序，2012 年问卷调查是身份认同第一，发展认同第二，政策认同第三，政党认同第四，体制认同第五，文化认同第六，2016 年问卷调查变为身份认同第一，政策认同第二，发展认同第三，政党认同第四，文化认同第五，体制认同第六（第二、三、五、六位均有变化，尤其需要注意的是政策认同得分排在第二位，是极为少见的现象）。东部地区被试和中部地区被试六种认同的得分由高到低排序，2012 年问卷调查都是身份认同第一，发展认同第二，政党认同第三，政策认同第四，文化认同第五、体制认同第六；东部地区被试 2016 年问卷调查只是政策认同上升到第三位，政党认同下降到第四位；中部地区被试 2016 年问卷调查则是政党认同上升到第二位，发展认同下降到第三位（政党认同得分排在第二位也是较少见的现象）。东北地区被试六种认同的得分由高到低排序，2012 年问卷调查是身份认同第一，发展认同第二，政党认同第三，政策认同第四，体制认同第五，文化认同第六，2016年政党认同上升到第二位，发展认同下降到第三位。尤其需要注意的是，两次问卷调查东北地区被试都保持了体制认同得分高于文化认同的格局，这在其他类型公民群体中还是较为少见的现象。

表 10 - 1 - 11 　　　　　各区域被试六种认同得分排序的变化

项目	都会区		东部地区		西部地区		中部地区		东北地区	
	2012	2016	2012	2016	2012	2016	2012	2016	2012	2016
体制认同	5	6	6	6	6	6	6	6	5	5
政党认同	4	4	3	4	3	3	3	2	3	2
身份认同	1	1	1	1	1	1	1	1	1	1
文化认同	6	5	5	5	5	5	5	5	6	6
政策认同	3	2	4	3	4	4	4	4	4	4
发展认同	2	3	2	2	2	2	2	3	2	3

二　不同区域被试的体制认同比较

对不同区域被试体制认同得分的差异性进行方差分析（见表10 - 2 - 1、表 10 - 2 - 2、表 10 - 2 - 3 和图 10 - 2），2012 年问卷调查显示不同区域被试的体制认同得分之间差异显著，$F = 37.254$，$p < 0.001$，都会区被试（$M = 3.55$，$SD = 0.52$）的得分显著高于东部地

区被试（$M = 3.30$，$SD = 0.56$）、西部地区被试（$M = 3.46$，$SD = 0.54$）、中部地区被试（$M = 3.40$，$SD = 0.53$）和东北地区被试（$M = 3.49$，$SD = 0.49$）；东部地区被试的得分显著低于另四个区域被试；西部地区被试的得分显著高于中部地区被试，与东北地区被试之间的得分差异不显著；中部地区被试的得分显著低于东北地区被试。2016 年问卷调查也显示不同区域被试的体制认同得分之间差异显著，$F = 11.896$，$p < 0.001$，中部地区被试（$M = 3.36$，$SD = 0.49$）的得分显著低于都会区被试（$M = 3.50$，$SD = 0.57$）、东部地区被试（$M = 3.43$，$SD = 0.47$）、西部地区被试（$M = 3.47$，$SD = 0.49$）和东北地区被试（$M = 3.43$，$SD = 0.48$）；都会区被试的得分显著高于东部地区、东北地区被试，与西部地区被试之间的得分差异不显著；西部地区被试的得分显著高于东部地区被试，与东北地区被试之间的得分差异不显著；东部地区被试与东北地区被试之间的得分差异不显著。

通过比较可以看出，由 2012 年到 2016 年发生的重要变化，一是 2016 年不再有一种区域被试得分显著高于另四种区域被试的现象（2012 年都会区被试的得分显著高于另四种区域被试）；二是一种区域被试得分显著低于另四种区域被试的现象依然延续，但是得分最低者由 2012 年的东部地区被试，变成了 2016 年的中部地区被试。

表 10 - 2 - 1　　　　不同区域被试体制认同得分的差异比较

2012 年问卷调查		N	均值	标准差	标准误	95% 置信区间		极小值	极大值
						下限	上限		
体制认同	都会区	1216	3.5466	0.51713	0.01483	3.5175	3.5757	1.00	5.00
	东部地区	1226	3.3007	0.56233	0.01606	3.2692	3.3322	1.00	5.00
	西部地区	1858	3.4632	0.54410	0.01262	3.4385	3.4880	1.00	5.00
	中部地区	1209	3.3965	0.52684	0.01515	3.3667	3.4262	1.00	5.00
	东北地区	643	3.4894	0.48660	0.01919	3.4517	3.5271	1.33	5.00
	总数	6152	3.4369	0.53972	0.00688	3.4234	3.4504	1.00	5.00

续表

2016 年问卷调查		N	均值	标准差	标准误	95% 置信区间		极小值	极大值
						下限	上限		
体制认同	都会区	821	3.4957	0.57277	0.01999	3.4565	3.5350	1.33	5.00
	东部地区	1707	3.4261	0.46702	0.01130	3.4039	3.4483	1.00	5.00
	西部地区	1961	3.4652	0.48800	0.01102	3.4436	3.4869	1.00	5.00
	中部地区	1246	3.3625	0.48516	0.01374	3.3355	3.3895	1.33	5.00
	东北地区	846	3.4310	0.47575	0.01636	3.3989	3.4632	1.33	5.00
	总数	6581	3.4350	0.49368	0.00609	3.4231	3.4470	1.00	5.00

表 10 - 2 - 2　　　　不同区域被试体制认同得分的方差分析结果

2012 年问卷调查		平方和	df	均方	F	显著性
体制认同	组间	42.408	4	10.602	37.254	0.000
	组内	1749.343	6147	0.285		
	总数	1791.751	6151			
2016 年问卷调查		平方和	df	均方	F	显著性
体制认同	组间	11.521	4	2.880	11.896	0.000
	组内	1592.181	6576	0.242		
	总数	1603.702	6580			

表 10 - 2 - 3　　　　不同区域被试体制认同得分的多重比较

2012 年问卷调查	(I) 区域	(J) 区域	均值差 (I - J)	标准误	显著性	95% 置信区间	
						下限	上限
体制认同	都会区	东部地区	0.24589 *	0.02159	0.000	0.2036	0.2882
		西部地区	0.08338 *	0.01968	0.000	0.0448	0.1220
		中部地区	0.15013 *	0.02167	0.000	0.1077	0.1926
		东北地区	0.05723 *	0.02601	0.028	0.0062	0.1082
	东部地区	都会区	- 0.24589 *	0.02159	0.000	- 0.2882	- 0.2036
		西部地区	- 0.16252 *	0.01963	0.000	- 0.2010	- 0.1240
		中部地区	- 0.09576 *	0.02162	0.000	- 0.1382	- 0.0534
		东北地区	- 0.18867 *	0.02598	0.000	- 0.2396	- 0.1377

续表

2012 年问卷调查	（I）区域	（J）区域	均值差（I－J）	标准误	显著性	95% 置信区间	
						下限	上限
体制认同	西部地区	都会区	− 0. 08338 *	0. 01968	0. 000	− 0. 1220	− 0. 0448
		东部地区	0. 16252 *	0. 01963	0. 000	0. 1240	0. 2010
		中部地区	0. 06675 *	0. 01971	0. 001	0. 0281	0. 1054
		东北地区	− 0. 02615	0. 02441	0. 284	− 0. 0740	0. 0217
	中部地区	都会区	− 0. 15013 *	0. 02167	0. 000	− 0. 1926	− 0. 1077
		东部地区	0. 09576 *	0. 02162	0. 000	0. 0534	0. 1382
		西部地区	− 0. 06675 *	0. 01971	0. 001	− 0. 1054	− 0. 0281
		东北地区	− 0. 09290 *	0. 02604	0. 000	− 0. 1439	− 0. 0419
	东北地区	都会区	− 0. 05723 *	0. 02601	0. 028	− 0. 1082	− 0. 0062
		东部地区	0. 18867 *	0. 02598	0. 000	0. 1377	0. 2396
		西部地区	0. 02615	0. 02441	0. 284	− 0. 0217	0. 0740
		中部地区	0. 09290 *	0. 02604	0. 000	0. 0419	0. 1439

2016 年问卷调查	（I）区域	（J）区域	均值差（I－J）	标准误	显著性	95% 置信区间	
						下限	上限
体制认同	都会区	东部地区	0. 06965 *	0. 02090	0. 001	0. 0287	0. 1106
		西部地区	0. 03050	0. 02045	0. 136	− 0. 0096	0. 0706
		中部地区	0. 13324 *	0. 02212	0. 000	0. 0899	0. 1766
		东北地区	0. 06469 *	0. 02411	0. 007	0. 0174	0. 1119
	东部地区	都会区	− 0. 06965 *	0. 02090	0. 001	− 0. 1106	− 0. 0287
		西部地区	− 0. 03915 *	0. 01629	0. 016	− 0. 0711	− 0. 0072
		中部地区	0. 06360 *	0. 01833	0. 001	0. 0277	0. 0995
		东北地区	− 0. 00496	0. 02069	0. 811	− 0. 0455	0. 0356
	西部地区	都会区	− 0. 03050	0. 02045	0. 136	− 0. 0706	0. 0096
		东部地区	0. 03915 *	0. 01629	0. 016	0. 0072	0. 0711
		中部地区	0. 10275 *	0. 01783	0. 000	0. 0678	0. 1377
		东北地区	0. 03419	0. 02024	0. 091	− 0. 0055	0. 0739
	中部地区	都会区	− 0. 13324 *	0. 02212	0. 000	− 0. 1766	− 0. 0899
		东部地区	− 0. 06360 *	0. 01833	0. 001	− 0. 0995	− 0. 0277
		西部地区	− 0. 10275 *	0. 01783	0. 000	− 0. 1377	− 0. 0678
		东北地区	− 0. 06855 *	0. 02192	0. 002	− 0. 1115	− 0. 0256

2012年问卷调查	（I）区域	（J）区域	均值差（I－J）	标准误	显著性	95% 置信区间 下限	95% 置信区间 上限
体制认同	东北地区	都会区	－ 0.06469 *	0.02411	0.007	－ 0.1119	－ 0.0174
		东部地区	0.00496	0.02069	0.811	－ 0.0356	0.0455
		西部地区	－ 0.03419	0.02024	0.091	－ 0.0739	0.0055
		中部地区	0.06855 *	0.02192	0.002	0.0256	0.1115

* 均值差的显著性水平为 0.05。

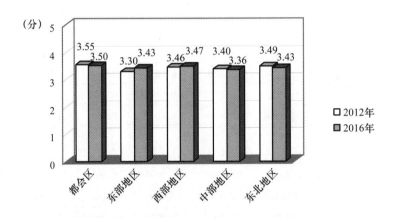

图 10 - 2　不同区域被试的体制认同得分比较

　　2016 年与 2012 年相比，都会区被试体制认同的得分下降 0.05 分，东部地区被试体制认同的得分上升 0.13 分，西部地区被试体制认同的得分上升 0.01 分，中部地区被试体制认同的得分下降 0.04 分，东北地区被试体制认同的得分下降 0.06 分（见表 10 - 2 - 4）。都会区被试得分的下降，使其尽管保持了体制认同得分最高的位置，但是已不能维持得分显著高于其他区域被试的状态。东部地区被试体制认同得分的较大幅度上升和中部地区被试得分的下降，使得体制认同得分最低的区域由东部地区被试换成了中部地区被试。

表 10 - 2 - 4　　　　　　不同区域被试体制认同得分的变化

项目	2012 年问卷调查	2016 年问卷调查	2016 年比 2012 年增减
都会区	3.55	3.50	- 0.05
东部地区	3.30	3.43	+ 0.13
西部地区	3.46	3.47	+ 0.01
中部地区	3.40	3.36	- 0.04
东北地区	3.49	3.43	- 0.06

三　不同区域被试的政党认同比较

对不同区域被试政党认同得分的差异性进行方差分析（见表10 - 3 - 1、表 10 - 3 - 2、表 10 - 3 - 3 和图 10 - 3），2012 年问卷调查显示不同区域被试的政党认同得分之间差异显著，$F = 17.201$，$p < 0.001$，东北地区被试（$M = 3.72$，$SD = 0.63$）的得分显著高于都会区被试（$M = 3.66$，$SD = 0.58$）、东部地区被试（$M = 3.51$，$SD = 0.66$）、西部地区被试（$M = 3.66$，$SD = 0.62$）和中部地区被试（$M = 3.62$，$SD = 0.63$）；东部地区被试的得分显著低于另四个区域被试；都会区、西部地区、中部地区三种被试相互间的得分差异不显著。2016 年问卷调查也显示不同区域被试的政党认同得分之间差异显著，$F = 15.338$，$p < 0.001$，都会区被试（$M = 3.68$，$SD = 0.55$）的得分显著高于东部地区被试（$M = 3.54$，$SD = 0.56$）、西部地区被试（$M = 3.64$，$SD = 0.60$）、中部地区被试（$M = 3.55$，$SD = 0.59$）和东北地区被试（$M = 3.53$，$SD = 0.52$）；西部地区被试的得分显著高于东部地区、中部地区、东北地区被试；东部地区、中部地区、东北地区三种被试相互间的得分差异不显著。

通过比较可以看出，由 2012 年到 2016 年发生的重要变化，一是 2016 年不再有一种区域被试得分显著低于另四种区域被试的现象（2012 年东部地区被试的得分显著低于另四种区域被试）；二是一种区域被试得分显著高于另四种区域被试的现象依然延续，但是最高得分者由 2012 年的东北地区被试，变成了 2016 年的都会区被试。

表 10 - 3 - 1　　　　　　不同区域被试政党认同得分的差异比较

2012 年问卷调查		N	均值	标准差	标准误	95% 置信区间		极小值	极大值
						下限	上限		
政党认同	都会区	1213	3.6557	0.57645	0.01655	3.6232	3.6881	1.00	5.00
	东部地区	1225	3.5064	0.66283	0.01894	3.4692	3.5435	1.00	5.00
	西部地区	1855	3.6620	0.61736	0.01433	3.6339	3.6901	1.00	5.00
	中部地区	1209	3.6245	0.63469	0.01825	3.5887	3.6603	1.00	5.00
	东北地区	644	3.7210	0.63069	0.02485	3.6722	3.7698	1.33	5.00
	总数	6146	3.6285	0.62707	0.00800	3.6129	3.6442	1.00	5.00

2016 年问卷调查		N	均值	标准差	标准误	95% 置信区间		极小值	极大值
						下限	上限		
政党认同	都会区	821	3.6833	0.54536	0.01903	3.6460	3.7207	1.33	5.00
	东部地区	1705	3.5400	0.56443	0.01367	3.5132	3.5668	1.33	5.00
	西部地区	1955	3.6353	0.59961	0.01356	3.6087	3.6619	1.33	5.00
	中部地区	1244	3.5544	0.58511	0.01659	3.5218	3.5869	1.33	5.00
	东北地区	844	3.5296	0.52187	0.01796	3.4944	3.5649	1.67	5.00
	总数	6569	3.5877	0.57406	0.00708	3.5738	3.6015	1.33	5.00

表 10 - 3 - 2　　　　　　不同区域被试政党认同得分的方差分析结果

2012 年问卷调查		平方和	df	均方	F	显著性
政党认同	组间	26.773	4	6.693	17.201	0.000
	组内	2389.515	6141	0.389		
	总数	2416.288	6145			
2016 年问卷调查		平方和	df	均方	F	显著性
政党认同	组间	20.043	4	5.011	15.338	0.000
	组内	2144.396	6564	0.327		
	总数	2164.440	6568			

表 10 - 3 - 3　　　　　　　不同区域被试政党认同得分的多重比较

2012 年问卷调查	（I）区域	（J）区域	均值差（I－J）	标准误	显著性	95% 置信区间	
						下限	上限
政党认同	都会区	东部地区	0.14928 *	0.02527	0.000	0.0997	0.1988
		西部地区	− 0.00632	0.02303	0.784	− 0.0515	0.0388
		中部地区	0.03119	0.02535	0.219	− 0.0185	0.0809
		东北地区	− 0.06534 *	0.03041	0.032	− 0.1250	− 0.0057
	东部地区	都会区	− 0.14928 *	0.02527	0.000	− 0.1988	− 0.0997
		西部地区	− 0.15560 *	0.02297	0.000	− 0.2006	− 0.1106
		中部地区	− 0.11809 *	0.02529	0.000	− 0.1677	− 0.0685
		东北地区	− 0.21462 *	0.03036	0.000	− 0.2741	− 0.1551
	西部地区	都会区	0.00632	0.02303	0.784	− 0.0388	0.0515
		东部地区	0.15560 *	0.02297	0.000	0.1106	0.2006
		中部地区	0.03751	0.02306	0.104	− 0.0077	0.0827
		东北地区	− 0.05902 *	0.02853	0.039	− 0.1149	− 0.0031
	中部地区	都会区	− 0.03119	0.02535	0.219	− 0.0809	0.0185
		东部地区	0.11809 *	0.02529	0.000	0.0685	0.1677
		西部地区	− 0.03751	0.02306	0.104	− 0.0827	0.0077
		东北地区	− 0.09653 *	0.03043	0.002	− 0.1562	− 0.0369
	东北地区	都会区	0.06534 *	0.03041	0.032	0.0057	0.1250
		东部地区	0.21462 *	0.03036	0.000	0.1551	0.2741
		西部地区	0.05902 *	0.02853	0.039	0.0031	0.1149
		中部地区	0.09653 *	0.03043	0.002	0.0369	0.1562
2016 年问卷调查	（I）区域	（J）区域	均值差（I－J）	标准误	显著性	95% 置信区间	
						下限	上限
政党认同	都会区	东部地区	0.14333 *	0.02428	0.000	0.0957	0.1909
		西部地区	0.04802 *	0.02377	0.043	0.0014	0.0946
		中部地区	0.12892 *	0.02570	0.000	0.0785	0.1793
		东北地区	0.15369 *	0.02802	0.000	0.0988	0.2086
	东部地区	都会区	− 0.14333 *	0.02428	0.000	− 0.1909	− 0.0957
		西部地区	− 0.09531 *	0.01894	0.000	− 0.1324	− 0.0582
		中部地区	− 0.01441	0.02131	0.499	− 0.0562	0.0274
		东北地区	0.01036	0.02406	0.667	− 0.0368	0.0575

续表

2016年问卷调查	（I）区域	（J）区域	均值差（I-J）	标准误	显著性	95% 置信区间 下限	上限
政党认同	西部地区	都会区	-0.04802*	0.02377	0.043	-0.0946	-0.0014
		东部地区	0.09531*	0.01894	0.000	0.0582	0.1324
		中部地区	0.08090*	0.02073	0.000	0.0403	0.1215
		东北地区	0.10567*	0.02354	0.000	0.0595	0.1518
	中部地区	都会区	-0.12892*	0.02570	0.000	-0.1793	-0.0785
		东部地区	0.01441	0.02131	0.499	-0.0274	0.0562
		西部地区	-0.08090*	0.02073	0.000	-0.1215	-0.0403
		东北地区	0.02477	0.02549	0.331	-0.0252	0.0747
	东北地区	都会区	-0.15369*	0.02802	0.000	-0.2086	-0.0988
		东部地区	-0.01036	0.02406	0.667	-0.0575	0.0368
		西部地区	-0.10567*	0.02354	0.000	-0.1518	-0.0595
		中部地区	-0.02477	0.02549	0.331	-0.0747	0.0252

* 均值差的显著性水平为 0.05。

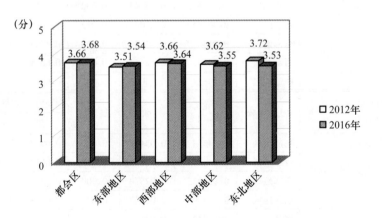

图 10-3　不同区域被试的政党认同得分比较

　　2016 年与 2012 年相比，都会区被试政党认同的得分上升 0.02 分，东部地区被试政党认同的得分上升 0.03 分，西部地区被试政党认同的得分下降 0.02 分，中部地区被试政党认同的得分下降 0.07

分，东北地区被试政党认同的得分下降 0.19 分（见表 10－3－4）。东北地区被试得分的大幅度下降和都会区被试得分的上升，使都会区被试取代了东北地区被试的政党认同最高分的位置。东部地区被试政党认同得分尽管略有上升，但是在东北地区政党认同得分垫底的情况下，亦不再重现得分显著低于其他区域被试的现象。

表 10－3－4　　　　　不同区域被试政党认同得分的变化

项目	2012 年问卷调查	2016 年问卷调查	2016 年比 2012 年增减
都会区	3.66	3.68	+0.02
东部地区	3.51	3.54	+0.03
西部地区	3.66	3.64	-0.02
中部地区	3.62	3.55	-0.07
东北地区	3.72	3.53	-0.19

四　不同区域被试的身份认同比较

对不同区域被试身份认同得分的差异性进行方差分析（见表10－4－1、表10－4－2、表10－4－3和图10－4），2012 年问卷调查显示不同区域被试的身份认同得分之间差异显著，$F = 22.300$，$p < 0.001$，东部地区被试（$M = 4.08$，$SD = 0.70$）的得分显著低于都会区被试（$M = 4.28$，$SD = 0.61$）、西部地区被试（$M = 4.21$，$SD = 0.64$）、中部地区被试（$M = 4.14$，$SD = 0.68$）和东北地区被试（$M = 4.30$，$SD = 0.67$）；都会区被试的得分显著高于西部地区和中部地区被试，与东北地区被试之间的得分差异不显著；西部地区被试的得分显著低于东北地区被试，显著高于中部地区被试；中部地区被试的得分显著低于东北地区被试。2016 年问卷调查也显示不同区域被试的身份认同得分之间差异显著，$F = 79.843$，$p < 0.001$，都会区被试（$M = 4.33$，$SD = 0.57$）的得分显著高于东部地区被试（$M = 4.01$，$SD = 0.66$）、西部地区被试（$M = 4.19$，$SD = 0.63$）、中部地

区被试（$M = 4.02$，$SD = 0.64$）和东北地区被试（$M = 3.86$，$SD = 0.65$）；东北地区被试的得分显著低于另四种被试；西部地区被试的得分显著高于东部地区、中部地区被试；东部地区被试与中部地区被试之间的得分差异不显著。

通过比较可以看出，由 2012 年到 2016 年发生的重要变化，一是 2016 年出现了一种区域被试得分显著高于另四种区域被试的现象（2012 年未出现此种现象，2016 年都会区被试的得分显著高于另四种区域被试）；二是一种区域被试得分显著低于另四种区域被试的现象依然延续，但是得分最低者由 2012 年的东部地区被试，变成了 2016 年的东北地区被试。尤其需要注意的是，东北地区被试的身份认同已降至低于 4 分的水平，这在其他类型的公民群体中是很难见到的，需要引起一定的重视。

表 10-4-1　　　　　不同区域被试身份认同得分的差异比较

2012 年问卷调查		N	均值	标准差	标准误	95% 置信区间		极小值	极大值
						下限	上限		
身份认同	都会区	1217	4.2849	0.60885	0.01745	4.2507	4.3192	1.75	5.00
	东部地区	1223	4.0760	0.69862	0.01998	4.0368	4.1152	1.25	5.00
	西部地区	1858	4.2064	0.64203	0.01489	4.1772	4.2356	1.00	5.00
	中部地区	1210	4.1393	0.68295	0.01963	4.1007	4.1778	1.50	5.00
	东北地区	645	4.3031	0.66873	0.02633	4.2514	4.3548	1.50	5.00
	总数	6153	4.1930	0.66288	0.00845	4.1764	4.2095	1.00	5.00

2016 年问卷调查		N	均值	标准差	标准误	95% 置信区间		极小值	极大值
						下限	上限		
身份认同	都会区	821	4.3334	0.57399	0.02003	4.2941	4.3728	2.00	5.00
	东部地区	1703	4.0123	0.65893	0.01597	3.9810	4.0436	1.00	5.00
	西部地区	1957	4.1909	0.62929	0.01423	4.1630	4.2188	1.00	5.00
	中部地区	1245	4.0221	0.63652	0.01804	3.9867	4.0575	1.75	5.00
	东北地区	845	3.8609	0.65483	0.02253	3.8167	3.9052	1.25	5.00
	总数	6571	4.0880	0.65032	0.00802	4.0723	4.1037	1.00	5.00

表 10 - 4 - 2　　　　　不同区域被试身份认同得分的方差分析结果

2012 年问卷调查		平方和	df	均方	F	显著性
身份认同	组间	38.660	4	9.665	22.300	0.000
	组内	2664.567	6148	0.433		
	总数	2703.227	6152			
2016 年问卷调查		平方和	df	均方	F	显著性
身份认同	组间	128.880	4	32.220	79.843	0.000
	组内	2649.671	6566	0.404		
	总数	2778.551	6570			

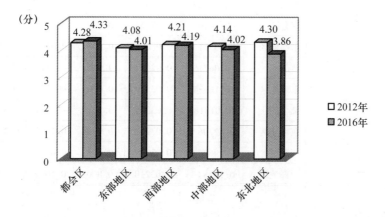

图 10 - 4　　不同区域被试的身份认同得分比较

表 10 - 4 - 3　　　　　不同区域被试身份认同得分的多重比较

2012 年问卷调查	(I) 区域	(J) 区域	均值差 (I - J)	标准误	显著性	95% 置信区间 下限	95% 置信区间 上限
身份认同	都会区	东部地区	0.20888 *	0.02666	0.000	0.1566	0.2611
		西部地区	0.07852 *	0.02428	0.001	0.0309	0.1261
		中部地区	0.14567 *	0.02673	0.000	0.0933	0.1981
		东北地区	- 0.01818	0.03206	0.571	- 0.0810	0.0447

续表

2012年问卷调查	(I) 区域	(J) 区域	均值差 (I－J)	标准误	显著性	95% 置信区间	
						下限	上限
身份认同	东部地区	都会区	－0.20888*	0.02666	0.000	－0.2611	－0.1566
		西部地区	－0.13036*	0.02424	0.000	－0.1779	－0.0828
		中部地区	－0.06321*	0.02669	0.018	－0.1155	－0.0109
		东北地区	－0.22706*	0.03204	0.000	－0.2899	－0.1643
	西部地区	都会区	－0.07852*	0.02428	0.001	－0.1261	－0.0309
		东部地区	0.13036*	0.02424	0.000	0.0828	0.1779
		中部地区	0.06715*	0.02432	0.006	0.0195	0.1148
		东北地区	－0.09670*	0.03009	0.001	－0.1557	－0.0377
	中部地区	都会区	－0.14567*	0.02673	0.000	－0.1981	－0.0933
		东部地区	0.06321*	0.02669	0.018	0.0109	0.1155
		西部地区	－0.06715*	0.02432	0.006	－0.1148	－0.0195
		东北地区	－0.16384*	0.03210	0.000	－0.2268	－0.1009
	东北地区	都会区	0.01818	0.03206	0.571	－0.0447	0.0810
		东部地区	0.22706*	0.03204	0.000	0.1643	0.2899
		西部地区	0.09670*	0.03009	0.001	0.0377	0.1557
		中部地区	0.16384*	0.03210	0.000	0.1009	0.2268

2016年问卷调查	(I) 区域	(J) 区域	均值差 (I－J)	标准误	显著性	95% 置信区间	
						下限	上限
身份认同	都会区	东部地区	0.32110*	0.02699	0.000	0.2682	0.3740
		西部地区	0.14258*	0.02641	0.000	0.0908	0.1944
		中部地区	0.31135*	0.02856	0.000	0.2554	0.3673
		东北地区	0.47249*	0.03113	0.000	0.4115	0.5335
	东部地区	都会区	－0.32110*	0.02699	0.000	－0.3740	－0.2682
		西部地区	－0.17852*	0.02105	0.000	－0.2198	－0.1373
		中部地区	－0.00976	0.02369	0.680	－0.0562	0.0367
		东北地区	0.15138*	0.02673	0.000	0.0990	0.2038

2016 年问卷调查	（I）区域	（J）区域	均值差（I－J）	标准误	显著性	95% 置信区间 下限	上限
身份认同	西部地区	都会区	－0.14258*	0.02641	0.000	－0.1944	－0.0908
		东部地区	0.17852*	0.02105	0.000	0.1373	0.2198
		中部地区	0.16876*	0.02303	0.000	0.1236	0.2139
		东北地区	0.32991*	0.02615	0.000	0.2786	0.3812
	中部地区	都会区	－0.31135*	0.02856	0.000	－0.3673	－0.2554
		东部地区	0.00976	0.02369	0.680	－0.0367	0.0562
		西部地区	－0.16876*	0.02303	0.000	－0.2139	－0.1236
		东北地区	0.16114*	0.02831	0.000	0.1056	0.2166
	东北地区	都会区	－0.47249*	0.03113	0.000	－0.5335	－0.4115
		东部地区	－0.15138*	0.02673	0.000	－0.2038	－0.0990
		西部地区	－0.32991*	0.02615	0.000	－0.3812	－0.2786
		中部地区	－0.16114*	0.02831	0.000	－0.2166	－0.1056

* 均值差的显著性水平为 0.05。

2016 年与 2012 年相比，都会区被试身份认同的得分上升 0.05 分，东部地区被试身份认同的得分下降 0.07 分，西部地区被试身份认同的得分下降 0.02 分，中部地区被试身份认同的得分下降 0.12 分，东北地区被试身份认同的得分下降 0.44 分（见表 10－4－4）。都会区被试的身份认同得分尽管上升的幅度不是很大，但是在其他区域被试得分均下降的情况下，足以拉开与其他区域被试得分之间的差距。东北地区被试得分的大幅度下降，使其由 2012 年身份认同的最高得分变成了 2016 年身份认同的最低得分，取代了东部地区被试最低得分的位置。

表 10－4－4　　　　　　不同区域被试身份认同得分的变化

项目	2012 年问卷调查	2016 年问卷调查	2016 年比 2012 年增减
都会区	4.28	4.33	＋0.05
东部地区	4.08	4.01	－0.07
西部地区	4.21	4.19	－0.02

项目	2012 年问卷调查	2016 年问卷调查	2016 年比 2012 年增减
中部地区	4.14	4.02	-0.12
东北地区	4.30	3.86	-0.44

五 不同区域被试的文化认同比较

对不同区域被试文化认同得分的差异性进行方差分析（见表10-5-1、表10-5-2、表10-5-3和图10-5），2012年问卷调查显示不同区域被试的文化认同得分之间差异显著，$F = 18.188$，$p < 0.001$，都会区被试（$M = 3.48$，$SD = 0.57$）的得分显著高于东部地区被试（$M = 3.37$，$SD = 0.55$）、东北地区被试（$M = 3.33$，$SD = 0.54$），与西部地区被试（$M = 3.50$，$SD = 0.57$）、中部地区被试（$M = 3.45$，$SD = 0.55$）之间的得分差异不显著；东部地区被试的得分显著低于西部地区、中部地区被试，与东北地区被试之间的得分差异不显著；西部地区被试的得分显著高于中部地区、东北地区被试；中部地区被试的得分显著高于东北地区被试。2016年问卷调查也显示不同区域被试的文化认同得分之间差异显著，$F = 34.137$，$p < 0.001$，都会区被试（$M = 3.64$，$SD = 0.58$）的得分显著高于东部地区被试（$M = 3.46$，$SD = 0.55$）、西部地区被试（$M = 3.50$，$SD = 0.55$）、中部地区被试（$M = 3.43$，$SD = 0.53$）和东北地区被试（$M = 3.34$，$SD = 0.55$）；东北地区被试的得分显著低于另四种被试；西部地区被试的得分显著高于东部地区、中部地区被试；东部地区被试与中部地区被试之间的得分差异不显著。

通过比较可以看出，由2012年到2016年发生的重要变化，一是2016年出现了一种区域被试得分显著高于另四种区域被试的现象（2012年未出现此种现象，2016年都会区被试的得分显著高于另四种被试）；二是2016年还出现了一种区域被试得分显著低于另四种区域被试的现象（2012年未出现此种现象，2016年东北地区被试的得分显著低于另四种被试）。

表 10 - 5 - 1 不同区域被试文化认同得分的差异比较

2012 年问卷调查		N	均值	标准差	标准误	95% 置信区间		极小值	极大值
						下限	上限		
文化认同	都会区	1215	3.4823	0.56956	0.01634	3.4502	3.5144	1.33	5.00
	东部地区	1221	3.3680	0.54887	0.01571	3.3372	3.3988	1.00	5.00
	西部地区	1857	3.4954	0.56709	0.01316	3.4696	3.5212	1.00	5.00
	中部地区	1208	3.4454	0.55246	0.01590	3.4142	3.4765	1.33	5.00
	东北地区	645	3.3256	0.54072	0.02129	3.2838	3.3674	1.33	5.00
	总数	6146	3.4399	0.56153	0.00716	3.4258	3.4539	1.00	5.00

2016 年问卷调查		N	均值	标准差	标准误	95% 置信区间		极小值	极大值
						下限	上限		
文化认同	都会区	821	3.6415	0.57515	0.02007	3.6021	3.6809	1.33	5.00
	东部地区	1704	3.4630	0.54825	0.01328	3.4370	3.4891	1.00	5.00
	西部地区	1960	3.4986	0.54724	0.01236	3.4744	3.5229	1.33	5.00
	中部地区	1245	3.4335	0.52634	0.01492	3.4042	3.4627	1.67	5.00
	东北地区	845	3.3432	0.54934	0.01890	3.3061	3.3803	1.33	5.00
	总数	6575	3.4749	0.55296	0.00682	3.4616	3.4883	1.00	5.00

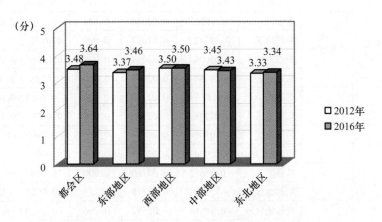

图 10 - 5 不同区域被试的文化认同得分比较

表 10 - 5 - 2　　　　不同区域被试文化认同得分的方差分析结果

2012 年问卷调查		平方和	df	均方	F	显著性
文化认同	组间	22.686	4	5.672	18.188	0.000
	组内	1914.913	6141	0.312		
	总数	1937.599	6145			
2016 年问卷调查		平方和	df	均方	F	显著性
文化认同	组间	40.925	4	10.231	34.137	0.000
	组内	1969.137	6570	0.300		
	总数	2010.062	6574			

表 10 - 5 - 3　　　　　不同区域被试文化认同得分的多重比较

2012 年问卷调查	(I) 区域	(J) 区域	均值差 (I - J)	标准误	显著性	95% 置信区间 下限	上限
文化认同	都会区	东部地区	0.11430 *	0.02263	0.000	0.0699	0.1587
		西部地区	- 0.01312	0.02060	0.524	- 0.0535	0.0273
		中部地区	0.03694	0.02269	0.104	- 0.0075	0.0814
		东北地区	0.15672 *	0.02720	0.000	0.1034	0.2101
	东部地区	都会区	- 0.11430 *	0.02263	0.000	- 0.1587	- 0.0699
		西部地区	- 0.12742 *	0.02057	0.000	- 0.1678	- 0.0871
		中部地区	- 0.07736 *	0.02266	0.001	- 0.1218	- 0.0329
		东北地区	0.04242	0.02718	0.119	- 0.0109	0.0957
	西部地区	都会区	0.01312	0.02060	0.524	- 0.0273	0.0535
		东北地区	0.12742 *	0.02057	0.000	0.0871	0.1678
		中部地区	0.05006 *	0.02064	0.015	0.0096	0.0905
		东北地区	0.16984 *	0.02552	0.000	0.1198	0.2199
	中部地区	都会区	- 0.03694	0.02269	0.104	- 0.0814	0.0075
		东部地区	0.07736 *	0.02266	0.001	0.0329	0.1218
		西部地区	- 0.05006 *	0.02064	0.015	- 0.0905	- 0.0096
		东北地区	0.11978 *	0.02723	0.000	0.0664	0.1732
	东北地区	都会区	- 0.15672 *	0.02720	0.000	- 0.2101	- 0.1034
		东部地区	- 0.04242	0.02718	0.119	- 0.0957	0.0109
		西部地区	- 0.16984 *	0.02552	0.000	- 0.2199	- 0.1198
		中部地区	- 0.11978 *	0.02723	0.000	- 0.1732	- 0.0664

2016 年问卷调查	（I）区域	（J）区域	均值差（I－J）	标准误	显著性	95% 置信区间 下限	95% 置信区间 上限
文化认同	都会区	东部地区	0.17847 *	0.02326	0.000	0.1329	0.2241
		西部地区	0.14285 *	0.02276	0.000	0.0982	0.1875
		中部地区	0.20803 *	0.02461	0.000	0.1598	0.2563
		东北地区	0.29830 *	0.02683	0.000	0.2457	0.3509
	东部地区	都会区	－ 0.17847 *	0.02326	0.000	－ 0.2241	－ 0.1329
		西部地区	－ 0.03561 *	0.01813	0.050	－ 0.0712	－ 0.0001
		中部地区	0.02956	0.02041	0.148	－ 0.0105	0.0696
		东北地区	0.11983 *	0.02303	0.000	0.0747	0.1650
	西部地区	都会区	－ 0.14285 *	0.02276	0.000	－ 0.1875	－ 0.0982
		东部地区	0.03561 *	0.01813	0.050	0.0001	0.0712
		中部地区	0.06517 *	0.01984	0.001	0.0263	0.1041
		东北地区	0.15544 *	0.02253	0.000	0.1113	0.1996
	中部地区	都会区	－ 0.20803 *	0.02461	0.000	－ 0.2563	－ 0.1598
		东部地区	－ 0.02956	0.02041	0.148	－ 0.0696	0.0105
		西部地区	－ 0.06517 *	0.01984	0.001	－ 0.1041	－ 0.0263
		东北地区	0.09027 *	0.02440	0.000	0.0424	0.1381
	东北地区	都会区	－ 0.29830 *	0.02683	0.000	－ 0.3509	－ 0.2457
		东部地区	－ 0.11983 *	0.02303	0.000	－ 0.1650	－ 0.0747
		西部地区	－ 0.15544 *	0.02253	0.000	－ 0.1996	－ 0.1113
		中部地区	－ 0.09027 *	0.02440	0.000	－ 0.1381	－ 0.0424

* 均值差的显著性水平为 0.05。

　　2016 年与 2012 年相比，都会区被试文化认同的得分上升 0.16 分，东部地区被试文化认同的得分上升 0.09 分，西部地区被试文化认同的得分与 2012 年持平，中部地区被试文化认同的得分下降 0.02 分，东北地区被试文化认同的得分上升 0.01 分（见表 10 - 5 - 4）。都会区被试文化认同得分上升的幅度较大，足以拉开与其他区域被试得分之间的差距；东部地区被试的文化认同得分也有较大幅度上升，使其与东北地区被试的得分形成了显著的差异，导致东北地区被试的文化认同得分显著低于其他区域被试的现象出现（2012 年问卷调查显示的东北地区被试得分显著低于都会区、中部地区和西部地区被试，在 2016 年并没有改变）。

表 10 - 5 - 4　　　　　　　不同区域被试文化认同得分的变化

项目	2012 年问卷调查	2016 年问卷调查	2016 年比 2012 年增减
都会区	3.48	3.64	+ 0.16
东部地区	3.37	3.46	+ 0.09
西部地区	3.50	3.50	0
中部地区	3.45	3.43	− 0.02
东北地区	3.33	3.34	+ 0.01

六　不同区域被试的政策认同比较

对不同区域被试政策认同得分的差异性进行方差分析（见表10 - 6 - 1、表 10 - 6 - 2、表 10 - 6 - 3 和图 10 - 6），2012 年问卷调查显示不同区域被试的政策认同得分之间差异显著，$F = 26.530$，$p < 0.001$，东部地区被试（$M = 3.45$，$SD = 0.74$）的得分显著低于都会区被试（$M = 3.69$，$SD = 0.67$）、西部地区被试（$M = 3.62$，$SD = 0.68$）、中部地区被试（$M = 3.54$，$SD = 0.65$）和东北地区被试（$M = 3.71$，$SD = 0.71$）；都会区被试的得分显著高于西部地区、中部地区被试，与东北地区被试之间的得分差异不显著；西部地区被试的得分显著低于东北地区被试，显著高于中部地区被试；中部地区被试的得分显著低于东北地区被试。2016 年问卷调查也显示不同区域被试的政策认同得分之间差异显著，$F = 55.454$，$p < 0.001$，都会区被试（$M = 3.83$，$SD = 0.76$）的得分显著高于东部地区被试（$M = 3.57$，$SD = 0.59$）、西部地区被试（$M = 3.56$，$SD = 0.61$）、中部地区被试（$M = 3.43$，$SD = 0.61$）和东北地区被试（$M = 3.49$，$SD = $

0.58）；中部地区被试的得分显著低于另四种被试；东北地区被试的得分显著低于东部地区、西部地区被试；东部地区被试与西部地区被试之间的得分差异不显著。

通过比较可以看出，由 2012 年到 2016 年发生的重要变化，一是 2016 年出现了一种区域被试得分显著高于另四种区域被试的现象（2012 年未出现此种现象，2016 年都会区被试的得分显著高于另四种区域被试）；二是 2012 年出现的一种区域被试得分显著低于另四种区域被试的现象，在 2016 年得以延续，只是得分最低者由东部地区被试变成了中部地区被试。

表 10 - 6 - 1　　　　　不同区域被试政策认同得分的差异比较

2012 年问卷调查		N	均值	标准差	标准误	95% 置信区间		极小值	极大值
						下限	上限		
政策认同	都会区	1217	3.6886	0.66904	0.01918	3.6510	3.7262	1.33	5.00
	东部地区	1223	3.4481	0.74194	0.02122	3.4065	3.4897	1.00	5.00
	西部地区	1858	3.6207	0.68056	0.01579	3.5898	3.6517	1.00	5.00
	中部地区	1210	3.5391	0.65272	0.01876	3.5023	3.5759	1.00	5.00
	东北地区	644	3.7081	0.70546	0.02780	3.6535	3.7627	1.33	5.00
	总数	6152	3.5929	0.69399	0.00885	3.5756	3.6103	1.00	5.00
2016 年问卷调查		N	均值	标准差	标准误	95% 置信区间		极小值	极大值
						下限	上限		
政策认同	都会区	821	3.8339	0.75630	0.02639	3.7821	3.8858	1.33	5.00
	东部地区	1707	3.5722	0.58779	0.01423	3.5443	3.6001	1.00	5.00
	西部地区	1960	3.5624	0.60705	0.01371	3.5355	3.5893	1.33	5.00
	中部地区	1243	3.4339	0.61180	0.01735	3.3999	3.4679	1.33	5.00
	东北地区	846	3.4921	0.57895	0.01990	3.4531	3.5312	1.33	5.00
	总数	6577	3.5655	0.63046	0.00777	3.5503	3.5807	1.00	5.00

表 10 - 6 - 2　　　　　　不同区域被试政策认同得分的方差分析结果

2012 年问卷调查		平方和	df	均方	F	显著性
政策认同	组间	50.274	4	12.568	26.530	0.000
	组内	2912.160	6147	0.474		
	总数	2962.434	6151			
2016 年问卷调查		平方和	df	均方	F	显著性
政策认同	组间	85.340	4	21.335	55.454	0.000
	组内	2528.465	6572	0.385		
	总数	2613.806	6576			

表 10 - 6 - 3　　　　　　不同区域被试政策认同得分的多重比较

2012 年问卷调查	（I）区域	（J）区域	均值差（I - J）	标准误	显著性	95% 置信区间 下限	95% 置信区间 上限
政策认同	都会区	东部地区	0.24050 *	0.02787	0.000	0.1859	0.2951
		西部地区	0.06784 *	0.02538	0.008	0.0181	0.1176
		中部地区	0.14946 *	0.02794	0.000	0.0947	0.2042
		东北地区	− 0.01950	0.03354	0.561	− 0.0852	0.0463
	东部地区	都会区	− 0.24050 *	0.02787	0.000	− 0.2951	− 0.1859
		西部地区	− 0.17266 *	0.02534	0.000	− 0.2223	− 0.1230
		中部地区	− 0.09104 *	0.02791	0.001	− 0.1458	− 0.0363
		东北地区	− 0.26000 *	0.03351	0.000	− 0.3257	− 0.1943
	西部地区	都会区	− 0.06784 *	0.02538	0.008	− 0.1176	− 0.0181
		东部地区	0.17266 *	0.02534	0.000	0.1230	0.2223
		中部地区	0.08162 *	0.02543	0.001	0.0318	0.1315
		东北地区	− 0.08734 *	0.03147	0.006	− 0.1490	− 0.0256
	中部地区	都会区	− 0.14946 *	0.02794	0.000	− 0.2042	− 0.0947
		东部地区	0.09104 *	0.02791	0.001	0.0363	0.1458
		西部地区	− 0.08162 *	0.02543	0.001	− 0.1315	− 0.0318
		东北地区	− 0.16896 *	0.03357	0.000	− 0.2348	− 0.1031
	东北地区	都会区	0.01950	0.03354	0.561	− 0.0463	0.0852
		东部地区	0.26000 *	0.03351	0.000	0.1943	0.3257
		西部地区	0.08734 *	0.03147	0.006	0.0256	0.1490
		中部地区	0.16896 *	0.03357	0.000	0.1031	0.2348

续表

2016 年问卷调查	（I）区域	（J）区域	均值差（I-J）	标准误	显著性	95% 置信区间	
						下限	上限
政策认同	都会区	东部地区	0.26179*	0.02634	0.000	0.2101	0.3134
		西部地区	0.27153*	0.02579	0.000	0.2210	0.3221
		中部地区	0.40005*	0.02790	0.000	0.3454	0.4547
		东北地区	0.34182*	0.03039	0.000	0.2823	0.4014
	东部地区	都会区	-0.26179*	0.02634	0.000	-0.3134	-0.2101
		西部地区	0.00974	0.02053	0.635	-0.0305	0.0500
		中部地区	0.13826*	0.02313	0.000	0.0929	0.1836
		东北地区	0.08003*	0.02608	0.002	0.0289	0.1312
	西部地区	都会区	-0.27153*	0.02579	0.000	-0.3221	-0.2210
		东部地区	-0.00974	0.02053	0.635	-0.0500	0.0305
		中部地区	0.12852*	0.02249	0.000	0.0844	0.1726
		东北地区	0.07030*	0.02552	0.006	0.0203	0.1203
	中部地区	都会区	-0.40005*	0.02790	0.000	-0.4547	-0.3454
		东部地区	-0.13826*	0.02313	0.000	-0.1836	-0.0929
		西部地区	-0.12852*	0.02249	0.000	-0.1726	-0.0844
		东北地区	-0.05822*	0.02765	0.035	-0.1124	-0.0040
	东北地区	都会区	-0.34182*	0.03039	0.000	-0.4014	-0.2823
		东部地区	-0.08003*	0.02608	0.002	-0.1312	-0.0289
		西部地区	-0.07030*	0.02552	0.006	-0.1203	-0.0203
		中部地区	0.05822*	0.02765	0.035	0.0040	0.1124

* 均值差的显著性水平为 0.05。

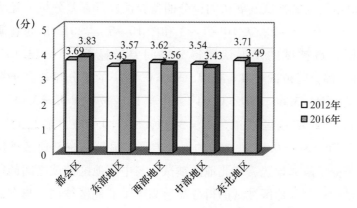

图 10-6 不同区域被试的政策认同得分比较

2016 年与 2012 年相比，都会区被试政策认同的得分上升 0.14 分，东部地区被试政策认同的得分上升 0.12 分，西部地区被试政策认同的得分下降 0.06 分，中部地区被试政策认同的得分下降 0.11 分，东北地区被试政策认同的得分下降 0.22 分（见表 10 - 6 - 4）。都会区被试得分的较大幅度上升和东北地区被试得分的大幅度下降，使政策认同最高得分者由东北地区被试变成了都会区被试。东部地区被试得分的较大幅度上升和中部地区被试得分的较大幅度下降，则使政策认同最低得分者由东部地区被试变成了中部地区被试。

表 10 - 6 - 4　　　　　　　不同区域被试政策认同得分的变化

项目	2012 年问卷调查	2016 年问卷调查	2016 年比 2012 年增减
都会区	3.69	3.83	+0.14
东部地区	3.45	3.57	+0.12
西部地区	3.62	3.56	-0.06
中部地区	3.54	3.43	-0.11
东北地区	3.71	3.49	-0.22

七　不同区域被试的发展认同比较

对不同区域被试发展认同得分的差异性进行方差分析（见表 10 - 7 - 1、表 10 - 7 - 2、表 10 - 7 - 3 和图 10 - 7），2012 年问卷调查显示不同区域被试的发展认同得分之间差异显著，$F = 13.137$，$p < 0.001$，都会区被试（$M = 3.79$，$SD = 0.59$）的得分显著高于东部地区被试（$M = 3.66$，$SD = 0.64$）、中部地区被试（$M = 3.68$，$SD = 0.63$），与西部地区被试（$M = 3.79$，$SD = 0.60$）、东北地区被试（$M = 3.76$，$SD = 0.63$）之间的得分差异不显著；东部地区被试的得分显著低于西部地区、东北地区被试，与中部地区被试之间的得分差异不显著；西部地区被试的得分显著高于中部地区被试，与东北地区被试之间的得分差异不显著；中部地区被试的得分显著低于东北地区

被试。2016 年问卷调查也显示不同区域被试的发展认同得分之间差异显著，$F = 30.666$，$p < 0.001$，都会区被试（$M = 3.76$，$SD = 0.59$）的得分显著高于东部地区被试（$M = 3.60$，$SD = 0.64$）、西部地区被试（$M = 3.70$，$SD = 0.65$）、中部地区被试（$M = 3.54$，$SD = 0.63$）和东北地区被试（$M = 3.50$，$SD = 0.68$）；西部地区被试的得分显著高于东部地区、中部地区、东北地区被试；东部地区被试的得分显著高于中部地区、东北地区被试；中部地区被试与东北地区被试之间的得分差异不显著。

通过比较可以看出，由 2012 年到 2016 年发生的重要变化是 2016 年出现了一种区域被试得分显著高于另四种区域被试的现象（2012 年未出现此种现象，2016 年都会区被试的得分显著高于另四种区域被试）。

表 10 - 7 - 1　　　　不同区域被试发展认同得分的差异比较

2012 年问卷调查		N	均值	标准差	标准误	95% 置信区间		极小值	极大值
						下限	上限		
发展认同	都会区	1216	3.7876	0.59436	0.01704	3.7542	3.8211	2.00	5.00
	东部地区	1225	3.6649	0.63790	0.01823	3.6291	3.7007	1.75	5.00
	西部地区	1857	3.7940	0.60131	0.01395	3.7667	3.8214	1.75	5.00
	中部地区	1210	3.6791	0.62721	0.01803	3.6438	3.7145	1.50	5.00
	东北地区	644	3.7636	0.63091	0.02486	3.7148	3.8124	1.00	5.00
	总数	6152	3.7413	0.61808	0.00788	3.7258	3.7567	1.00	5.00
2016 年问卷调查		N	均值	标准差	标准误	95% 置信区间		极小值	极大值
						下限	上限		
发展认同	都会区	821	3.7576	0.59252	0.02068	3.7170	3.7982	2.00	5.00
	东部地区	1702	3.5974	0.63911	0.01549	3.5670	3.6278	1.25	5.00
	西部地区	1959	3.7018	0.64603	0.01460	3.6731	3.7304	1.50	5.00
	中部地区	1245	3.5402	0.63477	0.01799	3.5049	3.5755	1.50	5.00
	东北地区	846	3.4959	0.68348	0.02350	3.4497	3.5420	1.50	5.00
	总数	6573	3.6246	0.64642	0.00797	3.6090	3.6402	1.25	5.00

表 10 - 7 - 2　　　　　不同区域被试发展认同得分的方差分析结果

2012 年问卷调查		平方和	df	均方	F	显著性
发展认同	组间	19.918	4	4.980	13.137	0.000
	组内	2329.925	6147	0.379		
	总数	2349.843	6151			

2016 年问卷调查		平方和	df	均方	F	显著性
发展认同	组间	50.347	4	12.587	30.666	0.000
	组内	2695.855	6568	0.410		
	总数	2746.202	6572			

表 10 - 7 - 3　　　　　不同区域被试发展认同得分的多重比较

2012 年问卷调查	（I）区域	（J）区域	均值差（I－J）	标准误	显著性	95% 置信区间	
						下限	上限
发展认同	都会区	东部地区	0.12273 *	0.02492	0.000	0.0739	0.1716
		西部地区	-0.00640	0.02271	0.778	-0.0509	0.0381
		中部地区	0.10849 *	0.02500	0.000	0.0595	0.1575
		东北地区	0.02404	0.03000	0.423	-0.0348	0.0829
	东部地区	都会区	-0.12273 *	0.02492	0.000	-0.1716	-0.0739
		西部地区	-0.12912 *	0.02266	0.000	-0.1735	-0.0847
		中部地区	-0.01423	0.02495	0.568	-0.0632	0.0347
		东北地区	-0.09869 *	0.02997	0.001	-0.1574	-0.0399
	西部地区	都会区	0.00640	0.02271	0.778	-0.0381	0.0509
		东部地区	0.12912 *	0.02266	0.000	0.0847	0.1735
		中部地区	0.11489 *	0.02275	0.000	0.0703	0.1595
		东北地区	0.03044	0.02815	0.280	-0.0248	0.0856
	中部地区	都会区	-0.10849 *	0.02500	0.000	-0.1575	-0.0595
		东部地区	0.01423	0.02495	0.568	-0.0347	0.0632
		西部地区	-0.11489 *	0.02275	0.000	-0.1595	-0.0703
		东北地区	-0.08445 *	0.03003	0.005	-0.1433	-0.0256
	东北地区	都会区	-0.02404	0.03000	0.423	-0.0829	0.0348
		东部地区	0.09869 *	0.02997	0.001	0.0399	0.1574
		西部地区	-0.03044	0.02815	0.280	-0.0856	0.0248
		中部地区	0.08445 *	0.03003	0.005	0.0256	0.1433

续表

2016年问卷调查	（I）区域	（J）区域	均值差（I－J）	标准误	显著性	95% 置信区间	
						下限	上限
发展认同	都会区	东部地区	0.16023*	0.02722	0.000	0.1069	0.2136
		西部地区	0.05585*	0.02664	0.036	0.0036	0.1081
		中部地区	0.21745*	0.02880	0.000	0.1610	0.2739
		东北地区	0.26175*	0.03139	0.000	0.2002	0.3233
	东部地区	都会区	－ 0.16023*	0.02722	0.000	－ 0.2136	－ 0.1069
		西部地区	－ 0.10438*	0.02123	0.000	－ 0.1460	－ 0.0628
		中部地区	0.05722*	0.02389	0.017	0.0104	0.1041
		东北地区	0.10152*	0.02695	0.000	0.0487	0.1544
	西部地区	都会区	－ 0.05585*	0.02664	0.036	－ 0.1081	－ 0.0036
		东部地区	0.10438*	0.02123	0.000	0.0628	0.1460
		中部地区	0.16160*	0.02322	0.000	0.1161	0.2071
		东北地区	0.20590*	0.02636	0.000	0.1542	0.2576
	中部地区	都会区	－ 0.21745*	0.02880	0.000	－ 0.2739	－ 0.1610
		东部地区	－ 0.05722*	0.02389	0.017	－ 0.1041	－ 0.0104
		西部地区	－ 0.16160*	0.02322	0.000	－ 0.2071	－ 0.1161
		东北地区	0.04430	0.02855	0.121	－ 0.0117	0.1003
	东北地区	都会区	－ 0.26175*	0.03139	0.000	－ 0.3233	－ 0.2002
		东部地区	－ 0.10152*	0.02695	0.000	－ 0.1544	－ 0.0487
		西部地区	－ 0.20590*	0.02636	0.000	－ 0.2576	－ 0.1542
		中部地区	－ 0.04430	0.02855	0.121	－ 0.1003	0.0117

* 均值差的显著性水平为 0.05。

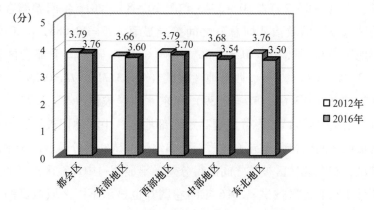

图 10－7 不同区域被试的发展认同得分比较

2016 年与 2012 年相比，都会区被试发展认同的得分下降 0.03 分，东部地区被试发展认同的得分下降 0.06 分，西部地区被试发展认同的得分下降 0.09 分，中部地区被试发展认同的得分下降 0.14 分，东北地区被试发展认同的得分下降 0.26 分（见表 10 - 7 - 4）。都会区被试的发展认同得分尽管有所下降，但是其他区域被试得分的下降幅度更大，拉开了都会区被试与其他区域被试得分之间的差距，使得都会区被试得分由显著高于两种区域被试变成了显著高于四种区域被试。

表 10 - 7 - 4　　　　　不同区域被试发展认同得分的变化

项目	2012 年问卷调查	2016 年问卷调查	2016 年比 2012 年增减
都会区	3.79	3.76	- 0.03
东部地区	3.66	3.60	- 0.06
西部地区	3.79	3.70	- 0.09
中部地区	3.68	3.54	- 0.14
东北地区	3.76	3.50	- 0.26

八　不同区域被试的政治认同总分比较

对不同区域被试政治认同总分的差异性进行方差分析（见表 10 - 8 - 1、表 10 - 8 - 2、表 10 - 8 - 3 和图 10 - 8），2012 年问卷调查显示不同区域被试的政治认同总分之间差异显著，$F = 42.083$，$p < 0.001$，东部地区被试的得分（$M = 3.56$，$SD = 0.43$）显著低于都会区被试（$M = 3.74$，$SD = 0.37$）、西部地区被试（$M = 3.71$，$SD = 0.39$）、中部地区被试（$M = 3.64$，$SD = 0.39$）和东北地区被试（$M = 3.72$，$SD = 0.37$）；都会区被试的得分显著高于西部地区、中部地区被试，与东北地区被试之间的得分差异不显著；西部地区被试的得分显著高于中部地区被试，与东北地区被试之间的得分差异不显著；中部地区被试的得分显著低于东北地区被试。2016 年问卷调查也显示不同区域被试的政治认同总分之间差异显著，$F = 72.986$，$p < 0.001$，都会区被试（$M =$

3.79，$SD = 0.41$）的得分显著高于东部地区被试（$M = 3.60$，$SD = 0.39$）、西部地区被试（$M = 3.68$，$SD = 0.37$）、中部地区被试（$M = 3.56$，$SD = 0.37$）和东北地区被试（$M = 3.53$，$SD = 0.36$），西部地区被试的得分显著高于东部地区、中部地区、东北地区被试，东部地区被试的得分显著高于中部地区、东北地区被试，中部地区被试与东北地区被试之间的得分差异不显著。

通过比较可以看出，由 2012 年到 2016 年发生的重要变化，一是 2012 年出现的一种区域被试得分显著低于另四种区域被试的现象（东部地区被试的得分显著低于另四种被试），2016 年未再出现；二是 2016 年出现了一种区域被试得分显著高于另四种区域被试的现象（2012 年未出现此种现象，2016 年都会区被试的得分显著高于另四种区域被试）。

表 10 - 8 - 1　　　　　　不同区域被试政治认同总分的差异比较

2012 年问卷调查		N	均值	标准差	标准误	95% 置信区间		极小值	极大值
						下限	上限		
政治认同总分	都会区	1209	3.7419	0.36954	0.01063	3.7210	3.7627	2.19	4.78
	东部地区	1210	3.5613	0.42696	0.01227	3.5372	3.5854	1.64	4.78
	西部地区	1844	3.7080	0.39255	0.00914	3.6900	3.7259	2.00	4.68
	中部地区	1206	3.6385	0.39318	0.01132	3.6163	3.6608	2.31	4.68
	东北地区	640	3.7213	0.37025	0.01464	3.6926	3.7501	2.24	4.61
	总数	6109	3.6733	0.39836	0.00510	3.6633	3.6833	1.64	4.78
2016 年问卷调查		N	均值	标准差	标准误	95% 置信区间		极小值	极大值
						下限	上限		
政治认同总分	都会区	821	3.7909	0.40719	0.01421	3.7630	3.8188	2.39	4.89
	东部地区	1693	3.6026	0.38962	0.00947	3.5840	3.6211	1.83	4.75
	西部地区	1949	3.6766	0.37183	0.00842	3.6601	3.6931	2.17	4.90
	中部地区	1238	3.5590	0.37112	0.01055	3.5383	3.5797	2.32	4.79
	东北地区	843	3.5260	0.36290	0.01250	3.5015	3.5506	2.53	4.60
	总数	6544	3.6302	0.38810	0.00480	3.6208	3.6396	1.83	4.90

表 10 - 8 - 2 不同区域被试政治认同总分的方差分析结果

2012 年问卷调查		平方和	*df*	均方	*F*	显著性
政治认同 总分	组间	26.013	4	6.503	42.083	0.000
	组内	943.250	6104	0.155		
	总数	969.263	6108			
2016 年问卷调查		平方和	*df*	均方	*F*	显著性
政治认同 总分	组间	42.119	4	10.530	72.986	0.000
	组内	943.395	6539	0.144		
	总数	985.515	6543			

表 10 - 8 - 3 不同区域被试政治认同总分的多重比较

2012 年 问卷调查	(I) 区域	(J) 区域	均值差 (I - J)	标准误	显著性	95% 置信区间	
						下限	上限
政治 认同 总分	都会区	东部地区	0.18058 *	0.01599	0.000	0.1492	0.2119
		西部地区	0.03393 *	0.01455	0.020	0.0054	0.0625
		中部地区	0.10335 *	0.01600	0.000	0.0720	0.1347
		东北地区	0.02056	0.01922	0.285	- 0.0171	0.0582
	东部地区	都会区	- 0.18058 *	0.01599	0.000	- 0.2119	- 0.1492
		西部地区	- 0.14665 *	0.01454	0.000	- 0.1752	- 0.1181
		中部地区	- 0.07724 *	0.01600	0.000	- 0.1086	- 0.0459
		东北地区	- 0.16003 *	0.01921	0.000	- 0.1977	- 0.1224
	西部地区	都会区	- 0.03393 *	0.01455	0.020	- 0.0625	- 0.0054
		东部地区	0.14665 *	0.01454	0.000	0.1181	0.1752
		中部地区	0.06941 *	0.01456	0.000	0.0409	0.0980
		东北地区	- 0.01338	0.01803	0.458	- 0.0487	0.0220
	中部地区	都会区	- 0.10335 *	0.01600	0.000	- 0.1347	- 0.0720
		东部地区	0.07724 *	0.01600	0.000	0.0459	0.1086
		西部地区	- 0.06941 *	0.01456	0.000	- 0.0980	- 0.0409
		东北地区	- 0.08279 *	0.01922	0.000	- 0.1205	- 0.0451
	东北地区	都会区	- 0.02056	0.01922	0.285	- 0.0582	0.0171
		东部地区	0.16003 *	0.01921	0.000	0.1224	0.1977
		西部地区	0.01338	0.01803	0.458	- 0.0220	0.0487
		中部地区	0.08279 *	0.01922	0.000	0.0451	0.1205

续表

2016 年问卷调查	（I）区域	（J）区域	均值差（I - J）	标准误	显著性	95% 置信区间	
						下限	上限
政治认同总分	都会区	东部地区	0.18837*	0.01615	0.000	0.1567	0.2200
		西部地区	0.11430*	0.01580	0.000	0.0833	0.1453
		中部地区	0.23189*	0.01710	0.000	0.1984	0.2654
		东北地区	0.26489*	0.01862	0.000	0.2284	0.3014
	东部地区	都会区	-0.18837*	0.01615	0.000	-0.2200	-0.1567
		西部地区	-0.07407*	0.01262	0.000	-0.0988	-0.0493
		中部地区	0.04352*	0.01420	0.002	0.0157	0.0714
		东北地区	0.07652*	0.01601	0.000	0.0451	0.1079
	西部地区	都会区	-0.11430*	0.01580	0.000	-0.1453	-0.0833
		东部地区	0.07407*	0.01262	0.000	0.0493	0.0988
		中部地区	0.11759*	0.01380	0.000	0.0905	0.1446
		东北地区	0.15059*	0.01566	0.000	0.1199	0.1813
	中部地区	都会区	-0.23189*	0.01710	0.000	-0.2654	-0.1984
		东部地区	-0.04352*	0.01420	0.002	-0.0714	-0.0157
		西部地区	-0.11759*	0.01380	0.000	-0.1446	-0.0905
		东北地区	0.03300	0.01696	0.052	-0.0002	0.0663
	东北地区	都会区	-0.26489*	0.01862	0.000	-0.3014	-0.2284
		东部地区	-0.07652*	0.01601	0.000	-0.1079	-0.0451
		西部地区	-0.15059*	0.01566	0.000	-0.1813	-0.1199
		中部地区	-0.03300	0.01696	0.052	-0.0663	0.0002

* 均值差的显著性水平为 0.05。

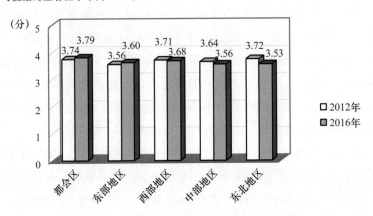

图 10 - 8　不同区域被试的政治认同总分比较

2016 年不同区域被试的政治认同总分与 2012 年相比，都会区被试上升 0.05 分，东部地区被试上升 0.04 分，西部地区被试下降 0.03分，中部地区被试下降 0.08 分，东北地区被试下降 0.19 分（见表10-8-4）。都会区被试得分的上升，使其政治认同总分达到了显著高于其他区域被试的水平。东部地区被试得分的上升和西部、中部、东北地区被试得分的不同幅度下降，则改变了东部地区被试政治认同总分显著低于另四种区域被试的状态。

表 10-8-4　　　　　　　　不同区域被试政治认同总分的变化

项目	2012 年问卷调查	2016 年问卷调查	2016 年比 2012 年增减
都会区	3.74	3.79	+0.05
东部地区	3.56	3.60	+0.04
西部地区	3.71	3.68	-0.03
中部地区	3.64	3.56	-0.08
东北地区	3.72	3.53	-0.19

通过本章的数据比较，可以对不同区域被试在政治认同方面所反映出来的差异做一个简单的小结。

第一，通过两次问卷调查，可以看出在政治认同方面确实存在着明显的区域差异。这样的差异既表现为某一区域被试的政治认同总分显著低于另四种区域被试（如 2012 年问卷调查显示的东部地区被试的得分显著低于其他区域被试）或显著高于另四种区域被试（如 2016 年问卷调查显示的都会区被试的得分显著高于其他区域被试），也表现为不同区域被试的政治认同总分之间大多表现出显著的差异。尽管各区域被试的政治认同总分两次调查都有不小的变化，但并没有改变中国不同区域的公民在整体性政治认同方面存在显著差异的基本形态。

第二，不同区域被试在六种认同上的得分排序，2012 年和 2016年两次问卷调查发生了重要的变化（见表 10-9，表中括号内的数字，代表不同区域被试得分高低的排序）。（1）都会区被试由 2012年的各种认同得分排序以位居第二为主（体制认同和发展认同得分位

居第一，另四种认同得分均位居第二），变成了 2016 年的六种认同得
分排序均位居第一。（2）西部地区被试由 2012 年的各种认同得分排
序居于第一位至第三位之间（文化认同和发展认同得分位居第一，政
党认同得分位居第二，体制认同、身份认同、政策认同得分均位居第
三），变成了 2016 年的六种认同得分排序以位居第二为主（除政策认
同得分位居第三外，另五种认同的得分均位居第二）。（3）东北地区
被试由 2012 年的各种认同得分排序偏前（政党认同、身份认同、政
策认同得分均位居第一，体制认同得分位居第二，发展认同得分位居
第三，只有文化认同得分位居第五），变成了 2016 年的各种认同得分
排序以末位为主（除体制认同得分位居第三和政策认同得分位居第四
外，另四种认同的得分均位居第五）。（4）东部地区被试由 2012 年
的各种认同得分排序位居末位为主（除文化认同得分位居第四外，另
五种认同得分均位居第五），变成了 2016 年的各种认同得分排序以位
居第三、第四为主，不再出现位居末位的现象（政策认同得分位居第
二，体制认同、文化认同、发展认同得分位居第三，政党认同、身份
认同得分位居第四）。（5）中部地区被试由 2012 年的各种认同得分
排序位居第四为主（除文化认同得分位居第三外，另五种认同的得分
均位居第四），变成了 2016 年的各种认同得分排序平均分布在后三位
（政党认同、身份认同得分位居第三，文化认同、发展认同位居第四，
体制认同、政策认同位居第五）。

表 10 - 9　　　　　　　**不同区域被试政治认同得分排序比较**

2012 年问卷调查	都会区	东部地区	西部地区	中部地区	东北地区
体制认同	3.55（1）	3.30（5）	3.46（3）	3.40（4）	3.49（2）
政党认同	3.66（2）	3.51（5）	3.66（2）	3.62（4）	3.72（1）
身份认同	4.28（2）	4.08（5）	4.21（3）	4.14（4）	4.30（1）
文化认同	3.48（2）	3.37（4）	3.50（1）	3.45（3）	3.33（5）
政策认同	3.69（2）	3.45（5）	3.62（3）	3.54（4）	3.71（1）
发展认同	3.79（1）	3.66（5）	3.79（1）	3.68（4）	3.76（3）
政治认同总分/指数	3.74（1）	3.56（5）	3.71（3）	3.64（4）	3.72（2）

续表

2016 年问卷调查	都会区	东部地区	西部地区	中部地区	东北地区
体制认同	3.50（1）	3.43（3）	3.47（2）	3.36（5）	3.43（3）
政党认同	3.68（1）	3.54（4）	3.64（2）	3.55（3）	3.53（5）
身份认同	4.33（1）	4.01（4）	4.19（2）	4.02（3）	3.86（5）
文化认同	3.64（1）	3.46（3）	3.50（2）	3.43（4）	3.34（5）
政策认同	3.83（1）	3.57（2）	3.56（3）	3.43（5）	3.49（4）
发展认同	3.76（1）	3.60（3）	3.70（2）	3.54（4）	3.50（5）
政治认同总分/指数	3.79（1）	3.60（3）	3.68（2）	3.56（4）	3.53（5）

　　第三，两次问卷调查显示，不同区域被试的六种认同得分之间的差异都达到了显著水平，表明政治认同的区域性差异具有"全覆盖"的特征。尤其需要注意的是，某一区域被试的得分显著高于或低于其他区域被试的现象，在 2016 年已经"覆盖"了六种认同：（1）在体制认同方面，2016 年尽管没有延续 2012 年某一区域被试（都会区被试）得分显著高于其他区域被试的状态，但是延续了某一区域被试得分显著低于其他区域被试的状态（得分显著低于其他区域的被试，由东部地区变成了中部地区）。（2）在政党认同方面，2016 年尽管没有延续 2012 年某一区域被试（东部地区被试）得分显著低于其他区域被试的状态，但是延续了某一区域被试得分显著高于其他区域被试的状态（得分显著高于其他区域的被试，由东北地区变成了都会区）。（3）在身份认同方面，2016 年不仅延续了 2012 年某一区域被试得分显著低于其他区域被试的状态（得分显著低于其他区域的被试，由东部地区变成了东北地区），还出现了某一区域被试（都会区被试）得分显著高于其他区域被试的状态。（4）在文化认同方面，2016 年既出现了某一区域被试（东北地区被试）得分显著低于其他区域被试的状态，也出现了某一区域被试（都会区被试）得分显著高于其他区域被试的状态，这样的状态在 2012 年均未曾出现。（5）在政策认同方面，2016 年不仅延续了 2012 年某一区域被试得分显著低于其他区域被试的状态（得分显著低于其他区域的被试，由东部地区变成了

中部地区），还出现了某一区域被试（都会区被试）得分显著高于其他区域被试的状态。（6）在发展认同方面，2016年出现了某一区域被试（都会区被试）得分显著高于其他区域被试的状态，这样的状态在2012年也未曾出现。

第四，2016年与2012年相比，都会区被试的得分总体呈上升趋势，除了体制认同和发展认同都会区被试的得分略有下降外，另四种认同的得分都有所上升，尤其是文化认同和政策认同的得分上升幅度较大（分别上升0.16分和0.14分），使得都会区被试不仅政治认同总分有所提升（上升0.05分），并且在多数认同的得分上显著高于其他区域被试。

第五，2016年与2012年相比，东部地区被试的得分在总体上也呈现的是上升趋势，除了身份认同和发展认同东部地区被试的得分略有下降外，另四种认同的得分都有所上升，尤其是体制认同、文化认同、政策认同的得分上升幅度较大（分别上升0.13分、0.09分和0.12分），使得东部地区被试不仅政治认同总分有所提升（上升0.04分），并且改变了2012年多数认同得分垫底的状态。

第六，2016年与2012年相比，西部地区被试的得分总体呈微弱下降趋势，除了体制认同的得分略有上升、文化认同得分与2012年持平外，另四种认同的得分均有所下降，尤其是发展认同的得分下降幅度略大（下降0.09分），使得西部地区被试的政治认同总分略有下降（下降0.03分）。与其他区域被试相比，西部地区被试的得分变化幅度是最小的。

第七，2016年与2012年相比，中部地区被试的得分总体呈下降趋势，六种认同的得分都有所下降，尤其是身份认同、政策认同、发展认同的得分下降幅度较大（分别下降0.12分、0.11分和0.14分），使得中部地区被试的政治认同总分有一定幅度的下降（下降0.08分）。

第八，2016年与2012年相比，东北地区被试的得分总体呈大幅下降趋势，除了文化认同的得分略有上升外，另五种认同的得分均有所下降，并且政党认同（下降0.19分）、身份认同（下降0.44分）、政策认同（下降 0.22 分）、发展认同（下降 0.26 分）的得分都有大幅度的下降，使得东北地区被试的政治认同总分大幅度下降（下降 0.19 分），在各区域中成为政治认同水平最低的区域。也就是说，两次调查反映出东北地区被试政治认同方面的变化程度，明显超过了其他区域，对于这一点应该引起一定的注意。

第九，政治认同方面表现出的区域性差异，尤其是两次调查显示出的重大变化，可能与省级单位的抽样有关。尤其需要注意的是，都会区被试政治认同水平 2016 年较 2012 年有所提升，可能与调查对象由 2012 年的上海市和重庆市改为 2016 年的北京市和天津市有重要的关系；东北地区被试政治认同水平 2016 年较 2012 年有大幅度下降，可能与调查对象由 2012 年的吉林省改为 2016 年的吉林省、辽宁省有重要的关系。其他区域被试的变化，也可能在一定程度上受到调查对象不同的影响。在问卷调查中，由抽样带来的偏差是在所难免的，只能在持续的调查中进行不断的验证，排除偏差的影响。从这一点上看，现在的调查次数还是太少，确实需要再有几轮定期的调查，才可能将抽样带来的偏差影响降到最低水平。

第十一章　民主偏好对政治认同的影响

在 2016 年的问卷调查中，请被试在五种民主中选择对中国的民主发展最重要的一种民主：一是基层群众的自治（基层民主），二是选举人大代表和政府官员（选举民主），三是公众广泛参与政策讨论（政策民主），四是政府与群众协商解决问题（协商民主），五是中国共产党推进党内的民主（党内民主）。在调查涉及的 6581 名被试中，有 1 名被试没有做出选择，在进行了选择的 6580 名被试中，1136 人选择基层群众的自治（基层民主），有效百分比为 17.27%；1624 人选择选举人大代表和政府官员（选举民主），有效百分比为 24.68%；1543 人选择公众广泛参与政策讨论（政策民主），有效百分比为 23.45%；1734 人选择政府与群众协商解决问题（协商民主），有效百分比为 26.35%；542 人选择中国共产党推进党内的民主（党内民主），有效百分比为 8.25%。将民主偏好作为分析变量，可以观察带有明显民主偏好的五种被试（偏好基层民主被试、偏好选举民主被试、偏好政策民主被试、偏好协商民主被试、偏好党内民主被试）在政治认同上是否存在有明显的不同。

一　不同民主偏好被试政治认同的总体情况

2016 年问卷调查结果显示，偏好基层民主被试政治认同的总体得分在 2.35—4.89 分之间，均值为 3.64，标准差为 0.36。在六种认同中，偏好基层民主被试的体制认同得分在 1.33—5.00 分之间，均值为 3.43，标准差为 0.49；政党认同得分在 1.33—5.00 分之间，均

值为 3.59，标准差为 0.56；身份认同得分在 1.25—5.00 分之间，均
值为 4.09，标准差为 0.62；文化认同得分在 1.33—5.00 分之间，均
值为 3.50，标准差为 0.55；政策认同得分在 1.33—5.00 分之间，均
值为 3.57，标准差为 0.62；发展认同得分在 1.75—5.00 分之间，均
值为 3.66，标准差为 0.62（见表 11 - 1 - 1 和图 11 - 1 - 1）。

表 11 - 1 - 1　　　　　　偏好基层民主被试政治认同的描述统计

项目	N	极小值	极大值	均值	标准差
政治认同总分	1132	2.35	4.89	3.6403	0.36403
体制认同	1136	1.33	5.00	3.4293	0.49242
政党认同	1136	1.33	5.00	3.5945	0.55924
身份认同	1136	1.25	5.00	4.0900	0.61773
文化认同	1135	1.33	5.00	3.4975	0.54897
政策认同	1136	1.33	5.00	3.5695	0.62440
发展认同	1133	1.75	5.00	3.6578	0.62318
有效的 N（列表状态）	1132				

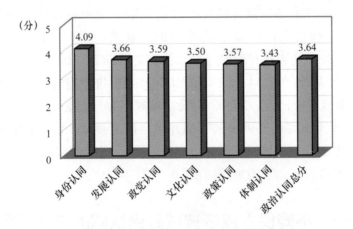

图 11 - 1 - 1　偏好基层民主被试政治认同的得分排序

　　2016 年问卷调查结果显示，偏好选举民主被试政治认同的总体
得分在 1.83—4.83 分之间，均值为 3.62，标准差为 0.38。在六种认
同中，偏好选举民主被试的体制认同得分在 1.33—5.00 分之间，均

值为 3.44，标准差为 0.48；政党认同得分在 1.33—5.00 分之间，均值为 3.57，标准差为 0.57；身份认同得分在 1.00—5.00 分之间，均值为 4.08，标准差为 0.64；文化认同得分在 1.00—5.00 分之间，均值为 3.45，标准差为 0.54；政策认同得分在 1.33—5.00 分之间，均值为 3.56，标准差为 0.62；发展认同得分在 1.50—5.00 分之间，均值为 3.59，标准差为 0.62（见表 11 - 1 - 2 和图 11 - 1 - 2）。

表 11 - 1 - 2　　　　　偏好选举民主被试政治认同的描述统计

项目	N	极小值	极大值	均值	标准差
政治认同总分	1614	1.83	4.83	3.6171	0.38418
体制认同	1624	1.33	5.00	3.4384	0.48490
政党认同	1620	1.33	5.00	3.5708	0.56999
身份认同	1621	1.00	5.00	4.0841	0.64459
文化认同	1622	1.00	5.00	3.4544	0.54133
政策认同	1622	1.33	5.00	3.5555	0.61726
发展认同	1624	1.50	5.00	3.5948	0.62094
有效的 N（列表状态）	1614				

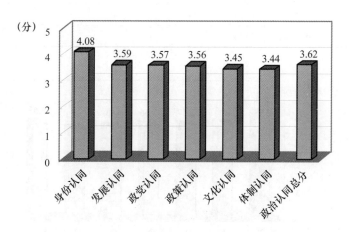

图 11 - 1 - 2　偏好选举民主被试政治认同的得分排序

2016 年问卷调查结果显示，偏好政策民主被试政治认同的总体得分在 2.33—4.79 分之间，均值为 3.63，标准差为 0.41。在六种认同中，偏好政策民主被试的体制认同得分在 1.33—5.00 分之间，均值为 3.44，标准差为 0.52；政党认同得分在 1.33—5.00 分之间，均值为 3.57，标准差为 0.58；身份认同得分在 1.50—5.00 分之间，均值为 4.06，标准差为 0.68；文化认同得分在 1.33—5.00 分之间，均值为 3.49，标准差为 0.56；政策认同得分在 1.33—5.00 分之间，均值为 3.56，标准差为 0.65；发展认同得分在 1.25—5.00 分之间，均值为 3.63，标准差为 0.67（见表 11 - 1 - 3 和图 11 - 1 - 3）。

表 11 - 1 - 3　　　　　偏好政策民主被试政治认同的描述统计

项目	N	极小值	极大值	均值	标准差
政治认同总分	1535	2.33	4.79	3.6268	0.41436
体制认同	1543	1.33	5.00	3.4422	0.52268
政党认同	1540	1.33	5.00	3.5703	0.58267
身份认同	1541	1.50	5.00	4.0633	0.67502
文化认同	1543	1.33	5.00	3.4871	0.55543
政策认同	1542	1.33	5.00	3.5623	0.65332
发展认同	1541	1.25	5.00	3.6262	0.67297
有效的 N（列表状态）	1535				

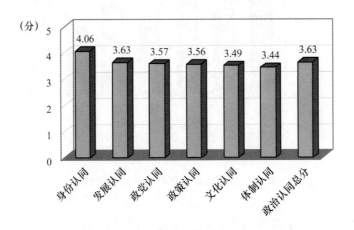

图 11 - 1 - 3　偏好政策民主被试政治认同的得分排序

2016 年问卷调查结果显示，偏好协商民主被试政治认同的总体得分在 2.28—4.90 分之间，均值为 3.63，标准差为 0.38。在六种认同中，偏好协商民主被试的体制认同得分在 1.00—5.00 分之间，均值为 3.42，标准差为 0.47；政党认同得分在 1.33—5.00 分之间，均值为 3.60，标准差为 0.57；身份认同得分在 1.00—5.00 分之间，均值为 4.11，标准差为 0.66；文化认同得分在 1.33—5.00 分之间，均值为 3.47，标准差为 0.55；政策认同得分在 1.00—5.00 分之间，均值为 3.54，标准差为 0.63；发展认同得分在 1.50—5.00 分之间，均值为 3.63，标准差为 0.65（见表 11 - 1 - 4 和图 11 - 1 - 4）。

表 11 - 1 - 4　　　　　偏好协商民主被试政治认同的描述统计

项目	N	极小值	极大值	均值	标准差
政治认同总分	1722	2.28	4.90	3.6309	0.38123
体制认同	1734	1.00	5.00	3.4241	0.47300
政党认同	1729	1.33	5.00	3.6042	0.57385
身份认同	1731	1.00	5.00	4.1101	0.65886
文化认同	1731	1.33	5.00	3.4702	0.54795
政策认同	1733	1.00	5.00	3.5449	0.62601
发展认同	1733	1.50	5.00	3.6307	0.65410
有效的 N（列表状态）	1722				

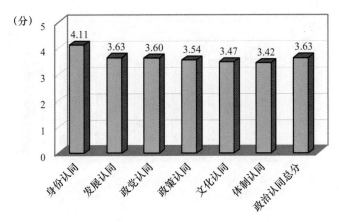

图 11 - 1 - 4　偏好协商民主被试政治认同的得分排序

2016 年问卷调查结果显示，偏好党内民主被试政治认同的总体得分在 2.17—4.72 分之间，均值为 3.66，标准差为 0.39。在六种认同中，偏好党内民主被试的体制认同得分在 1.00—5.00 分之间，均值为 3.45，标准差为 0.50；政党认同得分在 2.00—5.00 分之间，均值为 3.62，标准差为 0.59；身份认同得分在 1.75—5.00 分之间，均值为 4.10，标准差为 0.64；文化认同得分在 1.33—5.00 分之间，均值为 3.47，标准差为 0.60；政策认同得分在 2.00—5.00 分之间，均值为 3.66，标准差为 0.64；发展认同得分在 1.50—5.00 分之间，均值为 3.62，标准差为 0.67（见表 11 - 1 - 5 和图 11 - 1 - 5）。

表 11 - 1 - 5　　　　　　偏好党内民主被试政治认同的描述统计

项目	N	极小值	极大值	均值	标准差
政治认同总分	540	2.17	4.72	3.6561	0.39239
体制认同	543	1.00	5.00	3.4530	0.50235
政党认同	543	2.00	5.00	3.6219	0.59055
身份认同	541	1.75	5.00	4.0966	0.63522
文化认同	543	1.33	5.00	3.4702	0.60363
政策认同	543	2.00	5.00	3.6618	0.64126
发展认同	541	1.50	5.00	3.6215	0.66555
有效的 N（列表状态）	540				

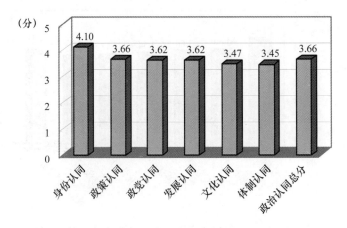

图 11 - 1 - 5　偏好党内民主被试政治认同的得分排序

六种认同的得分由高到低排序，偏好选举民主、政策民主、协商民主被试是身份认同第一，发展认同第二，政党认同第三，政策认同第四，文化认同第五，体制认同第六；偏好基层民主被试是身份认同第一，发展认同第二，政党认同第三，文化认同第四，政策认同第五，体制认同第六；偏好党内民主被试是身份认同第一，政策认同第二，政党认同第三，发展认同第四，文化认同第五，体制认同第六（第二至五位排序有所不同）。

二　不同民主偏好被试的体制认同情况

对不同民主偏好被试体制认同得分的差异性进行方差分析（见表11-2-1、表11-2-2、表11-2-3和图11-2），显示不同民主偏好被试的体制认同得分之间的差异未达到显著水平。

表11-2-1　　　**不同民主偏好被试体制认同得分的差异比较**

项目		N	均值	标准差	标准误	95% 置信区间		极小值	极大值
						下限	上限		
体制认同	基层民主	1136	3.4293	0.49242	0.01461	3.4006	3.4579	1.33	5.00
	选举民主	1624	3.4384	0.48490	0.01203	3.4148	3.4620	1.33	5.00
	政策民主	1543	3.4422	0.52268	0.01331	3.4161	3.4683	1.33	5.00
	协商民主	1734	3.4241	0.47300	0.01136	3.4018	3.4463	1.00	5.00
	党内民主	543	3.4530	0.50235	0.02156	3.4107	3.4954	1.00	5.00
	总数	6580	3.4352	0.49363	0.00609	3.4232	3.4471	1.00	5.00

表11-2-2　　　**不同民主偏好被试体制认同得分的方差分析结果**

项目		平方和	df	均方	F	显著性
体制认同	组间	0.520	4	0.130	0.534	0.711
	组内	1602.591	6575	0.244		
	总数	1603.111	6579			

表 11 - 2 - 3   不同民主偏好被试体制认同得分的多重比较

因变量	（I）民主	（J）民主	均值差（I－J）	标准误	显著性	95% 置信区间 下限	95% 置信区间 上限
体制认同	基层民主	选举民主	- 0.00914	0.01910	0.632	- 0.0466	0.0283
		政策民主	- 0.01293	0.01930	0.503	- 0.0508	0.0249
		协商民主	0.00522	0.01884	0.782	- 0.0317	0.0422
		党内民主	- 0.02375	0.02576	0.356	- 0.0742	0.0267
	选举民主	基层民主	0.00914	0.01910	0.632	- 0.0283	0.0466
		政策民主	- 0.00379	0.01755	0.829	- 0.0382	0.0306
		协商民主	0.01436	0.01705	0.400	- 0.0191	0.0478
		党内民主	- 0.01462	0.02447	0.550	- 0.0626	0.0334
	政策民主	基层民主	0.01293	0.01930	0.503	- 0.0249	0.0508
		选举民主	0.00379	0.01755	0.829	- 0.0306	0.0382
		协商民主	0.01814	0.01728	0.294	- 0.0157	0.0520
		党内民主	- 0.01083	0.02463	0.660	- 0.0591	0.0375
	协商民主	基层民主	- 0.00522	0.01884	0.782	- 0.0422	0.0317
		选举民主	- 0.01436	0.01705	0.400	- 0.0478	0.0191
		政策民主	- 0.01814	0.01728	0.294	- 0.0520	0.0157
		党内民主	- 0.02897	0.02428	0.233	- 0.0766	0.0186
	党内民主	基层民主	0.02375	0.02576	0.356	- 0.0267	0.0742
		选举民主	0.01462	0.02447	0.550	- 0.0334	0.0626
		政策民主	0.01083	0.02463	0.660	- 0.0375	0.0591
		协商民主	0.02897	0.02428	0.233	- 0.0186	0.0766

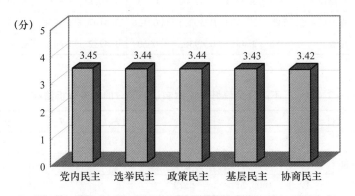

图 11 - 2   不同民主偏好被试的体制认同得分比较

三 不同民主偏好被试的政党认同情况

对不同民主偏好被试政党认同得分的差异性进行方差分析（见表
11 - 3 - 1、表 11 - 3 - 2、表 11 - 3 - 3 和图 11 - 3），显示不同民主偏
好被试的政党认同得分之间的差异未达到显著水平。

表 11 - 3 - 1　　　　不同民主偏好被试政党认同得分的差异比较

项目		N	均值	标准差	标准误	95% 置信区间		极小值	极大值
						下限	上限		
政党认同	基层民主	1136	3.5945	0.55924	0.01659	3.5619	3.6270	1.33	5.00
	选举民主	1620	3.5708	0.56999	0.01416	3.5430	3.5986	1.33	5.00
	政策民主	1540	3.5703	0.58267	0.01485	3.5412	3.5995	1.33	5.00
	协商民主	1729	3.6042	0.57385	0.01380	3.5771	3.6313	1.33	5.00
	党内民主	543	3.6219	0.59055	0.02534	3.5721	3.6716	2.00	5.00
	总数	6568	3.5878	0.57399	0.00708	3.5739	3.6017	1.33	5.00

表 11 - 3 - 2　　　不同民主偏好被试政党认同得分的方差分析结果

项目		平方和	df	均方	F	显著性
政党认同	组间	2.084	4	0.521	1.582	0.176
	组内	2161.507	6563	0.329		
	总数	2163.591	6567			

表 11 - 3 - 3　　　不同民主偏好被试政党认同得分的多重比较

因变量	(I) 民主	(J) 民主	均值差 (I - J)	标准误	显著性	95% 置信区间	
						下限	上限
政党认同	基层民主	选举民主	0.02370	0.02221	0.286	- 0.0198	0.0672
		政策民主	0.02414	0.02245	0.282	- 0.0199	0.0681
		协商民主	- 0.00972	0.02192	0.657	- 0.0527	0.0332
		党内民主	- 0.02737	0.02994	0.361	- 0.0861	0.0313

续表

因变量	（I）民主	（J）民主	均值差（I－J）	标准误	显著性	95% 置信区间	
						下限	上限
政党认同	选举民主	基层民主	－0.02370	0.02221	0.286	－0.0672	0.0198
		政策民主	0.00044	0.02042	0.983	－0.0396	0.0405
		协商民主	－0.03342	0.01984	0.092	－0.0723	0.0055
		党内民主	－0.05107	0.02846	0.073	－0.1069	0.0047
	政策民主	基层民主	－0.02414	0.02245	0.282	－0.0681	0.0199
		选举民主	－0.00044	0.02042	0.983	－0.0405	0.0396
		协商民主	－0.03386	0.02011	0.092	－0.0733	0.0056
		党内民主	－0.05151	0.02864	0.072	－0.1077	0.0046
	协商民主	基层民主	0.00972	0.02192	0.657	－0.0332	0.0527
		选举民主	0.03342	0.01984	0.092	－0.0055	0.0723
		政策民主	0.03386	0.02011	0.092	－0.0056	0.0733
		党内民主	－0.01765	0.02823	0.532	－0.0730	0.0377
	党内民主	基层民主	0.02737	0.02994	0.361	－0.0313	0.0861
		选举民主	0.05107	0.02846	0.073	－0.0047	0.1069
		政策民主	0.05151	0.02864	0.072	－0.0046	0.1077
		协商民主	0.01765	0.02823	0.532	－0.0377	0.0730

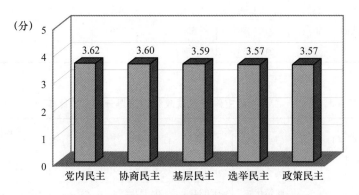

图 11－3　不同民主偏好被试的政党认同得分比较

四　不同民主偏好被试的身份认同情况

对不同民主偏好被试身份认同得分的差异性进行方差分析（见表11-4-1、表11-4-2、表11-4-3和图11-4），显示不同民主偏好被试身份认同得分之间的总体性差异未达到显著水平，但是偏好协商民主被试（$M = 4.11$，$SD = 0.66$）的得分显著高于偏好政策民主被试（$M = 4.06$，$SD = 0.68$）。

表 11-4-1　　　**不同民主偏好被试身份认同得分的差异比较**

项目		N	均值	标准差	标准误	95% 置信区间		极小值	极大值
						下限	上限		
身份认同	基层民主	1136	4.0900	0.61773	0.01833	4.0540	4.1260	1.25	5.00
	选举民主	1621	4.0841	0.64459	0.01601	4.0527	4.1155	1.00	5.00
	政策民主	1541	4.0633	0.67502	0.01720	4.0295	4.0970	1.50	5.00
	协商民主	1731	4.1101	0.65866	0.01583	4.0790	4.1411	1.00	5.00
	党内民主	541	4.0966	0.63522	0.02731	4.0429	4.1502	1.75	5.00
	总数	6570	4.0881	0.65033	0.00802	4.0724	4.1038	1.00	5.00

表 11-4-2　　　**不同民主偏好被试身份认同得分的方差分析结果**

项目		平方和	df	均方	F	显著性
身份认同	组间	1.854	4	0.463	1.096	0.357
	组内	2776.352	6565	0.423		
	总数	2778.206	6569			

表 11-4-3　　　**不同民主偏好被试身份认同得分的多重比较**

因变量	(I) 民主	(J) 民主	均值差 (I-J)	标准误	显著性	95% 置信区间	
						下限	上限
身份认同	基层民主	选举民主	0.00596	0.02516	0.813	-0.0434	0.0553
		政策民主	0.02674	0.02543	0.293	-0.0231	0.0766
		协商民主	-0.02004	0.02483	0.420	-0.0687	0.0286
		党内民主	-0.00657	0.03397	0.847	-0.0732	0.0600

续表

因变量	(I) 民主	(J) 民主	均值差 (I - J)	标准误	显著性	95% 置信区间 下限	95% 置信区间 上限
身份 认同	选举民主	基层民主	-0.00596	0.02516	0.813	-0.0553	0.0434
		政策民主	0.02078	0.02314	0.369	-0.0246	0.0661
		协商民主	-0.02600	0.02248	0.247	-0.0701	0.0181
		党内民主	-0.01253	0.03229	0.698	-0.0758	0.0508
	政策民主	基层民主	-0.02674	0.02543	0.293	-0.0766	0.0231
		选举民主	-0.02078	0.02314	0.369	-0.0661	0.0246
		协商民主	-0.04678*	0.02278	0.040	-0.0914	-0.0021
		党内民主	-0.03331	0.03250	0.305	-0.0970	0.0304
	协商民主	基层民主	0.02004	0.02483	0.420	-0.0286	0.0687
		选举民主	0.02600	0.02248	0.247	-0.0181	0.0701
		政策民主	0.04678*	0.02278	0.040	0.0021	0.0914
		党内民主	0.01347	0.03203	0.674	-0.0493	0.0763
	党内民主	基层民主	0.00657	0.03397	0.847	-0.0600	0.0732
		选举民主	0.01253	0.03229	0.698	-0.0508	0.0758
		政策民主	0.03331	0.03250	0.305	-0.0304	0.0970
		协商民主	-0.01347	0.03203	0.674	-0.0763	0.0493

* 均值差的显著性水平为 0.05。

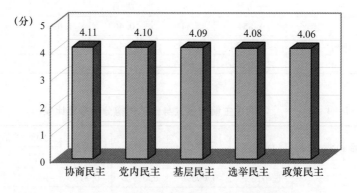

图 11-4　不同民主偏好被试的身份认同得分比较

五　不同民主偏好被试的文化认同情况

对不同民主偏好被试文化认同得分的差异性进行方差分析（见表 11 - 5 - 1、表 11 - 5 - 2、表 11 - 5 - 3 和图 11 - 5），显示不同民主偏好被试的文化认同得分之间的总体性差异未达到显著水平，但是偏好基层民主被试（$M = 3.50$，$SD = 0.55$）的得分显著高于偏好选举民主被试（$M = 3.45$，$SD = 0.54$）。

表 11 - 5 - 1　　　　不同民主偏好被试文化认同得分的差异比较

项目		N	均值	标准差	标准误	95% 置信区间		极小值	极大值
						下限	上限		
文化认同	基层民主	1135	3.4975	0.54807	0.01627	3.4656	3.5294	1.33	5.00
	选举民主	1622	3.4544	0.54133	0.01344	3.4280	3.4807	1.00	5.00
	政策民主	1543	3.4871	0.55543	0.01414	3.4594	3.5149	1.33	5.00
	协商民主	1731	3.4702	0.54795	0.01317	3.4444	3.4961	1.33	5.00
	党内民主	543	3.4702	0.60363	0.02590	3.4193	3.5211	1.33	5.00
	总数	6574	3.4750	0.55297	0.00682	3.4616	3.4884	1.00	5.00

表 11 - 5 - 2　　不同民主偏好被试文化认同得分的方差分析结果

项目		平方和	df	均方	F	显著性
文化认同	组间	1.544	4	0.386	1.262	0.282
	组内	2008.293	6569	0.306		
	总数	2009.837	6573			

表 11 - 5 - 3　　不同民主偏好被试文化认同得分的多重比较

因变量	(I) 民主	(J) 民主	均值差 (I - J)	标准误	显著性	95% 置信区间	
						下限	上限
文化认同	基层民主	选举民主	0.04313 *	0.02140	0.044	0.0012	0.0851
		政策民主	0.01036	0.02162	0.632	- 0.0320	0.0527
		协商民主	0.02726	0.02112	0.197	- 0.0141	0.0687
		党内民主	0.02728	0.02885	0.344	- 0.0293	0.0838

续表

因变量	（I）民主	（J）民主	均值差（I－J）	标准误	显著性	95% 置信区间 下限	上限
文化认同	选举民主	基层民主	－0.04313*	0.02140	0.044	－0.0851	－0.0012
		政策民主	－0.03277	0.01966	0.096	－0.0713	0.0058
		协商民主	－0.01587	0.01911	0.406	－0.0533	0.0216
		党内民主	－0.01585	0.02741	0.563	－0.0696	0.0379
	政策民主	基层民主	－0.01036	0.02162	0.632	－0.0527	0.0320
		选举民主	0.03277	0.01966	0.096	－0.0058	0.0713
		协商民主	0.01690	0.01936	0.383	－0.0211	0.0548
		党内民主	0.01692	0.02759	0.540	－0.0372	0.0710
	协商民主	基层民主	－0.02726	0.02112	0.197	－0.0687	0.0141
		选举民主	0.01587	0.01911	0.406	－0.0216	0.0533
		政策民主	－0.01690	0.01936	0.383	－0.0548	0.0211
		党内民主	0.00002	0.02720	0.999	－0.0533	0.0533
	党内民主	基层民主	－0.02728	0.02885	0.344	－0.0838	0.0293
		选举民主	0.01585	0.02741	0.563	－0.0379	0.0696
		政策民主	－0.01692	0.02759	0.540	－0.0710	0.0372
		协商民主	－0.00002	0.02720	0.999	－0.0533	0.0533

* 均值差的显著性水平为 0.05。

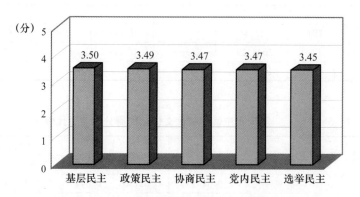

图11-5 不同民主偏好被试的文化认同得分比较

六　不同民主偏好被试的政策认同情况

对不同民主偏好被试政策认同得分的差异性进行方差分析（见表11-6-1、表11-6-2、表11-6-3和图11-6），显示不同民主偏好被试的政策认同得分之间差异显著，$F = 3.756$，$p < 0.01$，偏好党内民主被试（$M = 3.66$，$SD = 0.64$）的得分显著高于偏好基层民主被试（$M = 3.57$，$SD = 0.62$）、偏好选举民主被试（$M = 3.56$，$SD = 0.62$）、偏好政策民主被试（$M = 3.56$，$SD = 0.65$）和偏好协商民主被试（$M = 3.54$，$SD = 0.62$）；偏好基层民主、选举民主、协商民主、政策民主四种被试两两之间的得分差异均不显著。

表11-6-1　　　　　不同民主偏好被试政策认同得分的差异比较

项目		N	均值	标准差	标准误	95%　置信区间		极小值	极大值
						下限	上限		
政策认同	基层民主	1136	3.5695	0.62440	0.01853	3.5332	3.6059	1.33	5.00
	选举民主	1622	3.5555	0.61726	0.01533	3.5254	3.5855	1.33	5.00
	政策民主	1542	3.5623	0.65332	0.01664	3.5296	3.5949	1.33	5.00
	协商民主	1733	3.5449	0.62061	0.01491	3.5157	3.5742	1.00	5.00
	党内民主	543	3.6618	0.64126	0.02752	3.6077	3.7158	2.00	5.00
	总数	6576	3.5655	0.63050	0.00778	3.5502	3.5807	1.00	5.00

表11-6-2　　　　不同民主偏好被试政策认同得分的方差分析结果

项目		平方和	df	均方	F	显著性
政策认同	组间	5.963	4	1.491	3.756	0.005
	组内	2607.832	6571	0.397		
	总数	2613.795	6575			

表 11 - 6 - 3　　　　　　不同民主偏好被试政策认同得分的多重比较

因变量	(I) 民主	(J) 民主	均值差 (I－J)	标准误	显著性	95% 置信区间	
						下限	上限
文化认同	基层民主	选举民主	0.01406	0.02437	0.564	-0.0337	0.0618
		政策民主	0.00729	0.02463	0.767	-0.0410	0.0556
		协商民主	0.02463	0.02405	0.306	-0.0225	0.0718
		党内民主	-0.09221 *	0.03287	0.005	-0.1566	-0.0278
	选举民主	基层民主	-0.01406	0.02437	0.564	-0.0618	0.0337
		政策民主	-0.00677	0.02241	0.763	-0.0507	0.0372
		协商民主	0.01057	0.02176	0.627	-0.0321	0.0532
		党内民主	-0.10627 *	0.03123	0.001	-0.1675	-0.0450
	政策民主	基层民主	-0.00729	0.02463	0.767	-0.0556	0.0410
		选举民主	0.00677	0.02241	0.763	-0.0372	0.0507
		协商民主	0.01734	0.02205	0.432	-0.0259	0.0606
		党内民主	-0.09950 *	0.03144	0.002	-0.1611	-0.0379
	协商民主	基层民主	-0.02463	0.02405	0.306	-0.0718	0.0225
		选举民主	-0.01057	0.02176	0.627	-0.0532	0.0321
		政策民主	-0.01734	0.02205	0.432	-0.0606	0.0259
		党内民主	-0.11684 *	0.03098	0.000	-0.1776	-0.0561
	党内民主	基层民主	0.09221 *	0.03287	0.005	0.0278	0.1566
		选举民主	0.10627 *	0.03123	0.001	0.0450	0.1675
		政策民主	0.09950 *	0.03144	0.002	0.0379	0.1611
		协商民主	0.11684 *	0.03098	0.000	0.0561	0.1776

* 均值差的显著性水平为 0.05。

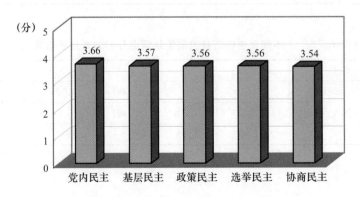

图 11 - 6　不同民主偏好被试的政策认同得分比较

七　不同民主偏好被试的发展认同情况

对不同民主偏好被试发展认同得分的差异性进行方差分析（见表11－7－1、表11－7－2、表11－7－3和图11－7），显示不同民主偏好被试的发展认同得分之间的总体性差异未达到显著水平，但是偏好基层民主被试（$M=3.66$，$SD=0.62$）的得分显著高于偏好选举民主被试（$M=3.59$，$SD=0.62$）。

表11－7－1　　　不同民主偏好被试发展认同得分的差异比较

项目		N	均值	标准差	标准误	95% 置信区间		极小值	极大值
						下限	上限		
发展认同	基层民主	1133	3.6578	0.62318	0.01851	3.6214	3.6941	1.75	5.00
	选举民主	1624	3.5948	0.62094	0.01541	3.5646	3.6250	1.50	5.00
	政策民主	1541	3.6262	0.67297	0.01714	3.5926	3.6598	1.25	5.00
	协商民主	1733	3.6307	0.65410	0.01571	3.5999	3.6615	1.50	5.00
	党内民主	541	3.6215	0.66555	0.02861	3.5653	3.6777	1.50	5.00
	总数	6572	3.6247	0.64643	0.00797	3.6091	3.6403	1.25	5.00

表11－7－2　　　不同民主偏好被试发展认同得分的方差分析结果

项目		平方和	df	均方	F	显著性
发展认同	组间	2.759	4	0.690	1.652	0.158
	组内	2743.053	6567	0.418		
	总数	2745.812	6571			

表11－7－3　　　不同民主偏好被试发展认同得分的多重比较

因变量	（I）民主	（J）民主	均值差（I－J）	标准误	显著性	95% 置信区间	
						下限	上限
发展认同	基层民主	选举民主	0.06294 *	0.02502	0.012	0.0139	0.1120
		政策民主	0.03155	0.02529	0.212	−0.0180	0.0811
		协商民主	0.02707	0.02469	0.273	−0.0213	0.0755
		党内民主	0.03623	0.03378	0.283	−0.0300	0.1024

续表

因变量	（I）民主	（J）民主	均值差（I－J）	标准误	显著性	95% 置信区间	
						下限	上限
发展认同	选举民主	基层民主	－0.06294*	0.02502	0.012	－0.1120	－0.0139
		政策民主	－0.03139	0.02298	0.172	－0.0764	0.0137
		协商民主	－0.03587	0.02232	0.108	－0.0796	0.0079
		党内民主	－0.02671	0.03208	0.405	－0.0896	0.0362
	政策民主	基层民主	－0.03155	0.02529	0.212	－0.0811	0.0180
		选举民主	0.03139	0.02298	0.172	－0.0137	0.0764
		协商民主	－0.00448	0.02263	0.843	－0.0488	0.0399
		党内民主	0.00468	0.03230	0.885	－0.0586	0.0680
	协商民主	基层民主	－0.02707	0.02469	0.273	－0.0755	0.0213
		选举民主	0.03587	0.02232	0.108	－0.0079	0.0796
		政策民主	0.00448	0.02263	0.843	－0.0399	0.0488
		党内民主	0.00916	0.03183	0.773	－0.0532	0.0716
	党内民主	基层民主	－0.03623	0.03378	0.283	－0.1024	0.0300
		选举民主	0.02671	0.03208	0.405	－0.0362	0.0896
		政策民主	－0.00468	0.03230	0.885	－0.0680	0.0586
		协商民主	－0.00916	0.03183	0.773	－0.0716	0.0532

* 均值差的显著性水平为 0.05。

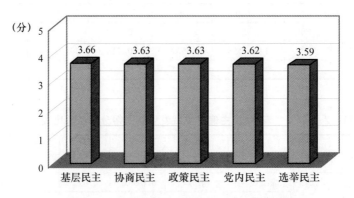

图 11－7　不同民主偏好被试的发展认同得分比较

八　不同民主偏好被试的政治认同总分

对不同民主偏好被试政治认同总分的差异性进行方差分析（见表11 - 8 - 1、表11 - 8 - 2、表11 - 8 - 3和图11 - 8），显示不同民主偏好被试的政治认同总分之间的总体性差异未达到显著水平，但是偏好党内民主被试（$M = 3.66$，$SD = 0.39$）的得分显著高于偏好选举民主被试（$M = 3.62$，$SD = 0.38$）。

表 11 - 8 - 1　　　　不同民主偏好被试政治认同总分的差异比较

项目		N	均值	标准差	标准误	95% 置信区间		极小值	极大值
						下限	上限		
政治认同总分	基层民主	1132	3.6403	0.36403	0.01082	3.6190	3.6615	2.35	4.89
	选举民主	1614	3.6171	0.38418	0.00956	3.5984	3.6359	1.83	4.83
	政策民主	1535	3.6268	0.41436	0.01058	3.6061	3.6476	2.33	4.79
	协商民主	1722	3.6309	0.38123	0.00919	3.6129	3.6489	2.28	4.90
	党内民主	540	3.6561	0.39239	0.01689	3.6229	3.6892	2.17	4.72
	总数	6543	3.6302	0.38807	0.00480	3.6208	3.6396	1.83	4.90

表 11 - 8 - 2　　　不同民主偏好被试政治认同总分的方差分析结果

项目		平方和	df	均方	F	显著性
政治认同总分	组间	0.771	4	0.193	1.280	0.276
	组内	984.445	6538	0.151		
	总数	985.215	6542			

表 11 - 8 - 3　　　不同民主偏好被试政治认同总分的多重比较

因变量	(I) 民主	(J) 民主	均值差 (I - J)	标准误	显著性	95% 置信区间	
						下限	上限
政治认同总分	基层民主	选举民主	0.02314	0.01504	0.124	- 0.0063	0.0526
		政策民主	0.01342	0.01520	0.377	- 0.0164	0.0432
		协商民主	0.00935	0.01485	0.529	- 0.0198	0.0385
		党内民主	- 0.01582	0.02029	0.436	- 0.0556	0.0240

续表

因变量	(I) 民主	(J) 民主	均值差 (I-J)	标准误	显著性	95% 置信区间	
						下限	上限
政治认同总分	选举民主	基层民主	-0.02314	0.01504	0.124	-0.0526	0.0063
		政策民主	-0.00972	0.01383	0.482	-0.0368	0.0174
		协商民主	-0.01380	0.01344	0.305	-0.0401	0.0126
		党内民主	-0.03896*	0.01929	0.043	-0.0768	-0.0011
	政策民主	基层民主	-0.01342	0.01520	0.377	-0.0432	0.0164
		选举民主	0.00972	0.01383	0.482	-0.0174	0.0368
		协商民主	-0.00408	0.01362	0.765	-0.0308	0.0226
		党内民主	-0.02924	0.01941	0.132	-0.0673	0.0088
	协商民主	基层民主	-0.00935	0.01485	0.529	-0.0385	0.0198
		选举民主	0.01380	0.01344	0.305	-0.0126	0.0401
		政策民主	0.00408	0.01362	0.765	-0.0226	0.0308
		党内民主	-0.02517	0.01914	0.189	-0.0627	0.0124
	党内民主	基层民主	0.01582	0.02029	0.436	-0.0240	0.0556
		选举民主	0.03896*	0.01929	0.043	0.0011	0.0768
		政策民主	0.02924	0.01941	0.132	-0.0088	0.0673
		协商民主	0.02517	0.01914	0.189	-0.0124	0.0627

* 均值差的显著性水平为 0.05。

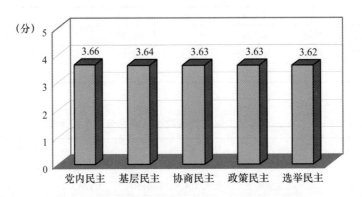

图 11-8　不同民主偏好被试的政治认同总分比较

　　从本章的数据分析可以看出，在政治认同方面，不同民主偏好被试的五种认同和政治认同总分的得分差异都没有达到显著水平，只是在政策认同方面，偏好党内民主被试的得分显著高于偏好基层民主、选举民主、政策民主、协商民主被试。也就是说，中国民众的民主偏好，对政治认同的影响并不是很大。但是需要注意的是，偏好党内民主被试不仅在政策认同上得分显著高于其他四种民主偏好被试，还在体制认同、政党认同和政治认同总分上得分最高，偏好基层民主被试在文化认同、发展认同上得分最高，偏好协商民主被试在身份认同上得分最高；偏好选举民主被试在文化认同、发展认同和政治认同总分上得分最低，偏好政策民主被试在政党认同、身份认同上得分最低，偏好协商民主被试在体制认同、政策认同上得分最低（见表 11 - 9，表中括号内的数字，代表不同民主偏好被试得分高低的排序）。也就是说，对于民主偏好不同带来的政治认同上的一些细微差别，也应给予一定的关注。

表 11 - 9　　　　　　　　不同民主偏好被试政治认同得分排序比较

项目	基层民主	选举民主	政策民主	协商民主	党内民主
体制认同	3.429（4）	3.438（3）	3.442（2）	3.424（5）	3.453（1）
政党认同	3.595（3）	3.571（4）	3.570（5）	3.604（2）	3.622（1）
身份认同	4.090（3）	4.084（4）	4.063（5）	4.110（1）	4.097（2）
文化认同	3.498（1）	3.454（5）	3.487（2）	3.470（3）	3.470（3）
政策认同	3.570（2）	3.556（4）	3.562（3）	3.545（5）	3.662（1）
发展认同	3.658（1）	3.595（5）	3.626（3）	3.631（2）	3.622（4）
政治认同总分	3.640（2）	3.617（5）	3.627（4）	3.631（3）	3.656（1）